忠孝

仁义

礼智信

符文军 金波◎编著

时事出版社

图书在版编目（CIP）数据

忠孝仁义礼智信/符文军，金波编著．—北京：时事出版社，2011.1

ISBN 978-7-80232-404-6

Ⅰ.①忠... Ⅱ.①符... ②金... Ⅲ.①故事—作品集—中国 Ⅳ.①I247.8

中国版本图书馆 CIP 数据核字（2010）第 261412 号

出版发行：时事出版社
地　　址：北京市海淀区万寿寺甲 2 号
邮　　编：100081
发行热线：（010）88547590　　88547591
读者服务部：（010）88547595
传　　真：（010）68418647
电子邮箱：shishichubanshe@sina.com
网　　址：www.shishishe.com
印　　刷：三河市九洲财鑫印刷有限公司

开本：787×1092　1/16　　印张：21.25　　字数：416 千字
2011 年 3 月第 1 版　　2011 年 3 月第 1 次印刷
定价：32.00 元

前 言

“忠孝仁义礼智信”，从孔子时代就提出来了，至今已有几千年的历史。它是儒家文化的核心，是中华民族的宝贵遗产，更是文化上的精华。

在“忠孝仁义礼智信”中，“忠孝”是最基本的。忠是立国之本；孝是立家之本。“忠孝”二字，支撑着整个国家、民族，以至于整个家庭的“大厦”。而“仁义礼智信”，则被称之为“五常”，是古人倡导的立身之本。

在当今社会中，提倡“忠孝仁义礼智信”仍有现实意义，并没有过时。如果一个社会，是非混淆、美丑颠倒，撒谎骗人不以为耻；盗版书籍屡禁不止，山寨产品受到推崇；假唱替身成为常态，公平正义受到抑制，社会信用付诸流水。那么，这个国家、这个民族将是没有前途的。

本书的结构，是以“忠孝仁义礼智信”的传统文化为核心，每一部分精选了若干传统故事，并进行精短的点评，便于读者通过对这些故事的读和品，了解和学习中华民族传统文化思想，从中获得教益。当然，对于这些传统文化所宣扬的思想，我们只吸收了其中科学合理的成分，剔除了封建糟粕，以使之成为利国利民的新的思想武器。通过读故事，广大读者还可以了解到古人的思想特点，认识古人的行为方式，和他们进行一次跨越时空的“对话”。

目 录

忠

《说文解字》说："忠，敬也，尽心曰忠。"古代非常重视祭祀活动，"忠"的本义，就是人们祭祀时要保持肃穆恭敬的态度。后来，引申为人们要忠于君主及国家等多种含义，一般特指为"忠君爱国"。我们现在提倡"忠"，就是要热爱祖国，心系人民，忠于职守，全力以赴。我们现在虽然不需要"忠君"了，但把"忠君"延伸为热爱祖国、忠于人民、坚守义务，这是新时代的人们最起码的道德要求。

忠国忧民篇

守边御敌篇

忠贞不渝篇

孝

孝的字形，高度体现中国文字的神韵和意蕴。上半部是“老”字的一半，下半部是“子”字全形，上一代人与下一代人融为一体，儿子继承老子，子能承其亲，并能顺其意，所以，孔子把“善事父母”的人士，称之为“孝”者。古人非常强调孝道，并且有绝对化的思想，如“父命难违”、“父叫子亡子必亡”等，这些是不可取的。但是，孝是维系社会的最小细胞——家庭的基本纽带，如果子孙不孝，这个家庭就不会和睦，这个国家就不会和谐。孝道的另一引申义，就是要尊老敬贤，一个社会只有这样，才会使老者有所养，贤者有所尊，社会才能文明进步。

赡养父母篇

为亲分忧篇

以亲为念篇

床前孝子篇

仁

孔子说：仁就是“爱人”。仁由“人”和“二”构成，《说文解字》说：人是“天地之生，最贵者也”，二是地之数。结合起来看，“仁”体现人的高尚情怀，是仅次于德的、人类所特有的一种美好的情操。仁的核心，就是要以人为本，一切从关怀人、爱护人、发展人的目标出发，使这个国家民族达到和谐的最佳状态。古代君主把推行仁政作为孜孜以求的目标。我们要提倡“仁”，就是以人为本，富有爱心。

爱民富民篇

扶危济困篇

仁爱奉献篇

义

繁体“義”字，从我，从羊，是由“我”和“羊”组成的会意字。这个字的关键就是“我”。“我”的本义是一种器具，用来屠宰牛羊。“我”的右半边是“戈”，左半部分是指“戈”上有很多锯齿。这说明“我”的本义是一种带锯齿的刀具，人们用“我”来杀牛羊用于祭祀，表示对神的尊重。所以“義”就包含有“死亡”、“牺牲”、“杀害”的意义。“义”的本义，是合乎道德的行为或道理，舍生取义表明为了重信义可以牺牲生命。我们要提倡“义”，就是坚持正义，保持节操。

知情重义篇

义大于利篇

见义勇为篇

礼

繁体的"禮"，从示。示的意思，就是把东西展示给别人看。"豊"字从豆象形，古代祭祀用的器物，用于事神就叫礼。所以，"礼"初始的意思是举行仪礼，祭神求福。用珍贵的器物祭祀，表示对"天"的感谢和尊重。"禮"的核心就是"尊重"二字。我们要提倡"礼"，就是要注重礼仪，尊重他人。要保持良好的行为规范，即我们通常所说的礼仪、礼节和礼貌。大到国家的外交，要遵循它；小到日常生活的方方面面，同样也要遵循它。

敬长爱幼篇

礼贤下士篇

尊师教子篇

智

知是智的古字，先有“知”字，方有“智”。知，从矢从口。矢本义是箭，引申为正直、端正。按照古人的解释，“知”的意思是认识、知道的事物，熟悉到可以脱口而出。因此，我们把通晓天地之道、深明人世之理的人，称为智者。而按照孔子的认识论和伦理学，“智”的内涵，涉及知的性质、来源、内容和效果等方面。真正掌握“智”的实质的人，一定是不会偏离道德仁义的。可见，“智”的要求，是“大聪明”，不是“小聪明”；小聪明的人，不是“智者”。现在，我们要提倡“智”，就是提高素质，服务社会。

以智取胜篇

少年大智篇

笃学启智篇

信

信，从人从言。《说文解字》说：直言曰言，论难曰语。也就是说：心里有什么话就直说，叫做“言”；通过判断推理、辩论诘问的话叫做“语”。可见，古人对什么是“言语”，是有明确区分的。古人说，言为心声，人的言论应当是诚实的、真实的、不虚伪的。一个言不由衷、言行不一的人，肯定不是重“信”的。孔子将“信”作为“仁”的重要体现，是贤者必备的品德。孔圣人还把“信”上升到国家政权的高度，治国“三要”即“足食，足兵，民信之”，一个没有信用的国度，一定没有前途；同理，一个人不讲信用，同样也会被社会唾弃。我们提倡“信”，就是要诚信守法，一诺千金。

诚实守信篇

实话实说篇

说到做到篇

以诚待友篇

忠

《说文解字》说:“忠,敬也,尽心曰忠。”古代非常重视祭祀活动,“忠”的本义,就是人们祭祀时要保持肃穆恭敬的态度。后来,引申为人们要忠于君主及国家等多种含义,一般特指为“忠君爱国”。我们现在提倡“忠”,就是热爱祖国,心系人民,忠于职守,全力以赴。我们现在虽然不需要“忠君”了,但把忠君延伸为热爱祖国、忠于人民、坚守义务,这是新时代的人们最起码的道德要求。

忠国忧民篇

曹刿迎敌

齐桓公即位后，依靠管仲的帮助，争取霸主的地位。但是，在他对鲁国的战争中，却遭到一次不小的挫折。

在齐桓公即位的第二年，也就是公元前684年，齐桓公派兵进攻鲁国。鲁庄公认为齐国一再欺负他们，忍无可忍，决心跟齐国拼一死战。

齐国进攻鲁国，也激起鲁国人民的愤慨。有个鲁国人曹刿，准备去见鲁庄公，要求参加抗齐的战争。有人劝曹刿说："国家大事，有当大官的操心，您何必去插手呢?"曹刿说："当大官的目光短浅，未必有好办法。眼看国家危急，哪能不管呢?"说完，他一直走到宫门前求见鲁庄公。鲁庄公正在为没有个谋士发愁呢，听说曹刿求见，连忙把他请了进来。

曹刿见了鲁庄公提出了自己的要求，并且问："请问主公凭什么去抵抗齐军?"

鲁庄公说："平时有什么好吃好穿的，我没敢独占，总是分给大家一起享用。凭这一点，我想大家会支持我。"曹刿听了直摇头，说："这种小恩小惠，得到好处的人不多，百姓不会为这个支持您。"

鲁庄公说："我在祭祀的时候，倒是挺虔诚的。"曹刿笑笑说："这种虔诚也算不了什么，神帮不了您的忙。"

鲁庄公想了一下，说："遇到百姓吃官司的时候，我虽然不能一件件查得很清楚，但是尽可能处理得合情合理。"

曹刿才点头说："这倒是件得民心的事，我看凭这一点可以和齐国打上一仗。"

曹刿请求跟鲁庄公一起上阵，鲁庄公看曹刿这种胸有成竹的样子，也巴不得他一起去。两个人坐着一辆兵车，带领人马出发。

齐鲁两军在长勺（今山东莱芜东北）摆开阵势。齐军仗着人多，一开始就擂响了战鼓，发动进攻。鲁庄公也准备下令反击，曹刿连忙阻止，说："且慢，还不到时候呢!"

当齐军擂响第二通战鼓的时候，曹刿还是叫鲁庄公按兵不动。鲁军将士看到齐军张牙舞爪的样子，气得摩拳擦掌，但是没有主帅的命令，只好憋着气等待。

齐军主帅看鲁军毫无动静，又下令打第三通鼓。齐军兵士以为鲁军胆怯怕战，耀武扬威地杀了过来。

曹刿这才对鲁庄公说："现在可以下令反攻了。"

鲁军阵地上响起了进军鼓，兵士士气高涨，像猛虎下山般扑了过去。齐军兵士没防到这一招，招架不住鲁军的凌厉攻势，败下阵来。

鲁庄公看到齐军败退，忙不迭地要下令追击，曹刿又拉住他说："别着急!"说着，他跳下战车，低下头观察齐军战车留下的车辙；接着，又上车爬到车杆子上，望了望敌方撤退的队形，这才说："请主公下令追击吧!"

鲁军兵士听到追击的命令，个个奋勇当先，乘胜追击，终于把齐军赶出鲁国国境。

鲁军取得反攻的胜利，鲁庄公对曹刿镇静自若的指挥，暗暗佩服，但是心里总还有个没打开的闷葫芦。回到宫里，他先向曹刿慰劳了几句，就问："头两回齐军击鼓，你为什么不让我反击?"

曹刿说："打仗这件事，全凭士气。对方擂第一通鼓的时候，士气最足；第二通鼓，气就松了一些，到第三通鼓，气已经泄了。对方泄气的时候，我们的兵士却鼓足士气，哪有不打赢的道理?"

鲁庄公接着又问为什么不立刻追击。曹刿说："齐军虽然败退，但它是个大国，兵力强大，说不定他们假装败退，在什么地方设下埋伏，我们不能不防着点儿。后来我看到他们的旗帜东倒西歪，车辙也乱七八糟，才相信他们阵势全乱了，所以才请您下令追击。"

鲁庄公这才恍然大悟，称赞曹刿想得周到。

忠诚小语

曹刿作为一介草民，无职无权，然而，面对强敌压境、国将不国的危急时刻，他以国家安危为念，勇敢地站出来，为国出谋划策。这是一种难得的爱国品质，是一种"国之兴亡、匹夫有责"精神的真正体现，是国家观念的最突出表现。

弦高救国

晋文公打败了楚国，跟各诸侯国订了盟约，做了霸主。郑国是个小国，因为惧怕楚国，又暗地和楚国结了盟。晋文公很生气，就与秦穆公约定一起出兵征讨郑国。

为了生存，郑国先与秦穆公讲和，允许秦国派三个将军带2000人马替郑国守卫北门。秦国就退了兵。郑国也不敢惹晋国，又和晋国订了盟约，晋军也撤走了。留在郑国的秦国将军就派人向秦穆公报告了这情况，还要求再次征讨郑国。但秦穆公不愿因此影响与晋文公的关系，就暂时忍耐下来。

过了两年，晋文公病死，他儿子襄公即位。秦穆公决定趁晋国有丧事的机会，与驻在郑国的三个将军里应外合偷袭郑国。郑国离秦国很远，到了第二年2月，秦国的军队才进入到滑国地界。当时郑国有个贩牛的商人名叫弦高，他正赶着牛去河南洛阳做生意，碰上了秦军，他看出了秦军的企图，一方面派人赶快回郑国送信，一方面想出了对付秦军的办法。

一天，一个自称是郑国使臣的人，赶着十二头肥牛来到秦军驻地，要求见秦国主将孟明视。孟明视接见了他，郑国的使臣说道："我叫弦高，我们的国君知道将军要到郑国来，特地派我送上十二头肥牛，慰劳全军将士，以表示我们的一点心意。"

孟明视听了大吃一惊，心想：郑国使臣远路赶来慰劳军队，说明郑国已有了准备，我们的偷袭很难成功了。他连忙解释说："我们不是到贵国去的，你们何必这么费心，请你回去吧。"收下了送来的十二头牛。

弦高走后，孟明视与手下的人说："郑国已有了准备，偷袭成功没有希望了，还是回国吧。"秦军顺路灭掉了滑国，就退兵了。

这时郑国国君也接到了弦高的信，急忙派人到北门观察秦军的动静，果然发现他们已做好打仗的准备。他就不客气地向秦国的三位将军下了逐客令。秦国的三个将军知道机密已泄露，便连夜将兵马从郑国撤走了。

忠诚小语

弦高只是一个生意人，来往于各国做买卖。但他并不是心里只想着利，也装着国家和百姓。当发现自己的国家正面临侵略时，他利用自己的智慧，保卫了国家，为百姓免除了一次战争灾难，这是一件千古流传的佳话。谁不为这样的爱国人士而感到敬佩呢！

投江殉国

战国时代，称雄的秦、楚、齐、燕、赵、韩、魏七国，争城夺地，互相杀伐，连年不断混战。那时，楚国的大诗人屈原，正当青年，为楚怀王的左徒官。他见百姓受到战争灾难，十分痛心。屈原立志报国为民，劝怀王任用贤能，爱护百姓，很得怀王的信任。

以楚国公子子兰为首的一班贵族，对屈原非常嫉妒和忌恨，常在怀王面前说屈原的坏话。秦国的间谍把这一情况报告秦王。秦王早想进攻齐国，只碍着六国联盟，不敢动手。听到这个消息，忙把相国张仪召进宫来商量。张仪认为六国中间，齐楚两国最有力量，只要离间这两国，联盟也就散了。他愿意趁楚国内部不和的机会，亲自去拆散六国联盟。

张仪到了郢都，告诉子兰："有了六国联盟，怀王才信任屈原，拆散了联盟，屈原就没有什么可怕了。"子兰听了，十分高兴。楚国的贵族就和张仪连成一气。子兰又引他拜见了怀王最宠爱的王后郑袖，张仪把一双价值万金的白璧献给了郑袖。

第二天，怀王摆下酒席，招待张仪。席间讨论起秦楚友好，屈原猛烈反对，与子兰等人进行了激烈争论。他认为："放弃了六国联盟，就给秦国以可乘之机，这是楚国生死存亡的事情啊！"他痛斥张仪、子兰等人，走到怀王面前大声说："大王，不能相信呀！张仪是秦国派来拆散联盟、孤立楚国的，万万相信不得……"怀王不听，还让武士把他拉出宫门。

屈原痛心极了，站在宫门外面不忍离开，盼着怀王能醒悟过来，改变主意，以免给国家带来灾难。他从正午站到晚上，看见张仪、子兰等人欢欢喜喜，高高兴兴走出宫门，非常绝望。他叹着气喃喃地说："楚国啊，你又要受难啦……"屈原回到家中，闷闷不乐，想到亲手结成的联盟已经破坏，楚国难以保住眼前的兴旺，不禁顿脚长叹。他写了一篇名叫《离骚》的长诗，把对楚国的忧愁和自已的怨愤都写了进去。

这篇诗传到宫中，子兰、靳尚等人又得到了攻击的材料，说屈原把怀王比作桀纣。怀王一怒，撤掉了屈原的官职。

怀王死后，顷襄王继位，他同样刚愎自用，昏庸无道，又将屈原流放到边疆。

楚国的南疆，当时人迹稀少，很多地方都是无边无际的草原莽林。屈原从郢都出发，顺长江东下，在洞庭湖和沅水流域的广大地区，走着艰难曲折的道路，过着贫病交加的生活。一年又一年过去了，他衣衫褴褛，面色灰暗，身体日渐消瘦，可他还在等着楚王召他回家效力。

公元前278年，秦将白起进攻楚国，占领郢都，楚国的宗庙和陵墓都被毁了。楚国要亡了！屈原决定回到郢都去死在出生的土地上。他头也不梳，脸也不洗，昏昏沉沉地走了几天，到了汨罗江边。他在清澈的江水里看见了自己的满头白发，心里像波浪一样翻腾起来。

联盟给小人破坏了，楚国受到了危险，百姓遭到了灾难。屈原在江边踱着。他怀念郢都，怀念百姓，憎恨敌人，憎恨奸邪，决心用自己的生命去警告卖国的小人，激发全国百姓的爱国赤忱。他解下衣服，包着江边的石头，用带子紧紧缚在自己身上，奋力向江心一跳。爱国诗人带了楚国的干净石块，很快沉了下去。这天是五月五日。

屈原死后，百姓敬重他，哀悼他。因为他是和危害楚国的小人奋斗致死的，所以到了他的忌日，百姓们就挂起昌蒲剑，喝着雄黄酒，预防奸邪的侵害。百姓相信爱国诗人是不会死的，每年五月五日，他们摇着龙船，到处去寻觅诗人。他的爱国精神，已经在中国人民心中生了根。

忠诚小语

屈原不仅是一位伟大的诗人，也是一个杰出的爱国者。他把自己的命运和祖国的命运紧紧连在一起，以国家为念，不计较个人名利，在小人当道、屡遭排斥的情况下，依然痴心不改，时刻想着国家的安危。当国破人亡的厄运降临后，彻底绝望的他，决不苟活于乱世，宁愿以死殉国。他的爱国情怀，几千年来一直激励着后人，成为后人的楷模。

休戚与共

春秋时代，晋襄公的曾孙周子（后成为晋悼公），年轻时受族人的排挤，不能留在本国，便客居在周国的洛阳。周国大夫单襄公将他请到自己家里，始终像对待贵宾那样厚待他。

周子年纪虽小，对晋国的时局却非常关心，每当听到晋国发生了什么不幸的事，就闷闷不乐，而发生了什么可喜的事，他就非常高兴，甚至喜极而泣。

除了关心晋国的时局，周子平时还十分注意自己的言谈举止和为人处事，行为举止非常老成持重。站立时，他总是稳稳当当，站姿规整；看书时，他总是全神贯注，目不斜视；听人讲话，他是恭恭敬敬，很有礼貌；说话时，他也是言语平和，忠孝仁爱；待人接物，他也表现得非常友好。

周子恰当自如的言谈举止很受单襄公的赞赏，尤其是他忧国忧民的情怀更让单襄公深感敬佩，以至于单襄公在得了重病弥留之际，还把儿子单顷公叫到床前，再三地嘱咐说："我走了以后，你一定要好好对待周子，他是一个有抱负的青年，将来一定能有所作为。他身在异国，却时时不忘自己的国家，为国家的前途和命运担心忧虑，这种与自己的国家休戚与共的人现在已经很少了。正因为如此，他将来很可能会回国继承王位。你都看见了，最近几代晋国国君的道德修养都很差，在位的晋厉公更是糟糕，公族中又很少有优秀的后代，唯一的继承人就是这位被排挤的周子。你要帮助他渡过难关，直到他有机会回去继任晋国的君主，这样，我死后就无遗憾了。"

单襄公死后，单顷公按照父亲的遗愿，精心地照顾和保护周子，各方面都给予他非同一般的礼遇。周子对此十分满意，也非常感激。

没有多久，晋国就发生了内乱。上卿栾书因不满晋国厉公的暴政举兵发动政变，杀死了晋厉公，随后便派人到周国把周子接回了晋国，并拥立他为国君。

忠诚小语

即使被排挤，身处异国，仍然心系家国，为国家的兴败而喜悲，没有埋怨之心，没有丧失爱国之志。这样的爱国精神才是最可贵的。因为一个人遭受打击或误解，那是人为的因素造成的。祖国在任何情况下都不会舍弃她的子孙，而子孙也不应舍弃自己的祖国。今天，我们的国家正处于建设和谐社会的关键时期，机遇和挑战并存，只要我们都与祖国休戚与共，祖国就一定能强大和美好起来。

马邑诱敌

汉文帝、汉景帝两代都采取休养生息的政策，六十多年内，除了短时期的七国叛乱，没有发生过大的战争。因此，社会的经济得到恢复和发展。据说，到了景帝的后期，国库里的钱不知道积了多少万，串钱的绳子都烂断了；粮仓里的粮食多得吃不完，一年年地堆积上去，都无法再堆，只能掉地上，有的甚至霉腐了。历史上把这段时期称为“文景之治”。

但是，强盛的汉朝却常常受到北方匈奴的威胁。从汉高祖在白登受包围以后，汉朝对匈奴一直采取“和亲”政策。这种“和亲”，实际上是一种妥协，不但要把汉朝皇室的女儿嫁给匈奴单于，每年还得送给匈奴许多财物。即使这样做，匈奴贵族还是经常侵犯中原，杀害百姓，掠夺粮食和牛羊，使北方地区不得安宁。

汉景帝死后，即位的汉武帝刘彻是个雄心勃勃的皇帝，一心要想改变这种屈辱的地位。公元前135年，匈奴的军臣单于又派使者来要求和亲，汉武帝要大臣们议论一下。有个将军王恢说：“过去朝廷同匈奴和亲，匈奴老是不守盟约，侵犯边界，我们应该发兵打击他们一下才好。”许多大臣都反对王恢的建议，汉武帝自己觉得没有把握，只好暂时答应匈奴和亲。过了两年，马邑地方有个大商人聂壹来找王恢，说：“匈奴在边界经常侵犯，总是一个祸根。现在趁刚跟他们和亲的机会，把匈奴引进来，我们来一个伏击，准能打个大胜仗。”

王恢问他：“你有什么办法能把匈奴引进来？”

聂壹说：“我经常在边界上做买卖，匈奴人都认识我。我可以借做买卖的由头，假装把马邑献给单于。单于贪图马邑的货物，一定会来。我们把大军埋伏在附近地方，只要等单于一到马邑，将军就可以截断他们的后路，活捉单于。”

王恢把聂壹的主意告诉汉武帝。汉武帝决心采用聂壹的计策，派王恢、韩安国、公孙贺、李广等将军带领三十万人马埋伏在马邑旁边的山谷里。

聂壹故意逃到匈奴，跟军臣单于说：“我有办法混进马邑，杀死那里的官吏，这样可以稳稳当当拿下马邑。”

军臣单于听了很高兴，但是到底有点怀疑，先派几个心腹跟聂壹一起到马邑去，只等聂壹真的把官吏杀了，再发兵进去。

聂壹回到马邑，按照事前和王恢商量好的办法，杀了几个已经定了死罪的犯人，把他们的头挂在城头上，骗匈奴使者去看，说这就是马邑县官的脑袋。

匈奴使者见了人头，信以为真，立刻回去报告军臣单于。

军臣单于亲自带领十万骑兵去接管马邑，到了离马邑大约一百多里地的武州地方（今山西左云县），只见草原上放着许多牲口，却没放牲口的人。军臣单于一边走，一边犯了疑。这时候，他见到前面有一座亭堡，就决心打下这座亭堡，问个明白。

他们打下亭堡，抓住守在那里的亭尉。军臣单于威胁他说：“你把情况老实告诉我！要是说半句谎话，我马上把你的头砍了。”

那亭尉吓得要命，就把汉兵布置的埋伏全都告诉了军臣单于。军臣单于一听，大吃一惊，赶快命令全军撤退。出了武州地界，他才喘口气说：“幸亏我抓到亭尉。真是好险哪！”

忠诚小语

同弦高一样，聂壹也是一个生意人。他为了国家的安全，也为了自己做买卖的安全，主张智取单于，以绝后患，并积极地投入诱敌灭敌的行动中。虽然他的计谋最终没能实现，但他为国着想，为国分忧，为国奉献的精神品质是值得所有爱国人士仿效的。

闻鸡起舞

晋代的祖逖是个胸怀坦荡、具有远大抱负的人。可他小时候却是个不爱读书的淘气孩子。进入青年时代，他意识到自己知识的贫乏，深感不读书无以报效国家，于是就发奋读起书来。他广泛阅读书籍，认真学习历史，从中汲取了丰富的知识，学问大有长进。他曾几次进出京都洛阳，接触过他的人都说，祖逖是个能辅佐帝王治理国家的人才。祖逖 24 岁的时候，曾有人推荐他去做官，他没答应，仍然不懈地努力读书。

后来，祖逖和幼时的好友刘琨一同担任司州主簿。他与刘琨感情深厚，不仅常常同床而卧，同被而眠，而且还有着共同的远大理想：建功立业，复兴晋国，成为国家的栋梁之才。

一次，半夜里祖逖在睡梦中听到公鸡的鸣叫声，他一脚把刘琨踢醒，对他说："别人都认为半夜听见鸡叫不吉利，我偏不这样想，咱们干脆以后听见鸡叫就起床练剑如何？"刘琨欣然同意。于是他们每天鸡叫后就起床练剑。剑光飞舞，剑声铿锵。春去冬来，寒来暑往，从不间断。功夫不负有心人，经过长期的刻苦学习和训练，他们终于成为能文能武的全才，既能写得一手好文章，又能带兵打胜仗。祖逖被封为镇西将军，实现了他报效国家的愿望；刘琨做了都督，兼管并、冀、幽三州的军事，也充分发挥了他的文才武略。

忠诚小语

闻鸡起舞的典故形容发奋有为。我们现在正处于掌握知识的黄金时期，学校和老师为我们创造了优越的学习环境，"少壮不努力，老大徒伤悲"，我们更要珍惜眼前的大好时光，也像祖逖和刘琨那样，学习"闻鸡起舞"的精神，从小立志，不怕吃苦，为建设祖国美好的明天而奋斗！

颜真卿的气节

颜真卿是唐玄宗时代的一位忠臣。由于父亲很早就过世了，颜真卿照顾母亲格外孝顺．他非常喜欢读书，从小的志向与追求就不同凡俗，可谓深明大义、气节凛然，是一位非常爱国的忠贞之士，被人民尊称为“鲁郡公”。他的书法遒劲有力、圆润厚重，表现了凛然的大将军的气节，更表现着大唐独有的风骨和气韵。

颜真卿在平原县当太守的时候，看出了安禄山有叛变的迹象，便暗地里招兵买马，修筑城墙、屯积粮食，以防止突然的变故。不出所料，早就蠢蠢欲动的安禄山开始起兵谋反，一把火烧遍了中原，河北各郡相继沦陷，只有城墙坚固的平原县，在颜真卿率兵顽强的抵抗之下，守护得非常成功，河北各郡都把平原县看成像长城那样地重要。

当兵书传到河北的时候，除了颜真卿兄弟等人之外，居然没有人起兵抵抗叛贼。唐玄宗感到十分痛心，他叹息道：“河北二十四个郡，难道连一个忠臣都没有吗？”当得知颜真卿的义行之后，玄宗非常感慨，后悔当时因为一时失察，听信了杨国忠的谗言，而将他贬官到平原。玄宗说：“朕没有眼力看清颜真卿是怎样的人，想不到他是这样一位忠心耿耿的义士。玄宗不得已之下逃离了京城。安禄山最后虽然攻进京城，圆了他称王的梦，可是不久还是惨死在他的儿子手下。

后来，节度使李希烈造反，颜真卿由于得罪了权臣，而被派去执行一项非常危险的任务——劝李希烈投降。当时颜真卿已经七十多岁了，他毅然接受了这一任命，朝廷中所有的人都大惊失色，替他担心不已。

到了叛军那里，颜真卿正准备宣读诏书，就遭受到李希烈手下之人的谩骂与恐吓。颜真卿气宇轩昂，毫无惧色，那镇定而又勇敢的气度，反而让李希烈对他敬畏不已。后来有人劝李希烈说：“颜真卿是唐朝德高望重的太师，相公您想要自立为王，而太师他自己就来了，这难道不是天意吗？宰相的人选，除了颜真卿，还有谁会比他更合适？”

颜真卿听到这番话之后，威怒不已，大声喝斥他们不知廉耻。他说：“你知道我的兄长颜杲卿吗？难道你们不晓得，我们颜家都是如此地忠烈吗？颜家的子弟只知道要守节，就是牺牲生命也决不变节，我怎么可能接受你们的利诱。”原来，当时安禄山带兵横扫中原，气焰十分地嚣张。颜家兄弟号召天下的志士仁人一起出兵讨伐。颜杲卿率领义兵奋勇抵抗，在常山郡进行了悲壮的最后一战，最终还是寡不敌众，被叛军将领史思明俘虏了。安禄山想招降他，颜杲卿大骂安禄山忘恩负义，安禄山派人把颜杲卿绑起来，将其舌割掉，又用刀将他的身体一节一节地割掉，颜杲卿仍然强忍着巨痛，不住地痛骂一直骂到壮烈成仁。

李希烈听了颜真卿的表白之后，内心非常地惭愧，就向颜真卿谢罪，手下的这些叛贼看到这番情景，都低下头来，谁也不敢再说话了。后来李希烈以死相威胁，而颜真卿不为所动，他事先写好了遗书，作了必死的准备．最后叛贼痛下毒手，杀害了他。当时，他已经七十七岁了。

忠诚小语

忠诚仁爱的人，正是最勇敢的人，这在危难的关头表现得尤其明显。颜真卿把对国家的忠诚当作自己义不容辞的责任，这是多么的伟大．把这个责任坚守到生命的最后一刻，这是多么的坚韧。所谓“一门双忠，流芳千古”，颜家兄弟沿承了以“忠孝”传家的庭训，以凛然的气节，让后世的子孙，永远地缅怀与追念。

书生退敌

公元 1161 年九月，完颜亮做好一切准备，发动全国六十万兵力，组成三十二个军，全部出动，进攻南宋。出发之前，完颜亮趾高气扬地跟将领们说：“从前梁王（指兀术）进攻宋朝，费了多少时间，没取得胜利。我这次出征，多则一百天，少则一个月，一定能扫平南方。”

完颜亮的大军逼近淮河北岸，防守江北的主帅刘锜正在生病，派副帅王权到淮西寿春防守。王权是个贪生怕死的家伙，听到金兵南下，吓得丧魂落魄，根本没想抵抗。完颜亮渡过淮河，王权还没见到金兵的人影儿，早已闻风逃奔，一直逃过长江，到采石才停下来。

宋高宗听到王权兵败，才害怕起来。他把王权撤了职，另派李显忠代替王权的职务，并且派宰相叶义问亲自去视察江淮守军。

叶义问也是个胆小鬼，不敢亲自上前线，另派一个中书舍人虞允文，慰劳采石的宋军将士。

虞允文到了采石，王权已经走了，接替他职务的李显忠却还没到。对岸的金兵正在准备渡江。宋军没有主将，人心惶惶，秩序混乱。虞允文到了江边，只见宋军士兵三三两两垂头丧气地坐在路旁，把马鞍和盔甲丢在一边。

虞允文问他们说：“金人都快要渡江了，你们坐在这里等什么？”

士兵们抬头一看，见是一个文官，没好气地说：“将军们都跑了，我们还打什么仗？”

虞允文看到队伍这样涣散，十分吃惊，觉得等李显忠已经来不及了，就立刻召集宋军将士，告诉他们说：“我是奉朝廷的命令到这里来劳军的。你们只要为国家立功，我一定报告朝廷，论功行赏。”

大伙儿见虞允文出来做主，也打起精神来了。他们说：“我们吃尽金人的苦，谁不想抵抗。现在既然有您做主，我们愿意拼命作战。”

有个跟随虞允文一起去的官员悄悄地对虞允文说：“朝廷派您来劳军，又不是要您督战。别人把事办得那么糟，您何必背这个包袱呢？”

虞允文气愤地说：“这算什么话！现在国家遭到危急，我怎么能考虑自己的得失，逃避责任。”

虞允文是个书生，从来没有指挥过战争。但是爱国的责任心使他鼓起勇气。他立刻命令步兵、骑兵都整好队伍，排好阵势，又把江面的宋军船只分为五队，一队在江中，两队停泊在东西两侧岸边，另外两队隐蔽在港汊里作后备队。

宋军布置刚刚结束，金兵已经开始渡江。完颜亮亲自挥动着小红旗指挥。几百艘金军大船迎着江风，满载着金兵向南岸驶来。没有多少时间，金兵已经陆续登岸。

虞允文命令部将时俊率领步兵出击。时俊挥舞着双刀，带头冲向敌阵。兵士们士气高涨，拼命冲杀。金兵进军以来，从没有遭到过抵抗，一下子碰到这样强大的敌手，很快垮了下来。

江面上的宋军战船，也向金军的大船冲去。宋军的战船虽小，但是很坚实，就像尖利的钢刀一样，插进金军的船队，把敌船拦腰截断。敌船纷纷被撞沉。敌军一半落在水里淹死，一半还在顽抗。

太阳下山了，天色暗了下来，江面上的战斗还没有结束。这时候，正好有一批从光州（今河南潢州）逃回来的宋兵到了采石。虞允文要他们整好队伍，发给他们许多战旗和军鼓，从山后面摇动旗帜，敲着鼓绕到江边来。江上的金兵听到南岸鼓声震天，看到山后无数旗帜在晃动，以为是宋军大批援兵到来，纷纷逃命。

金军遭到意料不到的惨败，气得完颜亮暴跳如雷，一肚子怒气全发泄在士兵身上，把逃回去的士兵全拷打死了。

虞允文料想完颜亮不会甘心失败。当天夜里，就把战船分为两队，一队开到上游，一队留在渡口。到第二天天蒙蒙亮的时候，完颜亮果然又派金军渡江，虞允文指挥两队战船夹击。金兵尝过虞允文的厉害，没心思反抗。三百只大船被困在江心和渡口，宋军放起一把火，把敌船全烧了。

完颜亮在采石渡江不成功，又把他们的士兵乱杀了一批，才带着留下的人马到扬州去，想到那里去渡江。

宋军在采石大胜之后，主将李显忠才带兵到达。李显忠了解到虞允文指挥作战的情况，十分钦佩。

虞允文对李显忠说："敌人在采石失败之后，一定会到扬州去渡江。对岸镇江那边没准备，情况很危险。您在这儿守着，我到那边去看看。"

李显忠马上拨给虞允文一支人马，由虞允文率领前往镇江。

镇江原来是由老将刘锜防守。那时候，刘锜已经病得不能起床了。虞允文到了镇江，先去探望刘锜。刘锜躺在床上，紧紧拉着虞允文的手，心情沉重地说："国家养兵三十年，没有立过一点战功，想不到立大功的还是靠您这位书生，我们当将军的实在太惭愧了。"

虞允文安慰他一阵，就回到军营。他命令水军在江边演习。宋军制造了一批车船，由士兵驾驶，在江边的金山周围巡逻，来回像飞一样。北岸的金兵看了十分吃惊，赶快报告完颜亮。完颜亮大怒，把报告的人打了一顿板子。

这时候，金兵打了几次败仗，都害怕作战。有些将士暗地里商量逃走，完颜亮发现后，下了命令：士兵逃亡的杀死将领，将领逃亡的杀死主将；并且宣布第二天全军渡江，畏缩不前的处死。

金军将士对完颜亮的残酷统治再也忍受不住，还没等完颜亮发出渡江命令，当天夜里拥进完颜亮的大营，把他杀死了。

完颜亮一死，金兵就撤退了。

完颜亮带兵南侵的时候，金朝内部也出了事。一些不满完颜亮统治的大臣，另外拥戴完颜雍为皇帝，这就是金世宗。采石大战后，金世宗为了稳定内部，派人到南宋议和，宋金战争又暂时停了下来。

忠诚小语

作为一介书生，虞允文临危受命，统帅三军，勇敢迎敌，体现了他爱国忧国，勇于担当职责，把天下兴亡视为己任的赤子情怀。他虽然没有打过仗，却有勇有谋，用智慧和勇气积极迎战，体现了他的意志和斗志。在中国抗击侵略的历史上，虞允文的名字无疑应该写上重重的一笔。

李清照的情怀

靖康元年（1126）金人铁骑长驱南下，烽烟蔽日，鼙鼓震空。就在这年闰十一月，京城陷落，江山改色。次年，徽宗、钦宗在金兵的押送下，离开桑梓之邦，到山水迢递的异国他乡当阶下囚。刚刚即位的高宗赵构则渡江南逃，去寻找新的安身立命之地。战乱也殃及到普通百姓，44 岁的女诗人李清照被迫离乡背井，由青州辗转来到赵明诚任知府的建康（今江苏南京）。对南宋小朝廷一味逃跑、不作抵抗的行径，李清照挥笔写下了“南来尚怯吴江冷，北狩应知易水寒”的诗句。“南来”是指南宋君臣，“吴江”原指吴淞江，这里泛指南方。当时寇深祸急，形势严峻，所谓“北狩”其实是徽、钦二帝被俘北上当了亡国之君。“南渡衣冠少王导，北来消息欠刘琨”，则反映出李清照企盼朝廷中能有力挽狂澜的贤相良将出现，使宋朝转危为安。

东晋偏安江左，与南宋情况类似，当时过江人士一筹莫展，聚集在新亭（今江苏南京南）相对而泣，大臣王导厉声说：“当共戮力王室，克复神州，何至作楚囚相对泣耶?”及至他为相之后，“荆扬晏安，户口殷实”，被晋元帝称为“吾之萧何”。在李清照看来，倘若南宋也有一个王导式的人物，又何愁恢复无望！刘琨也是东晋的大将，他任司空兼都督并、冀、幽三州诸军事时，在北方边陲屡挫强敌，南宋要中兴，也亟须刘琨这样的人啊！“生当作人杰，死亦为鬼雄，至今思项羽，不肯过江东。”这首诗是李清照对兵败垓下、自刎乌江的项羽的赞颂。项羽宁愿一死了之，但决不忍辱偷生，这是何等的英雄气慨！南宋小朝廷却对金人唯唯诺诺，卑躬屈膝，与项羽相比，显得何等渺小！这里，对项羽的赞美反衬出来的是对南宋小朝廷的鄙夷和鞭笞。

屋漏偏逢连夜雨，船迟又遇顶头风。建炎三年（1129），49 岁的赵明诚一病不起，撒手人寰。此时李清照也因悲痛而染疾，而金兵又步步进逼，建康危在旦夕。她只得流徙洪州、台州（今属浙江），投靠明诚的妹婿和自己的弟弟。她费尽毕生心血搜购的书籍、珍玩，在颠沛流离中损失殆尽，使她痛心不已。人心弯弯曲曲水，世事重重叠叠山。就在她茕茕孑立、飘泊无定之际，竟有人落井下石，诬陷她家以玉壶颁赐金人，这无异是通敌大罪。李清照“大惶怖，不敢言，亦不敢遂已，尽将家中所有铜器等物，欲赴外廷投进”（《金石录后叙》）。她风鬟雾鬓，奔波于杭州、明州（今浙江宁波）、越州（今浙江绍兴）之间，为自己辩诬洗冤，最终得以澄清。流年似水，美人迟暮，年近半百的李清照眼见得丈夫物故，国事日非，不禁百感交集，写下了“寻寻觅觅，冷冷清清，凄凄惨惨戚戚”、“伤心枕上三更雨，点滴淋霪。点滴淋霪，愁损北人，不惯起来听”、“只恐双溪舴艋舟，载不动许多愁”、“如今憔悴，但余双泪，一似黄梅雨”等词，哀婉凄凉，读来使人泪眼潸潸，扼腕欷歔！

绍兴三年（1133）宋高宗派大臣韩肖胄、胡松年为正副使臣赴金国求和。李清照写了两首诗，表达自己对时局的关切。在《上枢密韩肖胄诗》中，她把韩肖胄比作西汉成帝时匈奴敬畏的丞相王商、唐代联回纥征吐蕃的郭子仪，期待他此行不辱使命，大扬国威：“匈奴畏王商，吐蕃尊子仪。夷狄已破胆，将命公所宜。”在《送胡松年使金》一诗中，她慷慨陈词，直抒胸臆：“闾阎嫠妇亦何知，沥血投书干记室。夷虏从来性虎狼，不虞预备庸何伤。”自己虽是里巷寡妇，但爱国之心不敢后人，因此才沥血投书以表热爱祖国的一片悃诚；提醒当政者金人侵略成性，不可不防。她想象韩、胡两人经过开封、洛阳二京时会万人空巷，箪食壶浆加以迎接：“想见皇华过二京，壶浆夹道万人迎”，那是多么令人激动振奋的事啊！

绍兴四年（1134）冬，卜居金华的李清照写下《打马图经》一文，她借古讽今，称赞东晋率军伐蜀的桓温和取得淝水大捷的谢安：“生平不负，遂成剑阁之勋；别墅未输，已破淮淝之贼。”她慨叹：“今日岂无元之（桓温），明时不乏安石。”朝中并不缺乏像桓温、谢安这样杰出的人才，只是未得重用而已。步入暮年的李清照为自己不能像花木兰那样建功立业感到遗憾，只有期待着有朝一日能与将士一道渡过淮水，收复失地：“木兰横戈好女子，老矣不复志千里，但愿相将过淮水。”清人李汉章有诗曰：“南渡偷安王气孤，争先一局已全输。庙堂只有和戎策，惭愧深闺《打马图》。”在对比中，让人对李清照巾帼不让须眉的豪气和爱国之情更加钦佩。

忠诚小语

作为一代才女，诗词是李清照的情感寄托。她用那别具一格的诗词，抒发了自己满腔的忧国忧民之情，也为后世留下了众多脍炙人口的佳作。作为一个文人，特别是一个女性文人，李清照不会投身于战场，用自己的血肉之躯同敌人作战。但通过她的诗词，我们也可以感觉到一个在困厄中度日的爱国者那种忧国忧民的思想情怀，同样让人潸然泪下。

守边御敌篇

公而忘家

霍去病是汉武帝的皇后卫子夫的外甥，从小就勤奋学习，刻苦练习骑马的本领和射箭的武艺。汉武帝很赏识他，称他为壮士，让大将军卫青任命他为骠骑校尉。

公元前 121 年春天，汉武帝任命霍去病为骠骑将军，率领精骑 1 万人，从陇西（今甘肃省临洮县）出发，攻打匈奴。在霍去病的指挥下，汉军所至，势如破竹，穿过 5 个匈奴王国，转战 6 日，越过焉支山（今甘肃省山丹县境内）1000 多里，在皋兰山（今兰州黄河西）与匈奴发生激战。霍去病率部勇猛异常，横冲直撞，阵斩匈奴折兰王、卢侯王，活捉了匈奴浑邪王的儿子及相国、都尉等，歼敌 8900 多人，并且缴获了匈奴体屠王的祭天金神像。汉军大获全胜。

接着，汉武帝决定乘势全部扫除匈奴在河西地区的势力，打通进入西域之路。于是发动了两次河西战役，大败匈奴。从此，匈奴的军事力量大大削弱，不得不退到遥远的大沙漠以北地区。汉朝西部的威胁彻底解除，通往西域的道路完全畅通了。长城内外一片和平气象，人民安居乐业。

霍去病一生曾 4 次领兵出塞攻打匈奴，共歼敌 11 万多人。他平时少言寡语，战场上却勇猛无比。他是一位军事天才，汉武帝常常劝他学习孙吴兵法，他却说："为将须随时运谋，何必定拘古法呢？"他是凭借战场上的直觉指挥战斗的，随机应变，闪电式行动，使他百战百胜，成为名扬后世的一代名将。

霍去病屡立战功，获得了高官厚禄，但他把个人的享受搁在一边，一心以国家利益为重。河西战役胜利后，汉武帝为了奖励他的卓越战功，特意命人在长安为他建造了一座豪华住宅，叫他去看看是否满意。霍去病谢绝了汉武帝的好意，气概豪壮地说："匈奴未灭，何以家为！"这句传诵千古的名言就是霍去病光辉一生的写照。

遗憾的是，正当他的生命焕发着灼灼异彩的时候，病魔便夺去了他的生命。霍去病 24 岁便英年早逝！

忠诚小语

霍去病从小就学到了一身本领，这是他报国的前提。而更加难能可贵的是，他不图安乐享受，而是以国家安宁为念，"公而忘家"，多次远征塞北，击败匈奴，为国泰民安做出了巨大贡献。在他短暂的一生中，许多时间都是在疆场上度过的，他的生命虽短，而对国家的历史贡献却万古长青。

夜袭阴山

唐太宗即位初期，中原战事虽然结束，但西边边境上还很不安定。特别是东突厥，当时还很强大，成为唐朝主要的威胁。太原起兵以后，唐高祖一心对付隋朝，只好靠妥协办法，维持了和东突厥的和好关系，但东突厥贵族仍旧不断侵扰唐朝境界，闹得地方不得安宁。

唐太宗即位不满二十天，东突厥的颉利可汗率领人马十多万，一直打到离长安只有四十里的渭水边。颉利以为唐太宗刚即位，未必敢抵抗，他先派出使者进长安城见唐太宗，扬言突厥兵一百万，马上开到。

唐太宗是见过世面的人，他不理颉利的威胁，把使者扣押起来。他先布置长安的唐军摆开阵势。接着，又亲自带了房玄龄等六名将领，骑马到渭水边的便桥，指名要颉利出来，隔河对话。

颉利听说使者被扣，已经有点吃惊；再看到太宗亲自上阵，后面唐军旌旗招展，军容整齐，不禁害怕起来。他带着突厥将领在渭水对岸，下马拜见太宗。

唐太宗隔着渭水对颉利说："我们两家早已订立盟约，几年来也没有少给你们金帛，为什么要背信弃义，带兵进犯？"

颉利被责备得无话可说，表示愿意讲和。过了两天，双方在便桥上订立盟约。接着，颉利就退兵了。

打这以后，唐太宗加紧训练将士，每天召集几百名将士在殿前练习弓箭。他跟将士们说："外敌进犯，这是常有的事，并不可怕。怕只怕边境稍为安定，人主就贪图安逸，忘记战争，敌人来了就抵挡不了。从现在起，平时我做老师，教你们弓箭；战时我当将帅，带领你们抵抗敌人。"

经过唐太宗的鼓励，将士专心练武，不出几年，就训练出一批精锐军队。

第二年，北方下了一场大雪，东突厥的牲畜死了不少，大漠以北发生饥荒。颉利可汗加紧对其他部族的压迫，又引起各部族的反抗。颉利派他的堂兄弟突利去镇压，反被打得大败。突利逃回去后，被颉利责打一通。两人因此翻了脸，突利投降了唐朝。唐太宗抓住这个时机，派出李靖、徐世勣等四名大将率领大军十多万，由李靖统率，分路出击突厥。

李靖是唐朝初年有名的军事家，精通兵法。他在隋朝末年归附唐朝，在唐朝统一战争中，立了不少战功。公元630年，李靖亲自率领三千精锐骑兵，从马邑出发，趁颉利不防备，连夜进军，逼近突厥营地。颉利毫无防备，发现唐军突然出现，大惊失色。将士们也慌了手脚，说："这次一定是唐朝发动全国兵力来了，要不然，李靖怎敢孤军深入呢？"

还没有到唐军发起攻击，突厥兵先乱了起来。李靖又派间谍混进突厥内部活动，说服颉利一个心腹将领投降。颉利一看形势不妙，就偷偷逃跑了。

李靖攻下定襄，得胜回朝，唐太宗十分高兴，说："从前汉朝李陵带兵五千，结果不幸被匈奴所俘虏；现在你以三千轻骑深入敌人后方，克服定襄，威震北方，这是自古以来少有的盛事啊！"

颉利逃到阴山以北，怕唐军继续追赶，派使者到长安求和，还说要亲自朝见。唐太宗一面派唐俭到突厥，表示安抚，另一方面又命令李靖带兵前去察看颉利动静。

李靖领兵到白道（在今内蒙古呼和浩特西北）和徐世勣会师。两个人商量怎样对付颉利。李靖说："颉利虽然打了败仗，但是手下人马不少，如果让他逃跑，以后我们再要追他，就很困难了。我们只要选一万精兵，带二十天粮，跟踪袭击，一定能把颉利活捉住。"徐世勣也赞成这个意见。两支军队就向阴山进发。

颉利可汗求和实际上只是缓兵之计，想等草青马肥季节来到，再逃到漠北。他看到唐俭来到，以为唐太宗中了他的计，暗暗高兴，防备自然也松懈下来。

当天晚上，李靖和徐世勣率领唐军到了阴山，命令部将苏定方率领二百名轻骑，冒着夜雾悄悄进军。当突厥前哨发现唐军的时候，唐军离颉利营帐只有七里地了。颉利得知唐军骑兵来到，赶快找唐俭，唐俭已经瞅机会脱身回到唐营。颉利慌忙骑上他的千里马逃走。李靖指挥唐军追杀，突厥兵没有主帅，乱成一团。唐军歼灭突厥兵一万多，还俘获大批俘虏和牲畜。

颉利东奔西逃，最后带着几个亲信躲在荒山里，被他的部下抓住后交给唐军，后来被押送到长安。一度很强大的东突厥灭亡了。唐太宗并没有杀死俘虏。在东突厥原地设立了都督府，让突厥贵族担任都督，由他们管理突厥各部。

这次胜利，提高了唐太宗在西北各族中的威信。这一年，回纥等各族首领一起来到长安，朝见唐太宗，拥护唐太宗为他们的共同首领，尊称他是"天可汗"。

忠诚小语

丝绸之路从汉代开始就非常通畅，然而自从东突厥兴起之后，屡屡犯边，致使中原地区战火不断，也使丝绸之路被逼中断。自从李靖阴山凯旋之后，西域各族人和亚洲许多国家的人不断来到长安。在这一时期，我国高僧玄奘和尚也通过西域各国到天竺去。可以说，正是李靖等人的功劳，才重新打通恢复了这些联系西域各国的纽带。以此看来，唐太宗及其将领们功莫大焉。

大破兀术

岳飞是南宋抗金的名将，我国历史上著名的民族英雄。

岳飞从小就喜欢《左传》、《孙子兵法》，并且非常喜欢武术，力气也特别大，一杆长枪舞起来如走龙蛇，威猛无比，没有人能招架得住。

20岁那年，早就渴望着有朝一日能为国家效力的岳飞应募从军。出发前，他的母亲在儿子的背上刺上了“精忠报国”四个字，让他随时准备着报效国家。

岳飞入伍后，时时想着母亲在自己背上刺下的字，每次作战都冲锋陷阵，勇猛无比。没过多久，就多次被提拔。32岁时被封为节度使，成为威震一方的名将。

1140年9月，金朝撕毁和南宋签订的和约，发动全国精锐部队，以兀术为统帅，分四路大举进攻南宋。南宋王朝面临覆灭的危险。宋高宗这才不得不下诏书，要各路宋军抵抗。

岳飞得到这个命令，立刻派兵迎战。没过几天，几路人马纷纷告捷，先后收复了颍昌（今河南许昌东）、陈州（今河南淮阳）和郑州。金军统帅兀术在东京听到岳飞进兵，大为恐慌，连忙召集部下将领一起商量对策。大家纷纷议论，说宋朝别的将师还容易对付，就是岳家军攻势难当。但是既然来了，只好集中全力，跟岳家军拼一下。接着兀术就和龙虎大王、盖天大王带大军进攻郾城。

兀术大军来到郾城，宋金双方都摆开战场。岳飞先派他儿子岳云领着一支精锐骑兵打先锋，他对岳云说：“这次出战，只能打胜仗，如果不能打胜，回来就先砍你的头！”

岳云答应了一声，就带头冲上阵去奋勇拼杀。宋军随着岳云，杀得金兵丢下了遍野的尸首。

兀术败了一阵，就调用他的“铁浮图”进攻。“铁浮图”是经过兀术专门训练的一支骑兵：这支人马都披上厚厚的铁甲，以三个骑兵编成一队，居中冲锋；又用两支骑兵从左右两翼包抄，叫做“拐子马”。

岳飞看准了拐子马的弱点，命令将士上阵时候，带着刀斧。等敌人冲来，弯着身子，专砍马脚。马砍倒了，金兵跌下马来，岳飞就命令士兵出击，把铁浮图、拐子马打得落花流水。兀术听到这消息，哭得挺伤心，说：“自从起兵以来，全靠拐子马打胜仗，这下全完了。”但他不肯认输，过了几天，又亲自率领12万大军进攻宋军。岳飞部将杨再兴带领三百名骑兵在前哨巡视，见到金兵，立即投入战斗，杀伤敌人2000多人。

兀术在郾城失败，又改攻颍昌。岳飞早料到这一着，派岳云带兵救援颍昌。岳云带领八百骑兵往来冲杀，金兵竟没人能抵挡。后来宋军步兵和义军分左右两翼包围，金兵又打了个大败仗。岳家军节节胜利，一直打到距离东京只有45里的朱仙镇。

河北的义军听到岳家军打到朱仙镇，都欢欣鼓舞，渡过黄河来同岳家军会合。老百姓用牛车拉着粮食慰劳岳家军，有的还顶着香盆来欢迎，个个兴奋得直流眼泪。

岳飞眼看这个胜利的形势，也止不住心里的兴奋。他鼓励部下说：“大家努力杀敌吧。等我们直捣黄龙府的时候，再跟各路弟兄痛痛快快喝酒庆祝胜利吧！”

可叹的是，南宋政权采取苟安政策，连连得胜的岳飞却被调离了战场，后来又被奸相秦桧所害。不过，岳飞的事迹和精神却为后人所传颂。

忠诚小语

岳母刺字，岳飞抗敌，千古以来流传着他们的精忠报国的故事。报国，既要有过硬的本领，也要有一腔赤诚之心，这对于岳飞，可谓两全齐美。作为当今时代的我们，报效祖国，不能凭口号，而要付诸行动；要担当起建设现代化和和谐社会的重任，没有一身本领只能是空谈。要报国，就要先学报国之术。

慷慨赴难

文天祥是南宋时期著名的民族英雄。他从小在严父良师的教导督促下刻苦学习，20 岁时即中状元，后入朝为官。

此后十几年中，文天祥断断续续出任瑞州知州、江西提刑、尚书左司郎。他为南宋朝廷披肝沥胆，每每遇事，都挺身而出。可恨朝中奸臣当道，终被当朝皇帝宋理宗罢官。

公元 1260 年，忽必烈即蒙古汗位，又于 1271 年改国号为元。1274 年，忽必烈发 20 万元军水陆并进，直取临安。南宋政权一片混乱。

1275 年，时任赣州知州的文天祥，散尽家资招兵买马，数月内组织义军 3 万，开始了戎马生涯。这年冬天，文天祥奉命火速增援临安门户独松关，离平江三天后，平江城降。未到目的地，关已失守。急返临安，准备死战，却见满朝文武纷纷弃官而逃，文班官员仅剩 6 人。

1277 年，文天祥率军移驻龙岩、梅州，挺进江西。在雩都大败元军，攻取兴国，收复赣州 10 县、吉州 4 县，人心大振，江西各地响应，全国抗元斗争复起，文天祥号令可达江淮一带，这是他坚持抗元以来最有利的形势。元军主力开始进攻文天祥兴国大营，文天祥寡不敌众率军北撤，败退庐陵、河州，损失惨重，妻子儿女也被元军掳走。

第二年年底，文天祥在海丰北五坡岭遭元军突然袭击，兵败被俘，立即服冰片自杀，未果。降元的张弘范劝降，遭严词拒绝。文天祥曾写《过零丁洋》以明志："辛苦遭逢起一经，干戈廖落四周星。山河破碎风飘絮，身世浮沉雨打萍。惶恐滩头说惶恐，零丁洋里叹零丁。人生自古谁无死，留取丹心照汗青。"

文天祥被押往大都，一路上"风雨羊肠道，飘零万死身"，路过文天祥的家乡时，怕有乡亲劫船，便把他颈项和双足捆锁在船里。文天祥绝食反抗 8 天，因听说船将在建康停留，又唤起了逃跑的希望，恢复饮食。在建康，被严密隔离囚禁的文天祥写下了"铜雀春情，金人秋泪，此恨凭谁雪？堂堂剑气，斗牛空认奇杰"的词句。

文天祥被押解到大都，被安置在高贵的房间里，摆有佳肴美酒。虽然劝降的人一拨接一拨，都被他严词拒绝了。忽必烈亲自来劝降，并许以宰相之职，他仍不为所动。

元统治者将他投入恶牢，囚禁折磨达 3 年之久，有意让他读到正在元宫中充当女仆的被俘妻女的信，并派他已降元的弟弟来狱中探望。但文天祥不为百般折磨、千般利诱、万缕亲情所动，凛然作《正气歌》，颂历史人物不朽业绩，抒其"是气所磅腐，凛烈万古存，当其贯日月，生死安足论"之志向。

在押赴刑场的路上，披枷带锁的文天祥面不改色，神色安然。他问旁边的百姓：“哪边是南方？”然后向南拜了几拜，从容就义。在场众人都为这宁死不屈的民族豪杰流下了眼泪。

忠诚小语

“人生自古谁无死，留取丹心照汗青”。这是文天祥一生的写照。当国家遭受侵略时，决不苟活，决不卸责，奋起反抗；当爱国和生命不可兼得时，毅然舍弃生命，以捍卫自己的爱国心。他的这种威武不屈、视死如归的民族气节和高尚情操，令其短暂的生命发出耀眼的光辉，并成为后人的楷模。

阻击金兵

金兵南下，一直赶到明州海边，一路上不断遭到百姓组织起来的义军的袭击。金将兀术想到长江沿岸还留着宋军的大批人马，不敢多留，带领金兵抢掠了一阵以后，向北方退兵。

公元1130年3月，兀术带了十万金兵北撤，到了镇江附近，就遇到宋军大将韩世忠的拦击。韩世忠是主张抗金的将领，他对金兵的侵略暴行，十分气愤，决心趁金兵北撤的时候，狠狠阻击。

兀术到了江边，打听到韩世忠不放他们过江，就派个使者到宋营下了战书，要求跟宋军决战。韩世忠答应了他们，还跟兀术约定了决战的日期。那时候，金兵有十万人，但是韩世忠手下宋军总共才八千人，双方兵力相差很大。韩世忠明白，要打赢这个仗，只有依靠士气。他跟妻子梁红玉商量作战方案。梁红玉是个很有见识、又懂武艺的女将。她支持丈夫的计划，并且要求一起参加战斗。

韩世忠又召集部将商量，说：“这一带地势，要数金山（在镇江西北）上的龙王庙最险要。估计金人一定会到那儿去侦察。”他派出一名部将带领二百士兵到龙王庙设下埋伏。

果然不出韩世忠所料，过了一天，就有五名金军将士骑马上了金山，到龙王庙前察看宋军动静。庙里埋伏的宋兵等到金人靠近，擂响战鼓，冲杀出来。五名金军将士一见中了埋伏，拨转马头就逃。宋兵追赶上去，抓住了两名金兵。另外三名伏在马背上没命地逃奔，其中一个身穿红色战袍、系着玉腰带的金将，慌里慌张从马上摔了下来，又急忙跳上马背逃走。宋军审问了俘虏，才知道那个穿红袍的，就是金军主帅兀术。

决战的时刻来到了。双方在江边摆开阵势，展开了一场血战。韩世忠披挂上阵，他的夫人梁红玉身穿戎装，在江心的一艘战船上擂响战鼓。将士们见主帅夫人上阵助战，士气高涨，纷纷冲杀过去。金兵虽然人马多，但是，一来军纪涣散，二来长途行军，十分疲劳，哪儿敌得过韩世忠手下精兵的袭击。一场战斗下来，金兵伤亡惨重，连兀术的女婿龙虎大王也被活捉。

兀术又派出使者到宋营，情愿把从江南抢来的财物全还给宋军，只求让他们渡江，韩世忠不答应。兀术又提出把他带来的一匹名马献给韩世忠，也被拒绝。

兀术没法过江，只好带着金兵乘船退到黄天荡（今江苏南京市东北）。哪里知道黄天荡是一条死港，船驶进那里，找不到出路。金兵正在进退两难的时候，有人献计说："这里原来有一条河道，可以直达建康，只是现在堵塞不通，如果叫士兵开凿出来，就可以逃过宋军的追击了。"

兀术立刻命令金兵开挖河道。金兵人多，挖了一个通宵，就开凿了一条五十里长的水道。兀术赶忙指挥金兵沿水道逃到建康，不料半路上又遇到宋将岳飞的堵击，只好退回到黄天荡。

金兵在黄天荡被宋军围困了四十八天，将士们叫苦连天。这时候，江北的金军也派兵来接应。兀术想用小船渡江，韩世忠早有准备，他在大船上备好大批带着铁索的挠钩，等金兵的船只渡江的时候，大船上的宋兵用长钩把小船钩住，再用铁索用力一拉。小船翻了，金兵连人带船一起沉在江心里。

兀术十分焦急，请求韩世忠上阵对话，苦苦要求韩世忠让他们渡江。韩世忠说："你们要过江不难，只要你们归还占领的地方，我就放你过江。"

兀术回到金营，跟金将商量对付宋军的办法，他愁眉苦脸地说："宋军行船好像我们骑马，来去像飞一样快，我们怎么渡得了江？"

部下有人说："现在形势危急，只要悬赏叫人献计，也许还有希望。"

兀术下命令挂出悬赏牌，果然有一个汉奸跑来献计说："宋军的大海船，是靠风帆行驶的，只要挑个没风的日子出江，大船就驶不动了。"他还教兀术用火攻的办法攻击宋军。

过了几天，正遇到个大晴天，江面上风平浪静。金兵偷偷登上小船，分批渡江。韩世忠想用大船赶上去拦击，但是因为没有风，大船行驶慢，赶不上小船。正在着急的时候，金兵的火箭纷纷射来，射中了宋船的风帆。风帆起了火，整个船只都延烧起来，船上的宋军纷纷落水。韩世忠只好放弃船只，乘小船退回镇江。

兀术摆脱韩世忠的阻击，带兵回到建康，抢掠了一阵，准备撤回北方，到了静安镇（今江苏江宁西北），又遭到了岳飞军的袭击，被杀得一败涂地，狼狈逃窜。岳飞赶走金兵，收复了建康。

忠诚小语

韩世忠是和岳飞齐名的抗金名将。他和岳飞等将领互相支援，各挡一面，为抗击侵略和保卫国家做出了杰出的贡献。如果没有他牵制金兵，单靠岳飞那是不可能取得最后胜利的。他们对人民的忠诚，对国家的忠诚，对朝廷的忠诚，使他们成为流传千古的爱国名将。

力主抗辽

1004年，辽朝萧太后、辽圣宗亲自率领20万大军南下犯宋，前锋已经到了澶州（今河南濮阳）。告急文书像雪片一样飞到朝廷。副宰相王钦若和另一个大臣陈尧叟却暗地里劝真宗逃跑。宋真宗听了这些意见，犹豫不决。最后宋真宗召见新任宰相寇准，问他说："有人劝我迁都金陵，有人劝我迁都成都，你看该怎么办才好？"

寇准一看两边站着的王钦若和陈尧叟，心里早有了数。他声色俱厉地说："这是谁出的好主意？出这种主意的，应该先斩他们的头！"他认为只要真宗亲自带兵出征，鼓舞士气，一定能打退辽兵，告诫说，如果放弃东京南逃，人心动摇，敌人就会乘虚而入，国家就保不住了。

宋真宗听了寇准一番话，也壮了胆，决定亲自率兵出征，由寇准随同指挥。大队人马刚刚到韦城（今河南滑县东南），听到南下辽军兵势强大，一些随从大臣吓坏了，趁寇准不在的时候，又在真宗身边唠叨，劝真宗暂时退兵，避一避风头。宋真宗本来不很坚决，一听这些意见，动摇起来，又召见寇准。

宋真宗对寇准说："大家都说往南方跑好，你看呢？"

寇准严肃地说："主张南逃的都是懦弱无知的人。现在敌人迫近，人心动荡。我们只能前进一尺，不可后退一寸。如果前进，河北各军士气百倍；如果后退几步，将会全军瓦解，敌人趁机紧紧追赶，陛下想到金陵也去不成了。"

宋真宗听寇准说得义正词严，没话可说，但是心里还是七上八下，定不下主意。

寇准走出行营，正好碰到殿前都指挥使高琼。寇准冲着高琼说："您受国家栽培，该怎么报答？"

高琼说："我愿以一死报国。"

寇准就带着高琼又进了行营，重新把自己的意见向宋真宗说了一遍，并且说："陛下如果认为我的话不对，请问问高琼。"

高琼在旁边接着说："宰相说的话是对的。禁军将士家属在东京，都不愿南逃。只要陛下亲征澶州，我们决心死战，击败辽兵不在话下。"

宋真宗还没开口，寇准紧接着又逼了一句说："机不可失，请陛下立刻动身！"

在寇准、高琼和将士们的催促下，宋真宗才决定动身到澶州去。

这时候，辽军已经三面围住了澶州。宋军在要害的地方设下弩箭。辽军主将萧达兰带了几个骑兵视察地形，正好进入宋军伏弩阵地，弩箭齐发，萧达兰中箭丧命。

辽军主将一死，萧太后又痛惜又害怕。她又听说宋真宗亲自率兵抵抗，觉得宋朝不好欺负，就有心讲和了。

贪生怕死的宋真宗不顾寇准的反对，派使者到辽营谈判议和条件。双方正式达成和议，宋朝每年给辽朝绢20万匹，银10万两。不用说，这笔巨额赔款，长期成为北宋人民额外的沉重负担。历史上把这次议和叫做"澶渊之盟"。

由于寇准的坚持抗战，到底避免了更大的失败。宋真宗也觉得寇准有功劳，挺敬重他。但是原来主张逃跑的王钦若却在宋真宗面前说，寇准劝真宗亲征，是把皇上当赌注，孤注一掷，简直是国家的一个大耻辱。宋真宗一想起在澶州的情景，真有点后怕，就反过来怨恨寇准，就把寇准的宰相职位免掉了。

忠诚小语

在众臣都主张逃跑的情况下，寇准力主抗敌，从而最大限度地避免国家付出更大的代价。由于皇帝和一些大臣的贪生怕死，议和最终实现了，国家和人民遭受了重大的损失，但作为一个爱国宰相，他的坚决抗战、决不投降的意志和坚定立场，受到了后人的称赞和景仰。

死不忘国

陆游，字放翁，是南宋著名的爱国诗人，他的童年正值兵荒马乱的亡国之年。

投降派秦桧死后，朝廷里主战派占了上风。新皇帝宋孝宗听说陆游的诗写得好，就召见了他。对他说："你的学问和文采，我都知道。你对国家大事有什么想法吗？"

陆游激动地说："陛下想重振国威，这非常好。可是，如果光是下诏书、发命令，还不行。一定要做些实事，比如要好好整顿纲纪，还要不分南北任用有才能的人。"

"切中要害呀！"宋孝宗点头称赞。

陆游十分兴奋。主战派也心情振奋。他们聚集在一起，由陆游起草，写了一个出兵北伐收复失地的计划给皇帝。大臣们已计划联合西夏和北方的义军共同消灭金国。又是陆游起草，写了两封密信，派人送去。陆游为自己能参加这样的大事，感到十分自豪。

1163 年，宋孝宗派大将张浚出师北伐。开始，宋军打了胜仗，收复了一些地方，可因为内部不团结，后来又失败了。投降派乘机说服宋孝宗，又要和金国议和，还罢免了张浚。陆游因为积极主张抗战，也被罢了官。

48 岁那年，陆游被调到西北抗金前线的重镇南郑（在现在陕西省）。南郑的最高军政长官叫王炎，是一位主张抗战的将领。他很看重陆游的才能，经常请他出谋划策，同他商议战略战术。

当时，宋朝和金国虽然签订了"和议"，但是边境上仍常有小的战斗发生。陆游常常跟士兵一起巡逻，还参加过打仗。

有一次，陆游骑着马，带领一队士兵在大散关一带巡逻。隆冬天气，山下白雪皑皑，北风寒冷彻骨。陆游注视着四周，忽然发现一小股敌人骑兵来偷袭。他马上命令士兵们在林子里隐蔽起来，用弓箭瞄准敌人的坐骑。当敌人靠近的时候，他一声令下，一支支利箭就呼呼地飞了过去。敌骑中的九匹马被射中了，上面的敌兵栽了下来。陆游乘机带领士兵冲了上去，他挥舞宝剑，左砍右杀，勇猛异常。这一仗打胜了。

陆游在南郑不到一年，朝廷中的投降派势力又抬头了。王炎被调回临安，恢复中原的事又没指望了。没过多久，陆游也被调到成都去做一名闲官。

陆游一心报效祖国，却屡遭挫折。然而，他没有丧失信心，恢复中原的愿望更加强烈了。在闲居故乡的岁月里，他始终不忘国家遭受外敌欺侮的耻辱，甚至在梦中，也看见宋朝军队杀败敌兵的场面。后来，朝廷中主战派起兵北伐，打了几个胜仗。陆游得知，心中无比激动。但是不久宋军就连打败仗，皇帝又失去了作战的信心。投降派乘机活动，同金国订立了丧权辱国的“和议”。主战派有的被杀，有的被流放。南宋王朝从此就一蹶不振。

听到这些不幸的消息，陆游心中又忧虑又悲愤。1210年深秋，85岁高龄的陆游身体越来越差。陆游知道自己很难有康复的希望了。但是他一刻也没有忘记灾难深重的祖国。从少年时代起，他就盼望着有一天能赶走侵略者恢复中原，不想一过几十年，自己都80多岁了，国家依然分裂着。想到这些，他不由得老泪纵横。可他还是寄希望于子孙后代，相信总有一天中原能收复，祖国会统一。

病危的时候，陆游示意把纸和笔砚拿来。他慢慢地拿起笔，蘸上墨，颤颤抖抖地写下一首《示儿》诗：

死去元知万事空，
但悲不见九州同。
王师北定中原日，
家祭无忘告乃翁！

这首充满血和泪的诗，表现了陆游至死不变的爱国主义精神和对正义事业必将获胜的坚定信念。它传诵千古，激励着一代又一代爱国的人们。

忠诚小语

陆游既是一个杰出的诗人，也是一个杰出的爱国者。然而，在那个腐败无能的朝代里，他的一腔报国之志难以施展，只能把它化作豪迈奔放的诗篇。一个人，几十年如一日地心怀国忧，志在一统国土，至死仍感念系之，并把希望寄托于后人。这种爱国精神虽不如战场拼杀那样惨烈，却也能情动人心，让人心生敬意。

保卫北京

于谦是明朝著名的民族英雄，浙江钱塘（今杭州）人。他自小有远大的志向。小时候，他的祖父收藏了一幅文天祥的画像。于谦十分钦佩文天祥，把那幅画像挂在书桌边，并且题上词，表示一定要向文天祥学习。

1449年，于谦在朝廷为官期间，恰遇瓦剌50万大军压境，俘虏了明英宗，京城告急。于谦毅然担负起守城的重任。瓦剌首领也先知道明朝决心抵抗瓦剌，就以送明英宗回朝为借口，大举进犯北京。

1449年10月，瓦剌军很快打到北京城下，在西直门外扎下营寨。于谦立刻召集将领商量对策。大将石亨认为明军兵力弱，主张把军队撤进城里，然后把各道城门关闭起来防守，日子一久，也许瓦剌会自动退兵。

于谦说："敌人这样嚣张。如果我们向他们示弱，只会助长他们的气焰。我们一定要主动出兵，给他们一个迎头痛击。"接着，他分派将领带兵出城，在京城九门外摆开阵势。

于谦在城外把各路人马布置好后，他亲自率领一支人马驻守在德胜门外，叫城里的守将把城门全部关闭起来，表示有进无退的决心。并且下了一道军令：将领上阵，丢了队伍带头后退的，就斩将领；兵士不听将领指挥，临阵脱逃的，由后队将士督斩。

将士们被于谦勇敢坚定的精神感动了，士气振奋，斗志昂扬，下决心跟瓦剌军拼死战斗，保卫北京。

这时候，各地的明军接到朝廷的命令，也陆续开到北京支援。城外的明军增加到22万人。

明军声势浩大，戒备森严。瓦剌军发动几次进攻，都遭到明军奋勇阻击。城外的百姓也配合明军，跳上屋顶墙头，用砖瓦投掷敌人。经过5天的激战，瓦剌军死伤惨重。

瓦剌军遭到严重损失，又怕退路被明军截断，不敢再战，就带着明英宗和残兵败将撤退。

于谦等明英宗去远了，就用火炮轰击，又杀伤了一批瓦剌兵。北京城保卫战，取得了辉煌的胜利。瓦剌军失败后，知道扣住明英宗也没有用处，就把明英宗放回北京。

然而，明英宗复位后，对于谦在他被俘流亡的时候，帮他弟弟即位称帝，心里本来有气，再加上奸臣的挑唆，竟给于谦加上个"谋反"的罪名，把于谦杀害。

忠诚小语

于谦为官清廉，为将勇敢。他坚守京城，坚决与敌决战，终于保卫了京城，迎来了国家的安全和百姓的平安。"疾风知劲草，板荡识诚臣"。千古以来，正是那些在国难当头挺身而出、舍身保国的仁人志士，用他们的热血和生命谱写了一曲又一曲的爱国绝唱，成为后人的楷模。我们要爱国，就要从这些英雄人物身上学习和感受他们的伟大和不凡之处，使这种精神代代相传。

死守扬州

崇祯帝在景山上吊自杀的消息传到明朝陪都南京，南京的大臣们一片慌乱。他们立了一个逃到南方的皇族、福王朱由崧做皇帝，在南京建立了一个政权，历史上把它叫做南明。南明政权的兵部尚书史可法做了督师。他以身作则，跟士兵同甘共苦，受到将士们的爱戴。

没多久，清军在多铎带领下，大举南下，逼近扬州。史可法发出紧急檄文，要各镇将领集中到扬州守卫。但是过了几天，竟没有一个发兵来救。史可法知道，只有依靠扬州军民，孤军奋战了。

清军到了扬州城下，多铎先派人到城里向史可法劝降，一连派了5个人，都被史可法拒绝。多铎恼羞成怒，下令把扬州城紧紧包围起来。

扬州城危急万分，城里一些胆小的将领害怕了。第二天，就有一个总兵和一个监军背着史可法，带着本部人马，出城向清军投降。这一来，城里的守卫力量就更薄弱了。

史可法把全城官员召集起来，勉励他们同心协力，抵抗清兵，并且分派了守城的任务。他分析了一下形势，认为西门是最重要的防线，就亲自带兵防守西门。将士们见史可法坚定沉着，都很感动，表示一定要和督师一起，誓死抵抗。

1645年4月19日，史可法决定亲去扬州西门督战。临行前，他给自己的母亲和妻子写了诀别信，并且很郑重地收心腹部将史德威为义子，并让他代自己向母亲行孝。一切安排就绪，史可法就义无反顾地走向战场。

这时，多铎命令清兵没日没夜地轮番攻城。扬州军民奋勇作战，把清兵的进攻一次次打回去。清兵死了一批，又来了一批，形势越来越危急了。多铎下了狠心，开始用大炮攻城。他探听到西门防守最严，又是史可法亲自防守，就下令炮手专向西北角轰击。炮弹一颗颗在西门口落下来，城墙渐渐塌下，终于被轰开了缺口。

史可法正在指挥军民堵缺口，大批清军已经蜂拥着冲进城来。史可法眼看城已经没法再守，拔出佩刀往自己脖子上抹。随从的将领们抢上前去抱住史可法，把他手里的刀夺了下来。史可法还不愿走，部将们连拉带劝地把他保护出小东门。这时候，有一批清兵过来，看见史可法穿的明朝官员的装束，就吆喝着问他是谁。

史可法怕伤害别人，就高声说："我就是史督师，你们快杀我吧!"

1645年4月，扬州城陷落，史可法被俘后，多铎亲自审问他。多铎想引诱史可法投降，然而史可法断然拒绝，他在敌人面前再一次表示了与城共存亡的决心。多铎见史可法拒不投降，只得将他杀害。

忠诚小语

处顺势而豪气冲天，固然可贵；处逆势而沉着坚定，更属难能。史可法处逆势而挺身而出，宁死不屈，其情、其勇、其志实在可歌可泣！他那坚贞不屈的精神和事迹一直激励着后人，他那视死如归的民族气节是值得我们每一个青少年大力学习的。

少年英雄

“自古英雄出少年”。中国历史上少年英雄不胜枚举，明末清初夏完淳就是一个很有民族气节的少年英雄。

夏完淳幼时，曾师从张溥、陈子龙等知名学者，学得满腹诗文。同时又深受父亲夏允彝等爱国志士的影响，从小就怀有远大抱负，经常思索救国救民的良策。

1645 年，清军南上，攻城掠地。当时夏完淳只有 15 岁，刚刚结婚不到一个月，就毅然离开新婚妻子，与父亲和老师一起在松江一带起兵抗清。

不久，清军围攻松江。夏允彝父子和陈子龙冲出清兵包围，到乡下隐蔽起来。清兵到处搜捕，还想引诱夏允彝出来自首。夏允彝不愿落在清兵手里，投到河塘里自杀。他留下遗嘱，要夏完淳继承他的抗清遗志。

父亲的牺牲引起夏完淳万分悲痛，也激起他对清朝的仇恨。他和陈子龙秘密回到松江，准备再组织起义军。过了一年，陈子龙也被清军逮捕。陈子龙不愿受辱，在被押解到南京的船上，挣脱绳索，跳河自杀。

夏完淳正在为失去他的老师而悲痛之时，因为叛徒告密，他自己也被捕了。清军派重兵把他押到南京。

夏完淳在监狱里被关押了 80 天。他给亲友写了许多可歌可泣的诗篇和书信。死亡的威胁并没有使他恐惧，他感到伤心的就是没有实现他保卫民族、恢复中原的壮志。

对夏完淳的审讯开始了，主持审讯的正是降将洪承畴。洪承畴知道夏完淳是江南出名的“神童”，想用软化的手段使夏完淳屈服。他问夏完淳说：“听说你给鲁王写过奏章，有这事吗?”

夏完淳昂着头回答：“正是我的手笔。”

洪承畴装出一副温和的神气说：“我看你小小年纪，未必会起兵造反，想必是受人指使。只要你肯回头归顺大清，我给你官做。”

夏完淳假装不知道上面坐的是洪承畴，厉声说：“我听说我朝有个洪亨九（洪承畴的字）先生，是个豪杰人物，当年松山一战，他以身殉国，震惊中外。我钦佩他的忠烈。我年纪虽然小，但是杀敌报国，怎能落在他的后面。”

这番话把洪承畴说得啼笑皆非，满头是汗。旁边的士兵以为夏完淳真的不认识洪承畴，提醒他说：“别胡说，上面坐的就是洪大人。”

夏完淳“呸”了一声说：“洪先生为国牺牲，天下人谁不知道。崇祯帝曾经亲自设祭，满朝官员为他痛哭哀悼。你们这些叛徒，怎敢冒充先烈，污辱忠魂!”

说完，他指着洪承畴骂个不停。洪承畴被骂得脸色像死灰一样，不敢再审问下去，一拍惊堂，喝令士兵把夏完淳拉出去。

1647 年 9 月，17 岁的少年英雄在南京英勇就义。

忠诚小语

夏完淳是当之无愧的少年英雄，他不留恋美好时光，毅然选择为国捐躯。与雄才大略的名臣武将们相比，那些舍生取义、有所作为的少年英雄，他们身上所体现出的献身精神和责任意识更让人敬佩；而像洪承畴这样的贪图富贵、不顾廉耻的卖国贼，连一个小孩都不如，更加令人不齿。

死难忠臣

明代的袁崇焕，在抵抗清军战斗中屡立战功，崇祯二年（1629）十月，后金皇太极突如其来地发动了一次大胆而冒险的军事行动。他绕过明朝重兵屯守的辽西防线，率领10万大军，避开山海关，轻而易举地突破了北长城潘家口、洪山口等边镇闯入关内直扑京师。

得知这个消息的袁崇焕心急如焚。请旨已来不及，等待降旨需要时间，他迅速做出决定：立即发兵赶赴京师增援。皇太极统率后金军马一路下遵化入蓟州越顺义、通州，紧接着攻打牧马厂，离京师只有20多里了。袁崇焕亲率援兵如从天而降，出奇不意地在马桥出现，皇太极十分惊骇。

看到袁崇焕的援兵到了，六神无主的崇祯皇帝朱由检才算一块石头落了地。他召见入城晋见的袁崇焕，好言好语慰劳勉励一番。袁崇焕率领的兵马经过几昼夜的长途跋涉，早已疲惫不堪，立即与敌交战很困难。他请求入城休整，但朱由检却不答应。袁崇焕无奈，只得在沙河门外安营，与后金军的营寨遥遥相对，袁崇焕在营外布置了伏兵，防备后金军的偷袭。果然，当夜后金军乘着夜色来攻打，但遭到一阵迎头痛击，后金军吃了大亏，抱头鼠窜地退去。

袁崇焕预料后金军远道而来，粮草有限不能持久，自己的兵马也需要养精蓄锐以利再战。等到后金军撑不下去撤兵时，再奋力攻击，一定可以大获全胜。于是，他选择了城东角上的险要处扎下营寨，四周竖立木栅，以逸待劳。

皇太极多年来与明军交战，从不曾遭遇像袁崇焕这样的劲敌。袁崇焕在辽西一带设防让后金大吃苦头，皇太极对袁崇焕恨之入骨，决定用反奸计除掉他。故意让两人以为听见满清将军之间的耳语，谓袁崇焕与满人有密约，皇太极再放其中一名太监回京。崇祯皇帝中计，以为袁崇焕谋反。崇祯三年（1630），袁崇焕以“通虏谋叛”、“擅主和议”、“专戮大帅”的罪名“磔”（凌迟）死于北京甘石桥。

忠诚小语

袁崇焕英勇杀敌，令敌胆战心惊，使其灭明之图屡屡受挫。然而，正如古代所有反间战例那样，在战场上所向无敌的爱国将领，却死于敌方的反间计。这不仅是袁崇焕的悲哀，也是整个明朝的悲哀。据说，袁崇焕死后，他家的义仆为其收敛骸骨，葬于北京广渠门内广东义园，并从此世代为袁守墓。一百多年以后，清人修《明史》，清朝才把这一冤案揭开，并对袁崇焕给予高度评价。

收复台湾

明朝末年，社会动荡不安，国家内忧外患交困。荷兰侵略者趁机侵占台湾，四处勒索台湾民众，残酷镇压人民反抗。

满怀报国热忱的郑成功自少年时随父到台湾，便目睹了台湾人民的苦难。此时，他看到荷兰侵略者的种种暴行，心头立即燃起了报国复仇的火焰，他发誓一定要赶走侵略者，收复台湾。

就在郑成功修造船只、筹集粮草，准备渡海作战时，在荷兰军队里当过翻译的何廷斌找到郑成功，送给他一张台湾地图，并详细讲述了荷兰在台湾的军事部署，同时告知郑成功："你们的部队一到台湾，我们全台湾人民一定全力支持。"郑成功获悉这些可靠情报，更加坚定了收复台湾的信心与决心。

公元1661年4月的一天，阴霾密布，郑成功亲率2.5万将士，分乘300多艘兵船，从金门越过台湾海峡，经澎湖岛，直捣台湾。

船队到达台湾鹿耳门港口，郑成功命令熟悉海势地形的何廷斌领航，趁涨潮的机会驶入港内，登上台湾岛。台湾数千百姓成群结队，前来迎接亲人，这极大地鼓舞了郑军士气。

随后，郑成功又一鼓作气顺利攻下赤嵌城。荷兰军官看正面攻击不占上风，就想施计拖延。他们一面派人向郑成功求和，并以10万两白银利诱，另一面却悄悄地去爪哇搬救兵。

郑成功识破了敌人的伎俩，义不容辞地说道："台湾自古以来就是我国的领土，如果你们不撤退，就别怪我们不客气了。"台湾城如同一座堡垒，建筑十分坚固，防守十分严密，各处均设有了望台，安装着千斤大炮，易守难攻。但是，台湾城是荷兰殖民主义者在台湾的统治中心，只要攻克台湾城，就意味着结束了荷兰在台湾的殖民统治。因此，郑成功下令强攻。郑军四面出击，可无论哪个角度都无法躲开敌人猛烈的火力，几次进攻均告失败，而且将士伤亡惨重，这令郑成功心急如焚。

郑军中有个叫萧拱辰的参军，他建议采用长期围困的战略，逼迫荷兰军队投降。郑成功欣然采纳，决计长期围困台湾城，直至城中几乎弹尽粮绝。在围困8个多月后，郑成功见时机成熟，决定转入全面进攻。郑军摆开了28门巨炮，猛轰台湾城。炮弹在城堡上炸开，顷刻间瓦石乱飞，一片火海，荷兰军死亡极为惨重。荷兰总督揆一见大势已去，只好带着残兵败将，向郑成功脱帽行礼、递上降书，灰溜溜地离开了台湾。至此，被侵占38年之久的台湾，终于重新回到了祖国母亲的怀抱。

忠诚小语

精忠报国的英雄们为自己的民族贡献了他们的全部聪明才智，他们的人生规划里永远都只有一条原则——一切从国家利益、民族利益出发。今天，台湾回归祖国，中国完全统一依然是国家的最高利益之一，我们同样需要以自己的聪明才智，最终为完成祖国统一大业而努力。

血溅虎门

关天培是鸦片战争时期的著名爱国将领。他操练水师，巩固海防，积极支持和参与林则徐领导的广州禁烟运动。英国发动侵华战争时，他坚守虎门，率部进行了坚决抵抗，最后壮烈牺牲。

关天培自小习兵练武，驾船航海，身体强健。1834 年，关天培任广东水师提督，成为林则徐开展禁烟运动的得力助手。

1840 年 6 月，鸦片战争正式爆发。侵略军按照预定作战计划，沿海北上，道光帝错误地估计了形势，应英军要求把林则徐撤职查办，将奕善以钦差大臣的名义派往广州取而代之。奕善到广州后，一反前任林则徐所为，不仅不作战备，还撤散了已招募成军的数千壮丁水勇。1841 年 1 月 7 日，英军攻占了大角、沙角炮台，虎门的第一重要门户洞开，要塞失去屏障，形势变得危急起来。

关天培深知虎门的战略地位，一面亲自坐阵指挥，一面火速派人请求奕善增兵救援。奕善早已被敌人的炮火吓破了胆，没有完全满足关天培的请求，局势变得更加严峻。此时，已经 62 岁高龄的关天培与守卫炮台的 400 多将士抱定了与虎门共存亡的决心。他对众将士说："人可死，志不可侮。今日，我们面对强敌，只有决一死战，以报国恩。我在此对天发誓，我在炮台在，决不后退！"将士们也随着高呼："我等誓死与炮台共存亡。"他们的豪迈气魄顿时震天撼地。

出征前，关天培拟好一封家书，派自己的心腹送回家中。信中写道："上不能报君恩，下不能敬养老母，又不能教子成材，这一切只能由我妻代劳了。今日为国捐躯，死得其所……"捎信诀别亲人后，关天培轻松了许多。随后他召集守炮台的一批官兵，进行新的布防，准备随时应战。

2 月 26 日，英军 10 只兵船，3 只武装轮船，向虎门大举进攻。关天培面对强敌，毫无惧色，指挥士兵开炮还击，给英军以重大杀伤。英军船多人多，弹药充裕，三面围攻，众炮齐发。关天培却毫不畏惧，带领将士沉着应战，给英军一顿当头痛击，令其畏缩不敢前进。但终究还是弹尽无援。这时，他身边只剩下 200 名士兵，寡不敌众。关天培亲自点燃大炮，轰向敌人，自己身中数炮，受伤严重，士兵将他背在肩上，要他撤出炮台。关天培坚不同意，仍大呼杀敌。眼看自己周围已尽是英军，老英雄最后刺死一个敌人，仰天长叹道："英人可恶，奕善可恨，天培在此殉国了！"接着手起剑落，引颈自刎。

忠诚小语

关天培是鸦片战争中牺牲的第一位清军高级将领。他面对危险，置生死于度外，在孤立无援之时，他“乃决为死计，驻炮台督战，创痕遍体，血漂衣襟”，以实际行动谱写了一曲爱国主义的赞歌，受到后世人们的敬仰。

临危受命

陈化成生长在福建海滨，从小练就一身好水性，驾驭风涛，如履平地；而且自幼端重，智勇过人；尚节重义，气宇轩昂。在剿平海寇及镇压蔡牵的多年战斗中英勇果敢，被浙江水师提督李长庚称为“将才”。逐步由普通一兵升任外委前营把总、千总、游击、守备、总兵、福建水师提督等。

1840 年，英国侵略者发动鸦片战争。这一年，陈化成奉命调任江南水师提督。当时已 60 多岁，可他“益感奋激昂，誓以死报国”。在钦差大臣、两江总督裕谦等抗英派的支持下，他积极备战，亲自察看吴淞一带的江防地形，筑起了 26 座坚固的土堡炮台，督造精良的铁炮、火药。江南水师平时缺乏训练，畏敌如虎。陈化成以勇敢善战的福建亲兵为教练，并亲临校场，督促激励，即使是“风雪方盛，平地积数尺”的寒冬腊月，陈化成也驾着小舟疾驰于风浪之中。

1842 年 4 月，英军攻陷乍浦，江苏全省震恐。陈化成率军驻守吴淞西炮台，与东炮台、小沙背形成犄角之势。

不久，英军舰队直入长江，进逼吴淞口。足智多谋、沉着稳健的陈化成令人摸着不头脑。英军不敢擅自出兵攻炮台，即以木牌浮书约战。两江总督牛鉴和徐州总兵王志远怯阵惧敌，意欲后退，当即遭到陈化成严厉斥责。

6 月 16 日，英舰向吴淞进攻。眼看英军如虎狼般扑向炮台，陈化成首当其冲，亲自指挥炮手狙击敌舰。牛鉴等人见退兵无望，便弃炮台逃命，这样一来，东炮台和小沙背就落入敌人之手。英军集中全部兵力转而进攻西炮台。参将周世荣也是胆小鼠辈，他畏惧敌人，就劝说陈化成后撤，陈化成拔出腰中佩剑，喝斥他胆敢投降，格杀勿论。周世劳只得趁陈化成不备，仓皇遁逃。

此时的陈化成处境异常艰难，外无援兵，内有降将，而大批将士又死伤惨重，加上牛鉴和周世荣的遁逃引起军心动摇，这令他心中焦急。但陈化成依然毫不畏惧，奋勇杀敌。在激烈战斗中，他右肋受伤，鲜血染红了衣裤，可仍旧屹立不倒，亲自安装炸药，燃放大炮，令在场的将士感动不已，士气大振。不幸的是敌人的炸弹飞来，击中陈化成的胸口，他以身扑地，口喷鲜血不止，殉职疆场，吴淞炮台也随之陷落。

陈化成的遗体入殓时，吴淞及上海数万人自发为其送行。人们拥道痛哭，呼天号地，十里可闻。

忠诚小语

陈化成以年近70之躯，誓死卫国，可谓真正的军人。国难当头，作为国家的守卫者，他英勇抗敌、不畏牺牲，这种爱国精神感人肺腑，也令那些贪生怕死之徒黯然无光。和许多保家卫国牺牲的烈士一样，他的精神鼓舞并影响着一代代人为了国家不受凌辱而抛头颅、洒热血。

英勇抗侵

冯婉贞是清咸丰年间，抗击英法侵略者的一位小英雄。她不仅武艺高强，而且还有高明的战术。一次，她率领一支少年武装打退了600多个侵略者的进攻，她的英雄事迹一直流传到现在。

1860年，英法侵略军占领了北京以后，到处杀人放火，抢夺财物。这种暴行很快扩大到郊区。离圆明园5公里光景，有一个小村子，叫谢庄。庄上有个精通武艺的冯三保，他18岁的女儿婉贞，从小在他的精心培育下，也学得一身好武艺，骑马射箭，舞刀弄枪，样样精通。他还在庄上办起了团练。侵略军到来时，他带领村民在村前要道口上，用石头、土块修筑了石寨、土堡，准备防御敌人。

一天中午，哨兵匆匆来报，说侵略军的马队来了。冯三保立即指挥团民们进入事先筑好的石寨土堡。命令大家等敌人靠近了再打。

这时，侵略军已经逼近石寨，枪声"啪啪"地响着。石寨土堡里的团民，却一动也不动。一直等侵略军走近了。冯三保挥动旗帜，大声喊道："开火!"随着这喊声，所有的枪一齐发射，侵略军像落叶一样纷纷掉下马来。敌人吃了亏，又攻打一阵子，看看占不到便宜就败退了。

敌人决不会甘心自己的失败，肯定还会调集更多的兵力来报复，这是团民们意料之中的事。冯婉贞向父亲提出：敌人有洋枪洋炮，咱们应当利用自己使用大刀长矛的优势，冲到敌人跟前去拼杀，让洋人的枪炮发挥不了作用。可冯三保觉得我方人少，怕拚不过。没办法，当天晚上，冯婉贞只好把全村精通武术的青年召集在一起，组织他们去迎战。

第二天，冯婉贞率领青年们整装出发了。他们都穿着黑色的衣服，拿着雪亮的大刀和长矛，动作敏捷灵活得像猿猴一样。在距离村子两公里的一片茂密的树林里隐蔽起来。

下午四点钟，吃过亏的侵略军果然抬着大炮来了。这次他们来了约600人。当敌人来到树林旁边的时候，冯婉贞拔出大刀，奋勇当先，率领青年们向侵略军冲去。

侵略军遭到这突然的袭击，非常惊慌，队伍立即大乱。他们想放枪，可是距离太近，不能放，只好勉强用枪上的刺刀与青年们进行搏斗。冯婉贞带领大家，挥舞着大刀、长矛勇猛砍杀，侵略者招架不住，就纷纷败退。

狡猾的敌人急于想摆脱这短兵相接的困境，以便用洋枪射击。冯婉贞看出了敌人的诡计，大声喊道："大家注意，敌人远离我们是想使用枪炮打我们，赶快追击，不要失掉歼灭敌人的时机。"

在婉贞的带领和鼓舞下，大家又冲上去和敌人展开搏斗，尽全力打乱敌人的阵脚，双方混战在一起，打得不可开交。谢庄的青年步步进逼，迫使侵略军始终不能用洋枪来射击。这一仗，一直打到黄昏，英勇的谢庄青年打死侵略军100多人。剩下的敌人，不得不丢下长枪大炮，仓皇逃跑了。

侵略军受到这次打击后，再也不敢来侵扰谢庄了。

忠诚小语

面对国家危难、边关告急等多事之秋，巾帼英雄们总是当仁不让，挺身而出，独当一面，构成了中华民族传奇而独特的风景线。"自古巾帼不让须眉"，和平建设时期，我们祖国土地上这道风景线依然亮丽。

忠贞不渝篇

信义侯嬴

侯嬴是战国时魏国人。侯嬴已经70岁了，还在大梁夷门当个看守小吏。他虽然胸中充满韬略，但并不自我表露，始终以隐者自居，甘当看门小吏而无怨无悔。信陵君听门客们介绍了侯嬴的情况，便带着贵重的礼品，去慰问这个70岁的老兵。信陵君谦恭地把礼物奉给侯嬴，不料侯嬴却说："我几十年来修身养性，敦励品行，功名利禄已与我无缘，我可不会因为位卑家贫而接受君子这么贵重的礼物。"

侯嬴的安贫乐道、洁身自好，反倒引起了信陵君的兴趣。有一天，信陵君大办酒宴，招待宾客。等客人们都坐好了，信陵君却不入席，而是带着车马随从，专程到夷门去请侯嬴。为了表示对侯嬴的尊重，他还把象征尊贵的左边的座位空下来，留给侯嬴坐。

侯嬴听说信陵君请客，也不推让，收拾一下他的破衣、破帽，毫不客气地坐在了信陵君空出来的左边的座位上。走到半路，侯嬴急让信陵君停车，说："哎呀，市场里我有个朋友在那儿卖肉，就委曲你一下，随我一同去看看我的朋友吧！"信陵君毫不犹豫，亲自赶着车，来到了市场。侯嬴的这个朋友名叫朱亥，是个卖肉的屠户。侯嬴也不管信陵君着急不着急，站在那里同朱亥聊得亲亲热热。与信陵君一起来接侯嬴的随从们知道府上的宾客们早就等着信陵君接回侯嬴开饭呢，又是信陵君亲自为侯嬴驾车，引得街上的男女老少都来围观，都在心里骂侯嬴看不准火候。可是侯嬴却不紧不慢，回到了车上。

到了信陵君的府上，信陵君把侯嬴让到上座，并一一介绍给各位宾客。宾客们见等了半天等来的原是看门小吏，而且还坐了上座，个个都觉得被耍弄了，很不高兴。直到这时，侯嬴才站起来对信陵君说："刚才我难为了你，其实是想看看你是不是像人们传说的那个样子。我不过是个抱门闩、看城门的人，本不配劳驾公子亲自驾车去接，而公子却去接了。所以我故意让你招摇过市，让人们围观，让人们进一步认识你这位谦让下士的长者。"就这样，侯嬴成了信陵君的上宾。信陵君还问那位朱亥是怎样的人，侯嬴告诉他：朱亥是位贤人，有勇有谋，只是世人还不了解他，才隐于市井之间。信陵君很想把朱亥也引为门客，便几次登门拜访。但朱亥却故意不回拜。这使信陵君觉得朱亥这个人很古怪。

到了公元前 257 年，秦王派大军围攻赵国，赵国危在旦夕，派信使来魏国求援。魏国便派晋鄙率十万大军前去增援。秦王知道消息后，便威胁魏王。魏王害怕了，又急命走到中途的晋鄙停止前进，大军驻守在邺那个地方。信陵君几次请魏王坚持出兵救赵，魏王就是按兵不动。

信陵君不愿眼看着赵国被秦所灭，就自己筹集了车马，带着门客们去援赵。走夷门的时候，见到侯嬴便把自己的决心向侯嬴讲了一遍。侯嬴说："公子就努力前进吧，恕老奴不能跟你们去了！"信陵君率军出了夷门，边走边想：平时我对你侯嬴够可以的了，我此次赴死，你不随我去还算罢了，怎么连句送别的话都没有呢？他越想心里越觉得别扭，于是便掉转马头，想回来质问侯嬴。侯嬴已经在门前迎侯了。见信陵君回来了，便说："我就料定公子会回来的。公子重名士，世人皆知。如今遇到危难之事，不充分发挥名士们的作用，却要同秦军拼命，这同拿肉往虎口里填有什么区别呢？"

信陵君一听，忙向侯嬴下拜说："不知先生有何赐教？"侯嬴如此这般地授给信陵君一条妙计。信陵君依计而行，从魏王的宠姬如姬那里要来了虎符，准备到晋鄙那里夺取兵权，指挥大军前往救赵。

信陵君又要出发了，侯嬴又说："将在外，有时不听君命。你虽然有了虎符，那晋鄙也不一定把军权交给你。你不防把朱亥带着一同前往。朱亥是个大力士。如果晋鄙顺利交出军权，则罢了；如不交，就可以让朱亥打死他。"

于是信陵君遵照侯嬴的安排，去请朱亥。朱亥说："公子几次前来拜访我，我却不曾回拜，我确实失礼。今天有用得着我的地方了，我一定跟随公子前往，万死不辞！"

一切都安排好了，侯嬴对信陵君说："我年岁已高，不能随你一同去杀敌了。但我会计算你的行程。当你到达晋鄙的营地的时候，我将面向北方（即邺的方向），用自杀来报答公子的爱重之情！"。信陵君到了晋鄙的大营，出示了虎符，晋鄙果然不肯交出军队。朱亥便杀了晋鄙。信陵君指挥大军奔赴赵国，终于击退了秦军，保全了赵国。这便是历史上的"信陵君救赵"。

就在信陵君到达晋鄙大营的那一天，侯嬴果然实践了诺言，面向北方自杀了。

忠诚小语

侯嬴无疑是一位忠勇义士。在他散淡无奇和冷静矜持的外表下面，隐藏着一颗忠贞不渝、甘为知己者死的志士情怀。英雄不讲细节，讲的是大忠大义，讲的是说到做到，讲的是生命为轻义为贵。正是这些舍生忘死的忠勇之士，一代又一代地谱写了惊天地泣鬼神的壮丽诗篇，让“忠贞”之忠大发异彩。

完璧归赵

公元前283年，秦昭襄王派使者带着国书去见赵惠文王，说秦王情愿让出15座城来换赵国收藏的一块珍贵的“和氏璧”，希望赵王答应。

赵惠文王召来蔺相如，要他出个主意。蔺相如说：“秦国强，赵国弱，不答应不行。”

赵惠文王说：“要是把和氏璧送了去，秦国取了璧，不给城，怎么办呢？”

蔺相如说：“秦国拿出15座城来换一块璧玉，这个价值是够高的了。要是赵国不答应，错在赵国。大王把和氏璧送了去，要是秦国不交出城来，那么错在秦国。宁可答应，叫秦国担这个错儿。”

赵惠文王说：“那么就请先生上秦国去一趟吧。可是万一秦国不守信用，怎么办呢？”

蔺相如说：“秦国交了城，我就把和氏璧留在秦国；要不然，我一定把璧完好地带回赵国。”

蔺相如带着和氏璧到了咸阳。秦昭襄王得意地在别宫里接见他。蔺相如把和氏璧献上去。秦昭襄王接过璧，看了看，挺高兴。他把璧递给美人和左右侍臣，让大伙儿传着看。大臣们都向秦昭襄王庆贺。

蔺相如站在朝堂上等了老半天，也不见秦王提换城的事。他知道秦昭襄王不是真心拿城来换璧。可是璧已落到别人手里，怎么才能拿回来呢？

他急中生智，上前对秦昭襄王说：“这块璧虽说挺名贵，可是也有点小毛病，不容易瞧出来，让我来指给大王看。”

秦昭襄王信以为真，就吩咐侍从把和氏璧递给蔺相如。

蔺相如一拿到璧，往后退了几步，靠着宫殿上的一根大柱子，瞪着眼睛，怒气冲冲地说：“大王派使者到赵国来，说是情愿用15座城来换赵国的璧。赵王诚心诚意派我把璧送来。可是，大王并没有交换的诚意。如今璧在我手里。大王要是逼我的话，我宁可把我的脑袋和这块璧在这柱子上一同砸碎！”

说着，他真的拿着和氏璧，对着柱子做出要砸的样子。

秦昭襄王怕他真的砸坏了璧，连忙向他赔不是，说：“先生别误会，我哪儿能说了不算呢？”

他就命令大臣拿上地图来，并且把准备换给赵国的15座城指给蔺相如看。

蔺相如就说："赵王送璧到秦国来之前，斋戒了五天，还在朝堂上举行了一个很隆重的仪式。大王如果诚意换璧，也应当斋戒五天，然后再举行一个接受璧的仪式，我才敢把璧奉上。"

秦昭襄王只好同意了。

蔺相如回到宾馆，叫一个随从的人打扮成买卖人的模样，把璧贴身藏着，偷偷地从小道跑回赵国去了。

五天后，秦昭襄王召集大臣们和别国在咸阳的使臣，在朝堂举行接受和氏璧的仪式，叫蔺相如上朝。蔺相如不慌不忙地走上殿去，向秦昭襄王行了礼。

秦昭襄王说："我已经斋戒五天，现在你把璧拿出来吧。"

蔺相如说："秦国自秦穆公以来，前后二十几位君主，没有一个讲信义的。我怕受欺骗，丢了璧，对不起赵王，所以把璧送回赵国去了。请大王治我的罪吧。"

秦昭襄王听到这里，大发雷霆。说："是你欺骗了我，还是我欺骗你?"

蔺相如镇静地说："请大王别发怒，让我把话说完。天下诸侯都知道秦是强国，赵是弱国。天下只有强国欺负弱国，决没有弱国欺压强国的道理。大王真要那块璧的话，请先把那 15 座城割让给赵国，然后打发使者跟我一起到赵国去取璧。赵国得到了 15 座城以后，决不敢不把璧交出来。"

秦昭襄王听蔺相如说得振振有辞，不好翻脸，只得说："一块璧不过是一块璧，不应该为这件事伤了两家的和气。"

蔺相如完成使命回到赵国，赵惠文王提拔他为上大夫。秦昭襄王本来也不存心想用 15 座城去换和氏璧，不过想借这件事试探一下赵国的态度和力量。蔺相如完璧归赵后，他也没再提交换的事。

忠诚小语

蔺相如能够完璧归赵，是因为他对赵王有了约定，一定要不辱使命，这体现了他对赵王的忠心。因此，他才不畏强秦，置生死于度外，敢于同秦王作斗争。俗话说，一诺值千金。如果蔺相如有负于赵国，让璧一去不返，不仅让赵国受了损失，也使自己的忠诚度受到质疑。拿生命同忠诚相比，宁舍生命而要忠诚。蔺相如就是这样做的。

持节牧羊

苏武是西汉时期的皇帝侍从。汉武帝时，我国北方的游牧民族——匈奴贵族，经常派骑兵骚扰汉朝边境，杀人放火，抢夺财物，不但给汉族人民的生活带来很大痛苦，而且也威胁到汉朝的封建统治者。汉武帝即位以后，派出军队，多次击败匈奴的进攻。匈奴的首领且鞮单于害怕汉朝军队乘胜追击，就故意装出和好的姿态，把以前扣留的汉朝使节放了一些。汉武帝得知这一消息后很高兴，马上派正直廉洁、有胆有识的苏武，率领张胜、常惠等 100 多人，带着大批礼物再次出使匈奴。

临行前，汉武帝召见了苏武，亲手把旌节交给他。这是一根七八尺长的木棍，顶部弯曲的地方挂着一串用毛做成的绒球，表明使节的身份，同时是使臣出使的凭证。苏武接过使节杖，激动地说："只要我人在，这节杖就不会丢，使命就不会受辱。"

苏武一行风餐露宿，长途跋涉，终于到达了匈奴单于居住的地方见到了单于。谁知单于是个吃硬不吃软的家伙，见苏武送礼上门，就以为汉朝软弱求饶，所以对苏武及使臣们傲慢无礼，态度专横。苏武忍辱负重，完成了使命，正准备返回长安时，发生了一件意想不到的事。

原来几年前，汉朝使者卫律出使匈奴后不久就投降了，并被单于封为王。卫律原来的副使虞常对卫律卖身投靠匈奴的做法，一直不满，见到老朋友张胜后，他就和张胜暗中商量，想乘单于出外打猎时，劫持单于的母亲，杀了卫律。然而正当他们 70 多人准备起事时，有人告了密。于是单于逮捕了虞常，并想趁机逼迫苏武投降。

卫律奉令威逼苏武投降，遭到严辞拒绝。苏武说："我是汉朝使者，如果丧失了气节，使国家受到侮辱，活下去还有什么意思?"说着便拔出宝剑，向自己身上猛刺，卫律慌忙抱住苏武，夺下剑来，然后找来医生为他包扎伤口。

单于听到这个消息，不禁对苏武的爱国气节产生了敬意，他更感到要让苏武投降，为自己创图霸业服务的重要性。他让卫律当着苏武的面审问虞常和张胜。

卫律把苏武叫来，先把虞常一刀砍死，吓得张胜当场表示投降。卫律乘机要挟苏武说："你的副使都认罪投降了，你作为正使也要治罪。"苏武严正地回答："我奉命来与匈奴结好，和张胜既非同谋，又非亲属，凭什么治我的罪?"卫律理屈词穷，挥刀要杀苏武。苏武毫不畏惧，迎上前去说："你要有胆量杀死堂堂汉朝使臣，就快点动手吧!"卫律见硬的不行，就用高官厚禄来劝降。谁知苏武一听勃然大怒，破口痛骂道："你背叛了君主和父母亲戚，不知廉耻，还有什么脸跟我说话?"

单于见苏武软硬不吃，又生一计，想用艰苦的生活环境来消磨苏武的爱国意志，诱使他最终投降。于是下令把苏武放逐到北海（今俄罗斯西伯利亚贝加尔湖）去放羊。临行前，单于对苏武说："等你放的公羊产了奶，你才能回去。"

北海荒无人烟，一年到头白雪皑皑，连鸟兽也很难见到。有时苏武饿得没有办法，就掘开野鼠洞，掏洞里的草料来充饥。每天，他一面放羊，一面抚弄"节杖"，希望总有那么一天，能够拿着节杖，重返祖国。天长日久，节杖上的绒毛脱光了，成了一根光秃秃的棍子。但苏武仍视为生命的支柱，连睡觉的时候，都紧紧地抱在胸前。就这样，苏武在匈奴生活了 19 年。

公元前 81 年，汉朝与匈奴几经交涉，匈奴才把苏武及其随员共 9 人放回长安。长安的老百姓听说苏武回来了，都出来迎接。他们看到满头白发的苏武，手里还紧紧握着那根光秃秃的"节杖"，无不感动得热泪盈眶。

忠诚小语

苏武北海牧羊 19 年，身处大漠，茹毛饮血，含辱受屈，却坚贞不屈，终不改汉节，确实感天地、泣鬼神，让正人君子敬佩不已，让苟活小人无地自容。苏武牧羊的故事也因此成为千古绝唱。时至今日，我们的生活环境变了，但参与国际交往的机会却多起来。虽然不会面临苏武牧羊那样的考验，但保持民族气节、为国争光的精神却是不可缺少的。

李善乳主

汉朝有一位叫李善的人，当过李家的苍头。他忠实老成、勤勉厚道，多年来，一直忠心耿耿侍奉主人。在建武年间，瘟疫横行，李府全家上下都染上了瘟疫。短短的期间，一家大小都接二连三地过世了，只留下了万贯的家财，和出生不久的婴儿——李续。

李家堆积如山的金银财宝，刹那间成为了婢女和仆人争夺的对象，他们随时都想杀害李家这个唯一的命脉与忠心耿耿的老仆，然后夺取所有的财产。

望着这个孤苦伶仃的小生命，多少恍如昨日的往事，一幕幕地浮现在李善眼前，他的眼泪不禁滂滂而下。想起多年来，李元夫妇一直都把他当成是李家的一分子，无尽的关怀和照顾令李善感动不已，而这种恩情，哪里是“感恩”两个字所能诉尽的！如今物是人非，受过李家深恩的李善，怎么能够在主人家里最艰难的时候，就这样离去呢？

尽管主仆随时都有生命的危险，但在势单力薄下，实在是敌不过这些唯利是图的佣人。李善唯一能做的就是，放弃一切家产，带着幼小的李续伺机逃离李家。

他带着熟睡的李续，连夜逃了出去。他们逃到了山阳瑕丘的深山中，开始了无比艰难的隐居生活。可是维持生计用的一切从哪里来啊？尤其这么小的李续怎么喂乳呢？李善不由自主地仰天长叹。

意志坚强的李善有着男子汉的坚定气魄，他刻苦耐劳，不怕吃苦，喝着山间的露水，啃着树上的野果，就得以饥一顿饱一顿地活下去。可是婴儿还那么小、还那么脆弱，又是李家唯一的命根子，到底要怎么抚养他、怎么照顾他呢？他开始感到无助和忧虑。

李善跪在地上，哀伤不已，不断地磕头祈求说：苍天啊！孩子生下来才几十天，如果没有办法活下去，我怎能对得起主人在天之灵呢？……说着说着，他伏在了地上放声痛哭，悲怆凄凉的哭声在深山中久久地回响着。

想不到几天之后奇迹出现了，李善的双乳竟然流出了乳汁。饥饿难忍的李续终于停止了哭泣，开始尽情地吮吸这天赐的美味。多日的啼哭早已使他筋疲力尽，吃饱了之后，小生命就甜甜地睡了过去。

李善看到这一幕，感激地流下泪来。一想到自己终于见到了希望，再想到自己终于得以告慰主人在天之灵，他忍不住跪倒在地，磕头礼拜，感恩老天眷顾他们这对孤苦无依的人。

山居的生活，是常人无法想象的艰难。一个男人，不但要耕种采集、煮饭洗衣，而且还要养育年幼的李续，那更是难上加难了。李善就像慈母一样，推干就湿地细心照顾小主人。尽管倍尝艰辛，但在他的呵护与照顾下，李续渐渐地长大了。每天，李善都会讲故事给他听，教给他做人的道理，在李善的言传身教下，年少的李续也秉承了他厚道善良的品格。

当李续还在襁褓的时候，不管大小事情，李善都会在小主人面前，恭敬地向他禀报，因为他把李家唯一的命脉，看作是主人的化身，一样地尊敬他。所以特别地教导他，希望李续能成为德才兼备的人，将来能重振李家门风。

光阴如梭，转眼间，李续已经十岁了。李善决心为李家恢复家业，于是就来到官府击鼓申冤，希望能讨回公道。县令钟离意，了解了李善忠义的节操之后，深深地被感动了，他为李家平反了冤情、收回了财产，谋害李续的佣人都受到了惩治，李善带着小主人终于回到了久别的故乡。

县令在感佩之余，决定把李善感动天地的事迹呈禀皇上。他相信李善忠义的节操，不仅能够移风易俗，而且能够教化后人。光武皇帝非常感动，于是就礼请李善来担任太子舍人这一个要职。

在古时候，培育太子是帝王特别用心的一件事。司马光曾经感叹地说，为什么历史上会出现那么多的昏君？这多半是由于他们当太子的时候，就没有受到很好的教育，所以贤明的父王总是会精挑细选，把太子托付给真正的贤德之人，让他跟老师生活在一起，举凡出入应对；日常礼仪，点点滴滴的言行举止，都得到严格的调教和指正。老师会日以继夜地看顾太子，培养他的德行，进而奠定成为贤明仁君的基础，承担治理天下的重责。

饱经沧桑的李善，深深了解百姓的疾苦，所以能够用仁民爱物的心来照顾大众，把地方治理得很好，得到了人们对他的爱戴。后来小主人李续也很有成就，成为了河间王的相官。

当李善要就任太守时，途经了故乡。阔别了李家这么多年，回忆过去，历历如前。此时的李善百感交集，在一里之外，他仿佛已经见到了李元的坟墓。一时悲从中来，就命令停轿。他卸下官服，换上粗布衣裳，缓缓地走向墓园。荒芜的小径，杂草丛生，李善提起一把老旧的锄头，开始卖力地清理杂草。他一步步地来到主人的墓旁，抚摸着残损不堪的墓碑，禁不住心中的悲恸，跪地放声大哭。哭声哀凄，闻者莫不为之动容泣泪。

李善开始整理周围的环境，他把墓园打扫得干干净净，筑起了炉灶，准备了丰富的祭品，来奉祀主人。他跪在主人的灵位前，非常伤感地说：老爷、夫人，我是李善，我今天回来探望、祭拜你们，愿你们在天之灵都能够得到安慰……

几天来，他都徘徊不忍离开墓园，时时刻刻地追思恩主，不时见到李善抚着墓碑暗自抽泣。纵使今天他已经不再是卑微的佣人，而是令人尊敬的朝廷命官，但是他依然不忘本，他依然感念李元当年关心照顾他的恩德情义，就好像自己仍然是往昔的李善一样，随侍在主人的身旁。

忠诚小语

孔子说过：君使臣以礼，臣事君以忠。君臣之义是水乳交融、相生互通的。李善的美德之所以能流芳千古，就在于：卑微之时，能忍辱负重，尽忠职守；显达之后，仍然对主人感恩戴德。千百年来，他的忠义精神始终鼓舞着人们见贤思齐，不论身处何种环境，都能够做一个尽职尽责之人。这个感人至深的故事，不仅结合了恩义、情义与道义，更为后人留下了一个忠主报恩的不朽典范。

樊姬进贤

周朝后期，在中原大地上，各路诸侯群雄逐鹿，纷纷争雄。其中楚国庄王的夫人樊姬，是一位深明大义，贤良聪颖的女子，对楚国最终称霸起到不可忽视的重要作用。

在楚国称霸以前，楚庄王十分喜欢打猎。樊姬看在眼里，急在心上。因为她深知作为一国之君，常常喜欢打猎，就会因玩物丧志而荒于国事。所以，樊姬就多次去劝阻他，而楚庄王始终不听。没有办法，樊姬就断绝肉食了。她的意志和行动终于感化了楚庄王，使他觉悟过来，并改过自新。

楚庄王从此不再惦记着打猎这类的事情，而把更多的时间和精力用在国家政事上，而且处理国事也变得越来越勤奋和谨慎。

那时候，作为一个君王拥有许多嫔妃也是平常之事，楚庄王当然也不例外。这件事在眼光深远的樊姬看来，却不是小事一桩，因为她明白，一个君王若是沉迷于女色之中，那是十分危险的事情，甚至很容易因此而导致亡国。

为了避免楚庄王误入歧途，樊姬就亲自负责从各地寻访美女。当然，能被樊姬所选中的美女，都是品行容貌俱佳的女子，而不是那种只重外表，不重品德修养之人。樊姬的这番举动，不仅从根本上杜绝了楚国国君身边的隐患，同时也深深感动了楚庄王，使他对夫人樊姬更加尊敬。

后来，樊姬得知楚庄王十分宠信一个叫虞邱子的大臣，而且经常废寝忘食地听他讲话，心中感到是又喜又忧。于是，她就在一次下朝后，特意走出来恭迎楚庄王，并问："是什么重要的事情，竟然让您经常这样废寝忘食？"楚庄王高兴地说："和贤能的忠臣说话，真是不知道什么是饥饿和疲倦。"樊姬接着又问："您说的贤能忠臣是哪一位呢？"楚庄王不假思索地说："当然是虞邱子了。"

听了楚庄王的回答，樊姬心中一惊，却又立马镇静下来，并且禁不住捂住嘴巴，开始大笑起来。楚庄王见状，就不解地问："夫人为什么如此大笑？"樊姬就非常认真地说："如果说虞邱子是聪明之人倒还勉强，然而他未必算是一个忠臣。"楚庄王听后感到十分疑惑，就追问道："为什么这样说呢？"

樊姬看着满脸疑惑的楚庄王，温和地娓娓道来："我服侍君王，算起来也有十一年了。我曾经访求品貌俱佳的女子，献给君王。现在比我好的有两个人，和我同等的也有七个人。我为什么不千方百计想办法排除她们，一个人独自霸占您的宠爱呢？"樊姬稍微停顿了一下，一边观察着楚庄王的神情，一边又接着说："因为我知道，您是一国之君，身边需要有更多的贤德女子来照顾您的生活，我不能只考虑个人的得失，而耽误了选用贤德之人辅助您和国家。"

见楚庄王听得心悦诚服，樊姬就进一步说道："现在虞邱子做楚国里的丞相，也有十多年了。除了他自己的子弟宗族亲戚以外，他从来没有保举过好人进来，也没有听说他罢免哪个不贤之人，难道贤能的忠臣就是这样的吗？挡住了真正贤德之人为国尽忠的道路就等于蒙蔽君王。知道别人贤德也不举荐，就是不忠；不知道别人的贤德，就是没有智慧。我刚才所笑的，难道不对吗？”

听了樊姬的一番话，楚庄王觉得十分有道理，仔细思量，确实如此。第二天上朝，他就将樊姬所说的话告诉了虞邱子。虞邱子听完楚庄王的话，吓得赶紧离开坐席，站在那里不知如何是好。心中也感到万分的惭愧。于是，他下朝以后，回去躲在家里再也不敢出来，直到派人把一个贤能的忠臣——孙叔敖迎请过来，并亲自举荐给楚庄王。

楚庄王经过考察后，重用了孙叔敖，让他帮助治理楚国。三年之后，孙叔敖果然以其贤能辅佐楚庄王在诸侯国中得以称霸。

忠诚小语

纵观古今中外，许多立下丰功伟业的男子，其背后，往往有一个伟大的女子，她们以无私的胸怀和贤慧的德才，相夫教子，默默地奉献于家庭，让丈夫无后顾之忧，致力于国家社会，同时也传承了绵绵不尽的家风德业。如果天下女性都能像樊姬一样，那么家庭与社会就不会有矛盾和冲突，生活与工作也就会变得祥和如意。

文姬归汉

曹操自从赤壁失败以来，经过几年整顿，重振军威，自封为魏公。公元216年，又晋爵为魏王（都城在邺城）。在北方他的威望很高，连南匈奴的呼厨泉单于也特地到邺城来拜贺。曹操把呼厨泉单于留在邺城，像贵宾一样招待他，让匈奴的右贤王回去替单于监理国家。

南匈奴跟汉朝的关系和好了。曹操就想起了他一位已经死去的朋友蔡邕有一个女儿还留在南匈奴，想把她接回来。

蔡邕是东汉末年的一个名士，早年因为得罪了宦官，被放逐到朔方（在今内蒙古杭锦旗北）去。董卓掌权的时候，蔡邕已回到洛阳。那时候，董卓正想笼络人心。他听到蔡邕名气大，就把他请来，封他做官，对他十分敬重，三天里连升三级。蔡邕觉得在董卓手下，比在汉灵帝时候强多了。

后来董卓被杀，蔡邕想起董卓待他不错，叹了口气。这一来惹恼了司徒王允，认为他是董卓一党的人，把他抓了起来。尽管朝廷里有许多大臣都替他说情，王允还是不同意，结果死在监狱里。

蔡邕的女儿名叫蔡琰，又叫蔡文姬，跟她父亲一样，是个博学多才的人。她父亲死后，关中地区又发生李傕、郭汜的混战，长安一带百姓到处逃难。蔡文姬也跟着难民到处流亡。那时候，匈奴兵趁火打劫，掳掠百姓。有一天，蔡文姬碰上匈奴兵，被他们抢走。匈奴兵见她年青美貌，就把她献给了匈奴的左贤王。

打这以后，她就成了左贤王的夫人，左贤王很爱她。她在南匈奴一住就是十二年，虽然过惯了匈奴的生活，还是十分想念故国。

这一回，曹操想起了蔡文姬，就派使者带着礼物到南匈奴，把她接回来。

左贤王当然舍不得把蔡文姬放走，但是不敢违抗曹操的意志，只好让蔡文姬回去。蔡文姬能回到日夜想念的故国，当然十分愿意；但是要她离开在匈奴生下的子女，又觉得悲伤。在这种矛盾的心情下，她写下了著名诗歌《胡笳十八拍》。

蔡文姬到了邺城，曹操看她一个人孤苦伶仃，又把她再嫁给一个屯田都尉董祀。哪儿知道时隔不久，董祀犯了法，被曹操的手下人抓了去，判了死罪，眼看快要执行了。

蔡文姬急得不得了，连忙跑到魏王府里去求情。正好曹操在举行宴会。朝廷里的一些公卿大臣、名流学士，都聚集在魏王府里。侍从把蔡文姬求见的情况报告曹操。曹操知道在座的大臣名士中不少人都跟蔡邕相识，就对大家说："蔡邕的女儿在外流落了多年，这次回来了。今天让她来跟大家见见面，怎么样?"

大伙儿当然都表示愿意相见。曹操就命令侍从把蔡文姬带进来。蔡文姬披散头发，赤着双脚，一进来就跪在曹操面前，替她丈夫请罪。她的嗓音清脆，话又说得十分伤心。座上有好些人原来是蔡邕的朋友，看到蔡文姬的伤心劲儿，不禁想起蔡邕，感动得连鼻子也酸了。

曹操听完了她的申诉，说："你说的情形的确值得同情，但是判罪的文书已经发出去了，有什么办法呢?"

蔡文姬苦苦央告说："大王马房里的马成千上万，手下的武士多得像树林，只要您派出一个武士，一匹快马，把文书追回，董祀就有救了。"

曹操就亲自批了赦免令，派了一名骑兵追上去，宣布免了董祀的死罪。

那时候，正是数九寒天。曹操见她穿得单薄，就送给她一顶头巾和一双鞋袜，叫她穿戴起来。

曹操问她："听说夫人家有不少书籍文稿，现在还保存着吗?"

蔡文姬感慨地说："我父亲生前给我四千多卷书，但是经过大乱，散失得一卷都没留下来。不过我还能背出四百多篇。"

曹操听她还能背出那么多，就说："我想派十个人到夫人家，让他们把你背出来的文章记下，你看怎样?"

蔡文姬说："用不着。只要大王赏我一些纸笔，我回家就把它写下来。"

后来，蔡文姬果然把她记住的几百篇文章都默写下来，送给曹操。曹操看了，十分满意。

忠诚小语

曹操把蔡文姬接回来，在为保存古代文化方面做了一件好事，历史上把"文姬归汉"传为美谈。这个故事不仅体现了曹操忠于友谊的情怀，更体现了文姬心系祖国，忠于家庭的情怀。她能从异国归来，离开自己的子女，一雪当年被掳之耻，这是需要多么大的决心啊。

阳谷的愚忠

有一次，楚军与晋军在鄢陵交战，双方龙争虎斗，直杀得天昏地暗。楚国的国君楚恭王也亲自率兵参加这场血战，一连几天相持不下。激战中，楚恭王身负重伤，只好鸣金收兵，暂回营中。

楚王的大将军司马子反，在前线奋战，又累又渴，一回到营帐就直嚷着要喝水。子反有个叫阳谷的仆人，平时对主人一向忠心耿耿百般爱护，此刻一见主人这般模样，赶紧搬来一坛酒，让子反解渴，并用汗巾一个劲地替子反擦汗。司马子反这个人向来嗜酒如命，见了酒便什么都忘了，拿起酒杯便不醉不休。这次自然也不例外，一喝上酒，哪里还顾得上眼下正大敌当前。军营帐外，叫战声声。子反一杯接一杯喝了个一醉方休，直至醉倒床上。

休战半日，楚恭王准备重新开战，迎击晋军。恭王派人去司马子反帐中催他出战，不料子反正醉意沉沉，睡在床上鼾声大作，哪里能起床打仗。于是仆人阳谷又对来人说子反胸口痛，不能出战。

恭王听说大将在这紧急关头病了，十分着急，便亲自到子反帐中探望。楚恭王刚一进帐就闻到一股浓烈的酒味，顿时气得脸色发紫。恭王指着睡在床上的子反大声喝道："今日之战，关系重大，寡人亲自出战，身受重伤，指挥全军就完全靠你了，谁知你在这紧要关头竟敢胡来，这不是存心要让楚国亡国吗？像你这样置国家利益于不顾的嗜酒之徒，还能再率兵打仗吗？罢！罢！罢！这仗不能打了！"

楚恭王没有办法，只好命令撤军回朝。子反的仆人阳谷后悔得不知所措，求恭王原谅子反，自己愿替子反顶罪。恭王冷笑道："你作为仆人，一味只知道娇宠自己的主人，你的罪过也不轻。子反作为国家大将，误了国家大事，你顶替得了吗？"

楚恭王回朝后，按军法将司马子反斩首示众，以戒众人。子反的仆人阳谷从此离开楚国，不知去向。

忠诚小语

司马子反因喝酒误事破坏军纪被杀了头。作为仆人的阳谷，爱护主人，对主人忠诚无可厚非。但不顾场合，不考虑后果，不顾大局来满足主人喝酒的爱好，这份好心，结果是误了国家大事，给主人招来杀身之祸，悔之晚矣。

朱云折槛

汉朝时候，有一个姓朱名云的人，原来居住在鲁地，后来移居到平陵。朱云人如其名，年少的时候就像侠客一样，云游四方，经常有路见不平、拔刀相助之举。由于他身材高大，有八尺多长，非常雄壮魁梧，且好勇善斗，因此以武力著称于当时。

当他潇洒地走过四十个春秋之际，一天，突然心血来潮，揽镜自照，才发现脸上刻满了风霜，猛然感到过去的日子就像一场梦，浑浑噩噩，碌碌无为。如果再这样下去，一生不就空过了吗？他内心呐喊着：不行，不行，我一定要改造命运！并喃喃地说道："朝闻道，夕死可矣！"人生重新开始，应该不算太迟吧！

于是，他洗心易行，四处访求明师，期望能在后半生做有修有学的明白人。他师承白子友先生学习《易经》，通晓宇宙万物的自然道理。又追随萧望之将军学习《论语》，明了修身治国的道德精髓。他非常珍惜这得之不易的学习机会，发愤图强、废寝忘食，后来他两种学问都学得颇有成就。两位老师都为有这样能传承道业的学生感到欣慰。经过几年的熏习，朱云的德行已为时人所称颂，又兼有义薄云天的侠义之气，更是人们心中真正的高士。

汉元帝时候，朱云被推荐为御史大夫，却因权臣的阻挠未能就位。朱云从未把职位放在心上，他坚守的信念是国家兴亡，匹夫有责。他曾在权贵之家谈论《易经》，以深厚的学识令众人叹服；又因屡次上书直陈时弊而受到迫害，被迫四处云游。但这一切对他犹如浮云，他的气宇和志节吸引了与他有相同抱负的义士，即使身处逆境，亦能同舟共济，甘之如饴。

到了汉成帝时候，他仍然只在槐里这个地方当县令。虽然官职很小，但他素来嫉恶如仇，忠心耿耿，勤政爱民，深受百姓爱戴与赞许。当时，朝廷有一个奸臣张禹，身居高位，但贪得无厌，又善于谄媚。朱云做侠士的时候，对于一般平民的疾苦，尚且仗义执言，现在见到张禹这样欺上瞒下、为非作歹的佞臣，更燃起一股为国除害的决心。于是他郑重地上书朝廷，希望能面见皇上，陈述社稷安危的重大事情。

汉成帝颇感意外，但也接见了这个地方小官，朝廷重臣位列两旁。朱云气度优雅、从容不迫地走进殿堂。他慷慨激昂地对汉成帝说："今天朝廷内有一位大臣，上不能辅佐主上，下不能利益民众，身居高位，一心只想着多拿俸禄，孔子曾说：鄙夫不可与事君。微臣愿借陛下的尚方宝剑，将此佞臣斩首示众，以激励其他的官员。"

成帝惊讶地问："此人到底是谁？"

朱云斩钉截铁地说："安昌侯张禹！"

此语一出，满廷皆惊！众位大臣面面相觑，有人暗中叫好，有人替朱云捏了一把冷汗，汉成帝更是异常震惊，愤怒无比。张禹则是露出冷笑，直视朱云的动静。

汉成帝龙颜大怒，喝道："位卑小臣居然毁谤上官，辱骂帝师，罪死不赦！"即命左右把他推出去斩了。御史奉命强推朱云下殿，朱云非常激愤，众人交口称赞的英明皇上，原来却是非不分。他奋力向前，但被强行推到了金銮殿外，他死死抓住御殿栏槛不放，把殿外的栏槛都折断了。他大义凛然地高呼道："我能跟关龙逢、比干在地下相见，我很满足了！只是不知道陛下和朝廷的前途会如何？"

汉成帝侧身跌坐在龙椅上，依旧怒火满胸，什么话也听不进去。这时，朝廷上有一位武将，左将军辛庆忌，见到朱云如此英烈，深为感动。他卸下自己的衣袍、冠冕还有授印，在地上连连叩头，恳求皇上收回成命，只见他叩头的地上留下了一片殷红的血迹。他不顾一切地大声说道："皇上，朱云性情狂直，早已天下闻名。他如果说得对，不能杀他；说得不对，也应该宽恕他。臣愿以死相保，请求陛下免他一死。假如您今天把朱县令杀了，您不就是成为暴君了吗，不就同桀、纣一样了吗？"

辛庆忌的这一声怒喊，震醒了汉成帝，假如自己因为一时之怒而杀害了敢于直谏的忠臣，那岂不是要与夏桀商纣为伍，而成为恶名昭著的无道昏君吗？亏得这一声提醒！汉成帝转怒为喜，连忙命左右将朱云放了。

后来，随从准备修复被朱云折断的门槛，却被汉成帝制止。因为这个被攀折断的门槛，可以时时提醒自己不要受奸佞之臣的迷惑，同时也嘉勉像朱云这样忠直的谏臣。

忠诚小语

朱云是一个地方县令，人微言轻，但他忠心耿耿，忧国忧民。看到当世竟然有张禹这样祸国殃民的佞臣，激发了他义薄云天的豪气，因而置生死于不顾，要求借尚方宝剑为民除害。他视死如归，内心无比敬佩关龙逄、比干这样敢于死谏的忠臣，希望自己也能与他们一样，正义凛然，浩气长存，不愧为朝廷的忠贞之臣。

耿直公正的王宰相

王旦，字子明，是宋朝一位著名的宰相。王旦的曾祖父、祖父都曾是当朝重臣。父亲王佑，为宋太祖、太宗两朝名臣，官至尚书兵部侍郎，德高望重，学识渊博。他为天下百姓效命，曾经解救因冤狱被连坐的人，高达近千人左右，人们都说他为后代子孙积了许多阴德。王佑曾亲手在他家亭前种植了三株槐荫树，并说道："我们家后世为官者，必定有可以当到三公位置之人，此树可以作为见证。"

王旦出生在这样一个德范高超的仕宦之家，从小自然受到父亲的严格教导。古圣先贤的德行令他敬慕，长辈的风范潜移默化了他，幼年他就显得沉稳静默、器宇非凡。他勤奋好学，并具博大深远的胸襟。因此，王佑十分器重这个儿子，说道："此儿定当位至公相。"人们见到少年王旦气度不凡，称他颇有乃父之风。

宋真宗时期，王旦担任朝廷宰相之职，位高权重，但他朝夕惕励，处理任何一件事都十分谨慎小心、细致周到。皇上十分器重这样一位尽职尽责的大臣，因此长期让他担任宰相，国家大小事情都特别放心交付他办。有一次王旦奏事完毕退下，皇上目送他离去，情不自禁地说道："能为朕带来太平的，必是此人。"

当时朝廷还有一位大臣——寇准，刚直忠正，也是皇帝身边的左右手。但寇准见王旦官职在自己之上，心里有点不大服气，隐隐约约感到自己屈才。所以他在见到皇上的时候，言语之间不知不觉就会提到王旦，而且不由自主地对王旦的言行有所诋毁。在朝廷之上，寇准也曾公开指责王旦的缺点，当然这缺点可能只是寇准自己认为的，但王旦全都虚心领纳，可谓从善如流。

反过来，因为寇准作为国家重臣，兢兢业业，努力做好自己的本职工作，王旦认为寇准忠心耿耿，足堪当重责大任。因此，每次在皇上面前，王旦都专门称赞寇准的优点，认为他是一个值得众人学习的榜样。

真宗觉得非常惊讶，有一次，他和王旦私人交谈的时候，就问道："你经常称美寇准，寇准他却数次说你的短处，你为什么能这样做呢？"

王旦听了，微微一笑，说道："我在相位已经这么久了，缺失一定很多。但因职位较高，一般大臣都不敢指出我的缺点，而寇准能够直陈我的不足，可见他是如何地忠贞直率，这也是臣下看重他的原因。有这样的大臣，既是国家之福，也是我的良师益友啊！"

皇上听了，不禁开怀大笑，说道："人们都说宰相肚里能撑船，我看你就是这样一个宰相啊！"

做宰相的，说话份量比较重，因此有很多人辗转拜托王旦荐举人才或提拔新秀，王旦从来不接受任何私人形式的求情。有一次，寇准私下来找王旦，希望他能向皇上推荐自己当宰相。王旦很是震惊，义正词严地对他说："当将军当宰相这样的职位，怎么可以去求得来？"寇准听到王旦这样的回答，感到非常惭愧，遗憾地告退了，同时也担心自己或许再也无法当上相位了。

寇准后来被朝廷派官为武胜军节度使、同中书门下平章事，寇准万分感激皇上的知遇之恩，他入朝拜谢皇上，眼眶涌出泪水，激动地说："如果不是陛下了解微臣，怎会有臣下的今天？"皇上特意把事实真相告诉寇准，他说："你能当节度使，又能当同平章事，都是王旦为你推荐的。"

寇准听说了这样的内情，不禁非常羞愧，对王旦的正直宽宏自叹不如。

王旦就是这样一位称职的大臣，虽然表面上不说什么，但是私底下发现了真正的良才，就绝对不放过，一定会推荐给皇上，而且他施恩从不求回报，总是默默地做。后来朝廷整理宋真宗的遗稿与修订史料时，他们无意发觉原来朝廷当中，有许多大臣，及众多建功立业的栋梁之材，全部都是出自王旦的推荐。

后来，王旦病重之际，真宗忧心忡忡地问他："将来朕该把天下大事托付给谁啊？"王旦勉强举起奏事的板笏，一字一句地说："以微臣的愚见，莫若寇准最为合适。"王旦病逝之后不久，真宗果然启用寇准为相。

忠诚小语

后人评价说：魏国公（王旦封号）德量恢弘，从容大度，为国家举荐贤才，真诚地为国为民，是一个真正的忠臣。但他却经常称赞别人忠正，而且是不露痕迹地做，让对方没有感觉，也不会跟对方邀功，他的心胸、度量是何其地宽广。孝、悌、忠、信、礼、义、廉、耻这八德，如果其中一德做到了，八德也做到了。王旦是一个忠臣，也是一个八德具足，非常完美之人。的确，古圣先贤的点点滴滴，无不垂范后世，值得我们认真学习，努力效仿。

转战西南

隆武、鲁王两个南明政权先后覆灭之后，清军分三路向西南进攻，驻守在两广的明朝官员瞿式耜等在肇庆拥立桂王朱由榔即位，年号永历，历史上称他永历帝。公元1647年十一月，明朝将领何腾蛟，依靠大顺军余部的力量，在全州大败清军；瞿式耜在桂林，也打退了清军的进攻。南明军声势大振。但是，由于桂王政权内部的不团结，湖广和广西又被清军占领。过了两年，何腾蛟在湘潭被俘杀害，瞿式耜也在桂林城被清兵攻陷后就义。在桂王政权面临覆灭的时刻，李定国领导的大西农民军，担负起抗清的重任，在西南一带又继续战斗了十多年。

李定国是张献忠手下四名勇将之一，又是他的义子。但张献忠最大的义子是孙可望，李定国是老二。张献忠牺牲以后，留下五六万起义军由孙可望、李定国率领，南下贵州、云南。他们派人向永历帝建议，愿意和他们联合抗清。经过一番周折，永历帝看到形势危急，只好依靠大西军，封孙可望为秦王。

孙可望是个野心家，他把永历帝控制在手里，在贵阳作威作福，独断专横，不把抗清放在心里。李定国却一心抗清，他在云南花了一年时间，训练了三万精兵，加紧制造武器盔甲；他还找了一批驯象的人，组成一支象队。在做好准备之后，决定出兵进攻清军。

李定国领导的军队士气高涨，军纪严明。他们从云南、贵州一直打到湖南，连战连胜，收复了几座重镇，接着，又三路进攻桂林。驻守桂林的清军主帅孔有德几次派兵迎战，没有交战兵士就逃散了。孔有德不得不亲自带兵到严关，和明军对垒。李定国大军一到，前面是高大的象队，后面是雄赳赳的士兵。大象一上阵吼叫起来，清军的战马听到象吼，就吓得到处乱窜。那时，天忽然下起大雨，电闪雷鸣，象群趁势一冲，清兵大败，明军奋勇追击，杀得清军一败涂地。

孔有德急忙把兵士撤进桂林城，把城门关住。李定国把桂林城紧紧包围，日夜猛攻。孔有德亲自登城防守，明军的乱箭射去，正中了孔有德的前额。这时候，他又得到城北山头已被李定国攻占的消息，就放起一把火，投到火里自杀了。

李定国攻进桂林，一面分兵继续肃清残敌，一面安定百姓，把逃到山里的南明官员接回城里。有一天，李定国在七星岩边摆了酒宴宴请官员，他跟官员们说："现在的局势，就像南宋末年一样。你们不是敬佩文天祥、陆秀夫、张世杰诸公吗？他们的精忠浩气，固然是名留青史，但是我们尽忠国家，毕竟不希望有这样的结局啊！"

大家听了，都深深佩服李定国的豪迈气概。

永历帝得到捷报，封李定国为西宁王。接着李定国又带兵打下永州、衡阳、长沙，逼近岳州。清朝廷大为震惊，连忙派亲王尼堪带兵十万反攻长沙。李定国得到消息，知道敌人来势很猛，就主动从长沙撤出，却在退到衡阳的路上设下伏兵。尼堪亲自率兵追击，中了明军的埋伏，尼堪当场被砍死了。

李定国的胜利，引起秦王孙可望的妒忌，孙可望假意邀请李定国商量国事，想暗害李定国。李定国发现他的诡计，只好带兵离开湖南，回到云南。孙可望想提高自己的威望，亲自到湖南进攻清军，却打了个大败仗。

孙可望野心勃勃，想逼迫永历帝让位。他知道要达到这个目的，一定要除掉李定国，就亲自带兵十四万进攻云南。哪里想到，他手下的将士们恨透了他的分裂活动，在双方交战的时候，纷纷倒戈奔向李定国一边，孙军全部瓦解。孙可望狼狈逃回贵阳，又遭到留守贵阳的将士的反对。孙可望走投无路，就逃到长沙向清军投降。

南明政权经过孙可望叛乱，力量已经削弱。公元 1658 年，清兵由降将吴三桂、洪承畴等率领，分三路进攻云南、贵州。李定国分三路阻击，都遭到失败，不得不退回昆明。永历帝和他的几个亲信官员惊慌失措，逃往缅甸。

永历帝逃往缅甸后，李定国继续在云南边境上收集人马，打击清军，准备恢复。他接连十三次派人去接永历帝回国，永历帝都不敢回来。公元 1661 年十二月，吴三桂带领十万清兵开进缅甸，逼迫缅甸交出永历帝、带回昆明。一到昆明，永历帝被吴三桂勒死，最后一个南明政权到这时候彻底灭亡。

李定国艰苦抗清十多年，没有实现他的愿望，他心情忧愤，终于得病死去。临死时候，他对他的儿子和部将说："宁可死在荒野，可不能投降啊！"

忠诚小语

虽然清朝代替了明朝，但李定国从一而终，忠心保主，为明朝最后一个政权倾注了毕生的心血，付出了自己的生命。同那些见利忘义，背叛自己国家的人相比，一个对自己事奉的政权忠诚不二的人，是不会让历史遗忘的。

孝

孝的字形，高度体现中国文字的神韵和意蕴。上半部是“老”字的一半，下半部是“子”字全形。上一代人与下一代人融为一体，儿子继承老子，子能承其亲，并能顺其意。所以，孔子把“善事父母”的人士，称之为“孝”者。古人非常强调孝道，并且有绝对化的思想。如“父命难违”、“父叫子亡子必亡”等，这些是不可取的。但是，孝是维系社会的最小细胞——家庭的基本纽带，如果子孙不孝，这个家庭就不会和睦，这个国家就不会和谐。孝道的另一引申义，就是要尊老敬贤，一个社会只有这样，老者有所养，贤者有所尊，这个社会才能文明进步。

赡养父母篇

王祥剖冰

王祥是晋朝的人，年少的时候母亲就过世了。他的继母对王祥非常不好，屡次在他父亲面前说王祥的坏话，破坏他们的父子关系。王祥不但受尽了委屈，继母还对他百般的挑剔刁难，甚至叫他做一些没有办法做的事情。王祥非但没有和继母作对，反而对继母更好，更加的敬爱，希望能化解继母与他的关系。

继母很喜欢吃新鲜的活鱼，所以就命王祥去抓鱼。可是当时时值严冬，所有的江河全都冻结了，哪里还有鱼呢？但王祥为了满足母亲的愿望，还是顶着严寒来到河边。王祥脱掉衣服，开始在冰上凿洞，希望鱼能出现。王祥被冻得双唇变紫，浑身颤抖。

就在这个时候，冰突然自己裂开，竟然有两条鲤鱼跃了出来，王祥非常高兴，就拿回家烹调好给继母吃。

此外，继母还要求王祥捕黄雀烤给她吃。这是多么困难的事情。捕捉又大费周折。然而皇天不负苦心人，竟然有好多的黄雀飞到王祥的帐篷里头，让王祥顺利地抓到黄雀。

他的继母不仅仅如此地要求王祥，更过分的是：家里有棵果树，在果实成熟快要落地时，她吩咐王祥守着树，不可以让一棵果子掉在地上。这简直是在鸡蛋里挑石头啊。然而王祥没有和继母大吵大闹。而是每到风雨，别人都在家里避雨玩耍时，王祥却穿梭在风雨中奔向果树，抱着树哭泣着，祈求这些果实不要掉落下来。

孝亲小语

一个人在如此的环境中，是什么力量能支撑他这样生活下去？唯有一个孝字！孝可以产生如此大的力量。所以王祥即使面对这么恶劣的环境，他依然能安然地度过。据说，继母在王祥如此的孝敬之下，也很惭愧，最终受到了感化，对王祥也同亲生儿子一般对待了。这也是守孝道的必然善果吧。

兄弟争孝

清朝时，长江口外的崇明岛上，有吴氏四兄弟。小时候因家境贫困，父母不得已把他们卖给富家为童仆，以求一条生路。他们长大后，个个勤奋节俭，赎出卖身契，回到家乡，合力盖起房舍并各娶妻成家。这时，他们已理解当时父母之苦心，故争相供养父母，以示不忘养育之恩。开始认定每家供养一月。后来，贤惠孝顺的妯娌们认为隔三个月才能轮到供养，时间太长了，故改为每家供养一日。以后又改为自老大起每人供养一餐，依次排下。每隔五天，全家四房老少合聚一起，共烹佳肴，奉养父母。席上子孙、儿媳争相端菜敬酒，百般孝顺，真是合家欢乐乐陶陶。二位老人安享天年，福寿近百岁无病而终。

孝亲小语

古代人们表达的孝亲思想，与后人是一脉相承的。今天，我们继承古代尊老爱幼的传统，就是要发扬这种孝亲的精神，多关心、照顾自己的父亲，多善待自己的兄弟，而不是相反。

子路借米

子路是春秋末鲁国人。在孔子的弟子中以政事著称，尤其以勇敢闻名。但子路小的时候家里很穷，长年靠吃粗粮野菜等度日。

有一次，年老的父母想吃米饭，可是家里一点米也没有，怎么办？子路想到要是翻过几道山到亲戚家借点米，不就可以满足父母的这点要求了吗？

于是，小小的子路翻山越岭走了十几里路，从亲戚家背回了一小袋米，看到父母吃上了香喷喷的米饭，子路忘记了疲劳。邻居们都夸子路是一个勇敢孝顺的好孩子。

孝亲小语

中国有句古语："百善孝为先。"意思是说，孝敬父母是各种美德中占第一位的。一个人如果都不知道孝敬父母，就很难想象他会热爱祖国和人民。古人还说："老吾老，以及人之老；幼吾幼，以及人之幼。"我们不仅要孝敬自己的父母，还应该尊敬其他老人，爱护年幼的孩子，在全社会造成尊老爱幼的淳厚民风，这是我们新时代的责任。

彩衣养亲

唐朝有个姓杨的人，家贫如洗，但十分孝道，靠讨饭养其父母，故人们叫他杨乞。他所讨食物，都带回家中奉献双亲。父母没有尝过，他虽然饥饿也不敢先尝。如有酒时，就跪下捧给父母，等父母接过杯子即起来唱歌跳舞，就像小孩子一样，使父母快乐。

有人怜悯他穷困，劝他给人家打工，用所得收入养亲。杨乞答道："父母年迈，若为人家打工，离家太远，就不能及时奉侍他们。"听的人感到他真是个孝子。后来父母去世了，他又乞讨棺木安葬。每逢初一、十五，就拿着食物去墓前哭祭。

孝亲小语

杨乞为了让父母饱暖，到处行乞；为了父母得到欢笑，就用舞蹈来逗乐他们。在他的心目中，父母就是他的中心，一切都随着父母转。虽然他的所作所为在某些方面显得有些极端，但他的一片孝心则是日月可鉴。

老莱子逗亲

老莱子是春秋时期楚国人，他的生平众说纷纭。《史记》怀疑老莱子就是老子，但是历史上并不可考，所以他真正的名字没有人知道。

老莱子生性非常孝顺，他把最可口的食物和最好的衣物、用品，都用来供养双亲。生活点点滴滴，极尽关怀照顾，非常体贴。父母亲在他无微不至的照料下，过着幸福安乐的生活，家里充满祥和。

老莱子已经年过七十了，但是在父母亲面前从来都没有提到过一个"老"字。因为上有高堂，双亲比自己的岁数都要大得多，而为人子女的人，如果开口说老，闭口言老，那父母不就更觉得自己已经走入风烛残年，垂垂老矣了吗？

在孝顺父母的方式上，老莱子别有一番与众不同。有一次，他特别挑了一件五彩斑斓的衣服，非常地鲜明。就在他的父亲生日的那一天，他身着这件衣服，装成婴儿的样子，在父母面前又蹦又跳地跳起舞来。一边嬉戏玩耍，一边迈动轻盈的舞步，真像是童心未泯的老头儿，特别逗人开心可爱。

一天，厅堂旁边刚好有一群小鸡，老莱子一时兴起，就学老鹰抓小鸡的动作，来逗双亲高兴。一时鸡飞狗跳，热闹不已。小鸡一颠一颠地到处跑，特别地可爱。而老莱子故意装成非常笨拙的样子，煞费苦心，而又无可奈何。看到这番情景，双亲笑得合不拢嘴，温馨的画面，流露出人伦至孝的光辉。

为了让父母在生活上有喜悦的点缀，在日常生活中，他经常会出一些点子，逗父母欢乐。有一次，他挑着一担水，一步一晃地经过了厅堂的前面。突然扑通一声，做一个滑稽的跌倒动作。“这个孩子真是养不大，拿他一点办法都没有。”

年纪大的人眼睛昏花、耳朵不灵，行动更是不便，老莱子就在家里扮演一个快乐的丑角。他并没有把自己当成是年纪大的人，在父母面前，他永远都像小孩子那样活泼可爱。

孝亲小语

老莱子的故事告诉我们：为人子女永远不要在父母面前，声称自己已经老了。一位孝顺的孩子，总是会想方设法，让父母觉察不到岁月的流逝、年纪的增长。为什么呢？因为如果连孩子都老了，那父母不就更为年迈了吗？他们听了之后，该多么伤心啊。所以，在父母的面前，为人子女不应当提到“老”这个字。为了让父母亲过上幸福快乐的生活，老莱子想尽种种办法来体慰父母的心。他把这句善体亲心的话，发挥得淋漓尽致。这个幸福的家庭，千百年来令人羡慕不已，赞叹不尽。

卖身葬父

汉朝时，有一个闻名的孝子，姓董名永。他家里非常贫困。他的父亲去世后，董永无钱办丧事，只好以身作价向地主贷款，埋葬父亲。丧事办完后，董永便去地主家做工还钱。在半路上遇一美貌女子，拦住董永要董永娶她为妻。董永想起家贫如洗，还欠地主的钱，就死活不答应。那女子左拦右阻，说她不爱钱财．只爱他人品好。董永无奈，只好带她去地主家帮忙。那女子心灵手巧，织布如飞。她昼夜不停地干活，仅用了一个月的时间，就织了三百尺的细绢，还清了地主的债务。在他们回家的路上，走到一棵槐树下时，那女子便辞别了董永。相传该女子是天上的七仙女。因为董永心地善良，七仙女被他的孝心所感动，遂下凡帮助他。

孝亲小语

有道是：入土为安。董永为了死去的父亲有一个葬身之地，卖身为奴，从而让死去的亲人获得最后的满足。他的故事之所以感动神仙，就是因为这份难得的孝心。

刻木事亲

丁兰是东汉时期河内（今河南黄河北）人，幼年父母双亡。他经常思念父母的养育之恩，就用木头刻成双亲的雕像，事之如生。凡事均和木像商议，每日三餐敬过双亲后自己方才食用，出门前一定禀告，回家后一定面见，从不懈怠。

后来，他的妻子渐渐对木像渐渐不太恭敬了，竟好奇地用针刺木像的手指，而木像的手指居然有血流出。丁兰回家见木像眼中垂泪，问知实情，遂将妻子休弃。

孝亲小语

这个故事显然有夸大的成份。不管我们多么怀念自己逝去的亲人，但完全不必过度地沉浸在虚拟的想象中，孝亲应该孝在生时。不过，我们从这件事中则可以看到丁兰对生前的父母是何等的孝顺！

做工供母

江革是东汉时人，少年丧父，侍奉母亲极为孝顺。战乱中，江革背着母亲逃难，几次遇到匪盗，贼人欲杀死他。江革哭告：老母年迈，无人奉养。贼人见他孝顺，不忍杀他。后来，他迁居江苏下邳，做雇工供养母亲，自己贫穷赤脚，而母亲所需甚丰。

明帝时，他被推举为孝廉，章帝时又被推举为贤良方正，任五官中郎将。

孝亲小语

俗话说：家贫出孝子，国难出忠臣。在一个贫穷的家庭里，在衣食无着的困厄中，最能显出孝亲的价值。一个人为了父母吃饱穿暖，宁愿挨饿受冻，确实也是“孝”的极致了。

埋儿奉母

郭巨是晋代隆虑（今河南林县）人，一说河内温县（今河南温县西南）人，原本家道殷实。父亲死后，他把家产分作两份，给了两个弟弟，自己独领母亲供养，对母极孝。

后来，家境逐渐贫困，妻子生一男孩，郭巨担心养这个孩子，必然影响供养母亲，就和妻子商议："儿子可以再有，母亲死了不能复活，不如埋掉儿子，节省些粮食供养母亲。"当他们挖坑时，在地下二尺处忽见一坛黄金，上书"天赐郭巨，官不得取，民不得夺"。夫妻得到黄金，回家孝敬母亲，并得以兼养孩子。

孝亲小语

中国古代因为把"孝道"提高到高于家庭一切的地步，所以，才有种种关于孝的传说，有的过分夸张，有的过于离奇。在古人的心目中，为了孝亲，妻子可以休掉，儿女可以不要。从今天的角度来看，孝道虽然重要，但家庭的每一个成员都一样重要，大可不必厚此薄彼。因此，对这样的"孝道"，我们应该一分为二地去看待。

拾葚充饥

蔡顺是汉代汝南（今属河南）人，少年丧父，事奉母亲非常孝顺。当时，正值王莽之乱，又遇饥荒，柴米昂贵，蔡顺只得拾桑葚给母子充饥。

一天，他在拾桑葚时，巧遇赤眉军，义军士兵厉声问道："你为什么把红色的桑葚和黑色的桑葚分开装在两个篓子里?"

蔡顺回答："黑色的桑葚供老母食用，红色的桑葚留给自己吃。"

赤眉军怜悯他的孝心，送给他三斗白米，一头牛，带回去供奉他的母亲，以示敬意。

孝亲小语

不管是好人或坏人，人人都有父母亲人，即使是恶人也懂得孝亲之道，懂得自己的身体发于父母，报答父母是人之常伦。所以，持孝心的人，永远不会被人小看和轻视。

孝媳乳姑

崔山南是唐代博陵（今属河北）人，官至山南西道节度使，人称"山南"。

当年，崔山南的曾祖母长孙夫人，年事已高，牙齿脱落，祖母唐夫人十分孝顺，每天盥洗后，都上堂用自己的乳汁喂养婆婆，如此数年，长孙夫人不再吃其他饭食，身体依然健康。长孙夫人病重时，将全家大小召集在一起，说："我无以报答媳妇之恩，但愿媳妇的子孙媳妇也像她孝敬我一样孝敬她。"后来崔山南做了高官，果然像长孙夫人所嘱，孝敬祖母唐夫人。

孝亲小语

孝心是一代代相传的。当一个人秉持孝道，就等于给自己的儿孙树立一个榜样。所以，当他有一天进入老年时，儿孙也向父母学习。这是一代接一代的传统。所以说，孝顺父母，也就等于自己将来被儿孙尽孝。

朱虎逃生

宋朝有个朱泰，侍奉母亲非常孝顺。他家里很穷，就砍了柴卖了钱养着母亲，常常走了几十里路远的地方去买了好吃的来供奉母亲。

有一天，朱泰起来得很早。在鸡叫头遍的时候就走到山里去。等到天亮了，就在山脚边休息着。忽然来了一只老虎，把朱泰用前脚攫取，衔着走了。这时候，朱泰吓得神志也不清爽了。等到老虎走了一百多步路，他才渐渐地苏醒了，就大声说："老虎，你作恶把我吃了去。所恨的是我的母亲从此没有依靠了。"他说完了这几句话，奇怪的事发生了。老虎竟把他放在地上，径直走了，头也不回，好像有人赶它一样。

朱泰这时已经不能行走了，就匍匐着慢慢地回到了家里。乡村里的人很佩服他的孝顺行为，个个叫他朱虎残。就是说他是老虎嘴里剩下来的人。

孝亲小语

这个故事似乎告诉我们：动物也懂得孝道，对秉持孝道的人也心怀敬意。这个故事未必真实，但真实的却是人伦的常理。不管是人类还是动物，都是父母所生所养，都应有孝道，所谓"乌鸦反哺"就是说动物也有感恩之心。所以，这个故事似乎没有道理，却有内在的合理成分。

沙弥止风

梁朝有个庾沙弥，就是当时有名的孝子庾道愍的同族里侄孙。他的父亲就叫庾佩玉，是犯了死罪的。庾沙弥到了5岁的时候，他的母亲给他做了一件彩色衣服。庾沙弥不肯穿这件衣服。他的母亲问他是什么缘故，他就流着眼泪鼻涕，很悲伤地说："我们家里遭了这样的大祸，还要穿这种彩色衣服做什么呢?"于是终身穿着布衣，表示他的悲痛。

他的嫡母死了，他日夜哭叫，所坐的草团，因为眼泪滴下去竟腐烂了。他的生母欢喜吃甘蔗，庾沙弥就终身不吃甘蔗。后来他的生母死了，他奉了生母的灵柩渡过浙江。渡到了一半时候遇着了风浪。他坐着的船差不多就要翻转来。庾沙弥这时候真急得不得了，就抱着生母的灵柩喊着哭着。过了一回儿。风浪竟平静了。

孝亲小语

这个故事似乎说明：有孝道的人，会得到神灵的帮助。这个未必信，但我们应该相信孝道的力量是巨大的。虽然沙弥的一些做法显得夸张，但在古代，他所做的一切却是合乎当时的逻辑的。

王延色养

晋朝有个王延，表字叫延元，九岁时候就没有了母亲。他独自暗暗地无声而泣三年。每逢母亲的忌辰就要悲哭十多天。

他的继母待他很厉害。冬天时候。不给他棉衣穿。用了蒲茎和碎麻放在衣裳里面给王延穿。他的祖母就去问他，王延虽然晓得却也不肯对祖母说实情，并且一心一意服侍继母，用和悦之色去尽孝道。

夏天时候，他替继母扇着枕席。冬天时候用自己的身子，为继母温暖了被。有一回，正是天气很寒冷的时候，继母想吃鲜鱼。王延就沿着汾水边上走来走去，一面敲着水里的冰，一面哭着。忽然有一条大鱼跳了出来，有五尺长。他就拿了回家给继母吃，吃了许多日子还吃不完。于是继母也觉悟了，待王延像亲生的儿子一样。

孝亲小语

王延用和颜悦色事奉继母，尽量满足母亲的愿望。这一点是无可厚非的，但父母的要求并非样样必须满足。也就是说，我们要尽力满足父母的物质需求和精神需要，但不要对父母亲过分的要求持一味满足的态度。所谓鱼自己从水里跳出来，那是无稽之谈。万一满足不了，也应该告诉父母真相，让他们耐心等候时机。

刘殷哭堇

晋朝有个姓刘名殷的人，表字叫长盛，七岁的时候他就死了父亲。刘殷年纪虽然小，可是很悲伤。他的祖母王氏在一个很寒冷的时候想吃堇菜，口里不好说出。所以在吃饭的时候，口味不开，饭常常难吃饱，这样的情况已经有十天了。刘殷觉得很奇怪，就去问祖母。王氏就把想吃堇菜的缘故对孙儿说了。这时，刘殷的年纪才九岁。

可是，冬天是买不到堇菜的。于是刘殷就到了水田里大哭，一直不绝声地哭了半天。忽然，那地方就有堇菜生着了，尽管他天天采，也并不觉得减少。一直到了生堇菜的时节到了，那个地方的堇菜才完了。后来他做了一个梦，有人对他说：西边篱笆下面有谷。醒了以后他就到那地方去掘。果然掘得谷有十五钟，上面有字，写着“七年粟百石。赐孝子刘殷。”果然吃了七年才完。后来刘殷一共生了七个儿子。

孝亲小语

这个故事跟孟宗哭竹天生笋一样，纯属虚构，但道理却是明摆的。这个道理就是劝诫人们坚守孝道，不管是自己的父母，还是父母的父母，都要极尽孝道，尽力满足他们的需求。这种精神无疑是值得肯定的。

茅容杀鸡

汉朝的茅容，年纪已经四十多岁了。有一天，他在郊野里耕田，忽然天下雨了。于是种田的人都到树底下去避雨。他们都伸手伸脚、随随便便地坐着，只有茅容独自端端正正地坐着，格外恭敬。

这时候，有个叫郭林宗的教书人看见了，觉得很奇怪，就请求到茅容家里去过夜，以便暗中观察他的一切举动。到了第二天，茅容杀了一只鸡、做好了饭菜。郭林宗见了以为是请自己吃的，哪知他把鸡给了母亲吃，自己和客人一同吃着蔬菜。郭林宗看了他这样孝顺的行为非常佩服，就起身向他拜着说：“你的品行真贤明得很，我林宗尚且减少了养亲的丰盛膳菜，去供给往来的宾客。现在你能够这样真是我的朋友了。”于是就劝他读书。

后来茅容终于成了一个有道德的人。

孝亲小语

在茅容的心目中，孝道是高于一切的，甚至比宾客还重要。从现在人的眼光来说，客人来访，最先敬重的应该是客人，母亲虽然也应该敬重，但此时应该略退位于来客。但茅容把孝道置于高于一切的位置，可谓是百善孝为先。

文王问安

周朝的文王，姓姬名叫昌。当他做世子的时候，每天去朝见他的父亲王季三次。在早晨鸡啼的时候，就穿好了礼服，到了父亲的寝门外面去问安。宫里的小官说好的，文王听了面上才有喜色。到了正午时候再去问安，依然照了早晨时候的问答。到了晚上也是这样的做。

有时候，王季偶然身体有点不舒服，文王的脸上就充满了忧愁的神气，连走路都也走不端正了。等到王季饮食复原了，他才恢复了原状。当饭菜献进去的时候，文王一定亲自去视察饭菜的冷热。等到王季吃完了饭，把饭菜端了下来，文王就问吃得怎样，并对管理菜蔬的人说："不要把原有的饭菜再献上去。"那个人诺诺应着，文王才敢退了出来。

孝亲小语

孔子所提倡的"礼"，大都源于周朝，所以又叫"周礼"。在周朝，各种礼仪已十分完备，自上而下都遵守得十分严格，只是后世才乱了礼。孝道，就是周代最讲究的"礼"之一。

李忠辟震

元朝的李忠，是晋宁人。在他年纪很小的时候，父亲就不幸去世了，从此以后，他和母亲两人相依为命。

自从父亲过世后，他的母亲就开始身兼二职，默默承担起家庭的重任。平时，她外出耕田种菜像男人一样维持着家庭的生计，走进家门，又要纺纱织布，打理家务，教育子女，尽心为孩子营造温暖的家庭气氛。母亲克勤克俭的生活作风和谨守节操的坚忍意志，让李忠耳濡目染、牢记在心。

俗话说，穷人家的孩子早当家，李忠不仅早早就懂得如何去体贴和照顾母亲，还以幼小的臂膀努力分担着母亲的辛劳。察觉母亲口渴了，他就为母亲端茶倒水；

母亲外出劳作回来，他就帮母亲按肩捶背；一个人在家的时候，他就学着母亲的样子，清扫做饭；夜幕降临了，他就准备好洗脚水和床被……不知不觉中，他学会了劈柴挑水；农忙季节，他小小的身影已经陪同母亲一起忙碌在田间地头。

李忠时时处处都念着母亲的辛劳和需要，把家中最好的一切都奉献给母亲，还想尽办法替母亲分忧解愁。孩子的孝顺，成为了母亲强而有力的精神支柱，就算自己再苦再累，也觉得非常值得。丧失亲人的精神伤痛，就在母子之间相互的爱与关怀中被抚平。饔飧不继的日子，过得也并不觉得艰难。

乡亲们看到小小年纪的李忠，对母亲如此孝敬，做事勤奋努力，都深受感动。他们不但常常伸出援助的双手，还纷纷以李忠为榜样，来教育自己的子女。村里出了这样至孝的孩子，是全村人的荣耀。

大德七年八月的一天，李忠家所处的郇保山一带，突然发生了强烈的大地震。剧烈的震波突如其来，使整座山都在为之移动。震波所及之处，房屋都在顷刻之间轰然倒塌，成片成片地被夷为平地，被压死的村民，惨不忍睹。

就在被震飞的石头冲向李忠家的千钧一发之际，奇迹发生了：飞散的山头突然分做两支，呈V字型，从两侧绕过李忠家的房屋，一直到五十多步以外的地方，才又合拢在一起。李忠的家，就这样在强震的灾难之中得以幸免。

被震灾毁坏的一万零八百个区域一片狼藉，人员死伤不计其数。然而，无情的地震似乎也懂得敬畏孝子，在快到李忠家的时候，能绕道而过，使得至孝者李忠家能得以保全。

孝亲小语

翻开人类历史，天灾几乎从未曾断绝过。而确凿的史料，同时也记载了许多至孝者身上发生的诸如瘟疫不侵、水火风雷不殃等等孝感天地的故事。这些故事不管真伪，都充分证实了行孝行善的人，最能够得到上苍的眷顾与保护。纵使是在危难关头，他们也能够趋吉避凶，化险为夷。

孝敬父母

从前，有个老人，妻子去世后一直一个人过着孤单的生活。他一生都是个辛苦工作的裁缝。后来他太老了，已经不能做活儿了。他的双手抖得厉害，根本无法穿针；而且老眼昏花，缝不直一条线。他有三个儿子，都已长大成人，结婚有了各自的家。他们忙于自己的生活，只是每周回来和父亲吃一顿饭。

渐渐地，老人的身体越来越虚弱了，儿子看他的次数也越来越少。他心想："他们不愿意陪在我身边，因为他们害怕我会成为他们的累赘。"他彻夜不眠，为此而担心。最后他想出一个办法。

第二天一早，他去找自己的木匠朋友，让他给自己做了一个大箱子。然后又跟锁匠朋友要了一把旧锁头。最后他找到吹玻璃的朋友，把他手头所有的碎玻璃都要过来。

老人把箱子拿回来，装满碎玻璃，紧紧地锁住，放在了饭桌下面。当儿子们又过来吃饭的时候，他们的脚踢到了箱子上面。

他们向桌子底下看，问他们的父亲："里面是什么？"

"噢，什么也没有，"老人说，"只是我平时省下的一些东西。"

儿子们轻轻动了动箱子，想知道它有重。他们踢了踢箱子，听见里面发出响声。"那一定是他这些年积攒的金子。"儿子们窃窃私语。

他们经过讨论，认为应该保护这笔财产。于是，他们决定轮流和父亲一起住，照顾他。第一周年轻的小儿子搬到父亲家里，照顾父亲，为他做饭。第二周是二儿子，再下一周是大儿子。就这样过了一段时日。

最后年迈的父亲生病去世了。儿子们为他举办了体面的葬礼。因为他们知道饭桌下面有一笔财产，为葬礼稍微挥霍一些，他们还承担得起。

葬礼结束后，他们满屋子搜，找到了钥匙。打开箱子后，他们看到的当然是碎玻璃。

"好恶心的诡计，"大儿子说，"对自己的儿子做这么残忍的事情！"

"但是，他还能怎么做？"二儿子伤心地问，"我们必须对自己诚实，如果不是为了这个箱子，直到他去世也不会有人注意他。"

"我真为自己感到羞愧，"小儿子抽泣着，"我们逼着自己的父亲欺骗我们，因为我们没有遵从小时候他对我们教诲。"

但是，大儿子还是把箱子翻过来，想看清楚在玻璃中是不是真的没有值钱的东西。他把所有的碎玻璃都倒在地上，顿时三个儿子都无言地看着箱子里面，箱子底下刻着四个字——孝敬父母。

孝亲小语

一个老迈的父亲，儿孙满堂，本应享受天伦之乐，却被逼得用谎言来唤起儿子的孝敬，这难道不是"三伏心也寒"的事情吗？林肯说过："我之所有，我之所能，都归功于我天使般的母亲。"因此，父母的养育之恩我们应尽心回报，怠慢父母是违背伦理的行为。莎士比亚说过："逆子无情甚于毒蛇。"因此，我们要时刻牢记：长大以后，也应该以孝心来报答父母对我们无私的爱。

贴对联

古代安徽某地有位陈老汉，年逾60，儿子却不尽赡养义务。陈老汉无奈，便向他的侄儿诉苦。

侄儿对他说："我自有办法。"说罢，回家写了一副对联和一幅中堂，要陈老汉贴在屋内正墙上。那副对联的上联是："二三四五"；下联是："六七八九"。显而易见，这副对联缺"一"（衣）少"十"（食）。那幅中堂更耐人寻味，使人警悟，写的是："隔窗望见儿喂儿，想起当年我喂儿。我喂儿来儿饿我，当心你儿饿我儿。"

儿子、媳妇见了，羞愧万分。从此一改前非，父子言好。

孝亲小语

自古以来，孝敬父母成为社会和家庭的焦点。子孝父母，下代孝敬上代，一代传一代，成为家庭伦理的核心。如果这个伦理链遭到破坏，必然会累及自身，也就是上行下效的意思。所以说，孝敬父母，实际上是"孝敬"自己。

上行下效

从前，有一对不孝敬父母的夫妇，他们对老人毫不关心，又嫌老人不能干活，打算把老人赶走。他们的孩子看在眼里，心里非常着急。

这一天，夫妻二人让老人坐在筐里，抬着他向深山里走去。他们的孩子也远远地跟在后面。到了山里，丈夫说："就扔在这里吧，离家这么远，他肯定回不去了。"

说完，夫妻二人丢下老人和筐子，扭身就走。

老人看到儿子和儿媳这样对待他们，伤心得流下了眼泪。

这时，孩子突然想起了一个救爷爷的妙计。他冲父母喊道："爸爸妈妈，应该把筐子也抬回去。"

爸爸不解地问："要这筐子干什么？"

孩子回答："等你和妈妈老了，不能动弹了，我好用它把你们抬到这里来呀。"

孩子的话深深地触动了夫妻俩。他们彼此相视了一眼，顿时悟出了一个道理，心里惭愧起来，立即把老人抬了回去，进行悉心照料。

孝亲小语

孝悌，是我们的传统美德。俗话说：前人栽树后人乘凉。老人为家庭、为社会创造了许多财富，理应得到后人的孝敬。这是我们的责任所在，不会随着父母年老力衰而结束。父母的养育之恩，是天高地厚的，怠慢父母是违背伦理的行为，照顾、关心他们是我们的天职。违背这个伦理，必然招致报应。

为亲分忧篇

孝迈黔娄

黔娄是东晋时著名的孝子，其孝行入选24孝，可谓是孝子的楷模。在福建周宁县浦源村的郑氏宗祠二进厅上檐有一“孝迈黔娄”的匾额，它的意思是“孝行可同黔娄相比”，说的是郑氏十四世锡繁公替父送死，尽孝尽义的故事。

明朝灭亡后，清兵大举南下。当时退守福建的郑成功、刘中藻（明末曾任兵部尚书）打起“抗清复明”的旗号，纠集明军数万人。当时，浦源属刘中藻明军辖区。锡繁公之父方三公毁家纾难，资助钱粮给明军。

1649年，清军将领白进宝在闽北建瓯剿灭明军余部，回师福州，路经浦源村，得知方三公勤师刘中藻之事，不顾其重病在身，便将其押解带走。

当时锡繁公在萌源岳父家作客，知悉父亲被捕。立即带上重金沿路追至梨坪，愿出重金赎回父亲，清军因其是“钦犯”不肯。于是锡繁公跪哭在地，愿以自己替父亲，清军看在金银的份上，方答应替换。扔下方三公，将锡繁公押走。

押解途中，锡繁公心想，父重病在身，无人照顾，病死野外，自己更是不孝。不如寻机逃脱，待孝敬父亲度过晚年后自己的性命安危也在所不顾了。行至福安穆洋溪边。乘清军没防备，突然跳进溪中。淹淹一息之际，传说有一重物将其托起送到对岸。待繁锡公上岸，见溪中有一仙女对他嫣然一笑，化为一尾红鲤鱼悠然而去。

逃难途中，遇到一个农夫。话语中农夫知是方三公父子遇难，赶紧为他打开镣铐。农夫原是小商贩，客居浦源时得重病，幸得方三公医治并接济银两方得不死，今感恩图报。将锡繁公带到山的破瓦窑洞藏匿起来，便沿途去找方三公。清军随后追查至洞口见蜘网密布，故未进洞搜索（后为纪念蜘蛛功劳，浦源后人均不打蜘蛛）。锡繁公得以脱难，在农夫家医好了父亲方三公的病。父子俩不敢回村，循入黄家山（今狮城官山带）隐居。

后来，方三公逝世。锡繁公将父安葬后，想起曾经的诺言“替父送死”。为了“义”，他自动往宁德投监。县令李即龙钦慕其孝行，不忍伤害，只在狱中关押，几年后死于狱中。李即龙为题匾“考迈黔娄”存于郑氏祠堂，其岳父家人也送“孝德动天”的匾额。

清朝灭亡后，为了纪念褒扬孝子锡繁公，1918年，在鲤鱼溪东侧300米古道处，建孝子坊，坊旁立有褒扬建坊记，记述孝子锡繁公事略。

孝亲小语

孝心，是最大的尊老。自古以来，凡是有孝心的人，都会受到世人的尊重。因为人人都有父母，人人都会做父母，父母生己身，又有养育之恩，不孝敬父母，就是忘恩负义，是被任何人都不齿的。所以说，我们没有任何理由不爱自己的父母，不尊重老人。

小女子忠孝双全

明朝湖南道川守将沉至绪，有一个独生女儿，名叫沈云英。自小聪明好学，跟父亲学得一身好武艺。一次，父亲率兵迎敌，不幸战死，当时沈云英才17岁。

为了继承父亲的遗志，继续与敌军作战，她登上高处，大声呼喊："我虽然是一个小女子，为完成父亲守城的遗志，我要决一死战。希望全体军民保卫家乡。"大家深受感动，发誓要夺回失地。很快解除了包围，取得了胜利。

沈云英找到父亲的尸体，大声痛哭，全体军民都穿上孝服，参加了葬礼。朝廷下令追封沉至绪为副总兵，并任命沈云英为游击将军，继续守卫道州府。后来人们为她建了一座忠孝双全的纪念祠。有诗颂曰：

异军攻城围义兵，
娥眉汗马解围城；
父仇国难两湔雪，
千古流芳忠孝名。

孝亲小语

沈云虽然年幼，却能化悲痛为力量，继承父志，代父指挥军队勇猛杀敌，以至取得胜利。说她忠孝两全，一是对国忠，代父杀敌，为国尽忠；二是对父孝，表现在继承父亲的遗志，接过父亲的指挥棒，替父守住了一座城。这种孝，是最伟大的孝心，是很值得歌颂的。

搬兵救父

荀灌娘生于晋惠帝元康元年，从小不喜欢读书写字，更与针织女红无缘，却偏爱舞枪弄剑，打拳踢腿，小小的女孩儿家，比男孩子还要狂飚骠顽。她的父母无可奈何，索性顺其天性发展，并聘请名师授武艺。荀灌娘10岁以后已能骑马张弓，一根小银枪更是挥舞得出神入化，俨然就是个小女侠的模样。

荀灌娘的父亲是被誉为“履孝居忠，无惭往烈”的荀崧。他世袭侯爵，曾任襄阳太守，继擢平南将军，坐镇宛城，都督江北诸军事，后封曲陵公。

荀崧由襄阳太守调升平南将军，是在晋愍帝建兴元年。当时驻节宛城，也就是今天的河南南阳。就在荀灌娘13岁这年，春耕刚过，几万贼兵在匪首杜曾带领下由西域流窜到宛城。当时宛城守军仅有千人，又在青黄不接的时候，贮存的粮草十分有限，势难长期固守，情况非常危急。

荀崧自忖城中兵力薄弱，守御尚且不足，更不可能轻言出击。然而长此困守，待至矢尽粮绝又当如何呢？想来想去，唯一可行的办法，就是派遣一个智勇双全的人突围出城，驰往临近的襄阳求救。因为襄阳太守石览，是荀内崧的旧部，这时他驻守襄阳，兵强粮足，雄视一方，只要能发兵前来，必可解救宛城之围。荀崧把自己的计划向文武官员宣示以后，大家虽然十分赞同，但却没有一人愿意担任突围求救的任务。

荀崧感叹不已。正在一筹莫展的时侯，蓦然间荀灌娘由屏风后转出，朗声说道：“女儿愿往襄阳投书请援！”荀崧大惊，加以拒绝：“满庭文武都不敢担此重任，你一个小小女孩子，如何能够突出重围，又如何能够抵挡贼兵的追杀！”不料荀灌娘却答道：“女儿虽然幼小，但却习得一身武艺，乘敌不备，出其不意，必可突围而出。与其坐以待毙，何不冒险一行。倘能如愿，不仅可以保全城池，实际上也拯救了黎民百性的生命财产。如果不幸为贼兵所阻，顶多也不过是一死而已。同是一死，何不死里求生，冒险一行呢！”

事实确实如此。荀崧考虑良久又作了一番研究与安排，终于同意了女儿的请求。于是选派了壮士10余人，组织了一支闪电突击队，借着浓浓的夜色作掩护，一涌而出，向襄阳城飞奔而去。马快情急，穿垒而过，贼兵措手不及，眼睁睁地看着一队人马消失在黑暗的远方。

一路奔波，第三天的午后抵达襄阳。襄阳太守石览看到老上司的求救信，又听到荀灌娘的慷慨陈词，对一个13岁的女孩子甘冒矢石，突出千军万马包围的精神和胆识，不禁大为感动。当即发兵，而且还修书一封昼夜飞驰荆州太守周仿，请他协同出兵解救宛城之围。

大军赶到，如火如荼的战斗展开，荀灌娘挥舞银枪左冲右突，大获全胜。

孝亲小语

一个人的一生，有一件事足以传世则即可俯仰无愧，何况是一个13岁的小女子。她竟能力排众议，突出重围，以其勇毅与纯诚，搬来大军救援；复以奋不顾身的胆识与豪气，连番击杀贼将，获得辉煌的胜利；宛城千千万万的军民赖以保全，整个国家也深受其利。她的行为，大而言之，是为了拯救一座城市，小而言之，是为父分忧，但从她的年龄上来看，说她是为父分忧更恰当些。

沉香救母

汉代有个书生叫刘向，上京赶考时，顺道登华山一游。华山上有一座神庙，庙神华岳三娘是一位美丽善良的仙女，自从被王母派遣到华山后，一直过着孤独寂寞的生活。这天，她正在庙中吟歌曼舞，消磨时光，突然发现一个书生跨进了庙门。她急忙登上莲花宝座，化为一尊塑像。走进大殿的刘向，一眼就看到了三娘的塑像俊丽、温柔、安闲。刘向被深深吸引住了，心想要是能娶她做妻子该多幸福啊！可惜这只是一尊没有情感知觉的雕像。刘向怀着深深的遗憾，抑制不住内心的激动，取出笔墨，深情地在墙上抒写了自己对三娘的爱慕之情。

三娘默默地看着这一切，心中不禁百感交集。面前这个书生多么英俊倜傥，文采斐然。他对自己满怀深情，而自己又何尝不被他深深吸引，又何尝不爱恋他呢？可是，一个是上界仙女，一个是下方凡人，又哪能缔结姻缘呢？目送怅怅离去又依依不舍的刘向，三娘再也不能平静了。她沉吟再三，终于决定不顾天条禁令，要与刘向结为夫妻。于是，三娘便化为一民间女子，追上刘向，向他道出了真情。从此两情依依，结为伉俪，恩爱无比。刘向考期将临，三娘已有孕在身，依依惜别之时，刘向赠给三娘一块祖传沉香，说日后生子可以“沉香”为名。二人十里相送，难舍难分。

刘向在京城一举中榜，被任命为扬州府巡按。就在他走马上任之时，华岳三娘却遭难了。原来，这时正值王母娘娘生日，在天宫大办蟠桃会，各路神仙均来赴会祝寿，可是三娘有孕在身，便推脱染病而留在华山。谁知，真情被三娘的哥哥二郎神知道了，二郎神勃然大怒，责怪妹妹私嫁凡人，触犯天条律令，要捉她上天受惩罚。三娘一身正气，毫不畏惧，况且她随身还有一件王母赠的宝物——宝莲灯。此物是三娘的镇山之宝，无论哪路妖魔，哪方神仙，只要宝莲灯大放异彩，都会被震慑称服，束手就擒的。二郎神自知不敌，就令自己的天犬乘三娘休息之际，偷盗而出。这样，可怜的三娘就被二郎神压在华山下的黑云洞中。三娘在暗无天日的洞中生下了儿子沉香，为防不测，她偷偷恳求夜叉，将儿子送到扬州，留在其父刘向身边。

沉香长大了，渐渐懂事了，知道了母亲被压在华山下受苦，就一心想救出母亲三娘。他把想法对父亲说了，无奈刘向也只是一介文弱书生，只有叹气摇头。于是沉香便独自离家，去找母亲。他吃尽了千辛万苦，终于走到了华山。可是母亲在哪里呢？这个只有8岁的孩子，不知所措，放声大哭起来。凄厉痛苦的哭喊声，在空谷回荡，惊动了路过此地的霹雳大仙。好心的大仙，问明情由，深为善良的三娘和受苦的孩子鸣不平，可是也无可奈何。于是他将沉香带回自己的住所。沉香在大仙的指点下，刻苦认真地学习，渐渐学会了六韬三略、百般武艺、七十三变。16岁生日那天，沉香向师父辞行，要去华山救母。大仙称他有志气，并赠给他一柄萱花开山神斧。

沉香腾云驾雾，来到华山黑云洞前。他大声呼唤娘亲，声声穿透重重岩层，传入三娘耳中。三娘不由心情激荡，百感在心。她知儿子已长大成人，一片孝心来救自己，激动不已，就将沉香唤到洞前。三娘自知哥哥二郎神神通广大，当年大闹天宫的孙悟空也败在他手中；沉香又年幼，况且二郎神还盗去了宝莲灯，儿子哪能是他对手呢？所以，三娘叫沉香去向舅舅求情。

沉香飞身来到二郎庙，向二郎神苦苦哀求。谁知二郎神铁石心肠，不但不肯放出三娘，反而舞起三尖两刃刀，要向沉香下手。沉香怒不可遏，觉得二郎神欺人太甚，便抡起神斧，与他打起来。两人云里雾里，刀来斧往，山里水里，变龙变鱼；从天上杀到地上，再从人间杀回天宫；直杀得山摇地动，江翻海捣，天昏地暗。这件事惊动了太白金星，派了四位大仙去看个究竟。四仙姑在云端里看了一阵，觉得二郎神身为舅舅，如此凶狠地对待一个孩子，太无情无义了。于是相互使了眼色，暗中助了沉香一臂之力。沉香越斗越勇，越战越神。二郎神再也招架不住，只得落荒而逃，宝莲灯也落入了沉香之手。

沉香立即飞回华山，举起萱花开山神斧，奋力猛劈。只听得“轰隆隆”一声巨响，地动山摇，华山裂开了。沉香急忙找到黑云洞，救出了母亲。整整16年，受尽了苦难的三娘才重见天日，她与儿子紧紧抱在一起，百感交集，泪流满面。

后来，二郎神也向三娘、沉香认了错；沉香也被玉帝敕封了仙职。从此，三娘、刘向和他们的英雄儿子沉香全家团圆，永远幸福地生活在一起啦。

孝亲小语

沉香救母的故事，通过影视节目《宝莲灯》的传播，可以说达到了家喻户晓。这虽然是一个神话故事，但其中表现出来的孝母之心、救母之志和“母亲痛苦我就不幸福”的爱母之情，足可以感天动地。可见，孝敬长亲，自古同为至理，是人世的美德和人伦的正道。

缇萦救父

公元前167年，临淄地方有个小姑娘名叫淳于缇萦。她的父亲淳于意，本来是个读书人，因为喜欢医学，经常给人治病，出了名。后来他做了太仓令，但他不愿意跟做官的来往，也不会拍上司的马屁。没有多久，辞了职，当起医生来了。

有一次，有个大商人的妻子生了病，请淳于意医。那病人吃了药，病没见好转，过了几天死了。大商人仗势向官府告了淳于意一状，说他是医错了病。当地的官吏判他“肉刑”（当时的肉刑有脸上刺字，割去鼻子，砍去左足或右足等），要把他押解到长安去受刑。

淳于意有5个女儿，可没有儿子。他被押解离家的时候，望着女儿们叹气，说：“唉，可惜我没有男孩，遇到急难，一个有用的也没有。”

几个女儿都低着头伤心得直哭，只有最小的女儿缇萦又是悲伤，又是气愤。她想：“为什么女儿偏没有用呢？”

她提出要陪父亲一起上长安去，家里人再三劝阻她也没有用。

缇萦到了长安，托人写了一封奏章，到宫门口递给守门的人。

汉文帝接到奏章，知道上书的是个小姑娘，倒很重视。那奏章上写着：

“我叫缇萦，是太仓令淳于意的小女儿。我父亲做官的时候，齐地的人都说他是个清官。这回他犯了罪，被判处肉刑。我不但为父亲难过，也为所有受肉刑的人伤心。一个人砍去脚就成了残废；割去了鼻子，不能再安上去，以后就是想改过自新，也没有办法了。我情愿给官府没收为奴婢，替父亲赎罪，好让他有个改过自新的机会。”

汉文帝看了信，十分同情这个小姑娘，又觉得她说的有道理。于是就召集大臣们，对他们说：“犯了罪该受罚，这是没有话说的。可是受了罚，也该让他重新做人才是。现在惩办一个犯人，在他脸上刺字或者毁坏他的肢体，这样的刑罚怎么能劝人为善呢。你们商量一个代替肉刑的办法吧！”

大臣们一商议，拟定一个办法，把肉刑改用打板子。原来判砍去脚的，改为打 500 板子；原来判割鼻子的改为打 300 板子。汉文帝就正式下令废除肉刑。这样，缇萦就救了她的父亲。

孝亲小语

小缇萦有胆量有孝心，用她的一片真情打动了汉文帝，不仅救了父亲，也使一种酷刑得以废除。是孝心救了父亲，也救了她自己。自古以来，孝心是最大的人伦，不管是谁统治，都提倡孝心，奖掖孝心，就是这个道理。

自缚救父

冯恩是明世宗嘉靖年间的南京御史。嘉靖十一年冬天，天空出现彗星，皇帝下诏要百官直言朝政缺失。冯恩上疏抨击了大学士张孚敬、方献夫、右都御史汪鋐的奸恶。世宗看了这封奏疏大怒，马上将冯恩交与锦衣卫审讯，追究策划此疏的主使人是谁。冯恩每天都要受到严刑拷打，几次被打得死去活来，可他都丝毫不改初衷。

次年春，冯恩此案被移交刑部审理。世宗意欲给他定个上疏诋毁大臣德政的罪名，处以死刑。刑部尚书王时中为他辩护说：“冯恩上疏评论大臣，毁誉参半，并非专一诋毁，不应处死，可以减等遣戍。”大臣违反皇帝的意向，使世宗极为生气，他说：“冯恩并非专攻朕所信赖的张孚敬等三人，主要是由于对前些年议定的‘大礼’不满。这种仇视君上的行为，死有余辜！你们刑部官难道想欺公卖狱么?”立即下令将王时中撤职，侍郎闻渊被夺俸，郎中张国维、员外郎孙云被贬往极边任杂职。而冯恩竟在皇帝的强行要求下被处死刑。

冯恩的长子行可 13 岁，到朝堂伏阙讼冤。他日夜匍匐长安街，见有朝官经过，就拉住轿马号哭求救，虽有人可怜却没有人敢站出来说话。这时汪鋐已经升任吏部尚书，新任都御史王廷相以为冯恩的罪名定得不妥，请求宽宥，世宗根本不听。

到了“朝审”的时候，汪铉以吏部尚书例当主笔，面向东坐。冯恩被押上后，面向北面的帝位跪着，以此表示对汪的藐视。汪铉叫兵士将冯恩拽向自己跪着。冯恩干脆站起不跪。吏卒呵斥他，他厉声怒斥吏卒，吏卒皆不敢动。汪铉无法，只好说：“你屡屡上疏，想要杀我，今天我先杀了你！”冯恩怒目而视，说：“圣天子在上，你身为大臣，却想假公济私，杀死言官么？而且这是什么地方，你竟公然当着百官的面发泄私怨，也太肆无忌惮了！我死之后，要变为厉鬼，惩治你这奸贼！”汪铉又说：“你平日自称多么正直廉洁，可在监狱中却数次接受别人的馈赠，这该怎么讲？”冯恩冷笑道：“患难相扶，这是古已有之的美德，岂像你招权纳贿、卖官卖爵！”接着又当着众官的面，揭露了汪铉许多丑事。

汪铉被冯恩骂得怒火中饶，情不自禁，掀翻案桌，上前揪住冯恩就要动手殴打，冯恩也毫不畏惧，骂不绝口。同审的都御史王廷相、尚书夏言，眼看主审官与囚犯居然相骂相打，实不成体统，急忙上前制止，汪铉只得咬牙切齿地住手。但他依然强行主张，给此案定了个“隋真”的结语。

朝审结束后，冯恩被押出长安门，京城人士和百姓夹道争睹他的风采。很多人感慨地说：“这个御史，不但口如铁，而且他的膝头、肝胆、骨头都是铁铸的，不愧是一个钢筋铁骨的‘四铁御史’。”

此时，冯恩80多岁的母亲吴氏，去击鼓鸣冤，为儿子讨还公道。冯恩的儿子行可，刺血写疏，自缚阙下，请求代父服刑受死。世宗因此也动了恻隐之心，命有关法司再议行处。尚书聂贤、都御史王廷相奏称以前判冯恩死刑所引用的律条，情节与法律不相合，应当引用“奏事不合”的条文，改判输赎还职。世宗认为太轻，最后判了谪戍雷州。而两个月后，汪铉亦因贪污太甚，被罢官。

冯恩戍外6年，后遇赦还朝。穆宗即位，才录用其为大理寺丞。

孝亲小语

面对固执己见的皇帝，连为冯恩说公道话的刑部尚书都因此被撤了职，一个小孩子又能做些什么呢？但是小行可血书上奏，愿替父死；以及老母亲亲自为儿子鸣冤，这些行动最终使皇帝产生了恻隐之心，没有处死冯恩。可见，孝心是感天动地的力量，自古以来都是人人遵循的“正道”。又有谁不会为愿意替父而死的“孝心”而感动呢？

笼负母归

鲍出是后汉时新丰人，天生魁伟，生性至孝。一天，他不在家，一伙强盗把他母亲劫走。鲍出闻讯后，怒发冲冠，抄起一把刀就不顾一切地追下去。沿途杀了十几个贼人，终于追上了劫掠他母亲的强盗，远远看见母亲和邻居老妪被绑在一起。他大吼一声，奋力上前。众贼见他来势凶猛，锐不可挡，吓得四散逃命。

鲍出顾不上追敌，径直跑上前来，叩头请罪。跪着给母亲和邻居老人解开绑绳，将她们解放回家。

后来，战乱纷起，他就侍奉母亲到南阳避难。贼乱平定，其母思归故乡。可是路上跋山涉水，抬轿难行，鲍出思虑再三，就编了一个竹笼，请母亲坐在笼中，将她背回家乡。

孝亲小语

鲍出救母于危难的行为，充分体现了他视亲如命，为母请命、为母分忧的赤子胸怀，这可止是一种孝道，更是一种为保护母亲安危而不顾一切的牺牲精神。

啮指痛心

曾参是春秋时期鲁国人，孔子的得意弟子，世称“曾子”，以孝著称。少年时家贫，常上山打柴。一天，家里来了客人，母亲不知所措，就用牙咬自己的手指。曾参忽然觉得心疼，知道母亲在呼唤自己，便背着柴迅速返回家中，跪问缘故。母亲说：“有客人忽然到来，我咬手指盼你回来。”曾参于是接见客人，以礼相待。

孝亲小语

曾参学识渊博，曾提出“吾日三省吾身”的修养方法，相传他著述有《大学》、《孝经》等儒家经典，后世儒家尊他为“宗圣”。啮齿痛心的故事，表现了一种心系母亲，母子连心的亲子情怀，拿现代科学来说，就是母子“心灵感应”。

吴猛饱蚊

吴猛是晋朝的人，自幼就是非常孝顺的人。当其他八岁的小孩子还在父母的庇护下撒娇时，吴猛就已经懂得如何孝敬父母了。

刚入夏，吴猛发现父母的眼睛老是布满血丝，红红的。没有一点精神。他很奇怪。不知道为什么，后来经多次细心的观察，吴猛发现了原因。原来吴猛家境非常贫寒，住在偏僻落后的地方。屋子破旧，又靠近小河边，所以蚊子异常多。可家中又穷得买不起蚊帐。所以每逢夏夜，满屋子的蚊子便嗡嗡的响，叮得父母这里一个包，那里一个包，搅得父母睡不了觉。

吴猛知道父亲每天都起早摸黑地到外面干活儿，在外已经被炎炎烈日晒得头晕脑胀，筋疲力尽了，回来后应该好好休息，睡一觉，第二天才有精神和体力继续干活。而母亲也要大清早就到外头去帮佣，赚一点钱补贴家用。劳累了一天的母亲也疲惫不堪。父母本应该好好地休息，可都因为蚊子叮得睡不好，才经常眼睛里布满血丝。

吴猛非常心疼父母，很是着急。他想来想去，最后干脆就把衣服脱掉，先去躺在床上，任凭屋子里的蚊子来叮咬他。尽管蚊子那么多，统统围在他的身上，他还是忍耐着。为了父母，他能忍受着痛、忍受着痒，忍受这些蚊子在他身上任意地叮咬，希望蚊子叮饱了自己之后，不要再去咬父母。结果吴猛经常被蚊子咬得伤痕累累，满身是包。而且整个夏天都如此坚持下来。

孝亲小语

这是多么孝敬、体贴父母的孩子！用自己的血肉和伤痛换来父母的安眠。小小的年纪，就这样至情，这样体贴亲意，实在是非常感人。父母养育儿女，整天担心孩子吃不好，担心出门发生意外，可以说照顾得无微不至。尤其到炎炎夏日，父母会驱蚊虫来保护孩子细嫩的肌肤，用一切方法来赶蚊子。如果孩子撒娇，父母亲会把孩子抱在怀里搂一搂、拍一拍。在寒冬里，怕孩子半夜踢被子，母亲会多次起来照看孩子。任何一点点的伤害，父母都会感到不安和心疼。父母不计一切的辛劳，只希望孩子能在安全、温暖、保护当中茁壮成长。父母爱护自己的子女是如此的情深，那么为人子女的怎么不能像吴猛这样，为父母做一点回馈？所以说，我们一定要向吴猛学习，体贴父母，报答父母之恩。

虎口救母

清代，有个人名叫赵瓒，是柏乡余舍村的农民，家里很穷，对老母却非常孝敬。

有一天，赵瓒出去打柴，他的母亲到院子里拿柴禾，准备烧火做饭。突然有一只老虎，跑進了村子里，直接奔向赵瓒的家中。赵瓒回到村子，人们老远地就对他喊道：“老虎闯进你家了，千万不要回去！”

赵瓒一听此言，立刻想到母亲的安全！急忙抽出挑柴禾的扁担，闯入自家院子，正好看见老虎嘴里叼着母亲出来，便奋力打虎。由于院子小，老虎不能转身，况且它又叼着人，不放下人来不能和他搏斗，老虎正在着急。赵瓒更加使劲地用扁担打老虎。老虎无奈，只好放下他的母亲，准备向赵瓒扑来。

这时，县里官吏听说老虎危害之事，急忙带着勇士赶来，当即放箭射死了老虎。赵瓒母子二人，幸免于难。县令得知赵瓒平素勤俭持家，奉母至孝；今天，又奋不顾身，斗虎救母，心里十分高兴，便在赵家门前，树一旗帜，上写“纯孝”二字，以作表彰。百姓们见了，无不拍手叫好。

孝亲小语

中国古圣赞贤的教育首重孝道，所谓百善孝为先，孝道做好了，一切善行德行都会自然跟上，一个有德行的人才能真正造福社会，他将来才会真正感受到幸福，现代社会多数人虽然在物欲上膨胀竞争，但是有远见的家长们都会在家庭教育上补上这一“孝子贤孙”课。

以亲为念篇

沉瓜寻父

曹娥的父亲是一位巫师。一天，在一次迎潮神活动中，不小心掉进江里。当14岁的曹娥听到这个消息时，连忙哭喊着跑去江边，她想：父亲很喜欢吃香瓜，于是她从家里拿了一篮香瓜。她把瓜往江里扔，如果瓜沉下去了，说明父亲在下面，可是瓜是浮着的，她向邻居借了一条船，不顾邻居的劝阻，冒着风雨去寻找父亲。瓜漂到哪里，她就划到哪里，瓜漂了七天七夜，终于沉了，她高喊着“爹爹”，扑向了水中。

第二天，人们在岸边发现了曹娥和她父亲的尸体。邻居们很伤心，后人非常崇敬曹娥，为了纪念她，于是就把那条江改名为曹娥江。

孝亲小语

这只是一个传说故事。但曹娥的坚定和勇敢，和为了寻救父亲而不怕苦不怕死的精神，却是感人的。我们要学习的也就是这种报答父母的一种精神。报答父母，要的是实际行动，是在生活中用自己的点滴之爱去关心、照顾自己的亲人。

虞舜大孝

《孝经》上记载关于大舜至孝的故事：虞舜，本姓姚，名重华。父亲叫“瞽瞍”，是一个不明事理的人，很顽固，对舜相当不好．舜的母亲叫“握登”，非常贤良，但不幸在舜小的时候就过世了，于是父亲再娶。继母是一个无妇德之人．生了弟弟“象”以后，父亲偏爱继母和弟弟，三个人经常联合起来谋害舜。

舜对父母非常的孝顺，即使在父亲、继母和弟弟都将他视为眼中钉，欲除之而后快的情况下，他仍然能恭敬地孝顺父母，友爱兄弟。他希望竭尽全力来使家庭温馨和睦，与他们共享天伦之乐。虽然这其中经历了种种的艰辛曲折，但他终其一生都在为这个目标不懈地努力。

小时候，他受到父母的责难，心中所想的第一个念头是：“一定是我哪里做得不好，才会让他们生气!”于是他便更加细心地检省自己的言行，想办法让父母欢喜。如果受到弟弟无理的刁难，他不仅能包容，反而认为是自己没有做出好榜样，才让弟弟的德行有所缺失。他经常深切地自责，有时甚至跑到田间号啕大哭，自问为什么不能做到尽善尽美，得到父母的欢欣。人们看到他小小年纪就能如此懂事孝顺，没有不深为感动的。

那时候尧帝正为传位的事情操心，听到四方大臣的举荐，知道舜淳朴宽厚、谦虚谨慎。但治理天下唯有德才兼备的人才能胜任。尧帝把两个女儿娥皇和女英嫁给他，希望由两个女儿来观察、考验他立身处事的能力。

娥皇和女英，明理贤慧，侍奉公婆至孝，操持家务农事也井然有序，不仅是舜的得力助手，也成全了舜始终不渝的孝心。有一次，瞽叟让舜上房修补屋顶。舜上去之后．想不到瞽叟就在下面放火。大火熊熊往上燃烧，就在万分危险之时，只见舜两手各撑着一个大的竹笠，像大鹏鸟一样从房上从容不迫地跳下来，原来聪慧的妻子早已有所准备了。

又有一次，舜的父母又用其他方法来谋害他，想把他灌醉后杀害。可是他的两个妻子事前就给他先服药，让舜即使终日饮酒也不能伤害到自己的身体。

还有一次，瞽叟命舜凿井。舜凿到井的深处，瞽叟和象想把舜埋在井里，就从上面往井里拼命倒土，以为这样舜就永远回不来了。没想到舜在二位夫人的安排下，早已在井的半腰凿了一个通道，从容地又躲过一劫。当象得意地以为舜的财产都归他所有时，猛然见到舜走了进来，大吃一惊，慌忙掩饰了一番。但舜并未露出忿怒的脸色，彷佛若无其事。此后奉侍父母，对待弟弟，越加谨慎了。舜的孝心孝行，终于感化了他的父母，还有弟弟象。

孝亲小语

中华民族重视孝道由来已久。舜的故事，体现着他的宽容大度和不计个人得失的无私胸怀。但支撑他行为的乃是孝父悌弟的美德。父亲和兄弟可以不容他，但他必须孝敬父亲，这是最大的人伦，不可违抗。可见，中国的孝悌传统真的是源远流长。

狄仁杰有忠有孝

狄仁杰是唐高宗时的一位著名臣相，为人刚正不阿，很受人敬重。

狄仁杰任大理丞时，一年里断了很多积压多年的案件，涉及1.7万人，事后没有一个人上诉。当时的武卫大将军权善才犯下误砍昭陵柏树的大罪，狄仁杰上奏，说他罪当免职。高宗命令立即处死，狄仁杰又奏，说他的罪不至处死。皇帝脸上变色，说道："权善才砍伐昭陵的树，让我不孝，必须处死。"天子的左右见皇帝脸色很难看，都使眼色示意狄仁杰出去，狄仁杰说："陛下制定法律，悬挂在宫门之上，服劳役、流放、死罪，全有差别。哪有犯罪不至于死，却下令赐死的呢？法律如果无常，那老百姓又该怎么办才好呢！陛下如果一定要改变法律，臣请求从今天开始。古人说：'盗窃高庙玉环就诛灭整个家族，假如有人盗挖长陵，陛下又怎么加刑？'现在陛下因为昭陵的一株柏树而杀掉一个将军，千年以后，人们会怎么看待陛下呢？这就是臣不敢遵旨的原因。"听了狄仁杰的解释，皇帝的怒气逐渐消除，权善才因而免死。过了数日，高宗任命狄仁杰为侍御史。

狄仁杰不仅是个刚正不阿、忠于君主、以理服人的臣相，还是一个充满仁慈和孝心的人。他对自己的父母感情非常深厚，无论官至保职，身居保处，心里总是装着父母。朝廷授给他并州都督府法曹参军的时候，有一天，他结伴同游太行山。这时，他往南望见一片白云在空中飘荡，就对随从说："我父母就住在那片白云下面，我的父母双亲啊，不知现在可好！"长时间站在那儿眺望白云，等云飘走才继续赶路。

狄仁杰孝顺友爱，远过常人。在并州的时候，有同府的法曹参军郑崇质，母亲年老多病，自己却又要出使到极远的地方去，心中很为难。狄仁杰对他说："太夫人有病，你却出使远方，怎么可以将离别的忧愁留给老母呢！"于是，狄仁杰到长史蔺仁基那里，要求代郑崇质出使，使蔺仁基非常感动。

孝亲小语

虽然古人有"忠孝不能两全"之说，但狄仁杰却把忠和孝都做到了。古人如此，我们今人呢？生活在文明礼貌充盈其间的当今社会，我们更应该以忠孝两全的标准要求自己，既忠于国家，又孝敬父母，敬重长辈。

千里探亲

清朝乾隆年间，安徽桐城的方观承，是一位出了名的孝子，他千里探亲的故事，至今被人们传为美谈。

方观承的祖父、父亲都曾做过朝廷命官。清朝的文字狱使其祖父、父亲因一朋友写了一书而被株连，流放到黑龙江充军服役，其家产也被没收充公。年幼的方观承兄弟无依无靠，只得到寺庙中暂栖其身。

在寺庙中，方观承兄弟含泪度日，备尝艰辛，但方观承最想念的还是祖父和父亲。他鼓足勇气，向长老提出请求，允许他俩前往边疆探望长辈。长老念及二人年幼，尽管有些孝心，恐怕不能成行，便极力劝阻。方观承则恳求说："祖父、父亲遥在天涯，对家中亲人望眼欲穿，我们若能前往，定会增添些许慰藉。为给二老一点安慰，我们即使受点折磨，遭受点艰难，也在所不辞。请长老恩准，让我们启程。"

方家兄弟的义举，感动了长老，长老送其路费，含泪目送他们踏上探亲路程。

一路上，他们风餐露宿，跋山涉水，忍饥挨饿，搀扶相行，衣破成条，脚生老茧。几个月后，他们终于见到了二老。四人抱头痛哭之后，祖父、父亲心中为自己有这样的孝顺后代顿生快慰，一家四口人陶醉在融融的天伦之乐之中。

孝亲小语

孝敬父母长辈，是中华民族传统美德中的重要组成部分。父母长辈，养育了后代晚辈，自然应受到后代晚辈的孝顺尊敬。试设想，一个对父母长辈出言不逊、举止不雅的人，能成为爱国成才、奉献力量的人物吗？古往今来的名人贤士，多是忠孝双全，值得称道的杰出人物。

怀橘遗亲

陆绩是三国时期吴国吴县华亭（今上海市松江）人，科学家。六岁时，随父亲陆康到九江谒见袁术，袁术拿出橘子招待，陆绩往怀里藏了两个橘子。临行时，橘子滚落地上，袁术嘲笑道："陆郎来我家作客，走的时候还要怀藏主人的橘子吗？"陆绩回答说："母亲喜欢吃橘子，我想拿回去送给母亲尝尝。"袁术见他小小年纪就懂得孝顺母亲，十分惊奇。陆绩成年后，博学多识，通晓天文、历算，曾作《浑天图》，注《易经》，撰写《太玄经注》。

孝亲小语

陆绩心中装着母亲，虽然有违做客之礼，却也能获得他人的谅解。一个不愿独享水果，吃着水果想着亲人的人，无疑是孝亲的榜样。

涌泉跃鲤

姜诗是东汉广汉人，娶庞氏为妻。夫妻孝顺，其家距长江六七里之遥，庞氏常到江边取婆婆喜喝的长江水。婆婆爱吃鱼，夫妻就常做鱼给她吃，婆婆不愿意独自吃，他们又请来邻居老婆婆一起吃。

一次因风大，庞氏取水晚归，姜诗怀疑她怠慢母亲，将她逐出家门。庞氏寄居在邻居家中，昼夜辛勤纺纱织布，将积蓄所得托邻居送回家中孝敬婆婆。其后，婆婆知道了庞氏被逐之事，令姜诗将其请回。庞氏回家这天，院中忽然喷涌出泉水，口味与长江水相同，每天还有两条鲤鱼跃出。从此，庞氏便用这些鲤鱼供奉婆婆，不必远走江边了。

孝亲小语

许多孝亲故事，就像一些传奇和志怪一样荒诞不经，因为其中的情节背离了常理，但其中心思想则是宣传孝道至上，孝顺为大，舍此都是处于次要地位的。古人说："百善孝为先"，所以，孝是考察人情和人品的主要方面。明白了这个道理，类似故事的一些情节也就显得合情合理了。

包公辞官

包拯是庐州合肥（今安徽合肥市）人，父亲包仪，曾任朝散大夫，死后追赠刑部侍郎。包公少年时便以孝而闻名，性直敦厚。在宋仁宗天圣五年，即公元1027年中了进士，当时28岁。先任大理寺评事，后来出任建昌（今江西永修）知县，因为父母年老不愿随他到他乡去，包公便马上辞去了官职，回家照顾父母。他的孝心受到了官吏们的交口称颂。

几年后，父母相继辞世，包公这才重新踏入仕途。这也是在乡亲们的苦苦劝说下才去的。在封建社会，如果父母只有一个儿子，那么这个儿子不能扔下父母不管，只顾自己去外地做官，这是违背封建法律规定的。一般情况下，父母为了儿子的前程，都会跟随去的。父母不愿意随儿子去做官的地方养老，这在封建时代是很少见的，因为这意味着儿子要遵守封建礼教的约束——辞去官职照料自己。历史书上并没有说明具体原因，可能是父母有病，无法承受路上的颠簸，包公这才辞去了官职。

孝亲小语

有许多包拯的故事讲的是他铁面无私，把包公孝敬父母的事情给忽视了。不管情况如何，包公能主动地辞去官职，还是说明他并不是那种迷恋官场的人。对父母的孝敬也堪为当今一些素质低下的官迷们的表率。

寿昌弃官

朱寿昌是宋朝时的人，他七岁的时候，他的生母因为被嫡母嫉妒，被赶出家门另嫁他人。从此寿昌就和生母分离了。

寿昌从小就失去了母爱。他看到别的小朋友都有母亲在身边，天天嘘寒问暖，疼爱有加。非常的思念自己的母亲。每到初冬，别的小朋友的母亲早早地为自己的孩子做好了棉衣，可是寿昌的生母却不在；当别的小朋友心中有了委屈，可以依偎在母亲怀里撒娇时，寿昌却不能；试想一下，没有母亲，是多么盼望能像别人一样，可以经常依偎在母亲的怀抱里。

寿昌就在这样的环境中长大，他一直努力读书，后来当了官。虽然生活很富足，可是天下哪有不思念父母的儿子呢？所以他一直明察暗访，希望能找到自己的母亲。

五十年来，寿昌几乎日以继夜的思念、惦记着远方的母亲，相思之情常每每言及就涕不成声。他是多么希望自己可以亲自服侍母亲，让母亲重享天伦之乐啊！可是寿昌屡次多方打听，都没有办法得到母亲的下落。

后来到了神宗的时候，他感觉自己年纪已经大了，遗憾母亲不能奉养在旁，心里感到非常的遗憾。可是茫茫人海千里迢迢，去哪里寻找母亲？他想再不找到母亲，怕是没有机会了。所以他就断然辞去官职，要亲自外出去寻找他的母亲。

因为寿昌此时的年纪也大了，家里人也不放心他，都来劝阻，可是寿昌坚决地对家人说：如果不见到母亲，就永远都不回来。他远到秦这个地方，也就是现在陕西省寻母。他的心非常地坚定，抱定必死的决心，一定要寻找到他的母亲，与自己共享天年。

寿昌一人在外，人生地不熟，遇到很多险阻，非常艰辛，可是，困难丝毫没有动摇他寻母的念头。相反，他想到和母亲分别五十多年都不可以团聚，就更加深了寻母的信念。他走到哪里打听到哪里，天天祈祷。

终于，到了同州这个地方，奇迹出现了。就在这里，他辗转得知到母亲的下落。这个时候母亲已经七十几岁了，依然健在。分别五十多年，母子相聚，相拥在一起，多少悲欢离合啊！母子俩五十多年骨肉团聚的心愿终于实现了。寿昌非常高兴，把母亲迎回家里同住，很是孝顺。全家过着幸福的生活。

孝亲小语

朱寿昌与母亲分离长达五十多年，在如此漫长的岁月中，能始终保持对母亲的孝思不变，实为赤诚孝心的真情流露。谚语说得好，孝感天地!，朱寿昌母亲五十年下落不明，到最后，靠朱寿昌坚定的寻母誓愿和毅然辞官、不畏艰困地找寻，终能骨肉团圆，力尽孝道，是多么的令人感动。与朱寿昌相比，我们这些为人子女者，能有服侍孝养父母的机会是何等的幸运！把握住在父母身边的日子，用心尽孝，莫让子欲养而亲不待的痛苦和悔恨啃噬自心。

崔邠导舆

唐朝的崔邠，父亲叫崔垂，家里有三代不分家了，还同一镬子里吃饭。宣宗皇帝得知了，叹息着说："崔家一门里面都是孝友的人，可以给天下的读书人家做着模范。"皇帝就亲自给他们写了"德星堂"三个大字。

后来崔邠中了进士，做了谏官。在朝堂里揭批裴延龄的奸佞，于是就因为忠直出了名。在元和年间的时候，崔邠做了太常卿。太常卿就是管理皇帝太庙里的礼乐的官。依了从前的规矩，太常卿初治事的时候，一定校阅四部的乐班，任凭京城里的人毫不拘束看着。崔邠接了事，就从家里出来，脱去了官帽，亲自引导母亲坐的轿车去看。当时朝官看见了的都避开道路，京城里的人觉得他们非常荣耀。

孝亲小语

崔邠做了官，不是独自去享受荣耀，要么耀武扬威，要么目中无人，而是为母亲的轿子引路，让母亲去观看乐班。相信没有人会说他不会做官，因为只要是为了孝敬父母，不管是什么人，采取什么的行动都会得到人们的理解和赞赏。

徐积避石

宋朝时候，有个徐积，三岁的时候就死了父亲。他的母亲亲自教他读着孝经。他一面读着书，一面想起了父亲，就不禁流着眼泪了。

徐积事奉母亲，不论什么样用力气的事务，都是他亲身自做，不要别人替代。到京城里考试的时候也载了母亲同去，不间断早晨和晚上请安的礼数。后来二十多岁的时候就中了进士。可是还没有娶亲。人家问他。他说："假使娶了一个不贤的妻子，反而要叫母亲生了气。"他又因为父亲的名字叫石，所以他不用石头做的器具。遇着了石头铺的路，也避开了不踏。有人对他说：“这样避讳很难。”徐积就回答他们说：“因为我一遇着，就凄然地伤了我的心。因此又想到了我的父亲，所以不敢用脚踏在上面了，并非我故意避讳呀。”到了元丰年间，皇帝圣旨下来，赐给他绢料和米粮，表扬他的孝道。

孝亲小语

中国古代讲究“忌讳”，其中一条是不能提父母的名字，哪怕是其中一个字也要避讳；推而广之，凡是与父母名字相关的物体也要回避。古人认为这也是孝的一部分，是敬重父母的表现。因为父母的名字是神圣不可侵犯的。用现代的观点看来，这显然是过时的。但我们不能说古人做的不对，在古代，这个做法是普遍的，是容易理解的。

彦斌乞灵

元朝时候。有个姓史名彦斌的人，生平有孝顺的行为。有一年，黄河的河水泛滥了，他母亲的灵柩被水漂到不知什么地方去了。史彦斌就用草做了一个人的样子，放在水里。头仰天叫道：“天啦，我母亲的棺木被水漂到不知什么地方去了，请求上天可怜我这个没有母亲的人的一点心。借着这个草人，指示我母亲灵柩所在的地方。”说完，满面都流着眼泪。他坐了船，跟着草人走。过了十多天以后，走了有三百多里的路程，那个草人就在一个桑树林里停止了。史彦斌到了桑树林里去看，果然他母亲的灵柩就在那个地方。于是，他把母亲的灵柩用船载了回来，重新安葬。

孝亲小语

史彦斌的行为，看似离奇，却体现了他对母亲亡灵的一片忠心。他没有因为天灾人祸，对失去的亲人的灵柩不管不问，也没有知难而退，不愿努力去寻找，更没有借口水灾，不再祭祀母亲。因为他的诚心，因为他的孝心，他终于找到了母亲的灵柩，这也是上天对他的孝行给予的嘉奖吧。

吴璋思亲

明朝有个吴璋，幼小时候父亲就死了。那时候，皇帝下诏叫天下贞节的寡妇都到宫里去办事。他的母亲陆氏就奉例选进宫里去了。后来陆氏又跟了亲王分封到韶州去。吴璋就抛弃了家庭去寻母亲，一路上受尽了困苦艰难。到了韶州，就上书给亲王，要求见他母亲的面。可是这个愿望没有实现。于是就在王府旁边，租了一间小房子，中间写着“思亲”两个大字。旁边又挂了一副对联，上联写着：“万里寻亲，历百艰而无悔。”下联写着：“一朝见母，誓九死以何辞。”

后来他终于见到了母亲。这时候他的母亲已经生了病，并且非常的危险。吴璋就在自己的手臂上割了肉，做了粥去给母亲吃。母亲慢慢地好了，亲王就把金帛赐给吴璋，叫他扶着母亲回去。

孝亲小语

儿女千里寻亲，要的不是财富，要的不是利益，而是对亲人的牵挂和儿女的孝心。吴璋是为了尽孝而去，为了尽儿女职责而去。这是人间最朴实无瑕的情愫，是与生俱来的人伦至理，是没有掺杂也不会掺杂任何杂念的。

鼎臣祝寿

明朝有个状元宰相，姓顾名叫鼎臣。他父亲五十岁的时候才生了他。顾鼎臣幼小的时候就非常孝顺，略略大了一点的时候，就做了一篇表文，在每天的晚上焚了香祝告天地，情愿减去自己的寿算给父亲添着，那样就可以让父亲看见了他成人的时候。

有一天的夜里，他做梦看见有一只黄色的仙鹤从天上飞来。他就赶上去一看，原来就是自己曾经烧掉的一张表文，并且后面还有几句批语说：“鼎臣减寿益亲，出于至诚，父延二纪，鼎臣状元及第。”后来，顾鼎臣果然中了状元，官做到了宰相。这时候、他的父亲还在世上，亲眼看见了儿子受了皇家的封赠。

孝亲小语

读了这个故事，就像读了一则神话。人的寿命不是谁赐的，自己的功名也不是谁赐的。我们也大可不必祈祷谁谁为了亲人的长寿而要求减去自己的寿命。我们如果能从这个故事中感受到一个孝子那纯朴至真的情怀就可以了。

李密陈情

晋朝有个李密，他的父亲早已死了，母亲嫁了人家。他是在祖母刘氏那里抚养长大的。武帝召他去做太子洗马官，但是诏书下来了有好几次，李密终于不肯去做官，就上了一封表章到皇帝那儿。说："假若我当初没有祖母，就不能活到了今天。祖母现在没有我也不能安享老年。我今年四十四岁了，祖母今年九十六岁了。这样看来，我替皇上尽力的日子正多，可是报答祖母恩德的日子是很少的了。"武帝看了表章以后，很欣赏他的诚实，就给他两个奴婢帮他做事。一方面又发命令，叫府县衙门里供给他祖母的赡养费。

孝亲小语

"我替皇上尽力的日子正多，可是报答祖母恩德的日子是很少的了。"李密说得极好。一个把亲人的冷暖放在高于一切的人，为人做官也会想着他人，处处以百姓为重。这不仅是一个孝心的问题，也是一个心里装着别人的问题。

赵咨迎盗

汉朝时候有个赵咨，在敦煌地方做太守官。后来因为有病就免了官，回到家里。他亲自带领子孙们耕种田地，奉养母亲。有一夜，有许多强盗到他家里来打劫。赵咨得知了，恐怕母亲受了惊吓，于是自己先到了门口去迎接强盗，又陈设了饭菜请强盗们吃，并且对他们说："我有一个年老的母亲，已经八十多岁了，又生着疾病，是要供养的。请求你们稍留下一些衣服和粮食，使我可以供养我的母亲就好了。至于妻子的物件和另外的物件，一点也不敢请求留下的。"强盗们听了他的话，非常叹服他的孝顺，又觉得自己的行为太令人不齿了。大家都跪下了，辞谢着说："我们太不成样子了，冒犯了府上，侵害了你这位贤人君子。"说完，一齐飞也似地去了。赵咨追上去，把物件送给他们已经来不及了。经过了这件事情以后，赵咨的名声愈加大了。后来做了东海相的官。

孝亲小语

赵咨之所以说动了强盗，是因为盗亦有道。强盗也是父母所生，也有敬老孝亲的思想，这是中国的传统道德观念已深入人心了。所以，当赵咨的孝心体现出来之后，自然会对强盗们有所触动。可见，孝心是世上最能征服人心的道德品质。

伯俞泣杖

汉朝的韩伯俞是河南人，生性非常孝顺。他母亲的家教很严厉。韩伯俞偶然有了小小的过失，他的母亲就要用拐杖打他。受了母亲的打，一点儿也没有怨言。

有一天，他的母亲又拿了拐杖打儿子。韩伯俞忽然大哭起来。他的母亲觉得很奇怪，问他道："从前打你的时候，你老是流着眼泪的。今天打你，为什么哭了起来呢？"韩伯俞说："从前儿子有了过失的事，母亲打我的时候，是觉得很痛的，晓得母亲的身体很康健。今天打我的时候，母亲的力量就不能使我觉得痛了，晓得母亲的精力已衰，恐怕后来的日子不多了，所以情不自禁地哭起来了。"

孝亲小语

因为感念母亲打人的力气减弱了，人变得衰老了，所以才不情不自禁地哭泣。人有好有坏、有老实有调皮，因为犯了错误而受到父母的责备是正常不过的事。但不管是什么人，都应该有孝心，有敬老爱亲之心，这是不能含糊的。

考叔舍肉

周朝时，郑国有个颍考叔，是在颍谷地方做守边的官。他得知了郑庄公起初为了弟弟的事，对母亲立了不到黄泉不再见面的咒，后来又有点懊悔了。他就借了献进物品的机会到了庄公那儿。庄公叫他吃饭，他吃饭的时候留着所赐的肉不吃。庄公觉得很奇怪，就问："你为什么留这些肉呢？"颍考叔道："小人有个母亲，凡是小人自己家里献进去的东西，母亲是都吃过的了。可是没有吃过君上所赐的肉。所以我留着不吃，预备拿回家去，送给母亲吃。"

庄公听了颍考叔这样的孝顺，不禁心中有所感触，就说道："你有母亲可以送给她东西吃，怎么我没有母亲呢？"颍考叔说："这个是没有关系的，君上只要在地下掘下去有了泉水就好，母子两人在地道里面相见，哪一个人再敢道个不字呢？"庄公就依了他的话做去，于是他们母子两个依旧和从前一样地相处了。

孝亲小语

处处想着亲人，以亲人为念，这种"母亲没有享用我就不能独自享用"的观念，体现了孝道为大、父母为大的孝悌思想，是古代孝悌思想的重要组成部分，值得后人深思。

王裒泣墓

三国的时候，魏国有一位叫王裒的人，非常孝顺。

他的父亲叫王仪，当时在朝廷里当官。有一次晋文帝出兵，在这次出兵当中，朝廷死了非常多的士兵，所以文帝就在上朝的时候，询问底下的这些文武百官，要大家分析这次战役为什么会损失惨重。结果没有人敢站出来说话，唯独王仪是一个高风亮节之人，他就直陈说：这次战役的责任完全归于元帅。大家都知道，元帅就是当时的文帝，所以文帝非常生气，一怒之下就把王仪拉出廷外问斩，死于非命。王裒见父亲如此冤屈而死，非常难过。因此他终身不再面向西坐，以表示不为晋朝之臣。王裒自幼饱读诗书，所以他的学问、品行非常好，朝廷也屡屡征召他出来为官，可是王裒面对金钱名利的诱惑，都不为所动。

王裒对母亲也百般孝顺。只要是母亲的事情就亲力亲为，体贴入微。母亲过世后，他非常悲痛。母亲生前胆子小，最怕的就是打雷。所以每当遇到风雨交加、雷声隆隆的时候，王裒他就会很伤心飞奔到母亲的坟墓上面，去那里哀泣着说，孩儿就在此地，母亲不要害怕。

有一次，王裒依在一棵柏树前号哭，他的眼泪涔涔而下，滴落到柏树上面，想不到柏树也因感召到王裒的孝顺，竟也枯萎了。

王裒他这么孝顺，所以每当他授课读到“哀哀父母，生我劬劳”时，他就非常的难过，潸然泪下，难过到没有办法教授学生。他的学生担心老师哀伤过度，所以就把《蓼莪》这一篇给废止了。

孝亲小语

一个人的孝心孝行，不但感动到天地万物，更是可以作为后人最好的典范。我们看到这样的孝行是不是也深受感动？父母从小把我们拉扯长大，辛勤地照顾我们。从小，如果生病，最着急担心的就是父母；孩子出门时，父母又会想孩子是否安全；出门办事，回到家里第一件事情，就是探望自己的孩儿是不是很好，父母的心时时刻刻都牵挂在孩子身上。想一想父母是怎样照顾我们的，那么我们今天长大成人了，有没有想到父母年纪大了，我们是否尽到了孝心？

床前孝子篇

小黄香温席

在中国古书《三字经》里，有“香九龄，能温席”的记载。讲的是我国古代

“黄香温席”的故事——

黄香小时候，家中生活很艰苦。在他 9 岁时，母亲就去世了。黄香非常悲伤。他本就非常孝敬父母，在母亲生病期间，小黄香一直不离左右，守护在妈妈的病床前。母亲去世后，他对父亲更加关心、照顾，尽量让父亲少操心。

冬夜里，天气特别寒冷。那时，农户家里又没有任何取暖的设备，确实很难入睡。一天，黄香晚上读书时，感到特别冷，捧着书卷的手一会就冰凉冰凉的了。他想，这么冷的天气，父亲一定很冷，他老人家白天干了一天的活，晚上还不能好好地睡觉。想到这里，小黄香心里很不安。为让父亲少挨冷受冻，他读完书便悄悄走进父亲的房里，给他铺好被，然后脱了衣服，钻进父亲的被窝里，用自己的体温，温暖了冰冷的被窝之后，才招呼父亲睡下。黄香用自己的孝敬之心，暖了父亲的心。黄香温席的故事，就这样传开了，街坊邻居人人夸奖黄香。

夏天到了，黄香家低矮的房子显得格外闷热，而且蚊蝇很多。到了晚上，大家都在院里乘凉，尽管每人都不停地摇着手中的蒲扇，可仍不觉得凉快。入夜了，大家也都困了，准备睡觉去了，这时，大家才发现小黄香一直没有在这里。

“香儿，香儿。”父亲忙提高嗓门喊他，

“父亲，我在这儿呢。”说着，黄香从父亲的房中走出来。满头的汗，手里还拿着一把大蒲扇。

“你干什么呢，怪热的天气，”父亲心疼地说。

“屋里太热，蚊子又多，我用扇子使劲一扇，蚊虫就跑了，屋子也显得凉快些，您好睡觉。”黄香说。

父亲紧紧地搂住黄香，“我的好孩子，可你自己却出了一身汗呀!”

以后，黄香为了让父亲休息好，晚饭后，总是拿着扇了，把蚊蝇扇跑，还要扇凉父亲睡觉的床和枕头，使劳累了一天的父亲早些入睡。

9 岁的小黄香就是这样孝敬父亲，人称温席的黄香，天下无双。他长大以后，人们说，能孝敬父母的人，也一定懂得爱百姓，爱自己的国家。事情正是这样，黄香后来做了地方官，果然不负众望，为当地老百姓做了不少好事，他孝敬父母的故事，也千古流传。

孝亲小语

孝敬父母，反映在日常生活的点滴之中。冬为父暖席，夏为父驱蚊，虽然算不了什么大事，但其中的关怀和爱心，绝非金钱可比拟。联想现在，有许多成人并没有对父母尽到关心的责任，而只是按时给父母发点生活费，平日借口没工夫，根本不去看望父母。这样的“孝心”，并不是最好的孝心，只是尽一下义务而已，做父母的并未从中得到真正的温暖。

亲尝汤药

公元前202年，刘邦建立了西汉政权。刘邦的三儿子刘恒，即后来的汉文帝是一个有名的大孝子。刘恒对他的母亲皇太后很孝顺，从来也不怠慢。

有一次，他的母亲患了重病，这可急坏了刘恒。他母亲一病就是三年，卧床不起。刘恒亲自为母亲煎药汤，并且日夜守护在母亲的床前。每次看到母亲睡了，才趴在母亲床边睡一会儿。刘恒天天为母亲煎药，每次煎完，自已总先尝一尝，看看汤药苦不苦，烫不烫，自已觉得差不多了，才端给母亲喝。

刘恒孝顺母亲的事，在朝野广为流传。人们都称赞他是一个仁孝之子。有诗颂：

仁孝闻天下，巍巍冠百王；

母后三载病，汤药必先尝。

孝亲小语

后人为了纪念文帝的伟业和仁政以及他的孝道，将其列为二十四孝之第二孝。一个位处九五之尊的皇帝，对母亲仍然像普通人一样尽孝道，更是难能可贵的。不管是什么人，地位有多么高，在母亲面前永远是子女，担负着孝敬和赡养父母的责任：在父母面前，任何人都没有不履行孝道的特权。

鹿乳奉亲

周朝时，有一位叫郯子的，从小就很孝顺。他的父母年老的时候，双目均患眼疾，想吃鹿乳。郯子苦思冥想，终于想出一个办法。于是他穿上了鹿皮，往深山鹿群中走去，想这样去取得鹿乳供奉双亲，没想到被打猎的人发现。

正当猎人举起了弓箭要射杀他时，他急忙喊道："我为了取得鹿乳，给患有眼疾的双亲吃才穿上鹿皮，混到鹿群中采取鹿乳。"猎人知道原来是人不是鹿，才放下弓箭没有射他，并且对他这种孝敬父母的行为赞叹不已。

孝亲小语

郯子为了失明母亲的愿望能够实现，混迹于鹿群，差点被猎人误伤，这确实是费尽了心思，做了最大的努力。一个人只要尽心尽力去侍奉父母，努力去满足父母的需求，就不怕困难，并勇于冒任何风险，并以此为荣。

哭竹生笋

三国时候，吴国有个孝子，姓孟名宗，字恭武。很小时候，他的父亲便去世了。从此，母子俩相依为命。孟宗一直很孝顺他的母亲，对母亲侍奉有加。母亲年纪渐渐大了。有一次，母亲病得很厉害，很想吃鲜笋做的汤，但这时都快冬至了，天很冷，哪里还会有笋长出来啊。孟宗实在没有办法，心里焦急万分，可是束手无策，便忍不住跑到竹林里。他双手抱着毛竹，想着卧床的老母，不禁两行泪簌簌往下落，孟宗越想越难过，竟大声地哭了起来。或许是他的一番孝心感动了天地，突然间，眼泪滴落的地方裂开了，从地上露出了几茎竹笋。孟宗看了破涕而笑，抹掉脸上的泪珠，兴高采烈地把这些竹笋带回家去。他做竹笋汤给母亲吃，母亲吃了新鲜味美的汤后，疾病居然立刻就好了。

孝亲小语

我们孝敬父母，不是只有供给吃穿，奉养也要让父母感到快乐。除了感到快乐以外，更要善于体会父母的心思。父母想要的、想得到的、想听到的、想看到的，为人子女都要善加观察，尽量能曲承亲意，让他们感受到子女温暖体贴的孝心，享受到人生的幸福美满。

尝粪忧心

庾黔娄是南北朝时南齐人，他被派到孱陵这个地方去当县令。刚当上县令，很是欣喜。可是到任还不到十天，突然就觉得心头好似小鹿撞一般，咚咚直跳；而且额头上的汗珠簌簌往下流。俗话说：父子连心。黔娄心想一定是家里有不祥之事，便要辞官回家。衙门里的人听说后，觉得辞掉官职很惋惜，便对他说：“你要是不放心就先派个衙役回家看看，要不然直接把家人接到这里。”但是黔娄一想到家中年迈的老父亲，便毅然决然地谢绝了众人的好意，马上起程。他路上不敢耽误片刻工夫，日以继夜地赶路，终于赶到家。

果然，他的父亲真的生病了。身患痢疾，卧床不起，刚开始两天。他看到卧床的老父亲说：“是我没有照顾好您，都是我的责任啊！”然后黔娄不顾路途的疲劳立即去找最好的医生来为父亲诊断病情。

医生告诉黔娄说：如果你想要知道病情的严重与否，你就要去尝尝他的粪便味道如何，到底是苦还是甜。如果是苦的，就很容易医治；如果是甜的就不好了。在场的家仆都觉得这样会很为难。可是黔娄听说后，想都不想便尝了。在场的人都深深地被黔娄的孝心感动了，有的还在一旁轻轻抽泣着。黔娄感到一丝甜味，这说明父亲的病很严重，忧心如焚。

此后，他更加尽力地侍奉父亲。白天亲自服侍，到了晚上就向着北斗七星磕头祈求，希望能以他自己的身体代替父亲承担病痛，希望以他的生命来换取父亲的存活。每天如此，迫切地向上天祷告，头都磕破了。

但是父亲的病很严重。过了不久，父亲就去世了。黔娄在守丧期间非常悲痛，尽到了为人子女的守孝丧礼，他几乎没办法承担父亲过世的伤痛，导致其身体非常脆弱。

孝亲小语

过去医疗不发达，所以任何化验工作都要亲自去做。现在我们可以借用高科技来化验，不用那样了。但是父母对于我们恩重如山。我们欲报之情、欲报之恩，是永远没有办法报尽的。孝是天之经、地之义，孝敬自己的父母是理所当然，我们更应该将这种孝敬之心推广到对天下所有长辈的尊敬。

孝绪得参

梁朝的阮孝绪，是过继给他的堂伯父做儿子的。照理，他可以得到他伯父遗留的百万财产，可是他尽数给了伯父的姊姊了。阮孝绪的生性非常孝顺，有一次，在钟山地方听讲，他的母亲王氏在家里忽然生了病，哥哥弟弟们就要去叫阮孝绪。母亲说："不必去叫他的。孝绪这个人有至性，可通鬼神，他一定能够自己来的。"果然，阮孝绪觉得心惊肉跳，就回到了家里。邻舍和乡村里的人都觉得他非常奇怪。

不过，他母亲所吃的药里面要一味鲜活的人参。照老辈的传说，钟山是出生人参的。于是阮孝绪就亲自到那里去寻，踏遍了幽僻危险的地方。几天后，他忽然看见一只鹿，在他的前面走着。阮孝绪就跟着鹿走，鹿跑到那里，他也跟到了那里。忽然那只鹿不见了，就得到了生人参。他的母亲吃后病果然好了。

孝亲小语

阮孝绪得参，正应了那句话：心诚则灵。一个心里装着父母的人，就会产生心灵感应，感受到父母的喜怒哀乐，所以"至性"之说是有根据的。虽然鹿引路之说有传说的成分，但如果阮孝绪没有尽心尽力去做，也就不会有奇迹发生。

昙恭访瓜

梁朝有个姓滕名昙恭的人，五岁的时候。他的母亲生了热病，心里想吃冰冷的瓜。可是这种瓜在那个地方是没有出产的。访来访去，最后还是没找到这种瓜。正当滕昙恭的心里非常难过时，忽然遇见了一个和尚对他说："我刚好有两个瓜，就分一个给你吧。"滕昙恭拜谢着，就捧了瓜去给母亲。

孝亲小语

过去，为了宣传孝道，古人总是通过许多故事来说明道理。这些故事可能产生于真人真事，但经过口口相传，难免会出现夸大成分，甚至与神灵联系在一起。有些故事虽然不可信，但其说明的道理则是毫无疑义的。

睿明石函

南齐朝兰陵有个萧睿明，母亲生了风病，不能动弹，多年睡在床上，萧睿明日夜祷告着天地。这时候天气非常寒冷，萧睿明流着眼泪拜求神明，眼泪都结了冰，像筷子一条条的；又拼命地叩着头，额上流出血来，血也结成冰了。

正在他虔诚祷告的时候，忽然有个人给了他一个小小的石头做成的匣子，说："这个是可以给你的母亲治病的。"萧睿明就跪着把那个匣子收了。忽然这个人又不见了，萧睿明就拿了这个石匣子送给母亲。

母亲把匣子打开，里面只有三寸长的一块绢，用朱砂写着日月两个字。他的母亲就把绢烧着吃了，果然风病马上就好了。

孝亲小语

孝道起之于心，心与心相通，就能感动上苍。任何人都愿意帮助有孝心的人。

叔谦乞藤

南北朝时候，南宋朝有个解叔谦。他的母亲生了病，解叔谦就在晚上祷告天地，忽然天空里有说话的声音："这个病只要得到丁公藤做酒吃了，就会好的。"解叔谦就去访问许多医生，可是都不晓得这个丁公藤。他就不辞困苦艰难，一路路地去访求。一直到了宜都，看见有一个年老的人正在砍着树木。解叔谦就问他这是什么。老人说："这是丁公藤啊，治风病是很有效验的。"解叔谦就跪在地上哭拜，把自己访求丁公藤的来意说了。于是老人就给了他四段丁公藤，并且把浸酒的方法教了他。解叔谦拜着受了，回头一看，那个老人家不知到哪里去了。拿回家去，依了他的方法，浸了酒给母亲吃，母亲的病果然好了。

孝亲小语

解叔谦乞藤，终于如愿以偿。除掉故事中的神秘成分，这完全是一个不辞千辛万苦为母亲求医问药的故事。面对生病的亲人，与其坐以待毙，不如想尽方法，为亲人寻找医治的良方。这本来就是做儿女的应该做到的。

范乔哭砚

晋朝时有个范乔，当他两岁的时候，他的祖父就死了。祖父快要死的时候，把孙儿抚摩着说："我心里所恨的，只是不能够看见你长大成人。"于是就把日常所用的砚池给了孙儿。到了范乔五岁的时候，他的祖母把这番情形一一讲给他听。范乔听了，就捧了那个砚池哭个不停。

他的父亲就叫范粲，染了神经病，时常发狂。范乔同他的弟弟放弃了一切事务，专心一志地去侍奉父亲。他从不走出乡村，朝廷里屡次来召他做官，也不肯去。

有一年的大年夜，有人偷他的树去做柴。刚好范乔正在那儿，可他假装没看见。那个偷树的人自己也觉得惭愧，就把柴拿来还他。范乔说："你拿了一些树去做柴，叫你的爹娘烘暖欢喜，这又有什么惭愧呢？"竟叫他拿了柴去。

孝亲小语

以亲为念，事亲不懈，这是古今许多孝子的共同特点。如今，好男儿志在四方，不见得一定要守在父母身边，但不管身在何处，在这个交通和通讯发达的时代，更应该视亲为邻，时时刻刻牵挂他们，为他们的生老病死尽儿女的孝心。

黄庭坚奉母尽孝

黄庭坚是宋代四大书法家之一。他幼小就非常聪明，秉赋过人，而且读书速度非常快，记忆力比一般小孩都强。历史记载，他过目能诵。他的舅舅每次到他家里，就会顺手拿起书架上的书来问庭坚，每次提问，他都能对答如流。

黄庭坚二十三岁就考上了进士，很快被任命为太史。虽然他贵为太史，但是他奉养母亲非常尽孝，对母亲的生活仍照顾得体贴入微。黄母生病多年，庭坚日夜守护在母亲身边喂汤喂药，端屎端尿，衣不解带。因母亲爱干净，他每夜必亲自为母亲洗涮便桶，以安母心，没有一刻放弃尽儿子的孝道，从来不用家里仆婢来做，他认为这是儿女应该尽的本分。当时，苏东坡赞叹黄庭坚的为人和文章：

独立万物之表，巍立于文坛，万世不灭奇光。

孝亲小语

黄庭坚不仅是书法家，更是著名诗人。他在为官为文之余，一心一意照顾病母，体贴入微，从不懈怠。为文，他的诗文流传千古；为人，他的人品高尚无瑕，不愧是一个忠孝两全的文学大匠。

仁

孔子说：仁就是“爱人”。仁由“人”和“二”构成，《说文解字》说：人是“天地之生，最贵者也”，二是地之数。结合起来看，“仁”体现人的高尚情怀，是仅次于德的、人类所特有的一种美好的情操。仁的核心，就是要以人为本，一切从关怀人、爱护人、发展人的目标出发，使这个国家民族达到和谐的最佳状态。古代君主把推行仁政作为孜孜以求的目标。我们要提倡“仁”，就是以人为本，富有爱心。

爱民富民篇

孔子敬黍

春秋时期，儒家学派的代表人物孔子三十多岁时曾到过齐国，几年都没有得到齐君的重用。一天，他返回鲁国，去见鲁国国君。鲁国国君也是个昏君，对孔子同样不重视。大权掌握在季氏手中，在季氏的建议下，鲁国国君接待了孔子。几句客套话后场面冷了下来。为了打破尴尬，鲁国君吩咐送点吃的过来。侍从很快端上来一盘桃，还有一小碟新鲜的黍。孔子怀着恭敬的心情先吃了点黍，又拿起桃有滋有味地吃起来。

鲁国国君和身边的人都捂着嘴笑。鲁哀公说："孔子啊，您的确离开鲁国太久了，黍是用来擦拭桃的，不是用来吃的。"

孔子闻听却面不改色，一边吃一边说："我知道，但黍是五谷中最好的东西，祭祀时都把它当成祭祀用的上等食物。果品有六种，桃是最低下的一种，祭祀时根本不用，我听说君子应该用低贱的东西去擦拭珍贵的东西，而不用珍贵的东西去擦拭低贱的东西。如果拿五谷中最好的东西去擦拭低贱的东西，就是以上等擦拭下等，这样做可不符合礼教啊。所以，我珍重上等的黍，我不敢以黍去擦拭桃。黍在我心目中是神圣的东西。"

孔子食黍敬黍的一番话，反倒让鲁国君不好意思起来。他正襟危坐地说："夫子是想告诉我治国之道吧？"孔子便问："您觉得一个国家什么最重要？"鲁国君好像要回答，却又止住了。孔子又问他是否知道郑国子产设乡校的事。鲁国君点了点头。

子产是郑国的宰相，曾经开设乡校。后来到那里去的人经常批评和议论政事，因此国君想把乡校毁掉，却被子产阻止了。

鲁国君说："我觉得郑君的想法没错，那些小民无事生非，有什么必要让乡校存在下去呢？可惜他的想法没有得以实行，想必也是子产权力太大的缘故吧！"

鲁国君自以为是国君，但实际上大权却旁落在季氏手里，他以为天下的国君都像他一样，大权都掌握在大臣手里，实在是一个糊涂虫。可笑的应该是自己，而不是别人。

孔子说："真正的原因是子产认为毁掉乡校就堵塞了言路。人们早晚工闲时在那里游玩，偶尔谈论一下政事也没什么不好。政令正确与否也可以听听百姓的意见，说得对就改进，说得不对就加以引导。如果不顾老百姓的想法，只是一味地强迫人们服从，就会堵塞老百姓的真实想法，结果就会如同堵塞的洪水一样，终会引发决堤的灾难。倒不如采取像乡校这样的小规模疏通方式较好。"

对孔子的话，鲁国君不知如何回答，嘟嘟哝哝不知说些什么。孔子又问："您认为一个国家什么最重要呢？""应该是国君吧？"鲁国君用期待的眼神看着孔子，不知道自己的观点对不对。

孔子答："从礼的角度讲，这是对的。但从仁的角度来说，一个国家最应该重视的是百姓，老百姓的小事就是国家的大事。国君与老百姓的关系，是舟与水的关系。国君是舟，老百姓是水，水能载舟，亦可覆舟啊！"

孔子本以为这些话会让鲁国君有所感悟，但遗憾的是他好像对这个观点不认同。也许是为了避免尴尬，鲁国君说："我给你们讲个笑话，有个人得了健忘症，居然连自己的妻子都忘了，孔夫子你周游列国，想必还没见这样的人吧？"鲁国君说完，捧腹大笑起来。孔子望着鲁国君前仰后合的样子说："这还不算最健忘的人，最健忘的人连自己是谁都会忘掉。这样的人才可笑、才可怜！"

"有这样的人吗？"鲁国君好奇地问。孔子说："夏桀贵为天子，拥有四海，却忘了圣祖的治世之道，整天沉湎于酒色，致使奸臣当道，正义难伸，最后导致百姓群起而攻之，落得个丧身丧国的结局。难道这种人不是忘其自身的人吗？孔子接着总结了一个"古人为政，爱民为大"的观点，并说就像刚才应该先吃黍再去吃桃一样，顺序不能够颠倒。黍是五谷中最高贵的东西，就应该以黍为先，以黍为大。

鲁国君对孔子食黍敬黍引出的治国道理深感赞佩，不住地点头称是。

仁爱小语

孔子认为一个国家最应该重视的是百姓，老百姓的小事就是国家的大事。国君与老百姓的关系，是舟与水的关系。国君是舟，老百姓是水，水能载舟，亦可覆舟，并总结了一个"古人为政，爱民为大"的观点。他主张"仁者爱民"，仁政就是爱护百姓，以百姓为重，一切出发点都是从爱民出发。这种主张不仅体现了孔子的仁爱胸怀，也对后世的为政者产生了很大的影响。

大禹治水

在远古时代，洪水泛滥，人们经常受到洪涝的侵害。在尧帝当政的时候，又发生了一场可怕的洪水灾害：大地上一片汪洋，房屋被冲塌，田地被淹没，死人成堆；人们扶老携幼，到处漂泊逃难。尧看到人民如此受苦，心里忧虑不安，就派鲧去治理洪水。鲧带领大家治水，采用挡阻的办法，哪个堤岸冲了补哪个，结果挡来挡去，这边的挡住了，那边的又冲垮了，劳民伤财了9年，一无所成。

舜做了部落首领后，他看鲧治水毫无起色，耽误了大事，就下令撤了他的职，流放到羽山；又命令鲧的儿子禹去治水。

禹深知治水的事事关重大，治不好也会丢掉身家性命。可是，眼看着洪水如此肆虐，人们苦不堪言，禹就勇敢地接受了这个重任。他认真总结了父亲失败的教训，感到用堵的办法是行不通的，于是大胆地设想了一个与父亲背道而驰的治水方案——疏通河道，顺其流势，将水引走。

方案制定后，禹决定走遍天下，察清地势，探明河道，引水下流。他带领大批助手，踏遍了闹水灾的 9 个州，测量好地势高低，分别竖立木桩作为标记。那时，大多数地方荒无人烟，禹风餐露宿，经常冒着大风大雨，在恶劣的环境中奔走。

然后，禹根据调查得来的资料，从水灾最严重的地区开始治水。禹和大家一起，用石斧、石刀等简陋的工具挖河修堤。他的手上长满了老茧，脚底长满了脚垫，脸也顾不得洗，经常蓬头垢面。由于长年累月地泡在水里，他的脚指甲都脱落了，人们看到了都感动得落泪。

为了治水，禹到了 30 岁还没有结婚。后来和一个叫女娇的姑娘结婚了，婚后刚 4 天，他就告别新婚妻子，忙于治水去了。

大禹治水 13 年，3 次经过家门都没顾得上进门看一看。第一次经过家门口，他听到自己新生的儿子正在呱呱啼哭，妻子由于生产的痛苦也正在呻吟，他的助手都劝他进去看看。禹也多想进去看一眼啊，可是他有要紧的事要办，怕耽误工作，硬是没有进去。第二次经过家门时，禹的儿子已经能叫爸爸了。

小家伙在妈妈怀里使劲叫着爸爸，禹只是深情地向妻儿挥挥手就过去了。第三次，禹经过家门时，儿子已经 10 多岁，他跑过去要把爸爸往家里拉，禹抚摸着儿子的头，叫儿子转告妈妈，等治好水后再团圆，又匆匆地离开。

13 年后，禹历经千难万险，开沟修渠，终于战胜了洪水的灾害，促进了农业发展，使百姓能安居乐业。禹因为治水有功，被舜立为君位的继承人，成了夏朝的第一个君主，所以历史上称他为夏禹或大禹。

大禹当上部落联盟首领以后，仍然不贪图享乐，他不辞辛苦地到各地去巡视，为百姓做了很多有益的事情。

仁爱小语

大禹治水，为民造福，博得了后人的尊敬和爱戴。这种无私奉献的美德，更滋润着中华大地世世代代的炎黄子孙。如今，长江及其他河流，每年春夏仍在泛滥成灾，威胁着两岸人民的生命财产安全。在历次抗洪斗争中，许多人冲锋在前，全力以赴，涌现了一批可歌可泣的英雄人物，他们同样是我们民族的骄傲。

晏婴设身处地

春秋时期，齐国大夫崔杼杀死齐王即拥立庄公的异母弟姜杵臼继位，即齐景公。齐景公刚即位，就任用崔杼为右相，此时的齐国，朝政混乱，君臣昏庸，奢侈无度，贵族剥削残酷，百姓生活痛苦不堪。

后来历任灵、庄、景三朝、前后执政50多年的晏婴被任为正卿，他为人正直，以勤俭力行、谦恭下士、关心民事而著称。担任齐景公正卿后，晏婴经常在齐景公身边竭力劝谏，使豪奢极欲的齐景公稍微有了些收敛。

有一年冬天，天气非常寒冷，鹅毛般的大雪铺天盖地地接连下了三天三夜。早晨，齐景公身穿裘皮站立在窗前，望着窗外的皑皑白雪，他禁不住高兴地对身边的晏婴说："今年的天气真奇怪，下了这么长时间的大雪，还一点也不觉得冷，倒有点春江水暖的样子。这银白色的景致实在美极了，要是再多下上几天，那该多好啊！这么一来，就可以多欣赏几天好景致了。"

听了齐景公的话，晏婴若有所思。过了好一会儿，他开口说："冬天的景致确实很美，但对很多人来说却是一种再残酷不过的景致。在这种天气里，景公您之所以不感到寒冷，是因为您身上穿着温暖舒适的裘皮大皮，室内又有熊熊燃烧的炉火。我经常听人家说，贤明的君主，在吃饭的时候总会想到自己的子民中是不是还有人在挨饿；穿暖和衣服的时候总会想到自己的子民是不是还有人在受冻。这才能做到设身处地地为民着想。"

齐景公听了晏婴的话，一下子面红耳赤，不好意思起来。从此，他再也不在晏婴面前赞赏冬天的景致了。

仁爱小语

人与人之间缺少的就是设身处地为他人着想这一品质。人们太习惯于自以为是，把自己的意志强加给别人。如果为官者处处为民着想，大家也就会生活得更加融洽和舒心了，我们的社会也一定会和谐美好。

甘棠遗爱

召公为官清廉，勤政爱民；以纣为戒，免除暴政，轻徭薄赋；所辖区域，政治清明，社会安定；百姓安居乐业，民风淳朴。召公还常常不辞辛苦，下乡巡视察看，在田间地头处理民间事务，了解百姓疾苦，奖励农桑，山山岭岭留下了他的足迹，村村寨寨常现他的身影。凡遇民间诉讼，他都仔细察明，秉公决断。那时黄河经常泛滥，气候干旱成灾。召公就在甘棠树下和国人一起寻找救灾大计，共谋抗旱方略。召示青壮奋力自救，攀山越岭，寻找水源，与国人一起早出晚归，同甘共苦。一天他来到崤山一带，太阳落山。为了不打扰百姓，他就在甘棠树下，搭一草棚住下。地方官吏要让百姓腾出房屋让他歇息，召公马上制止："不劳我一人，而劳百姓，不是仁政。"这样，召公就在山野的棠树下休息，摘吃棠梨果子解渴充饥，并告诫地方官吏，这甘棠树真好，浓荫郁郁葱葱，果实甜酸可口，百姓劳作累了，可以歇息解渴，要让百姓好好保护它，不要乱砍滥伐，把它作柴薪。

百姓闻听，盛赞召公体恤民情，广施惠政，深得民心，并编成歌谣，广为传诵。

成王将崩逝时，恐怕太子钊不能胜任，就命召公率领诸侯辅佐，而后立钊为王。成王崩逝，召公率诸侯与太子见于先王庙中，告诫他先祖成就王业不易，一定要勤政为民，专志诚信，节俭廉洁，不可有过高的欲望。太子钊康王继位后，向诸侯宣告先王之德，遵先辈所行，清正廉明，励精图治。所以，天下太平，百姓安居乐业，一切刑罚放在一边，四十年派不上用场。这些与召公的辅佐是分不开的。人们为感谢召公之恩德，曾集资在陕州建召公祠（今三门峡市陕州风景区内），栽甘棠树，使召公载誉天下，留传百代。后虽毁于战乱，但召公勤政爱民的甘棠风范，为官清廉的美德被人们世代流传。

仁爱小语

召公来到崤山一带，太阳落山，为了不打扰百姓，他就在甘棠树下，搭一草棚住下，从而留下了“甘棠遗爱”的佳话。一个领导者，心里装着人民，为民谋利，却不奢求从人民那里获取一丝一文。这是大爱，是大公无私的仁爱，有此掌权者，实乃百姓之福。

太甲放逐

成汤在位十二年，死时他的长子太丁已故，于是太丁的弟弟外丙即位。外丙在位三年死，又由他的弟弟仲壬即位。仲壬在位时间也很短，仅四年便死去。这时商朝的最高执政大臣伊尹，又立太丁的儿子太甲继位。太甲是商汤的嫡长孙。这一时期由于商朝王位更换频繁，而且幼帝临朝，因而大权掌握在了伊尹手中。

伊尹原是有莘氏的厨师，他在商汤娶有莘国之女时，作为陪嫁奴隶来到商汤的身边。伊尹有一手烹饪的绝技，经常呈献美味佳肴让商汤品尝。一次商汤问他做饭的要领，伊尹说：做菜不能太咸，也不能太淡，只有恰到好处，才能有味道。做菜和治理国家一样，既不能操之过急，也不能松弛懈怠，只有抓住战机，才能百战不殆、稳操胜券。汤由此看出，伊尹是一个具有政治抱负和足智多谋的人，他所说的每一句话都很符合他的愿望，于是就经常在一起谈论天下局势，治国的要诀。

有一次，商汤和伊尹在一起谈论治理国家的问题。汤说：“人在水中能看到自己的形状，而一国之君了解百姓的生存状况，就能够知道国家治理得好不好，你看这话有道理吗?”伊尹马上回答说：“英明啊！如果君王能体察民情，开明圣听，国家就能进步。”他又说：“对于一个国家治理得好坏，在很大程度上取决于君王所任用的官吏，因此要鼓励大家努力行仁政，以宽厚的态度对待百姓。”商汤觉得伊尹胸有城府，有坚强的毅力，会是他完成灭夏大业的最好帮手，于是免除了他的奴隶身份，破格任用他为“尹”，相当于后来的宰相。商汤从而身边有了一个忠心耿耿、替他运筹韬略、共谋国家大事的栋梁之材。

在商汤灭夏的战争中，伊尹曾经建立了不朽的功勋。商朝建立初期，伊尹又帮助成汤制定了各种典章制度，规定各级官吏都必须遵守法则，要在自己的岗位上做出显著的成绩，否则便要受到严厉的惩罚。因此，伊尹得到商汤的信赖，并在商汤临终的时候，把辅佐年轻帝王的重任嘱托于他。

太甲自幼失去父亲，缺少严格管教，性情顽劣。年幼的太甲即位后，开始并不能遵守商汤的法度，并对伊尹的规劝十分反感和敌对，以为伊尹想要篡夺他的王位。太甲的恣肆放纵、强征暴虐和滥杀无辜，激起百姓的不满。伊尹一再提醒太甲要对自己的行为多加检点，但是却屡劝无果。于是伊尹忍无可忍，以“保衡”大臣的权力，将太甲放逐到桐宫，由自己摄政当国，代行天子职责。

太甲被放逐期间，伊尹作《伊训》、《肆命》、《徂后》等训词，告诫太甲作为一国之君，什么事情可以做，而什么事情不可以做，以及如何继承成汤的法度等。《伊训》说：敢有经常在宫中歌舞作乐，这是腐败之风；敢有沉湎女色，整日游猎，这是淫荡之风；敢有远离忠直，亲近佞谀，这是逆乱之风。上述三风，卿士有一于身，家必丧；君主有一于身，国必亡！……今王修德，万邦欢庆；不修其德，则将坠失其庙！

太甲住在桐宫，早晚守候在祖父商汤的陵墓前，学习伊尹的训词。与他昼夜相伴的还有守陵的老人，他每天给太甲讲述商汤艰苦创业的故事，要太甲效仿自己的祖父，严格自律，时刻检点自己的行为。太甲在桐宫拘禁三年，逐渐认识到自己的过错，表示愿意悔过返善。伊尹便亲自带领文武大臣到桐宫，把太甲隆重接回亳都，并将政权正式交还于他，仍由自己辅佐王政。

太甲复位后，果然改过自新，表现良好，能够“修德以继承汤之政”。于是伊尹又作《太甲训》三篇，用以褒扬太甲的功绩。太甲被称为“太宗”，终于赢得了人们的尊敬。

仁爱小语

尹伊是历史上著名的奴隶出身的政治家，他亲民爱民，并积极培养和教导亲民爱民的帝王。在他的心目中，亲民爱民才是为政的最高境界，是君王的必修课；其次为政者更要清正廉洁，多创政绩。这些都体现了他的民本思想，即民为贵，君为轻。

冯谖客待孟尝君

齐国有个名叫冯谖的人，家境贫困，难以养活自己，托人请求孟尝君，愿意寄食门下。孟尝君问：“先生有什么爱好吗？”冯谖说：“没有。”孟尝君又问：“先生有什么特长吗？”他说：“也没有。”孟尝君笑了笑，接纳了他：“好的。”孟尝君身边的人因为主人不太在意冯谖，就拿粗茶淡饭给他吃。住了不久，冯谖就背靠柱子，弹剑而歌：“长剑呀，咱们回去吧，吃饭没有鱼。”左右把这件事告诉孟尝君。孟尝君吩咐说："给他一般门客待遇，让他吃鱼吧。"住了不久，冯谖又弹着他的剑，唱道："长剑呀，我们还是回去吧，出门没有车坐。"孟尝君说："替他配上车，按照车客的待遇。"于是冯谖驾车带剑，向他们的朋友夸耀："孟尝君尊我为上客。"这样过了一段日子，冯谖复弹其剑，唱道："长剑呀，咱们回去吧，无以养家。"左右的人都厌恶他，认为他贪得无厌。孟尝君问道："冯先生有父母吗？"左右答道："有个老母。"孟尝君资其家用，不使他母亲穷困，而冯谖从此不再唱牢骚歌了。

后来，孟尝君出了一通告示，问门下食客："请问哪一位通晓账务会计，能替我到薛地收债呢？"冯谖署上名字说："我能。"孟尝君看了很诧异，问左右随从："这是谁呀？"人们答道："就是那个唱'长剑呀，我们回去吧'的人。"孟尝君笑道："他果然有才能，我真对不起他，还未曾见过面呢。"于是请他来相见，道歉说："田文每日为琐事所烦，心身俱累，被忧愁弄得神昏意乱，而且生来懦弱笨拙，只因政务缠身，而怠慢了先生。好在先生不怪我，先生愿意替我到薛地收债吗？"冯谖说："愿效微劳。"于是孟尝君替他备好车马行装，让他载着债券契约出发。辞别时，冯谖问："收完债后，买些什么回来？"孟尝君回答："先生看着办，买点我家缺少的东西吧。"

冯谖赶着马车到薛地，派官吏把该还债的百姓都叫来核对债券。全部核对之后，冯谖站了起来，假托孟尝君的名义将债款赏给这些百姓，并烧掉了那些券契文书，百姓感激得欢呼万岁。

冯谖又马不停蹄地返回齐国都城临淄，一大早求见孟尝君。孟尝君很奇怪他回来得这么快，穿好衣服接见他。问道："收完债了吗？何以回来得这般快捷？"冯谖答道："都收完了。""先生替我买了些什么回来？"冯谖说："殿下曾言'买些家中缺乏的东西'，臣暗想，殿下宫中珠宝堆积，犬马满厩，美女成行。殿下家中所缺少的，惟有仁义了，因此臣自作主张为殿下买了仁义回来。"孟尝君说："你怎么买仁义的？"冯谖答道："殿下封地只有小小薛地，不但不好好体恤薛地子民，反而像商人一样在他们身上榨取利益。臣为君计，私自假传殿下的命令，将所有的债款都赐给他们，并焚毁债券，百姓莫不欢呼万岁，这就是臣替殿下买的仁义呀！"孟尝君很不高兴，说："我知道了，先生退下休息吧。"

一年以后，齐王对孟尝君说："寡人不敢用先王的旧臣为臣。"孟尝君回到封地薛，还差百里未到，当地百姓扶老携幼，在路旁迎接孟尝君。孟尝君回头对冯谖说："先生为我买的'义'，今天方才看到。"冯谖对孟尝君接着进言说："狡兔三窟，才可得以免死。如今殿下只有一洞穴，尚未能得以高枕无忧，臣愿替殿下再凿两穴。"孟尝君便给他五十辆车，五百斤金去游说魏国。冯谖西入大梁，对惠王说："齐国放逐了大臣孟尝君，诸侯谁先得到他，谁就能富国强兵。"于是魏王空出相位，让原来的相国做上将军，派出使节，以千斤黄金、百乘马车去聘孟尝君。冯谖先赶回薛地对孟尝君说："千斤黄金是极贵重的聘礼，百乘马车是极隆重的使节，咱们齐国该知道这件事了。"魏国使者接连跑了三趟，可孟尝君坚决推辞不就。

齐王听到这个消息，君臣震恐，连忙派遣太傅带着一千斤黄金，两乘四马花车及宝剑一把，外附书信一封向孟尝君道歉说："都是寡人行为的兆头不吉祥，遭受祖宗降下的神祸，听信谗言，得罪了先生。寡人无德，虽不足以辅佐，但请先生顾念先王宗庙，暂且回国执掌政务。”冯谖劝孟尝君说：“希望殿下索取先王的祭器，立宗庙于薛。”宗庙落成，冯谖回报说：“三窟已就，殿下可安心享乐了。”

孟尝君为相几十年，没有纤介之微的祸患，依靠的正是冯谖的谋划啊！

仁爱小语

冯谖为孟尝君干的一件好事就是在常人看来愚蠢之极的“千金买义”。说它愚蠢是因为它放弃了诸多眼前的金钱利益。而正是这一点体现了冯谖的战略性眼光和深刻的洞察力，眼光短浅的常人只能看到眼前的小利，他却以损失眼前的利益换来了长远的更大的利益，常人只能看出多少多少的实物价值，他却评估出了“仁义”二字的巨大无形资产价值，实际上他是最为精明和最会算计的人中之杰。

李冰修建都江堰

在今天四川省都江堰市，有一座二王庙。所谓二王，指的是那位名垂后世的秦朝蜀太守李冰，还有他的儿子李二郎。为了驯服岷江的洪水，李冰父子在岷江上修建起一座福荫万代的水利工程——都江堰，成都平原从此成为“天府之国”。

都江堰位于成都平原西部灌县岷江上。岷江是长江的支流，发源在四川西北部，上游高山深谷，水流湍急，一到成都平原，流速突然减慢，所夹带的泥沙石子随即沉积下来，淤塞河道。每年夏秋水势骤涨，灌县以下常常泛滥成灾。雨季过后，又会造成干旱。为此，战国时期，秦国的秦昭王任命很有才干的李冰为蜀郡守，要他去治理开发西蜀，解决岷江水患。李冰总结前人治水经验，经过精心的设计、规划，依靠当地人民群众，终于筑成了一座大规模的综合水利工程，这就是举世闻名的都江堰。

都江堰水利工程由渠首和渠道两大系统组成。渠首工程有分水堤、宝瓶口和飞沙堰三个主要部分。分水堤好像一个“金”字，所以又叫金刚堤。它的前端好像鱼嘴，称为分水鱼嘴，现在又称都江鱼嘴。分水堤如同一把利剑，插入岷江江心，把岷江一分为二，东边的内江供灌溉，西边的外江是主流，供排洪和通航。宝瓶口是凿开五垒山而形成的一个引水口，长约80米，宽仅20米，狭窄如瓶颈，故而得名。它能自动控制从内江流入渠道的水量，起节制闸的作用。飞沙堰是分水堤和宝瓶口之间的一道低矮的滚水坝。李冰提出了“深掏滩，低作堰”的六字口诀，作为修筑飞沙堰的方针，这又是一项确保内江灌溉系统安全的工程：涨水季节，内江过量的洪水夹着大量泥沙石子漫过坝顶，流入外江，既分洪又减淤，一举两得。

为了测量水位，控制内江水量，李冰命人凿了三个石人，立在内江水中，使水位保持在不低于石人脚，不没过石人肩的位置上。这三个石人是世界上最早的水则（测量水位高低的仪器）。

分水堤、飞沙堰和宝瓶口三部分有机结合，浑然一体。从宝瓶口引入的江水通过四条大干渠和密如蛛网的支渠，流向广阔的成都平原，既得以灌溉农田，又为船运提供了方便。2000 多年前便能有如此科学的设计，在世界水利史上是罕见的。

在水流湍急的岷江中流，修筑堤堰，工程十分艰难。李冰集思广益，想出了好办法。他让民工从山上砍来竹子，编成竹笼，里面装满鹅卵石，在江中层层相叠，把分水堤修筑起来。在没有炸药的战国时期，凿穿玉垒山，难度也是很大的。李冰就让民工把木柴堆积在岩石上，放火点燃，烈火把岩石烧得滚烫，趁热浇上冷水，顽石便在冷热的急骤变化中炸裂。

都江堰是一座兼具防洪、灌溉、航运功能的综合性水利工程，既解除了岷江水患，又便利了航运，灌溉农田 300 万亩，使成都平原成为“水旱从人，不知饥馑”，旱涝保收的“天府之国”。李冰修筑的都江堰，2000 多年来一直造福于人民。人民赞美它“泽被千秋”，“功著万代”。

仁爱小语

在 2000 多年前的战国时期，李冰父子为解除水患，造福人民，凭着他们的智慧，终于修建成造福子孙万代的“都江堰”工程，从而使“天府之国”成为现实，千年水患得以根除，老百姓安居乐业，国家也因此受益。我们要学习的就是这种为民造福的精神。

清官陆稼书

陆稼书在清康熙十四年（1675）被授为嘉定县（今上海嘉定区）知县。为官两载，兴利除害，政绩卓然。

陆稼书到嘉定上任这一天，衙门的吏役兴师动众至码头迎接。只见陆稼书虽为新任知县，却只乘一只小船，随身带着几箱图书。见大人如此俭朴，本想趋奉取宠，这时个个心都凉了半截，而老百姓人人拍手称好。

嘉定凡新官上任，盐商、典商历来要向新官赠送厚礼。陆稼书到任，盐、典各商照例赠礼。陆稼书见了以后就说：“我怎么能一个人受利而让千万百姓受害呢?”陆稼书上任以后，规定公差下乡办事，按路途远近给以报酬，并规定不得白吃。一次，一个差役下乡办事回来，陆稼书因见他办事迅速，就嘉奖他吃饭。而这个差役早已吃得醉饱，所以再吃陆大人的酒饭，结果酒醉大发，呕吐满地。陆稼书在他酒醒后就说，身为公差，渔肉乡里，就把他撤职了。

嘉定地处濒海，向有私盐枭，所以配有巡盐兵快。而这一批巡盐兵快一向与船贩大盐枭勾结，有时为了向上级交差，捉一两名小贩来搪塞。陆稼书上任以后，有一天，兵快们捉住了一名盐枭，解到堂上，并将一包私盐放在堂下。陆大人见了，就问兵快：“就捉住这一名盐贩子?”兵快说：“其余的都逃了。”陆大人又问被捉的私盐贩子："你为啥不逃?"私盐贩子说："我逃不动。"陆大人说："现在你可以走了!"这私盐贩子在门外转了一转又回来，跪在堂前。陆稼书说："我叫你走，你为啥又回来了?"私盐贩子这才赶紧逃路。陆稼书对巡盐兵快说："你们将大盐枭放走，将小盐贩捉来；又将狡猾的小盐枭放走，老弱的贩盐人捉来搪塞。挑担的是穷苦的盐民，船运的才是私盐枭。"陆稼书狠狠地将巡盐兵快严厉地训斥一顿。

嘉定地方不产稻谷，农民交纳皇粮往往以棉布、棉花、大豆等实物折价抵交。而粮行商人就趁农民抵交皇粮时杀价侵害农民利益。陆稼书上任以后，就命粮行按质估价当场抵粮。这就使奸商不能从中渔利，农民也免了贱售之苦。

嘉定县有个有钱有势的人，因为一个农民"得罪"了他，使他在公众面前下不了台，于是写了一封信，要求陆稼书重重惩办这个农民。陆稼书了解情况以后，就给这个财主回了一封信说，富人的体面固然重要，而贫民的皮肤也是皮肤。并把他的以势抢占贫苦农民妻子的恶仆抓来公堂审讯。这个恶奴伏地求饶，表示悔过自新。陆大人就说："法为始终者（坚持作恶，不肯悔改的人）设之。人无不可自新，尔果能改，我姑恕之。"

一天，陆稼书因公事到某乡，在路中听到学童的读书声："瓢不瓢，瓢哉，瓢哉"。陆稼书一听就知道，这是《论语》"觚不觚，觚哉觚哉。"之误，就叫塾师过来。一问才知道，他原是江西来的商人，因经商蚀本，无钱回家，才到这里任教。陆稼书听后就说："你放弃本业既已自误，而又滥竽充数地当塾师，更是误人子弟。"说毕，就给他旅费，令他离去。

十月十八日，是陆稼书的生日。陆稼书没有声张，可是嘉定老百姓却别出心裁，把庙中的蜡桥放在公堂上，焚香点烛，正是香烟亘天，烛泪盈墀。男女老少，络绎不绝，大街小巷，熙熙攘攘，这样热热闹闹有五天之久。

仁爱小语

陆稼书作为一任知县，体恤民情，为民着想，不因民穷而远之；也不因富人而近之。他不贪不占，处处从百姓利益出发，宁愿得罪权贵，也不欺压贫苦百姓。这样的好官，理应在人民心目中占一席之地。

绝代廉吏

于成龙是清代山西永宁州人。他在20余年的宦海生涯中，三次被举"卓异"，以卓著的政绩和廉洁刻苦的一生，深得百姓爱戴和康熙帝赞誉，以"天下廉吏第一"蜚声朝野。

于成龙少有大志，自幼过着耕读生活，受到较正规的儒家教育。44岁时，他不顾亲朋的阻拦，抛妻别子，怀着"此行绝不以温饱为志，誓勿昧无理良心"的抱负，接受清政府委任，到遥远的边荒之地广西罗城为县令。罗城新隶于清政府统治下不到两年，由于局势未稳，两任知县一死一逃。于成龙到罗城时，这里遍地荒草，城内只有居民 6 家，茅屋数间，县衙也只是三间破茅房。他只得寄居于关帝庙中。在困境中，同来的 5 名从仆不久或死或逃，而他以坚强的毅志，扶病理事，迈开仕宦生涯的第一步。

罗城百废待举，首要在于安定社会，恢复生产。于是，于成龙采取“治乱世，用重典”的方法，首先在全城乡建立保甲制度，严惩缉获案犯，大张声势地“严禁盗贼”。境内初安后，他又约会乡民练兵，甘冒“未奉邻而专征，功成也互不赦之条”的后果，抱着为民而死甚于瘴疠而死的决心，准备讨伐经常扰害的“柳城西乡贼”。在强大的声势下，西乡“渠魁府首乞恩讲和，抢掳男女中只尽行退还”。接着又在全县搞联防，从此，“邻盗”再不敢犯境。在消除内忧外患的同时，于成龙十分注意招募流民以恢复生产，他常常深入田间访问农事，奖勤劝惰。农闲时带领百姓修民宅、建学校、筑城墙。对迁人新居的农家，还亲为题写楹联，以示鼓励。在深得民心之后，他又以刚柔并用的斗争策略，解决了“数大姓负势不下”的问题，使这些一向桀骜不驯的地方豪强“皆奉法唯谨”。三年之间，就使罗城摆脱混乱，得到治理，出现了百姓安居乐业的新气象。

1667 年，于成龙被两广总督芦光祖举荐为广西省唯一“卓异”，并升任四川合州（今四川合川市）知州。离罗城时，他连赴任的路资也没有，出现了百姓“遮道呼号：‘公今去，我侪无天矣！’追送数十里，哭而还”的感人情景。

四川遭战乱最久，人口锐减为全国之首。于成龙赴任的合州包括三属县，只有丁口百余人，征赋 14 两，而衙门的各种供役、需索使百姓繁重不支。目睹地方荒残，于成龙确定以招抚百姓为急务，他首先革除宿弊，严禁官吏勒索百姓，又免去规定的驱从，以家仆随身。

合州土地极度荒芜。而流民不附的原因，在于原主认业。为此，他严格规定了“凡一占即为己业，后亦不得争论”的原则。同时要求各县注意为新附百姓解决定居与垦荒中的具体困难，并亲自为他们区划田舍、登记注册，借贷牛种，申明三年后起科。这样，“新集者既知田业可恃为己有而无复征发仓卒之忧，远近悦赴，旬日之间户以千计。”奖励垦荒是清初基本国策，但于成龙实行“禁止原主认业”先于清廷明确规定的 15 年前，加之他对具体问题的妥善解决，不到二年，合州人口骤增，田地开辟。

由于招民垦荒政绩显著，1669 年，于成龙被擢升为湖广黄州府同知。

仁爱小语

于成龙之所以成为古代“第一廉吏”，是因为他不怕远隔千山万水，不怕条件十分恶劣，以苍生为念，励精图治，为恢复生产、重整被荒废的家园，做出了巨大贡献。而他自己却生活艰苦朴素，不计个人得失。这样一心为民的好官，用现在的话说，就是“人民公仆”，是全心全意地为人民服务的公仆。人民理所当然会怀念和记住这样的好官。

民国第一清官

石瑛是同盟会欧洲支部创建人，历任孙中山军事秘书、国民党中央执委、南京市市长、湖北参议会会长等职。他对老百姓和蔼可亲，急人之急，被视为“布衣市长”、“土老儿”、“可亲可敬的长者和朋友”。他历任要职，可谓高官厚禄。可是他布衣粗食，坐车坐三等、乘船坐统舱。他廉洁奉公、安贫如素，不拿公家一针一线，被誉为“民国第一清官”。

1933年12月中旬，石瑛就任南京市长才10个月，参加了国府主席林森主持的中央会议。林森以纪念孙中山逝世10周年为由，提议扩建中山陵园，添建亭榭，并要新建国府礼堂，要南京市政府辟地修建。与会者大都随声附合或者沉默不语。石瑛毅然挺身而出，为民请命道：“纪念总理，固然是党国大事，可是要扩大陵园界址，要新建国府礼堂，势必要驱逐原来住在那儿的百姓，叫他们到哪儿去落脚谋生？总理是提倡民生主义的，是总理的忠实信徒，就要按总理的意志办事，绝对不能扰民。何况现在是何等时期？许多穷人需要政府安置，日本的炮火就在眼前。扩建中山陵园、修建国府礼堂，势必影响国防、市政建设的开支，总理倘若九泉有知，也绝不会同意此举！”

在此案被通过后，石瑛愤而提出辞职。正在西南的蒋介石闻之此事，立即致电慰留，并使林森的提案搁置。

1934年初，在一次中委会议会间休息时，石瑛气冲冲地走到行政院副院长兼财政部长孔祥熙面前，面含愠色质问孔：“你为什么借口经费困难而取消了铁道部协助南京市的12万元？南京从一个中等城市跃为国都，增加了多少中央机关？这些机关除大官们外，还有多少小职员要生息、要给养、孩子要受教育，你了解不了解？有多少贫民没有房子住、小孩没有书读，有多少事等着我们去做，你知道不知道？”

孔祥熙则用石瑛整顿南京市税务来搪塞，因为一次就征了他几千元现洋的税，于是便心怀宿怨讥讽地说：“南京市的税收不是很可观吗？”石瑛听后，怒火中烧，随手抓起桌上墨盒向身着英国毛料西服的孔祥熙砸去，并大声斥责说：“你别忘了南京市的全年税收尽管很好，但还不到你现有家产的百分之一。”石瑛在孔祥熙笔挺的西服染上了大块墨污，趁孔还未从惊呆中清醒过来时，便拂袖而去，于当月27日提出辞呈。蒋介石与汪精卫再三挽留，社会各界也敦请慰留，石瑛才同意留任。

石瑛任南京市长时，当行政院长汪精卫要免去朱怀冰湖北省民政厅长职务时，石瑛站出来为朱怀冰说话。说朱干得很好，为什么要免职，质问得汪精卫哑口无言。

1943年初，已是湖北省代主席、民政厅厅长兼省粮政局长的朱怀冰，在省临时参议会全体议员会议上作湖北省的粮政报告并接受议员质询。议员们纷纷揭发各地的粮政弊端及粮政局官员的腐败贪污问题，问得朱怀冰瞠目结舌、支吾其词，无法自圆其说，竟然推卸责任地说：“我实在干不下去了！我真不想当这个粮政局长，是没有办法，我才来兼这个局长的。我只能搞到这个样子……”这时，只听“啪”的一声，坐在主席台上正患严重风湿关节炎，站立、步行都很困难的石瑛猛然站起来，双手撑在桌上，怒目竖眉，对代理省主席呼名道姓地大吼：“朱怀冰！谁叫你当这个粮政局长了？老百姓没叫你干，我也没有叫你干，哪个叫你干的？你干不好，为什么还要干？你害百姓！”搞得朱怀冰下不了台、无地自容。副议长胡忠民赶紧站出来转圆，宣布暂时休会，朱怀冰只好灰溜溜地走下台来。不久，朱怀冰的粮政局长职务由上面派来的王冠吾接任。

仁爱小语

石瑛身为开国元老，却从老百姓的立场出发，处处维护老百姓的利益，勇于同违背百姓利益的行为作坚决斗争，树立了一个爱民、亲民、为民的清官形象。他的事迹对我们有很好的启示作用。一个不同权贵同流合污、处处为人民着想的清官，永远是人民心目中的好官，人民永远是不会忘记他的。

扶危济困篇

宋湘济民

宋湘是清朝翰林院士，57 岁放弃了京城舒适的生活，日夜兼程，赴曲靖任职。那时，曲靖地区遭受百年一遇的连日暴雨。仅一天工夫，整个曲靖成了一片泽国，河堤被摧毁，一片片房屋倒塌，洪水中漂浮着房屋梁柱、木箱、淹死的猪、牛和一具具的死尸。没有家园的难民，成群结队栖居在被分割开来的几座高山上，没有衣服、没有粮食。老人绝望地呻吟着，饿坏了的儿童凄惨地啼哭着……

遭遇洪水的曲靖城，以一片凄凉危难的景象迎来了新任知府宋湘。刚一进城，身边便涌来了一大群衣不蔽体、手捧破碗的乞童。宋湘的眼眶湿了，他赶忙令随从取出碎钱，散发给乞童。抵达知府后，他不顾一路疲劳，立马召集府内和各县官员了解灾情。宋湘道：“当前，灾难当头，最要紧的是开仓放粮，赈救灾民，否则，将会出现‘白骨露荒野，千里无鸡鸣’的惨景。所以要立即组织全州官员和民众，同心协力，恢复生产，开垦田园，以解燃眉之急……”

第二天，宋湘草草吃了一碗稀粥，便带着下属到城乡了解灾情。他一路观察一路流泪，并痛心地道："若不亲视，谁能相信民众这般苦难。"联想着京都的繁华，他愈发感到官场与民间"苦乐不相入，异梦而同床"。于是告诫随从官吏道："要与民间验辛苦啊。"

接着，宋湘将这几天到灾区巡查的情况，连夜写成奏折，派人火速送往省城转奏京城。嘉庆皇帝遂命国库拨给赈救银十二万两。宋湘接到这批赈救银后，立即按灾情、人口，连夜分配给各县。并申明："此赈银关系到圣上洪恩，关系到人命，一个不得克扣，足额发放灾民手中。"同时，下令各县官仓，开仓办粥厂，解救灾民。

一天，宋湘来到南漠县灾区巡察灾情。他看到遍地死尸，到处皆是饥饿待毙的灾民。于是赶去县衙，命县令开放官仓放粮。但直到第二天，还不见放粮。宋湘火了，大声对县令道："本官命你开仓赈粮，你却迟迟不动，这是为何？"县令无奈，只好吐出家中赃物，拿出一批粮食财物发放给灾民。宋湘犹不解恨，继而又严惩了这个贪赃枉法的"硕鼠"。

为了广济灾民，宋湘带头把从京城带来的 3000 两薪金捐出。在他的带动下，各官吏僚绅及商人，共捐米粟 5000 石，衣物万件及白银万两，发放给灾民。

宋湘一边赈灾，一边组织官吏，下到各地，组织灾民生产自救。他把官署迁至灾区，亲自督导灾民，重建家园。他不顾自己年岁已高，每天起早贪黑，风餐露宿，与民众同吃一桶野菜杂粮粥，同民夫士卒共睡一间大草房，卷起衣袖长袍督战在筑城复田的工地上。

仁爱小语

再也没有比天灾人祸、饿殍遍野的灾情更让人触目惊心。在这个危难之际，有不顾百姓死活的贪官恶商，也有心系百姓、解民危难的好官好人。宋湘的所作所为，体现了他的官德，更体现了他仁慈爱民的心肠。扶危济困是中国人的传统美德，面对不幸的群体，是出手相助，还是袖手旁观，抑或趁火打劫，考验着每一个官吏和普通人。宋湘无疑是一个仁爱的好官。

林兴祖为民除害

元代发行交钞，但印行混乱，伪钞很多。朝廷尽管规定制造伪钞者一律处死，告发者重赏，可仍然难以遏止其势头。

江浙行省的铅山州是伪造交钞者活动最猖狂之地。当地的土豪吴友文，生性奸狡，凶悍阴鸷，是制造假钞的罪魁祸首。他制造的假钞，不仅流行江西，甚至流传到大都、江淮等地。他也因此成了豪富。以他为首的假钞暴发户，结成了死党，买通官府，明目张胆，恣意横行。吴友文更是派遣手下恶少四五十人，到州县衙门充当胥吏衙役，为他拉拢官员，传递信息，如果发现有敢于告发者，马上先行杀戮。许多善良的百姓就这样屈死在他们手里。吴友文欺男霸女，10 多年来，他一人就夺人妻女 11 人为妾，老百姓咬牙切齿，含冤叫屈，不敢上告。

元顺帝初年，林兴祖任铅山州的知州。上任不久，他就听说了很多有关吴友文伪钞团伙的罪行恶迹，他无比愤慨地说："这桩祸害不除，如何对得起铅山州的百姓!"他马上张榜发布文告，严禁伪造交钞。

林兴祖也了解到，要扳倒这个犯罪集团，是十分不容易的，前任各官就有很多教训留下。倘若不精心制订一些措施，也会重蹈覆辙。榜文发布后，他长时间没有动作。也有几个大胆的百姓前来告发，他简单一问，都以举报不实为理由申斥回去了。

这样一来，州里一时的震动又平静下去了。老百姓和吴友文，几乎都得到这样的印象：新官和旧官一样，都不敢动真的，不敢硬碰吴友文团伙，所谓榜文、赏格，只不过是官样文章而已。因此，吴友文的惊愕和警觉慢慢消失了。经过一段时间紧张的准备，林兴祖抓住有人控告吴友文的两个重要党羽的事，坚决地捕捉了这两个恶棍，并在突击搜查中缴获了不少赃物、罪证。接着，又对二人严加审讯。由于截断了内外联系，二人不得不招认了制造假钞和为非作歹的许多情况。

由于耳目众多，吴友文对他这两个手下的被捕和受审，也清楚地知道。他是经过不少风浪、洞察世态人情的人，这样一点事还不足以使他惊慌失措。尽管他对林兴祖逮捕这两人有些意外，但又觉得，这大约不过是新官给他传送的一个心照不宣的信号而已。十年寒窗的穷酸才，怎能不想在我这个大富豪身上捞些好处？过去不也有过"一天乌云，人情送到立刻云开雾散"的事吗？因为这两个人对他太重要了，他必须亲自前往拜会知州。但是他刚刚把营救的厚礼献上，知州的笑脸马上就收起来了，喝令左右将奸民拿下，押送大牢听审。

大富豪吴友文被捕的消息，在铅山州及其邻近州县引起了巨大的轰动。众百姓兴高采烈，争相赞颂州官为民除害的勇敢精神。短短几天之中，前来检举、控告吴友文的，就有一百多人。林兴祖选择吴友文罪大恶极的条款一二项严加审问，由于证据确凿，立刻就定罪结案。他的党羽 200 余人，也因触犯刑律，全部被逮捕判刑。

林兴祖除去了铅山一害，声名大振，由特旨升迁为道州路总管。

仁爱小语

林兴祖不惧怕邪恶势力，以自己的胆识和智慧，将危害一方的恶霸地痞一网打尽，为受迫害的百姓昭雪，为地方经济秩序的恢复做出了贡献。这种不畏强暴，为民做主，勇惩罪犯的精神，既是一个官吏的责任，也是一个官吏的爱民体现。服务人民，就要维护人民的利益。林兴祖的行为，就是在维护人民的利益。在那个缺少法制的年代，这一点更显得弥足珍贵。

诸葛亮创制馒头

馒头的起源距今已 1700 多年，它的创造者据说是家喻户晓的诸葛亮。

诸葛亮是中国古代著名的政治家、外交家和军事家，是智慧的象征。他一生为复兴汉室，呕心沥血，勤奋工作，鞠躬尽瘁，死而后已。诸葛亮不仅在战场上叱咤风云，用兵出神入化，而且对国赤胆忠心，爱民如子。他创制馒头就是一则爱民的典型事例。

公元 225 年秋天，诸葛亮采取攻心战，七擒七纵收服了孟获，与西南少族民族建立良好关系后，班师回朝。大军行到泸水，忽然阴云密布，狂风大作，巨浪滔天，军队无法渡河。诸葛亮精通天文，对天气变化非常熟悉，但这突然的变化，使他也迷惑不解。他忙请教前来相送、对这一带地理气候非常了解的孟获。孟获说："这里几年来一直打仗，很多士兵战死在这里，这些客死异乡的冤魂经常出来作怪，凡是要在这里渡水的，必须祭供。"诸葛亮想到这些战士，为了国家的利益，抛尸他乡，如今战争结束了，将士们得胜回朝，他们却永远成为异乡孤魂，祭奠他们是应该的。他问孟获用什么作祭品。孟获说："要用七七四十九颗人头祭供才会平安无事，而且来年肯定丰收。"诸葛亮一听，心里一沉：这些作祟的既然是冤魂，如果再用 49 颗人头去祭奠，不又是平白无故地增加 49 个冤魂吗？这样循环往复，冤魂就越积越多，泸水便永无宁日。再说，祭品用人头，这代价也太大了。

诸葛亮决定不以人头祭泸水。他来到泸水边，只见阴气四起，恶浪汹涌，士兵和战马也处在惊乱之中，看来不祭是不行的。当地土人对诸葛亮说："上次丞相渡泸水之后，水边就夜夜鬼哭神号。从黄昏至天明，从不断绝。"诸葛亮心想，看来罪在我身上，怎么能牵连无辜军民呢，并决定亲自祭供。诸葛亮苦思冥想，终于想出一个用另一种物品替代人头的绝妙办法。他命令士兵杀牛宰羊，将牛羊肉斩成肉酱，拌成肉馅，在外面包上面粉，并做成人头模样，入笼屉蒸熟。这种祭品被称作"馒首"。诸葛亮将这肉与面粉做的馒首拿到泸水边，亲自摆在供桌上，拜祭一番，然后一个个丢进泸水。受祭后的泸水顿时云开雾散，风平浪静，大军顺顺当当地渡了过去。从此以后，人们经常用馒首作供品进行各种祭祀。由于"首"、"头"同义，后来就把"馒首"称作"馒头"。馒头作了供品祭祀后被食用，人们从中得到启示，以馒头为食品。

如今，馒头遍布中国各地，还传到世界各地，至于其中包含着的诸葛亮的爱民精神，那知道的人也许就不多了。

仁爱小语

谁能想到，我们餐桌上经常见到的馒头，竟有一段爱民故事。爱民亲民，为民着想，体恤百姓，这是为官者的重要品质。身为一方官吏，就是一方百姓的管理者。在封建时代，做官的被称为"父母官"，所以才有"爱民如子"之说。而如今，为官者被称为“人民公仆”，所以才有“为人民服务”的口号。但从本质上来说，爱民亲民、为民做好事，是任何一个时代都追奉的“好官”标准。

包拯为民请命

包拯是北宋著名的清官。他为人刚直，既不两面三刀，更不会搞阴谋。他从不趋炎附势，看颜色行事，更不说大话、假话。即使是在皇帝面前，他也是直言不讳，不怕冒犯皇帝。

开封城里有一条惠民河，河的两岸，既有平民住着，也有达官贵人的住宅。包拯任开封府尹时，天下大雨，河水泛滥，淹没街道，使许多平民无家可归。是什么原因造成了泛滥成灾呢？包拯经过调查，了解到河塞不通，不能排水的原因，在于大官僚和贵族们在河上筑起了堤坝，将坝内的水面据为已有，种花养鱼，并且同自己的住宅连在了一块，成了水上花园。因此，要为民造福，要疏通惠民河，只有将这些堤坝挖掉。然而挖掉堤坝，冲走水上花园，贵族们能答应吗？包拯画了地图，拿了有关证据，下令将所有堤坝与花园拆毁。有人自恃权大位显，告到宋仁宗那里。包拯拿出证据，证明他们非法建造水上花园。这样，惠民河疏通了。宋仁宗也只好睁一只眼，闭一只眼，不能为皇亲贵戚们说话了。

当时，社会上的一批无赖，偷盗者，这些人虽无权势，却同样危害人民。包拯对他们也毫不留情。有一次，开封的一条小街上发生火灾。有些无赖竟然戏弄起包拯来。他们追到包拯面前，问包拯：救火是到甜水巷取水，还是到苦水巷取水？包拯一看是些地痞流氓，现在要来破坏救火工作，下令把他们统统杀了。早在天长县时，包拯就处理过一件偷牛案。有一个无赖，将农家的牛舌割掉了。农民告到官府，包拯对那农民说，你回家把牛宰杀吃了。那农民真的回家把牛杀了。宋代法律规定，擅杀耕牛是犯法的。因此，那个无赖到县里，控告那农民杀牛。包拯大怒，立即审问那无赖，你为什么把人家的牛舌割了。无赖只得招供，并且暗自吃惊：你包拯怎么会知道是我作案的？其实，包拯是依推理法作出的判断：既然有人要害别人，那么别人犯法，那人一定要乘机告状，所以包拯叫农人干脆把牛杀了，以引诱割牛舌者来告状。

打击权贵与罪犯，是维护平民利益，直接替民做主，减轻农民负担，也是维护平民利益。包拯任监察御史时，曾出现过一件怪事：转运使王逵，向皇帝告状，告的是陈州（今河南省淮阳县）地方官任中师苛剥农民，多收钱粮。在当时人心目中，任中师廉洁，王逵贪卑，这是否是恶人先告状？所以要派人去调查。许多人都畏惧王逵的权势，不愿前往。包拯为弄清真相，为民除害，毅然来到陈州，经过调查，并且掌握了证据，包拯回到首都，向皇帝报告，向农民任意搜括，引起农民不满与无法生活的，正是王逵。包拯要求将王逵撤职，将多收钱粮还给农民。戏曲《陈州放粮》，就是依据包拯这一事迹，加以渲染、虚构而成的。包拯办案，不徇私、不舞弊，所以当时的天下百姓，男女老少都知道包公。首都的群众更把包公传为救世主。他们说：“关节不到，有阎罗包老。”关节就是打通关节，如果你找不到打通关节的路，也不要着急，因为有包拯替我们做主。

不过，包拯是人而不是神。尽管他办案注重调查研究，重证据，但他也有失误的时候。在开封府时，有一个囚犯买通了执法吏人。吏人欺骗了包拯，让囚犯从轻发落了。这说明包拯也可能犯错误，但勇于改正错误。

历史上的包拯，不愧为值得肯定与歌颂的政治家、改革家与法律专家。他为民请命的一生，将永远使人怀念。

仁爱小语

很多人都知道包拯是中国历史上的著名清官，但未必知道他也是一个处处为民请命的好官。他秉公断案的出发点，就是站在人民的立场上，为了老百姓能够过上平安的日子。因此，他才痛恨贪官恶吏和为非作歹的地痞、刁民。正因为他有一腔爱民之心，才敢于蔑视权贵，刚正不阿。

张文谦爱民致财

1247年，张文谦进入蒙古亲王忽必烈幕府，并为重用，成为忽必烈潜邸幕府主要谋臣之一。当时，蒙古人刚刚灭了金国，正准备向南宋王朝发起进攻。而邢州（在今河北省邢台市）正位于南下的要害之处。忽必烈把这里的两千户汉人分给勋臣作为食邑。这些勋臣只知搜刮食邑农户，而不管他们死活。有的人无奈，只好告到忽必烈的王府。忽必烈问张文谦等人如何处理才好。

张文谦说："百姓的生活十分困苦，邢州的百姓尤其困苦，可以派人到那里去治理一下，治理好了，作为其他地方的楷模，学习他的经验。这样就会使各地都受到大王的恩赐。"

忽必烈很赞同，果然选派了三位官吏到邢州去。他们在那里废除了那些危害百姓的旧习，惩治了贪污和欺压百姓的官吏。那些已经逃亡在外的人，听说家乡发生了这样大的变化，纷纷回到家乡。不到一个月，这里的户口就增加了十倍。张文谦只不过随便提了个建议，就如此卓有成效，忽必烈由此看到了汉族官吏不可忽略的才识谋略。

张文谦是第一个被忽必烈授以官职的汉族知识分子。张文谦跟随忽必烈征讨大理国（都城在今云南省大理市）。大理国主高祥杀了蒙古人派去的信使，拒绝投降。忽必烈要屠城，就是要杀掉全城百姓。张文谦劝他说："杀使拒降的是高祥，而不是大理的百姓，请大王原谅他们吧。"这样，大理的百姓才免于被屠杀的厄运。

1260年，忽必烈争得汗位，张文谦被任为左丞。元代与中国其他封建朝代不同的是，它以右为贵，所以他的地位要比右丞略低一些。右丞和左丞是右、左丞相的助手，是正二品，在汉人当中，他的地位是相当高的。他帮助忽必烈树立纲纪，讲解利害，以安国便民为务，兢兢业业，毫不懈怠。

平章政事王文统要求加税以增加国家的收入。张文谦说："老百姓很长时间以来就生活在困苦之中，加之大旱，如果我们不减少税赋，如何能够满足百姓对陛下的期望?"

王文统说："陛下刚刚即位，国家的经费只能依靠赋税，如果减少赋税，怎能满足陛下的需要?"

张文谦说："百姓富则君富，等到年景好些的时候，百姓丰足了，再从百姓中索取也不晚嘛。"

最后忽必烈同意了张文谦的意见，减常税十分之四，酒税十分之一。

张文谦还参加了郭守敬修复唐来渠和汉延渠的工作，灌田十多万顷。1270年，张文谦被拜为大司农。根据他的建议设立了劝农司，到各地巡行，鼓励百姓发展农业生产。他还根据中国历代封建王朝的惯例，建议设立籍田。这是特为皇帝设立的庄田，供皇帝亲自耕种。虽然皇帝"样耕"只是形式，多数皇帝连形式也不要，但这毕竟表示了皇帝对农业的重视。他还建议在祭祀活动中，增加祭祀先农和先蚕的活动，用以表示皇帝对发展农业生产的重视。

仁爱小语

服务人民，首先要热爱人民，把人民当做自己的衣食父母和兄弟姐妹，这样才能真心真意地为人民办事。尽管当时张文谦还不可能有"为民服务"的意识，但他体衅人民、同情人民，为民请命，为民作主。他的一言一行处处在维护人民的利益。这就客观上为人民做了好事，他理应是人民的好官。

爱民如子的海瑞

海瑞是广东琼山（今海南）人，别名刚峰，是明朝嘉靖时期的著名清官，由于敢于直言进谏，惩恶扬善，一心为民谋利，被人民称为海青天、南包公，其英名流传至今。

1569年，海瑞升任右佥都御史、钦差总督粮道巡抚应天十府，即现在长江下游两岸，包括南京、苏州、常州等地，是个非常富庶的地方。但海瑞到任后却发现，人民在重赋和恶吏贪官的压迫下生活极为困苦。如果赶上当年发生涝灾，直到冬至的时候，还有一半田地被淹在水里。粮价飞涨，百姓纷纷外出讨饭。海瑞决定将治水与救灾一起解决，既为当前又为将来谋利。弄清受灾原因是由于连接太湖通海的吴淞江淤塞后，海瑞便召集饥民，趁冬闲季节开工，疏浚吴淞江及其支流。又经上书请求，将应该上交的粮食留下一些解决灾民吃饭问题。这样就调动了百姓的积极性，工程很快完成，当地的百姓都很感激海瑞。

为了解决农民的贫苦问题，海瑞进一步惩罚恶霸，要求地主们归还强夺农民的土地。其中有个告老还乡的官僚叫徐阶，曾有恩于海瑞。徐阶在当地占有的土地最多。徐阶象征性地退了一些。海瑞则写信劝他应该作出表率，多退一些田，许多京官也纷纷为徐阶说情，但海瑞还是联合一些官员，迫使徐阶退了二分之一的田地。海瑞又依照法律将徐阶两个违法的儿子充了军。其他地主们见此情景，赶忙将多占的田依数退还。

海瑞还在赋税方面减轻了人民负担。当时江南的赋税很混乱，有田的地主往往不纳或少纳，地少的农民却要负担很重的赋税，其实，加重的部分都是替地主所交的，由地方官平摊到每个百姓头上。海瑞组织人清查土地，简化赋税制度，减轻百姓负担。

海瑞推行的除弊利民举措，深受百姓拥护，他本人也受到人民的衷心爱戴。然而，地主阶级却对他恨之入骨，他们联合诬告他，说他支持倭寇。朝廷不分青红皂白，将海瑞罢了官。

仁爱小语

历史上像海瑞这样的清官，还有包拯等人，他们都是爱民惜众、清正廉洁、秉公办事的典范。他们不计个人得失，一心为民作主，才深受人民拥戴。当今为官者如果都像海瑞一样，时刻把人民的冷暖放在心上，全心全意为人民服务，则国家大幸、百姓欢呼。

韩韶赈灾

韩韶是东汉颍川人，年轻时任颍川郡吏，后被征召到司徒府，掌管人事、民政等。

当时，兖州泰山郡草莽英雄公孙举占山为王，聚集一帮强人与官府对抗已经多年。郡守想尽种种办法也无法消灭这伙强人，不得不奏明皇上。皇上便从满朝大臣中征召能平定此地的人才，最后诸多官员一致认为韩韶最能处理此类棘手之事，皇上即任命韩韶为泰山郡嬴县（今山东省莱芜市西北）县令。公孙举知道韩韶是一个贤明之人，非常敬重他，就与部属约定，都不准进入嬴县境内抢劫，嬴县百姓得以安居。但是，嬴县的邻县却受到公孙举更多侵扰，闹得当地百姓不得安生，男人无法耕种，女人不能养蚕织布，土地荒芜，百姓无法生活，只好纷纷逃入嬴县乞讨衣食。韩韶怜悯流民，即下令开仓赈济。

没有皇命擅自开仓放粮是有违王法的，主管粮仓的官吏非常担忧，急忙阻止他说："这样做是要丢官受刑的啊！难道您不怕吗？"韩韶坦然回答说："我如果因为救这些即将饿死沟壑的老百姓而违犯王法，被处死，我死而无怨，死得其所！"遂继续救济流民，史书载当时获得救助的达一万多户。幸运的是，他的上司泰山郡太守也是一个清正廉洁的好官，知道韩韶道德高尚，名望甚隆，所做的事又是正义的，也就不去追究韩韶的责任了。

后来，韩韶因病死在任上，家中清贫一如平民，一条布被盖着遗体，白发老妻与儿子相对垂泪，家里是"老死之日四壁立，剩得布被盖尸体。遗产惟有麦数斛，敝车一乘无驴牵。”时人叹息“韩韶廉洁，死乃知之”。

韩韶地位虽卑，却受到颍川郡一些品行高洁的人李膺、陈实、杜密、荀淑等人的推崇，为他刊石立碑，颂其功德。

仁爱小语

从古至今，一个好的当权者，首先应该有高尚的道德品质，如果当权者不能用大公无私的态度去处理事务，那么他的下属就必然以权谋私。所以傅玄在《傅子·问政篇》中，反复告诫人们：“政在去私，私不能去，则公道亡”的道理。只有大公无私，才能把“仁”当成自己的心，把“义”当成自己的路，做到廉洁恭俭，不贪女色，不嗜美酒，不贪财贿，做一个堂堂正正的百姓公仆。

刘陶忧民

刘陶是东汉末期颍川颍阴人，为人正直，学识渊博，心怀天下，直言敢谏。

东汉桓帝时，外戚擅权，朝政日非，再加上连年饥荒，灾异数见，民生困苦。当时，正在京都洛阳太学游学的刘陶，每每与友人论及此事，无不忧虑。但外戚把持朝政，无人敢谏。刘陶不顾个人安危，洋洋写下数千言上书桓帝直陈其弊：“陛下忘记了高祖创业的艰难，把国家权柄授之于人，使宦官群丑肆虐百姓，国家也因此而穷困。希望桓帝远览强秦灭亡的教训，近察西汉末年哀帝、平帝天下大乱的惨痛经验，改弦更辙，以安邦国。”但桓帝终未采纳。

不久，又有别居用心之人向桓帝上书说，国家现在所以穷困，是由于货币太轻太薄，建议改铸大钱。刘陶知其用意，立即上书桓帝，指出其中利害，他说：“当今值得忧虑的并不在货币的轻重厚薄，而在于百姓所面临的饥饿处境。古代先王在治理国家时，最关心的是不要使男人离开土地，妇女不要离开织机。老百姓有了饭吃，有了衣穿，才能对内社会安定，对外兴师功成。可是，近年以来，灾荒连连，粮食欠收。官府劳役繁重，而百姓家里机杼都挂起蜘蛛网。人民无以为生，即使把沙砾变成黄金，瓦石化为美玉，恐怕也无法制止他们闹事。现在放言冶铸大钱之人，名为国家实为自己聚敛财富中饱私囊。所以，当务之急在减赋税休养生息。”桓帝觉刘陶所说有理，便下令不许再提铸大钱之事。

汉末衰败之势已不可挽回。中平元年二月，钜鹿人张角发动了三十六万农民军起义，即历史上有名的黄巾起义。汉灵帝此时方才感到刘陶观世事之真切，便让他做京兆尹。当时的东汉王朝已近灭亡，社会风气昏暗至极，朝廷公然卖官鬻爵。按当时规定，刘陶应了这个肥差应拿出一千万“修宫钱”，也就是买官钱。刘陶为官清廉，家无余财，哪里拿得出这么多钱？当时这种风气又是刘陶痛恨之至的，便称病，不去就职。灵帝知道此事以后，重新任命他为谏议大夫。

面对人民纷纷揭竿、风雨飘摇的东汉王朝，刘陶力行谏议大夫之职，再次上疏，分析国家内忧外患的形势，提出治国安民的八个策略。又再次提到国家所以到今天出现这样的危急混乱，其祸根皆由宦官擅权，胡作非为所致。刘陶在上书中多次直击宦官之弊，那些把持朝政的宦官们心中早对刘陶痛恨之极，非除之而后快。便联合起来在灵帝面前诬谤刘陶，说刘陶“危言耸听，疾害圣政，专言妖孽，是与贼人串通才这么做”。众口烁金，说得多了，没有主见的灵帝便信了宦官们的话，下令将刘陶关进监牢，施以严刑。年事已高的刘陶自知自己多次进言，与权臣积怨已久，此次性命断然难保，但想自己空怀安国之志却不得施展，反被宦官诬陷，胸中积恨难平，不禁愤然慨叹：“朝廷前不久还重用我，如今又听信小人的谗言！恨不能与伊吕（古代贤人伊尹、吕尚）同畴而以三仁（殷商三位贤者，孔子称为三仁）为辈！”遂闭气而卒。

刘陶不仅直言敢谏而且处理事务精明。做顺阳（今河南淅川县）县令时，顺阳多奸滑暴横之徒。刘陶上任后，就在城门口贴出告示，急召募有勇有胆之壮士，委以重用。那些以往仗着自己身形彪悍又有几分拳脚功夫，常常寻衅闹事的年轻人，看了之后都跃跃欲试。很快，晏诸姓有十几个人都来应募。刘陶在县衙里见了他们，先历数他们以往不轨给乡亲造成的伤害，说得年轻人个个面有愧色，接着，话峰一转，刘陶说：“如今正有以功补过的机会。”要他们把平时交结的一百多名年轻人都找过来，严命以待。这时，刘陶开始了对罪大恶极之人的审理，每审一案，清若神明，从严打击，决不宽待。这帮年轻人听命行事，令行禁止，立了大功。一时社会安定，百姓称颂，以至刘陶离开顺阳后，当地人民仍对他念念不忘，编了歌谣颂他：“邑然不乐，思我刘君，何时复来，安此下民。”

仁爱小语

刘陶为官，胸怀天下，一心为民，一身浩然正气，直谏不避权贵，始终做到了“为民、务实、清廉”。东汉末年，民生困苦，灾异数见，面对外戚擅权，朝政日非，邦国飘摇，无人敢谏，他不顾个人安危，上书桓帝，直言其害；对别有用心之人改铸大钱之不良企图，他尖锐指斥铸大钱之弊，坚请桓帝“节财用，反浪费”；分析国家内忧外患形势，他上书直击宦官擅权之弊，提出治国安民之策。因他为人耿直，是非分明，因而不见容于污浊的官场，屡遭宦官群丑之诬陷，直至迫害而死。尽管仕途坎坷，但刘陶刚直不阿的品格、不畏权贵的精神、廉洁奉公的作风，始终未变，从而赢得了百姓的称颂。

姚崇灭蝗灾

唐玄宗刚即位的时候，一心想恢复唐太宗的事业。他任用姚崇为宰相，整顿朝政，把中宗时期的混乱局面扭转了过来。唐王朝重新出现了兴盛的景象。

正在玄宗励精图治的时候，河南一带发生了一次特大的蝗灾。中原的广阔土地上，到处出现成群的飞蝗。那蝗群飞过的时候，黑压压的一大片，连太阳都被遮没了。蝗群落到哪里，哪个地方的庄稼都被啃得精光。

那时候，人们没有科学知识，认为蝗灾是天降给人们的灾难。再加上有些人有意搞迷信宣传，于是，各地为了消灾求福，都烧香求神。眼看庄稼被蝗虫糟蹋得这样惨，人们拿它一点没有办法。

灾情越来越严重，受灾的地区也越来越扩大。地方官吏不得不向朝廷告急。宰相姚崇向玄宗上了一道奏章，认为蝗虫不过是一种害虫，没有不能治的。只要各地官民齐心协力驱蝗，蝗灾是可以扑灭的。

唐玄宗十分信任姚崇，立刻批准了姚崇的奏章。姚崇下了一道命令，要百姓一到夜里就在田头点起火堆。等飞蝗看到火光飞下来，就集中扑杀；同时在田边掘个大坑，边打边烧。

这个命令一下去，汴州（今河南开封）刺史倪若水拒不执行。他也写了一道奏章，说蝗虫是天灾，人力是没法抗拒的，要消除蝗灾，只有积德修行。

姚崇看到倪若水的奏章，十分恼火，专门发了一封信责备倪若水，并且严厉警告他说，如果眼看蝗灾流行，不采取救灾灭蝗措施，将来造成饥荒，要他负责。

倪若水看宰相说得很硬，不敢不依。他发动各地官民，用姚崇规定的办法灭蝗，果然有效。光汴州一个地方就扑灭了蝗虫 14 万担，灾情缓和了下来。

倪若水在事实面前服输了，可是在长安朝廷里还有一批官员，认为姚崇灭蝗的办法，过去从来也没人做过，现在这样冒冒失失推行，只怕闯出什么乱子来。

唐玄宗听到反对的人多，也有点动摇起来。他又找姚崇来问，姚崇从容不迫地回答说："做事只要合乎道理，就不能讲老规矩。再说历史上大蝗灾的年头，都因为没有很好扑灭，造成严重灾荒。现在河南、河北，积存的粮食不多，如果今年因为蝗灾而没收获，将来百姓没粮吃，流离失所，国家就危险了。"

唐玄宗一听蝗灾不除，要威胁国家安全，也害怕起来，说："依你说，该怎么办才好？"

姚崇说："大臣们说我的办法不好，陛下也有顾虑。我看这事陛下且别管，由我来处理。万一出了乱子，我愿意受革职处分。"

唐玄宗这才点头同意了。

姚崇出宫的时候，有个宦官悄悄扯住他的衣袖，说："杀虫太多，总是伤和气的事，希望相公好好考虑一下。"

姚崇说："这件事就这么定了，请你不必再说。如果不杀蝗虫，到处都是荒地。河南百姓，统统饿死，这难道不伤和气吗？"

由于姚崇考虑到国家的安全、百姓的生活，不顾许多人反对，坚决灭蝗，各地的蝗灾终于平息下来。

仁爱小语

在封建时代，任何一种天灾人祸都被迷信的人看作是上天对人的处罚，因此十分敬畏，不敢违抗天命。而姚崇则力排众议，为了天下苍生着想，宁愿一个人冒犯"天威"，一个人承担责任。这里不仅有排除迷信的勇气，也有忧国忧民的思想，确实是难能可贵的。

仁爱奉献篇

汤王伐葛

亳都西南十余里，黄河北岸的一片小平原上，有个寨里村。传说，商汤时候这里是葛伯的封地，葛伯就在这里定居建寨，名叫“葛伯寨”。葛伯虽然与汤为邻，但为人处事完全与汤不一样。汤王是最仁慈爱民的国君；葛伯却是暴戾成性、视人命如草芥的恶煞，在他的眼里杀个平民百姓如同踩死一只蚂蚁。

一天，葛伯带领随从，架鹰牵犬去打猎。到了莘野，就是伊尹隐居耕田的“有莘之野”，现在叫莘庄。看见一只玉兔，葛伯弓搭箭，一箭射去，玉兔带箭逃走。葛伯驱马追，追过亳清河，进入汤地，就是现在的小赵村。到了这里，玉兔不见了，却见一个十二三岁的童子，左臂挎着篮子，右手提着一只瓦罐。葛伯已是又饥又渴，见了童子，跳下马来，令随从夺过童子的饭来就吃。童子是给耕地的爸爸送饭的，不料遇到这伙强人，便哭着骂着。这一下惹恼了葛伯，拔剑就把童子杀了。

葛伯越境杀童子的事，汤王很快就知道了。汤王生气极了，就罗列葛伯许多罪状，调集军队去攻打葛伯。葛伯罪恶累累，葛民早就恨之入骨，只是敢怒不敢言，一见汤师到来，便积极行动起来，里应外合，内外夹攻，一下子就把葛伯消灭了。为了纪念这位无辜被杀的童子，后人就将童子被杀之地叫“童子坪”。

仁爱小语

葛伯残暴无道，滥杀无辜，终于招致灭亡之运。自古以来，没有仁爱之心的强人，多以残暴始，以被消灭终。因为仁爱是“人间正道”，偏离了正道，迟早会自食其果。正义和公平是天上的太阳，太阳不灭，公理常在。

闵子骞与继母

闵子骞是孔子的学生，是 72 贤人之一。他从小失去母亲，父亲给他娶了继母。继母只疼爱自己生的两个儿子，对子骞很不好。但懂事的子骞却从来没有在父亲面前说过继母的不是。

天冷了，继母给三个孩子做了新棉袄。一天，子骞同两个弟弟高兴地穿着新棉袄，随父亲赶牛车外出。路上遇到了大风雪，子骞手冻僵了，抓不住牛缰绳，牛车咕碌碌顺着斜坡往下滑，棉衣被车钩钩破了一个洞，从袄缝里飘出了纷纷扬扬的芦花。父亲呆住了，他急忙扶好冻倒在车座上的子骞，扒开其他两个孩子的棉袄看，见里面都絮着厚厚的棉花！

父亲回到家，指着继母大骂："亲生儿女穿棉衣，子骞却穿芦花衣。你太狠毒了，你给我滚！"弟弟们吓得哭起来。这时，子骞扑通跪在父亲面前，哀求说："爹，求您不要赶娘走。"父亲说："她这样对你，你还替他求情？"子骞含泪说道："有娘在，顶多是我一人受冻；娘走了，弟弟和我三个都要挨冻。"子骞的真情感动了父亲，更感动了继母，她惭愧地说："孩子啊，对不起，让我重新给你做件棉衣吧。"从此，继母对子骞视为己出。

仁爱小语

子骞是善良的，是他的爱心挽救了一个差点分裂的家庭。"有娘在，顶多是我一人受冻；娘走了，弟弟和我三个要挨冻"。这种为弟弟着想的行为，感动了自私的继母，也教育了继母。可见，爱心是一种美德，具有伟大的力量，它让一切自私和冷漠的人感到惭愧，让温情和幸福重现人间。

携民渡江

东汉建安十三年（208），曹操率大军南下征讨荆州。荆州牧刘表病逝，令其次子刘琮接替荆州牧。刘琮在手下蔡瑁等人的劝说下，将荆州献与曹操。刘备在新野也呆不下去了，只得逃出来。因舍弃不下新野百姓，也怕曹操再次屠城，刘备就带上百姓一起转移，渡过长江往襄阳而去。因不被收留，只得再次转战江陵，在途中的长坂坡被曹操派的精骑追上，因此有了掇刀长坂坡之败，最终刘备败走汉津渡口。

仁爱小语

对于《三国演义》中记载的这段史实，同名电视剧里也有相关情节。刘备追求仁爱治天下，所以才有携民渡江的故事，哪怕因此而遭受损失。相比之下，抗日战争中的"花园口"事件，则是一种为了阻止日冠的追击而不顾人民死活的行径，这种行为实在是连古人都不如了。

三散千金的文财神

范蠡是春秋战国时期著名的政治家、谋略家。在有关范蠡的故事里，他的名字似乎更多的是与其辅佐越王勾践卧薪尝胆十余年，并最终打败吴王夫差的政治、军事活动联系在一起。然而历史上的范蠡其实还是一位非常富有并广布善举的慈善家。

范蠡在帮助勾践雪会稽之耻、平灭吴国之后，便辞官引退，游走各国。范蠡颇具经商才干。他在行至齐国后，便以鸱夷子皮为化名从事商业买卖。很快，范蠡就积累下千金家财，成了齐国的首富。齐王得知范蠡的才能，便拜他为相。然而，手执相印的范蠡却想到了更多生活于贫困之中的百姓。于是他将财富全部接济穷人，辞去了相职，重以布衣之身前往陶地。陶地位于齐、宋、卫国的交界处，范蠡认为这里是天下的中心，与各国交通便利，在此贸易必可致富。于是他又化名陶朱公，再次开始经商。果然，陶朱公不久后便大获其利，家产第二次累至千金。但是他发现，陶地同样有许多人贫苦不堪。于是范蠡又一次将千金散尽，资助穷人。据说范蠡在十九年的从商经历中曾“三散千金”。他的才干使他几乎每到一地都能富甲一方，然而对天下穷人的悲悯却又让范蠡每一次都将千金巨富倾囊赠出。在布施财富之余，范蠡还不忘传授人们经商获利的方法，希望借此为穷人找到致富的门路。

仁爱小语

文财神不仅有经商的智慧和头脑，也有一颗济民匡世之心。尽管史家已在典籍中将范蠡赞为“富而行其德者”，这个结论与人们通常印象中的“为富者必不仁”截然相反，但后世百姓还是以独特的方式在民间纪念着慈善家陶朱公。在范蠡身后，人们已将他奉为文财神，以此企盼哪一天陶朱公也将财富和经商智慧散至自己的家门。

捐宅兴学贵天下

范仲淹自幼家境贫寒。少年读书于长白山僧舍的时候，范仲淹每天只熬一锅粥。待到第二天粥凝固成饼后，他便用刀将“粥饼”切成四块，早晚各取两块，就着十数根咸菜，权当饭食。范仲淹幼时发奋于贫穷中的这段经历，不仅给后人留下一个“断齑画粥”的故事，也使范仲淹终生体恤穷人的疾苦。

身居高官之后，范仲淹虽然薪俸丰厚，却依然勤俭。他把自己积攒下的大量家财拿出来，在家乡苏州郊外的吴、长两县购买土地近千亩，以地力所得救济当地的穷人，使他们“日有食，岁有衣”。这千亩田地因此被人们誉为“义田”。当地凡有人家婚丧嫁娶，范仲淹都会拿出钱来资助。对于鳏寡孤独之人，范仲淹还会定期给予周济。范仲淹的家乡因而也被人们称作“义庄”。

除了扶贫济困，范仲淹还非常热心于赞助苏州的教育事业。《范文正公全集》记述了这样一个故事。北宋景佑二年（1035），范仲淹在苏州南园购得一处草木葱茏，溪水环绕的好地。原本范仲淹是想在此建设自家的住宅。当房屋建好后，范仲淹请来一位风水先生。先生探查了一番，连夸此地风水好，称若久居此处“必踵生公卿”，也就是说范家住在这里可以世世代代出高官显贵。范仲淹听后却说，“吾家有其贵，孰若天下之士咸教育于此，贵将无已焉”（我家独享此处的富贵，不如让普天下的人都能来这里读书，这岂不是能出更多的贵人）。于是范仲淹毫不犹豫地将房地献出，奏请朝廷批准设立了苏州学文庙，以期培养出更多的人才。范仲淹捐宅兴学的举动在当时影响极大，以至当地富户纷纷效仿。据说“吴学”日后的兴盛即得益于此，并有了“苏学天下第一”的说法。

仁爱小语

范仲淹是北宋著名的文学家和政治家，曾在其名作《岳阳楼记》中以“先天下之忧而忧，后天下之乐而乐”言明心志。这种以民为先的思想，既是范仲淹身为政治家所坚持的理念，也是作为慈善家实践于其一生善行中的大德。他是这样说的，也是这样做的，不愧是古代仁爱施政的杰出代表。

驱蝗成神

刘宰是南宋江苏金坛人。传闻在刘宰出生的时候，他家门前池塘里的水忽然漫至岸上，刘宰日后便因此说，自号为“漫塘病叟”。刘宰为人刚正仁厚，平生多为乡里谋福，是一个“见义必为”之士。

南宋绍熙元年（1190），刘宰举进士，随后被任命为江宁尉。当时江宁地方巫术盛行，民风颓然，人们遇事皆信鬼神，巫医术士大行其道。刘宰到任后，为了澄清民智，使百姓免受愚昧所害，立即着手批驳迷信，强令巫士改行务农。为此，刘宰还专门下令保伍之间互相纠察，有继续为巫或事鬼神者，一律严惩。刘宰的努力很快使当地风气焕然。然而令刘宰无法想到的是，在他逝后，人们却因感念其助民灭蝗灾的恩德而将他敬奉为神。传说有一次刘宰随军路过观城，恰逢当地遭遇蝗灾。眼见田里的庄稼即将不保，刘宰急命兵士帮助农民灭蝗，并终使此地庄稼免遭绝收。百姓们因感激刘宰，便在地方上修建庙宇，将刘宰敬奉为“刘猛将军”。据说刘宰作为驱蝗灭虫的大神，其香火从江南一直延续到北方。直到清代，山东等地的方志里还记载着有些蝗灾频发的村庄供奉“刘猛将军”的事实。不知刘宰身后的这段历史会为他平添一丝无奈，还是遥寄一份欣慰。

宋宁宗开禧年间（1205—1207），韩侂胄率兵伐金。尽管后代史家对开禧北伐多有道义上的褒扬，出于对百姓的同情，刘宰却认为韩侂胄在民用尚不足为继的情况下轻启战端，徒耗民力，因而反对北伐。后来，刘宰曾作《开禧纪事》和《野犬行嘉定己巳作》两首诗，诗中传达的尽是他对此时民情疾苦的体恤。钱钟书先生在《宋诗选读》中直称，这两首诗情之挚朴为当时少有。

北伐失败后，刘宰因厌倦了官场，便辞官隐居故里。就在刘宰回到家乡后不久，嘉定二年（1209），金坛发生饥荒。刘宰遂在当地创办了中国历史上第一个私人粥局，救济灾民。此后，在嘉定十七年（1226）和绍定元年（1228），刘宰又两次设立粥局。其间受其惠者，每日超过万人。此外，在隐居的三十年里，刘宰还在家乡设置义仓，创立义役，乡人凡有无地可耕、无处可居者，刘宰皆倾力相助并视之为己任。

仁爱小语

在江苏省金坛市著名的"金沙八景"中，有一处叫作"漫塘春水"。人们以"漫塘"为此景命名，便是为了纪念当地这位历史上著名慈善家刘宰的。刘宰为官时急百姓之所急、想百姓之所想，做到仁慈爱民；辞官后又热心慈善，扶危济困，热心帮助每一个需要求助的人。这才是清官，这才是好人。具有一颗仁爱之心，即是"好人"的核心特质。

舍糖灭瘟疫

李五是明代泉州晋江凤池人，因在家中排行第五，故俗称李五。李五是宣德年间福建著名的慈善家。他自小便随兄长经商，成年后继承家中产业，成为"富贾泉郡"的名人。

李五靠生产、贩卖蔗糖成为当地首富。有一年榨季过后，李五将大量的蔗糖储藏在仓库中，正待择日外运出售，忽逢暴雨。连日的大雨把一座仓库冲塌。数日后，当李五清理废墟时，偶然发现一部分黑糖因被泥土覆盖而未被雨水溶解，然而糖的颜色却由黑变白，品其滋味，觉得比黑糖更为甘甜。于是此后，李五便在制糖的过程中加入一道覆盖黄土的工序，以此法制出的白糖，口感明显胜过黑糖。李五的生意因此日益兴隆。时人以李五的家乡命名这种糖，这便是著名的"凤池糖"。

随着凤池糖声名远播，李五的生意也从福建做到了江西、浙江等地。明正统九年（1444），李五贩糖至浙江宁波。一天，李五听闻鄞县买糖者突然增多，便调运大批凤池糖至当地销售。但是，当李五来到鄞县后却得知，此处正瘟疫肆虐，百姓盛传惟服用泉州产的凤池糖才可治病，故而购者日众，一时间糖价猛涨，凤池糖成为当地奇货。然而"商机"并未使李五的良知泯没。为了让无钱买糖的穷人也得到及时的救治，李五当即决定为民舍糖。人们闻讯后蜂拥而至，纷纷前来求糖。李五见需者太多，便索性在当地交通便利之处找到一口水井，每天将糖倒入井中，任民众自取服用。不久之后，瘟疫果然被根除，鄞县因李五施糖而重享安宁。

李五的善行虽然少见经传，却深得民心。为了纪念慈善家李五，鄞县的人们世世代代将李五舍糖的那口井称为“李五恩公井”。

仁爱小语

李五虽是巨富，为人却好义乐施。遇有衣食不足者，常周济以钱粮，所以人们都尊李五为“义长者”。李五曾多次为家乡泉州的建设慷慨解囊，由他出资兴建的庙宇、桥梁，很多至今尚存。它们是一座座丰碑，是一座座记载善行、传流后世的丰碑，它们告诉人们：仁爱者常在，行善者不朽。

乞讨兴学

武训是清末山东堂邑人，自小家境贫穷，三岁丧父，故幼时起便以乞讨度日。每次讨来食物，武训都先侍奉母亲，因而被称为“孝乞”。七岁的时候，武训的母亲也去世了。此后，武训便一边乞讨一边为富人家做工。由于不识字，武训曾被一个雇主骗去工钱。这让武训决心兴办义学。为了积攒办学的费用，武训白天在街市上乞讨时不惜以丑态哗众以获施舍，晚上则为人纺织麻线挣取佣金。

几年过后，武训攒够了六千文钱。一天，他来到当地一个富人家，跪在门外要见主人。这家主人让仆人用钱把武训打发走，不料武训却说：“若见不到主人，我就在这里长跪不起。”主人无奈，只好来见武训。武训说：“乞丐武训有求于贵人，请您一定答应我！”主人问：“你是想要钱吗？”武训答道：“不，我不是想向您讨钱，而是有钱要送到您这里！”这个富人感到非常奇怪。武训接着说：“我现在有六千文钱，想存到您这样的富贵人家里，由您经营，日后希望您能给我些利息。”这家主人见钱并不多，便答应了武训的请求。此后，武训每攒够一千文钱都存到这家，由此所获的息金也随之增加，本息积累终至白银几百两。

光绪十四年（1888），武训出资四千余吊在堂邑柳林庄办起了第一座义塾。他高薪聘请塾师授课，并到穷人家去跪求父母把孩子送到学校免费读书。开学那天，武训拜见了每一位老师和学生，并摆下丰盛的酒宴款待他们。武训自觉身份卑微，不便入座，所以就请来了当地有声望的名人陪席。而武训本人则只吃些残羹剩饭。平日上课，武训也多到义塾去探视，见到老师勤奋授课，他便跪地拜谢，若是遇到塾师懈怠或学生贪玩，武训就长跪不起，流泪劝其勤勉。师生因此都对武训非常敬畏而不敢懒散。

后来，武训又靠乞讨所得兴办了陶馆、临清两所义塾。山东巡抚张曜得知武训乞讨兴学的义举后，赐名为“训”，并奏请朝廷赐武训“乐善好施”匾。据说光绪帝甚至还赏武训穿黄马褂，以行表彰。

光绪二十二年（1896），59岁的武训在为家乡留下三座学堂后，长辞于临清义塾中。他在弥留之际，还在听着学童们的诵读之声，直至含笑离去。

仁爱小语

武训是中国历史上最为人称颂的乞丐。他用乞讨兴学的义举，为后世留下了又一个有关中国仁善精神的传奇。近现代的很多名人，如梁启超、冯玉祥、陶行知等，都曾为武训撰文，讲述一个义丐乞讨兴学的感人故事，赞誉长传于世的尚善尚仁的民族精神。

听歌认发妻

百里奚，亦称百里子或百里，是春秋时虞国（今山西平陆北）人。秦穆公时贤臣，著名的政治家。

百里奚其妻名叫杜氏，有一个儿子。当时，百里奚家里很穷，想出去做官，又担心妻子和儿子没有人照顾，最后还是妻子劝他，这才下定了决心出去谋事。他先到了齐国，没人知道他的才能，只好在乡下为人放牛。多年后，他两手空空回到老家探望妻儿老小，却已是人去屋空，妻儿皆逃荒去也。百里奚没有办法，只好又出去谋事。后来百里奚通过虞国大夫宫之奇的推荐，在虞国作了大夫。

秦穆公五年（前 655），晋国借道于虞以伐虢国。大夫宫之奇以“辱亡齿寒”劝谏虞君，爱占小便宜的虞君因接受晋献公的宝玉与名马而答应了晋国。结果晋在灭虢之后，返回时就灭了虞国，虞君及百里奚被俘。晋献公知道百里奚有治国才能，很想重用他。可他颇有骨气，不愿为敌国效劳。后秦穆公向晋国求婚，晋国就把大公主嫁给他，同时送去很多陪嫁的奴仆，其中就有百里奚，可百里奚在半路上逃了。秦穆公也久闻百里奚大名，多方打探，终于得知他在楚国放马，于是秦穆公就用五张羊皮换回了他，并拜为国相。这时他已 70 高龄。因为百里奚是用五张羊皮换来的，秦人都称他为“五羖大夫”。

百里奚相秦期间，内修国政，教化天下，恩泽施于民众。作为诸侯国的大臣，百里奚劳作不乘车马，暑热不张伞盖，在都城里行走不用车马随从，不用甲兵护卫。这种平易朴素的品行，不仅为百官树立了榜样，也以实际行为感动了百姓，赢得了时人的赞许和尊敬。

百里奚施德于诸侯，树立秦国的威信，为秦穆公称霸奠定了基础。秦穆公十三年（前 647），晋国发生饥荒，请求秦国接济粮食。秦穆公询问群臣该怎么办，有人认为应当借机伐晋。百里奚不同意，说：“天灾流行，救灾是正道，不应趁火打劫。”最后，秦穆公采纳了百里奚的意见，运粮食给晋国。于是，秦国派了大量的船只运载了万斛粮食，由秦都雍城（今陕西凤翔南）出发，沿渭水，自西向东五百里水路押运粮食，随后换成车运，横渡黄河以后再改山西汾河漕运北上，直达晋都绛城。运粮的白帆从秦都到晋都，八百里路途首尾相连，络绎不绝，史称“泛舟之役”。泛舟之役是中国历史上第一次有明确记载的内陆河道水上运输的一个重大事件。晋国的百姓吃到了救命粮，无不感激秦国的恩德。

秦穆公三十三年（前 627），秦穆公乘晋文公去世的机会，企图插足中原。百里奚和蹇叔劝谏，秦穆公不听，派百里奚的儿子孟明视、蹇叔的儿子西乞术和白乙丙带兵偷袭郑国。结果被晋军截击，秦师全军覆没，三员秦将被俘。后来三将被放回，秦穆公对他们说："孤以不用百里奚、蹇叔言以辱三子，三子何罪乎?"追思百里奚等人的谏言，不胜懊悔。

百里奚任秦穆公相国，政事无不参预。他为相期间，秦国建树国威的几件大事，秦人俱归功于他，口碑载道，传颂不绝，至战国秦孝公时，尚有人在相国商鞅前称颂百里奚。

花开两朵，各表一枝。话说杜氏携儿逃荒，流浪讨饭来到了秦国，其子闻得国相是皇上用五张羊皮买来的且名叫百里奚，就告诉了其母。杜氏不敢贸然相认，就常借机到相府洗衣服打短工，期待能碰见百里奚。某天，相府举行宴会，伴奏的乐工们奏起音乐阵阵。大大厅外的杜氏思夫心切，贸然跑进大厅和唱起来：百里奚，五张皮，可记得：一锅白菜、煮小米，灶下没柴火，劈了门闩炖母鸡？今天富贵了，扔了儿子忘了妻？在府内的百里奚一听马上跑出来，夫妻相见，自然抱头痛哭。

仁爱小语

年轻时贫穷的百里奚，作为杰出的政治家，在晚年建树了辉煌的业绩。他依靠出众的才智和超群的谋略，使僻处一隅的秦国逐渐强大起来，为秦国取得霸主地位，起了不可低估的作用。百里奚相秦期间，内外安缉，充实秦的国力，奠定称霸以及统一的基础，在春秋时期已很明显，为有识者所称道。他听歌认妻的举动，更体现了他的"糟糠"情怀。

长孙皇后的仁义

唐太宗的长孙皇后仁义孝敬，生活俭朴，喜欢读书，经常和太宗随意谈论历史，乘机劝善规过，提出很多有益的意见。有时太宗无故迁怒于宫女，皇后也佯装恼怒，请求亲自讯问，于是下令将宫女捆绑拘押起来，等到太宗怒气平息了，才慢慢地为其申辩。从此后宫之中，没有出现滥刑枉杀的事情。徽章公主幼年丧母，皇后将她收养，慈爱胜过亲生。妃嫔以下有病，皇后都亲自探视，减少自己的药物饮食费用，资助他们治疗。宫中没有人不爱戴皇后。皇后教育各位皇子，常常把谦虚节俭放在最重要的地位。太子的乳母遂安夫人，曾对皇后说，东宫的器物用具比较少，请求皇后奏请皇上增加一些。皇后不允许，说："身为太子，(应该）担忧德行不立，声名不好，为什么担忧没有器物用具呢?"

太宗身患疾病，一年多不愈，皇后在床前侍候，昼夜不肯离开。经常将毒药系在衣带上，说："皇上如有不测，我也不能一个人活下去。"皇后一向有气喘病，前一年跟从太宗巡幸九成宫。柴绍等人深夜密告有紧急变故，太宗身穿甲胄走出宫阁询问事由，皇后抱病紧随其后。身边的侍臣劝阻皇后，她说："皇上已然震惊，我内心又怎么能安定下来。"从此病情加重。太子对皇后说："药物都用过了，而病不见好，我请求奏明皇上大赦天下犯人并度俗人出家，也许能够得到冥冥之中神灵的庇佑。"皇后说："死生有命，并不是人的智力所能转移。如果行善积德便有福祉，那么我并没做恶事；如果不是这样，胡乱求福又有什么好处呢？大赦是国家的大事，不能多次发布。道教、佛教乃异端邪说，祸国殃民，都是皇上平素不做的事，为什么因为我一个妇道人家而让皇上去做平时不做的事呢？如果一定要照你说的去做，我还不如立刻死去！"太子不敢上奏，只是私下把这事告诉了房玄龄，玄龄禀明太宗，太宗十分悲痛，想为皇后而大赦天下，皇后坚决制止了他。

仁爱小语

长孙皇后以国家为重，以大局为重，深明大义，既严于律己，又宽以待人；以苍生为念，无私地辅佐太宗。她以贤淑的品性和无私的行为，不仅赢得了唐太宗及宫内外知情人士的敬仰，而且为后世树立了贤妻良后的典范，到了高宗时，尊号她为"文心顺圣皇后。"这都是她应得之礼。

柳卢睦族

唐朝时候，有一个姓卢的女子，从小就深受圣贤教诲的影响。在她七岁的时候，已经能懂得《诗经》的经义。长大以后，她嫁给了一个名叫柳镇的人，人称柳卢氏。

自从嫁到柳家，一方面，她服侍公公和婆婆非常的孝顺，可谓体贴入微。另一方面，她对待柳家的所有亲戚和宗族们也是以诚相待，尽心尽力，相处得十分和睦。从她的言语行为之中，无不体现出在圣贤思想影响之下，一个女性应有的美德。不久，她的孝顺和仁义，就在邻里乡党之间，远近闻名，有口皆碑。

后来，柳镇被调到了朝廷里去做御史的官。柳家的亲戚和宗族们居住的地方，距离他们也有一千里以上的路程。卢氏为了使丈夫能够在朝廷里安心地做事，自己能更好地关照亲戚和宗族们的生活，就做了一切准备，将柳家的所有亲属，包括侄子和外甥等，统统迎接过来，共同居住。

面对人口众多的这个大家庭，卢氏的心中时时想着的是每一个人的需要。因此，她做起事来，诚敬而又谨慎；待人上更是谦恭得体。对待尊长，她就万分恭敬，处处把自己放在最卑微的位置上；对待年幼或晚辈者，她就百般慈爱，像亲生父母一样爱护他们；对待和自己平辈的，她就视为手足，关爱备至。

卢氏对族亲们的真诚付出，不仅把所有人都照顾得无微不至，满心欢喜，也使得这一个大家庭充满了和谐与温馨。

不料时逢荒年，又发生了安史之乱。柳家这一大家子人，随着逃亡的人群到了吴地，生活一下子变得十分艰难，经常衣食不足。

为了照顾好家庭中的每个人，卢氏常常自己忍饥挨饿，把食物留给亲属们的孩子吃。每当有亲属要离开的时候，她就连夜为他们准备饯行的盘缠。

可见，在困难面前，卢氏并没有因为艰困的环境和物资条件的改变，而放弃对柳家亲戚和宗族们的照顾，反而更加用心感受这一大家人的需要。

卢氏曾生有一个儿子和两个女儿。他儿子的名字叫柳宗元。在柳宗元四岁的时候，由于家里没有书，卢氏就亲自教授他古诗赋十四首，让他背诵。对待两个女儿，就教授他们诗礼、绘画、历史和女子应该学习的各种技能。

柳宗元长大以后，成为历史上家喻户晓的著名思想家和文学家，被列为唐宋八大家之一。卢氏的两个女儿长大以后也都成为了贤德孝顺之人。人们都说，这是由于他们深受母亲美好品行的熏陶和教诲。

仁爱小语

俗话说：家和万事兴。卢氏能够尽守本分，照顾族亲，遇事能以大局为重，毫不为己，并且相夫教子，其结果充分验证了《易经》中所说的积善之家，必有余庆的说法。而卢氏的仁爱存心与贤德行为，也成为普天之下所有女性值得效仿的楷模。

东坡种松法

苏轼的父亲苏洵志在科举，由于做学问的时间太晚了，大约是在苏轼出生后的时期，那时已过而立之年，结果是屡试不中，只能感叹自己怀才不遇。苏轼出生后不久，苏洵便到京都去游学，所以苏轼一直到 8 岁都没有受到过父亲的教诲。母亲成了他最早的启蒙老师。

母亲程氏生于书香门第，人品、学识都相当好，对儿子的教育也非常严格。因信道教，待两个儿子稍大时，便把他们送到一位道士那里当学生，与当地的百余名幼童一起学习。这所道观私塾是非常普通的庶民教育场所，就读的孩童都是商人和农民子弟。苏轼和弟弟在这里过着快乐而普通的生活。

有一天，苏轼和同学们在山上玩打仗的游戏，竟顺手拔下了一棵刚种植不久的小树苗当剑使，挥舞着和小伙伴们“拼杀”一气。“冲啊!”“杀啊!”一边叫喊一边奔跑，玩得十分开心。

这件事不知怎么传到母亲耳中，母亲非常生气。她把苏轼接回家，狠狠地训斥了一顿。母亲问：“你知道自己到底错在哪里吗?”

小苏轼怯怯地说：“我不该拔了别人栽的树苗，毁坏了别人的劳动成果。”

母亲叹了口气，说：“这只是错误之一。俗话说，十年树木、百年树人。一棵树需要十年的时间，才能从幼苗长成大树，你把树苗拔了下来，那么一棵大树也就过早地毁在你手里了。这才是最严重的。”

“娘，我再也不拔树苗了。”小苏轼诚恳地说。

“那么，你知道树木都有那些用处吗？”母亲进一步启发道。

“树木可以盖房子、做家具。”小苏轼答道。

“还有，你每天在山林中玩耍，满山绿葱葱的大树，是不是使人感到心情舒畅？当炎热的夏天来到时，太阳火辣辣地晒着，在树荫下人是不是感到很凉快？如果山上是光秃秃的一片，还能给人带来舒适阴凉吗？还能挡风遮沙吗？孩子，你拔掉一棵树苗，就是破坏了一片绿荫啊！”

小苏轼红着脸，把头低下来，惭愧地说：“娘，我错了。从今以后，我要年年月月栽树，不栽满一万棵不罢休！”

小苏轼说到做到，每隔一段时间就去种树，从不间断，一直在他读书的山坡上栽下了数万株松树。多年的种树经历使他掌握了丰富的种树技术，好多人都来跟他学习种树经验。他的种树方法被人称为“东坡种松法”。

同时，多年的种树经历，使他丰富了生活，增长了阅历，对自然、山水、花草、树木充满了喜爱之情，这对他今后的为人为文都产生了积极的影响。

仁爱小语

苏东坡从小就从母亲那里懂得了爱惜树木的道理。虽然那时候还没有“环保”的意识，但苏母却能够从树木的用途及其成长不易的角度启发孩子对大自然的珍爱。对大自然界的热爱，也是一种爱。热爱大自然，体会到大自然的优美，从而开阔心胸、增广视野，有益于陶冶性情，塑造美丽的心灵。因此，家长不妨也从教育孩子关爱花草树木着手，激发孩子珍惜环境、关心社会的意识。

铺满药渣的小路

在大山里有一个村子，村里有一个孩子叫阿宝。阿宝从小就体弱多病。那时候，在乡下求医问药可真难啦，只能吃点儿草药，而他住的小山村离集镇又远。他母亲时常一大早就起来，挑上一担柴，去集上为儿子换回大包小包的药来。每一包药总要煎上两三遍，直到药味淡了，母亲才将药渣倒在门前的路上。

时间一长，门前那条路铺满了药渣。阿宝觉得奇怪，便问母亲：“妈妈，为什么要把药渣倒在路上呢？”母亲告诉他：“过路的人踩着药渣把病气带走了，你的病就会很快好起来。”阿宝一听，摇摇头：“妈妈，病气被别人带走，那别人不就得生病了吗？”阿宝的母亲半晌无语，只是把阿宝紧紧搂在怀里。

后来，阿宝再也没见到母亲在门前的路上倒药渣了。可是有一天，他无意中却在屋后一条山道上看到了满地的药渣——那是母亲每次上山砍柴的必经之路……

仁爱小语

阿宝的心是善良的，他不愿意为了治好自己的病，而把病气带给别人；母亲的心是宽大的，她理解了儿子的愿望，接受了儿子的要求；母亲的心更是慈悲的，她宁愿自己天天走在铺满药渣的小路上，好把病气从儿子身上带走，传到自己身上。这条铺满药渣的小路啊，是爱的小路，是母爱伟大和无私的见证，是人类的美好品德的写照。

谁是赤脚开门的人

从前，有个年轻人与母亲相依为命，生活相当贫困。

后来年轻人由于苦恼而迷上了求仙拜佛。母亲见儿子整日念念叨叨、不事稼穑的痴迷样子，苦劝过几次；但年轻人对母亲的话不理不睬，甚至把母亲当成他成仙的障碍，有时还对母亲恶语相向。

一天，这个年轻人听别人说起远方的山上有位得道的高僧，心里不免仰慕，便瞒着母亲，偷偷从家里出走了。

他一路上跋山涉水，历尽艰辛，终于在山上找到了那位高僧。高僧热情地接待了他。

听完他的一番自述，高僧沉默良久。当他向高僧问佛法时，高僧开口道："你想得道成佛，我可以给你指条道。吃过饭后，你即刻下山回家，一路上，但凡遇有赤脚为你开门的人，这人就是你所谓的佛。你只要悉心侍奉，拜他为师，成佛是非常简单的事情。"

年轻人听了非常高兴，谢过高僧，就欣然下山了。

第一天，他投宿在一户农家，男主人为他开门时，他仔细看了看，男主人没有赤脚。

第二天，他投宿在一座城市的富有人家，更没有人赤脚为他开门。他不免有些灰心。

第三天，第四天……他一路走来，投宿无数，却一直没有遇到高僧所说的赤脚开门人。他开始对高僧的话产生了怀疑。快到自己家时，他彻底失望了。日落时，他没有再投宿，而是连夜赶回家。到家门时已是午夜时分。疲惫至极的他费力地叩响了门环。屋内传来母亲苍老的声音："是谁呀？""是我，妈妈。"他沮丧地回答。门很快开了，一脸憔悴的母亲大声叫着他的名字，把他拉进屋里。在灯光下，母亲流着泪端详他。

就在他一低头的刹那间，他发现母亲竟赤着双脚站在冰凉的地上。

这时他灵光一闪，想起了高僧的话。他突然什么都明白了。

年轻人泪流满面，"扑通"一声跪在母亲面前。

仁爱小语

高僧的高明之处就在于世事洞明、目光深邃，一眼看到了事物的本质，并成功地点化了这位年轻人。年轻人的可贵之处在于他的幡然领悟，体会到“佛”的真正含义。是啊，家是我们的“庙堂”，母爱是普渡人生的“真佛”。母亲从来不会嫌弃自己的儿女，不管我们走到哪里，遇到什么困难和不幸，过得是富足或者是贫穷，她都不会计较，都会用她博大的胸怀接纳我们，给予我们关怀和温暖。什么人给予我们的爱，会超过母亲呢？

义

繁体“義”字，从我，从羊，是由“我”和“羊”组成的会意字。这个字的关键就是“我”。“我”的本义是一种器具，用来屠宰牛羊。“我”的右半边是“戈”，左半部分是指“戈”上有很多锯齿。这说明“我”的本义是一种带锯齿的刀具，人们用“我”来杀牛羊用于祭祀，表示对神的尊重。所以“義”就包含有“死亡”、“牺牲”、“杀害”的意义。“义”的本义，是合乎道德的行为或道理，舍生取义表明为了重信义可以牺牲生命。我们要提倡“义”，就是坚持正义，保持节操。

知情重义篇

饿人报恩

春秋时有个赵盾，常在首山打猎，曾看到桑树下有个饿极了的人。这个人叫示眯明。赵盾给了他一些食物，他只吃了一半。赵盾问他为什么不吃完，示眯明回答：“我已经为人臣隶三年了，不知母亲是否还在人间，愿把剩下的一半留给母亲。”赵盾认为他很孝顺，又给他一些饭、肉。不久，示眯明做了晋君的厨师。但赵盾不知道示眯明做晋君厨师一事。

9月，晋灵公宴请赵盾，埋伏好士兵准备杀死他。示眯明知道后，恐怕赵盾酒醉起不来身，于是上前劝说赵盾：“君王赏赐您酒，只喝三杯就可以了。”想让赵盾赶在前面离开免于遭难。赵盾已经离去了，灵公埋伏的士兵还未集合好就先放出一条叫敖的恶狗。示眯明替赵盾徒手杀死了狗。赵盾说：“抛弃人，使用狗，虽然凶猛有什么用呢!”可是，赵盾并不知道示眯明是在暗中保护他呢。

一会儿，灵公指挥埋伏的士兵追赶赵盾，示眯明反击灵公的士兵，士兵不能前进，赵盾终于逃脱。赵盾问示眯明为什么救自己，示眯明说：“我就是桑树下那个饿汉。”赵盾询问他的姓名，他没有告诉。示眯明因此隐遁而去。

情义小语

未眯明报一饭之恩的故事，体现了中国传统文化“知恩必报”“知情重义”的思想，是一种优秀品德。正因为有了这种传统美德，我们社会才上演了一幕幕施恩报恩的故事。这是人间美好情愫的一个侧面，是人类生生不息的源泉，是推进人类和睦友善的内在动力。

豫让报恩

豫让是战国时代著名的四大刺客之一，先后投奔过范氏和中行氏，但始终默默无闻，难以成名，于是跻身于智伯门下。智伯对豫让既尊重又信任，因为他深知对于豫让这种标准的男性，只要你信任和尊重他，他愿意为你奉献一切。

智伯后来在攻打赵襄子时被杀，豫让逃往在外，隐居在山林之中。他自言自语道：

“嗟呼！士为知己者死，女为悦己者容。今智伯知我，我必为报仇而死，以报智伯，则吾魂魄不愧矣！”

为了兑现这个诺言，豫让改名换姓，潜入赵襄子后宫里，赵襄子差点被刺死。豫让在审讯中坦然供出刺杀赵襄子是为智伯雪恨，赵襄子身边的人于是建议杀死这个危险人物。赵襄子却宽大为怀。

释放后的豫让仍不甘心，他伤身毁容，不修边幅，目的在于不让别人辨识出来。有一次，赵襄子外出，路过一座桥，突然有人从桥下窜出偷袭，几乎把他从马背上掀翻下来。赵襄子镇定自若：“这一定又是豫让跟我过意不去！”随后，派人在桥下搜寻，果然是豫让。

赵襄子责备豫让说：“你不是曾经侍奉过范、中行氏吗？智伯灭了范、中行氏，你不但不替范、中行氏报仇，反而屈节忍辱去臣事智伯。如今智伯身死已经很久，你为什么如此替他报仇呢？”

豫让回答：“当我侍奉范、中行氏时，他们只把我当作普通人看待，所以我也就用普通人的态度报答他们；而智伯把我当作国士看待，所以我也就用国士的态度报答智伯。”

赵襄子深受感动，对豫让说：“你为智伯尽忠报恩已经成名，而我对你的宽宥已仁至义尽，现在我不再给你提供机会了，最好由你想个两全其美的办法，结束我们之间的怨仇。”

豫让被看管了起来，丧失了个体自由，求死不得。他转告赵襄子：“事到如今，我束手就擒，再刺杀你已不可能，我希望你把你的衣服交给我，让我以剑刺杀，以安慰智伯的亡灵，我死而无怨了。”

赵襄子难以拒绝这个道义上的要求，于是脱下贵族的华服送给豫让，任其刺击。豫让得到衣服后喜出望外，拔剑对衣猛刺三下，然后仰天大笑：哈哈，我总算报答了九泉之下的智伯了，接着横剑自刎。

情义小语

面对赵襄子的情和智伯的义，豫让确实是进退两难。最后他采取了一个折衷的方法，象征性地“刺杀”了赵襄子，然后自尽。这虽然是不得已而为之，却体现了他有情有义，知恩必报的处世品质。这才是大情大义，大智大勇和大仁大爱。

楚王绝缨宴

春秋时期，有一次，楚王请了很多臣子们来喝酒吃饭，席间，歌舞曼妙，烛光摇曳。同时，楚王还命令两位他最宠爱的美人许姬和麦姬轮流向各位敬酒。宴会气氛相当热烈。

忽然，一阵狂风刮来，吹灭了所有的蜡烛，大厅里顿时漆黑一片。席上，一位官员乘着酒兴，暗中摸了一下许姬的玉手。许姬一甩手，扯了他的帽带，匆匆回到座位上。并在楚王耳边悄声说道："刚才有人乘机调戏我，我扯断了他的帽带，你赶快叫人点起蜡烛来，看谁没有帽带，就知道是谁了。"

楚王听了，并没有责备，而是命令手下先不要点燃蜡烛，却大声向各位臣子说："我今天晚上，一定要与各位一醉方休，来，大家都把帽子脱了，痛快饮一场。"

等蜡烛点亮后，在场的众人都没有戴帽子，因此也就看不出是谁的帽带断了。事情就这样过去了。

后来，楚王攻打郑国，有一健将独自率领几百人，为三军开路，斩将过关，直通郑国的首都，而此人就是当年占许姬便宜的那一位。他因楚王施恩于他，而发誓毕生孝忠于楚王。战后楚庄王论功行赏，才知其名叫唐狡。他表示不要赏赐，坦承 7 年前宴会上无礼之人就是自己，今日此举全为报 7 年前不究之恩。楚庄王大为感叹，便把许姬赐给了他。

情义小语

种瓜得瓜，种豆得豆，多施恩，少结怨，善恶总有回报。面对别人的一时过失，给予谅解，有时会起到意想不到的效果。谅解别人，说起来简单，做起来不易。这需要一颗宽容的心，需要宽广的胸怀和长远的目光。谅解别人，是给别人机会，更是为自己创造机会。所以，我们要记住这样一句话：窥见佣人偷吃，只可咳嗽，不必大叫。

介子推独善其身

这是一个有关于春秋晋国贤臣——介子推的故事。

重耳在 62 岁立为晋国国君之前曾在外 19 年。在这 19 年当中有一帮文武豪杰不离不弃地辅佐他，介子推就是其中的一位。

重耳刚开始出逃的那几年非常惨，先是被父亲献公追杀，后是被兄弟惠公追杀。重耳经常食不果腹、衣不蔽体。

有一年逃到卫国，他饥饿难当向田夫乞讨，可不但没要来饭，反被农夫们用土块当成饭戏虐了一番。后来重耳都快饿晕过去了，是介子推割下大腿上的肉做成汤才救了他一命。

重耳复国成功，为晋文公。介子推不愿意与那帮曾经追随重耳自恃功高的臣子们为伍，就有了功成名就归隐山林的想法。每天托病在家，不去上朝。后来晋文公论功封赏群臣，因介子推当时不在朝，竟然也就把他给忘记了。

介子推有个邻居叫解张，劝说子推去请功封赏。介子推不以为然，笑笑没讲话，后来就背着老母隐居到绵山深谷中去了。解张为子推不平，夜里写了封书信挂到城门上。书信的大概意思是“龙失其所，周游天下，众蛇从之。龙饥乏食，一蛇割股。龙返于渊，安其壤土。数蛇入穴，一蛇于野。”

晋文公看了书信后，一拍脑门：“啊，子推！我怎么会竟然忘记子推！”于是便派人去请介子推。

派去的人回来告诉晋文公子推已经隐居到绵山去了。晋文公亲自带人到绵山去找，可找了很多天都没找到。晋文公很羞愧地说“子推可能是非常的怨恨我，不然不会不出来的。我知道他非常孝顺，如果我们用火烧山，他一定会背着老母亲出来见我的。”

另外一个大臣也说“当年我们都追随主公，又不是只有子推一个人，现在他以隐居来要挟君王，真是不厚道。看他出来我不羞辱他一番。”

晋文公叫人在山前山后放火，周围绵延数里，火势三日才熄，介子推终究没有出来。后来有人在一棵枯柳树下发现了母子的尸骨，文公看见后大哭了一场。命人葬之于绵山，并改绵山为介山，以警戒自己的过错。

情义小语

得人滴水之恩，当以涌泉相报。这是古人说的。当我们得到别人的帮助时，要及时报答他们，这是人类最朴素的感情之一。晋文公没有做到这一点，从而造成终生的遗憾。当然，帮助别人的人，未必就会想到回报。实际上，大多数帮人者，并不企求这样的回报。后来，晋文公虽然想起了要报答介子推，却不理解和尊重他的个人选择，强行“报恩”，则又造成了更大的悲剧。这个教训是十分深刻的。

石奢以渎职为耻

石奢是楚昭王的令尹，个性刚强廉直，从来不会阿谀奉承，也无所畏惧。

有一次，他到下面巡视时，碰到有人杀人，就前往追捕。但将凶手捉住之后，他却发现凶手竟然是自己的父亲。迫于当时的伦理道德，他把父亲释放了。回来后却把自己囚禁了起来，并派人向楚昭王报告说：“杀人凶手是我父亲，如果我将父亲严惩，别人就会以为我大不孝；我置国法于不顾，把凶手释放了，这又是对国君的不忠。我的罪过应该受死。”

楚昭王回答他说：“追捕犯人但没有捉住，按理是不应该追究责任的，你还是好好地当你的官吧！”

石奢却又派人去说道：“如果我不偏袒自己的父亲，别人会说我忤逆不孝；现在我没有依法办事，就是严重的失职、渎职行为，就不再是个忠臣了。君王欲赦免我的罪过，这是君王对我的恩德；认罪而死，却是我身为人臣的职责。”最后，石奢谢绝了楚昭王的赦免，自杀而死。

情义小语

在亲情和法律发生冲突时，石奢为了既照顾亲情，又不能违背法律，采取了自杀这个形式，这在今人看来，真的不可理解。但在古代，追究自己的父亲同违法乱纪一样，是大逆不道的，如果追捕到的是他的儿子，相信他一定会大义灭亲。在这两难的处境下，他以自杀以谢国人，真可谓悲壮到了极致。情不能大于法，这是古今通理，但有时情又不能代替法，在这样的处境中，石奢自杀或许是两全的选择。

韩信报恩

韩信从小喜读兵书，有满腹的学识，一心想着能披挂上阵，在战场上建功立业，当个将军。但是在他年轻的时候，却没有人赏识他的才气，很不得志。

那时候，韩信很穷，日子过得很清苦。为了糊口，他经常到江边去钓鱼，碰上好运气，倒也能换些钱勉强度日。可是钓鱼也很不容易，每当钓不到鱼时，他就要饿肚子了。

有一天，韩信又到江边去钓鱼，眼看着已经过晌午了，可是连一条鱼也没有钓上来。韩信又饿又累，没有什么办法，就在那里望着手中的鱼竿发呆。

江边有一位以洗衣为生的老大娘，看到韩信一个人在那里郁郁寡欢，垂头丧气，就十分关心地走过来问："年轻人，你怎么了？有什么心事吗？"

韩信抬起头，见是一位慈祥的老大娘在问话，就如实告诉她说："老大娘，我家里没有什么吃的了，想钓几条鱼换点钱买吃的，但到现在连一条鱼也没有钓到；这可让我吃什么呀？"

老大娘听了，不由得心生同情，于是就说："年轻人，如果你不嫌弃，就到我家先吃些东西填填肚子吧！"只要有吃的，韩信当然不会嫌弃，于是就收了鱼竿跟大娘去了。

韩信和老大娘一路走一路说着话。老大娘从韩信的话中了解了韩信的家世和抱负，从心里喜欢这个虽然生活困苦但却有理想的年轻人。这以后，老大娘经常送些饭菜给韩信吃。韩信非常感激。

一天，老大娘又给韩信送来了一些饭菜，韩信很激动，就对老大娘说："大娘，您对我真好，等我以后做了大事，一定要好好地报答您老人家！"

老大娘听了这话却生气了。她说："你以为我是为了让你报恩才帮你的吗？错了！我看你是个堂堂大丈夫却不能养活自己，因为同情你才帮你的。"

韩信听了老大娘的话，默默地吃着饭，就不再多说什么了。不久，韩信就拜别了老大娘，离开了家乡，出外闯荡去了。

很多年过去了，韩信成了刘邦军中的名将，帮助刘邦打下了天下，建立了汉朝。刘邦封他为楚王，有了很高的声望。但是，他心里一直惦记着当年接济过他的那位老大娘。

韩信让人打听到了老大娘，不但经常派人给老大娘送去各种物品，好让老大娘不再过那劳碌贫困的生活，而且还特意回家乡看望老大娘，并给老大娘送了一千两黄金。

老大娘说："你不要拿这些钱给我，一来我已经老了，活不了几天了，要这么多钱没有什么用了；二来我也没有为你做过什么大不了的事，哪能要你这么多的钱呢？"

韩信恳切地说："当年我饿肚子的时候，您给我吃的虽然是粗茶淡饭，但对我来讲这帮助是很可贵的，更何况您那时是在自己生活也很困难的情况下帮助我的。现在我有能力了，理应报答您老人家！而且当年我也说过，等我以后做了大事，一定要好好报答您的！"

他还说："我知道，您当年不是为了要我报答才帮助我的。也正因为如此，我才更感到您是真心对我好。所以，我就更应当好好地感谢您、报答您。"

情义小语

济困、报恩，都是中华民族的传统美德。韩信在困顿时得到过那位老大娘的接济，并声称要好好地报答她老人家，这属常理。韩信帮助刘邦打下了天下，封了侯后，报答那位老大娘，这是践诺，这是守信。知恩必报和知情必还是每一个人都应该遵守的道德礼仪。

赵氏孤儿

故事发生在公元前597年的晋国。当时的晋国国君是晋景公，晋文公的孙子。

自晋文公重耳起，与他一同流亡、作为他"首席智囊"的赵衰受到了最大的倚重。文公之后的襄公、灵公、成公时期，赵衰的儿子赵盾一揽朝权，说一不二。晋襄公死后，赵盾主持立了襄公的儿子晋灵公。年纪渐长后的晋灵公不满赵盾专权，派人去杀赵盾，赵盾逃跑。

不久，赵盾的族弟赵穿杀了晋灵公。赵盾回朝，立晋襄公的弟弟公子黑臀为晋成公。后来，赵盾也告别人世，接管权力的是他的两个弟弟赵同、赵括，哥俩智商、情商都差点儿，不久就成为其他几个卿族的敌人。

晋灵公有个近臣叫屠岸贾，据说当时灵公杀赵盾就是他的主意，灵公死后，老屠潜伏了下来。历史进入了晋景公时代。这会儿老赵家的继承人是赵盾的儿子赵朔。

屠岸贾时来运转得到了晋景公的宠信，当上了司寇。他向景公提议，应该整理一下历史遗留问题。他说当年赵穿弑君，虽然赵盾没有参与，但他是赵家的家主。现在赵家的子孙们位列高官，还有公理没有，应该全部杀掉！

当时主持朝政的六大公卿中，有个叫韩厥的人与赵家有世交。韩厥赶紧跑到赵朔的住处下宫，劝他逃跑。苦劝未果，韩厥挥泪离去，从此称病不出。

屠岸贾带领兵马包围了下宫，将赵朔和他的三个叔叔赵同、赵括、赵婴齐一同杀死，并灭其族。赵朔的夫人庄姬是晋景公的姐姐，此时她已经怀孕并行将临产，便躲到了公宫（晋宗室的宫殿）藏了起来。

赵朔有一个门客叫公孙杵臼，还有一个好朋友叫程婴。公孙杵臼说主公遇到了这么大的事情，我们应该和他一起死。程婴说夫人已有了主公的骨血，如果生下来是个男孩，我想尽办法也要把他养大；如果是个女孩，那我一定去死。

不久，庄姬生下了赵朔的遗腹子。屠岸贾闯进宫去搜查，赵夫人情急之下把婴儿放在了自己的胯下。屠岸贾折腾了半天，婴儿愣是没出一声。老屠只得悻悻而去。

公孙杵臼又找到程婴，问他："你说保护孩子和去死哪个更容易?"

程婴回答："死容易，保护这个孤儿难。"

公孙杵臼于是说道："主公跟你是过命的交情，难的事儿你去做。我做容易的，让我去死吧。"

几天后，程婴向屠岸贾举报，声称知道赵朔的遗腹子藏在一座大山的深处。屠岸贾带着人马随程婴进了大山。在一个窝棚前，一位满头白发的老者正在喂一个褓褓之中的婴儿。老者指着带路的程婴骂不绝口。屠岸贾把手一挥，蜂拥而上的军士们乱剑齐下，一老一少登时化为血泥。

程婴亲眼看着老友和自己的亲生儿子死于非命，他的心在滴血!

在韩厥的帮助下，他们从宫中偷出了真正的赵氏遗孤，由程婴带到深山独自抚养。

弹指之间，15 年过去了。

一天，晋景公因病想起赵氏家族，正在旁边的韩厥趁势告知了发生的一切。于是赵氏孤儿赵武落实政策回到朝廷，屠岸贾被诛灭九族。自赵武之后，赵家果真发扬光大，成为"战国七雄"之一的赵国的创世先祖。

赵武 20 岁行成人之礼后，已是满头白发的程婴突然向他辞行，赵武哭泣着挽留他，程婴说："我的公孙大哥认为我可以把事情做得圆满，所以毅然地先我去死。我如果不去找他，这又叫什么圆满，我又怎么对得起他呢?"

说罢，从容而死。悲痛欲绝的赵武，披麻结庐，执父礼守孝三年。

情义小语

在春秋战国历史上，"赵氏孤儿"是一段广为流传、凄婉绝美、荡气回肠的千古传奇。这个故事，在元代时由剧作家纪君祥创作成杂剧《赵氏孤儿大报仇》，一时间脍炙人口。后来，英国剧作家威廉·赫查特和法国大文学家伏尔泰先后把它改编为话剧《中国孤儿》，将这个感人肺腑的中国故事引入欧洲。这个故事告诉我们：为了情和义，可以牺牲一切，包括自己和亲人的生命。正因为人间还有这份情义的存在，才演绎了一出出动人的乐章。

弹劾"恩师"

东汉顺帝时，冀州刺史周举在尚书令左雄的荐举下，由一个地方官擢升为尚书（尚书令是总理一切政务的首脑，尚书相当于总理衙门的重要官员）。周举为人刚正清廉，有胆有识，敢于纠察贪滑，政声卓著。左雄能够主动荐用周举做尚书，可谓慧眼识才，同时也表明他是一位正直敢为的政治家。

按封建官场旧俗，这位左大人应该是周举的"恩师"，对周举有"知遇"之恩。俗话说，滴水之恩当涌泉相报。换成别人，还不知该怎样感激涕零地"报恩"呢。然而，后来发生的一件事，却几乎让周举背上了"忘恩负义"的骂名。

原来，周举担任尚书后不久，汉顺帝下令选拔将帅人才。这时，左雄已改任司隶校尉（掌管纠察京师百官及京师所辖各郡，相当于现在的监察部长），他又推举原来做过冀州刺史的冯直担任将帅。可是，他万万没有想到自己保荐冯直这件事，竟受到了周举的弹劾。周举认为冯直曾经"坐臧受罪"（因贪赃获罪），这样的"问题官员"怎能选派为将帅呢？于是他"以此劾奏雄"，根据这一事实上奏皇帝，揭发左雄荐举坏人，选人失当。这一"劾奏"检举使得左雄十分震惊，大臣们议论纷纷，有人甚至认为周举是以怨报德、恩将仇报的小人。

左雄心里当然更不是滋味，为了开脱自己荐人失误，他对周举辩解说："皇上命我推选雄武勇敢的人，没让我推选清廉高洁的人。"周举寸步不让，据理回敬道："诏书使君选武猛，不使君选贪污也！"顿时，左雄感到无言以对，满腹怨气不禁脱口而出："看来当初推荐您，正是害我自己啊！"

左雄把周举的弹劾看成是对自己的伤害，以致后悔不该提拔周举，这显然是对周举的误解。于是，周举给他讲了古代春秋时期的一个故事：从前，晋国执政大臣赵宣子向国君晋灵公推荐韩厥当了司马（军队监察执法官），不久秦晋两国在河曲打仗。有一天赵宣子的专车冲犯了队伍，韩厥"以军法戮宣子仆"（依照军法斩了赵宣子的车夫）。事情传开后，有的人为韩厥捏一把汗，有的人指责韩厥"忘恩负义"，可是赵宣子却高兴地对大夫们说："你们应该祝贺我啊，我推选的韩司马，他忠于职守，执法不阿，没有辜负我的期望！"……

讲到这里，周举把话锋转到左雄身上，进一步坦言："现在您不认为我周举无才，错把我提升到朝廷里当了尚书，您虽对我有恩，我可'不敢阿君以为君羞'（不敢迎合您而给您带来耻辱），没料到您的气度跟赵宣子大不一样啊！"左雄至此如梦方醒，不但看到了周举的诚挚无私、光明磊落，更领悟到周举对自己的爱护。于是，他心悦诚服地向周举陪礼谢罪说："我曾经在冯直的父亲手下做事，又和冯直很要好，所以才选拔他做将帅。现在您拿这件事参我一本，这本来就是我的过错呀！"两人终于冰释前嫌，成了推心置腹的莫逆之交。

情义小语

这件事值得我们引以为戒，它告诉我们：讲情义是要讲原则的，不能盲目地讲义气，也不能无原则地讲义气，那样终究是害人害己。周举举报“恩师”的确需要胆识，这种胆识一是表现在冲破世俗人情关，不怕担上“负恩弃义”的恶名；二是表现在公而忘私，为挽回用人失察的过错不怕得罪人。正因如此，周举才没有“爱屋及乌”，没有因为要报答左雄的“私恩”，就盲从阿附于他，连他的缺点错误也一起包容。在周举看来，“选贪污”只会祸国殃民，左雄“用人失察”难逃责任，只有及时举报纠正才能避免更大的失误，才是对恩师的最大爱护。周举能被公认为良吏楷模，正在于他具有正直不阿的凛然正气，对待上司，尤其是对提拔自己的上级，绝不因私废公，绝不徇“私恩”而枉“公法”。

大义释私仇

郭解是河内轵（今河南省济源东南）人，父亲因为行侠，孝文帝时被诛。他自己也是西汉时期游侠，长得短小精悍，貌不惊人，性格沉静，勇悍，不喝酒。年青时心狠手辣，恣意杀人。他肯舍命报仇，还干些藏命作奸剽攻、铸钱掘冢的事情。后来，郭解一改前行，对人以德报怨，救人之命不恃其功。因此，他在当地声望很高。

郭解曾有一个外甥，在与人喝酒时，仗势欺人，强行灌酒，被对方一怒之下杀死。郭解的姐姐把他的外甥陈尸街头，想借此羞辱郭解。后来，凶手自归，将实情告诉了郭解。郭解不仅没有加罪于他，还说，是我的孩儿做得不对，把他放走了。随后，他又埋葬了外甥。郭解如此公正，深得大家敬重，越发依附于他了。

郭解有一次出门，见有个人姿势不端地坐在路旁，很不礼貌地看着他。门人看见了很生气，想杀了那个人。郭解说：在家乡得不到尊重，是我的修行不够呀。暗地里，他叮嘱尉吏说：这个人我很看重，到践更时放过他。践更是当时一种徭役，受钱代人服役者称践更。每月一次。践更数次，都没有人找他。那人很觉奇怪，一问，才知是郭解替他解脱。于是他袒胸露腹地前去谢罪。郭解此举，得到少年们的倾慕。

雒阳邑有互相结仇的人。邑中贤豪多次从中调解，始终不听。郭解听说后，夜见仇家，仇家听了他的劝解。郭解说：“我听说雒阳诸公在这里调解您都不听，幸而现在您听了我的话。但在您的地面上出了这样的事儿，恐怕有点不合适。我还是离开这里的好。”他连夜悄悄地离开了雒阳邑。

郭解处世恭俭，在本县从不乘车，到邻郡为人请求事，也是能办则出，不能为则不为，从不为难人家。因此，诸公争相为用，亡命者多归郭解，而邑中少年及旁近县贤豪，也经常把大车送到郭解家，以备投奔郭解的人来使用。

情义小语

郭解行侠仗义，一是表现在他做事公正无私上。不管是亲属还是他人，他不偏向，不包庇，一碗水端平，这是很了不起的。二是表现在他义字当先，宽以待人之上。不管是受到什么不友好待遇，他都客观对待，不仗势欺人。三是为公谦恭。综合这几个方面，说他是一个行侠仗义的好汉，实不为过。

唐太宗的镜子

在唐朝历史上魏征对唐太宗治国安邦敢于进言的勇气已名垂千古，魏征曾说："一个皇帝光靠聪明知识渊博还不行，还应该倾听臣子的意见。隋炀帝自为才高，骄傲自信，嘴里说的尧舜的话，干出来的是桀纣的事，到后来糊里糊涂，就自取灭亡了。"还有一次，魏征在上朝的时候，跟唐太宗争得面红耳赤，唐太宗实在听不下去，想要发作，又怕在大臣面前丢了自己肯听意见的好名声，只好暂时忍住罢了。退朝以后，他憋了一肚子气回到内宫，见了他的妻子长孙皇后，狠狠地说："总有一天，我要杀死这个乡巴佬!"

长孙皇后很少见到太宗发那么大的火，便问他："不知道陛下想杀哪一个?"唐太宗说："还不是那个魏征！他总是当着大家的面侮辱我，叫我实在忍受不了啦!"长孙皇后听了，一声不吭，回到自己的内室，换了一套朝见的礼服，在太宗面前下拜。唐太宗惊奇地问到："你这是干什么?"长孙皇后说："我听说英明的天子才有正直的大臣，现在魏征这样正直，我怎么能不向陛下祝贺呢!"这一番话就像一盆清凉的水，把太宗满腔怒火浇熄了。后来，他不但不记魏征的恨，反而夸奖魏征说："人家都说魏征举止粗鲁，现在看起来这正是他妩媚可爱的地方哩!"

公元 643 年，那位直言敢谏的魏征病死了。唐太宗很伤心，他流着眼泪说："一个人用铜作镜子，可以照见衣帽是不是穿戴得端正；用历史作镜子，可以看到国家兴旺的原因；用人作镜子，可以发现自己做得对不对。魏征一死，我就少了一面好镜子。"

情义小语

唐太宗在长孙皇后的劝说下，没有计较魏征的"鲁莽"，而是把他的言论当做自己的一面"镜子"，既反应了他虚心听谏的一面，也反应了他明辨是非，尊贤爱才的一面。这比那些不知好歹、认忠为奸的"浑君"要强百倍。唐太宗对魏征的尊重，同时也反应了他知情重义的一面。

负荆请罪

战国时，秦昭襄王一心要使赵国屈服，接连侵入赵国边境，占了一些地方。公元前 279 年，他又耍了个花招，请赵惠文王到秦地渑池（今河南渑池县西）去会见。赵惠文王开始怕被秦国扣留，不敢去。大将廉颇和蔺相如都认为如果不去，反倒向秦国示弱。

赵惠文王决定硬着头皮去冒一趟险。他叫蔺相如随同他一块儿去，让廉颇留在本国辅助太子留守。

为了防备意外。赵惠文王又派大将李牧带兵5000人护送，相国平原君带兵几万人，在边境接应。

到了预定会见的日期，秦王和赵王在渑池相会，并且举行了宴会，高兴地喝酒谈天。

秦昭襄王喝了几盅酒，带着醉意对赵惠文王说："听说赵王弹得一手好瑟。请赵王弹个曲儿，给大伙儿凑个热闹。"说罢，真的吩咐左右把瑟拿上来。

赵惠文王不好推辞，只好勉强弹一个曲儿。

秦国的史官当场就把这事记了下来，并且念着说："某年某月某日，秦王和赵王在渑池相会，秦王令赵王弹瑟。"

赵惠文王气得脸都发紫了。正在这时候，蔺相如拿了一个缶，突然跪到秦昭襄王跟前，说："赵王听说秦王挺会秦国的乐器。我这里有个瓦盆，也请大王赏脸敲几下助兴吧。"

秦昭襄王勃然变色，不去理他。

蔺相如的眼睛射出愤怒的光，说："大王未免太欺负人了。秦国的兵力虽然强大，可是在这5步之内，我可以把我的血溅到大王身上去！"

秦昭襄王见蔺相如这股势头，十分吃惊，只好拿起击棒在缶上胡乱敲了几下。

蔺相如回过头来叫赵国的史官也把这件事记下来，说："某年某月某日，赵王和秦王在渑池相会。秦王给赵王击缶。"

秦国的大臣见蔺相如竟敢这样伤秦王的体面，很不服气。有人站起来说："请赵王割让15座城给秦王上寿。"

蔺相如也站起来说："请秦王把咸阳城割让给赵国，为赵王上寿。"

秦昭襄王眼看这个局面十分紧张。他事先已探知赵国派大军驻扎在临近地方，真的动起武来，恐怕也得不到便宜，就喝住秦国大臣，说："今天是两国君王欢会的日子，诸位不必多说。"

这样，两国渑池之会总算圆满而散。

蔺相如两次出使，保全赵国不受屈辱，立了大功。赵惠文王十分信任蔺相如，拜他为上卿，地位在大将廉颇之上。

廉颇很不服气，私下对自己的门客说："我是赵国大将，立了多少汗马功劳。蔺相如有什么了不起？倒爬到我头上来了。哼！我见到蔺相如，总要给他个颜色看看。"

这句话传到蔺相如耳朵里，蔺相如就装病不去上朝。

有一天，蔺相如带着门客坐车出门，正是冤家路窄，老远就瞧见廉颇的车马迎面而来。

他叫赶车的退到小巷里去躲一躲。让廉颇的车马先过去。

这件事可把蔺相如手下的门客气坏了，他们责怪蔺相如不该这样胆小怕事。

蔺相如对他们说："你们看廉将军跟秦王比，哪一个势力大？"

他们说："当然是秦王势力大。"

蔺相如说："对呀！天下的诸侯都怕秦王。为了保卫赵国，我就敢当面责备他。怎么我见了廉将军倒反怕了呢。因为我想过，强大的秦国不敢来侵犯赵国，就因为有我和廉将军两人在。要是我们两人不和，秦国知道了，就会趁机来侵犯赵国。就为了这个，我宁愿忍让点儿。”

有人把这件事传给廉颇听，廉颇感到十分惭愧。他就裸着上身，背着荆条，跑到蔺相如的家里去请罪。他见了蔺相如说：“我是个粗鲁人，见识少，气量窄。哪儿知道您竟这么忍让我，我实在没脸来见您，请您责打我吧。”

蔺相如连忙扶起廉颇，说：“咱们两个人都是赵国的大臣。将军能体谅我，我已经万分感激了，怎么还来给我赔礼呢。”

两个人都激动得流了眼泪。打这以后，两人就做了知心朋友。

情义小语

作为一文一武两位大臣，如果两人同心合力，精诚团结，共同辅佐国家，国家一定能够强大、不受欺负；否则，必然闹出亲痛仇快的事情。好在蔺相如是个识大体的人，以国家利益为重，并不计较个人恩怨；而廉颇也是一个知错必改的人，亲自向蔺相如请罪，亦不愧是一位正人君子。我们应该效法他们的这种精神。

重义轻生

荀巨伯是汉桓帝时的贤士，一向格守信义，笃于友情。他听说千里之外的一个好友得了重病，心急如焚，匆匆安排了家事，收拾好行装，便赶去探视。他晓行夜宿，披星戴月奔波了半个多月，才到达好友居住的县城。谁知进城以后，只见街上冷冷清清，悄无一人，觉得很奇怪。他好容易才找到好友的住处，发现好友躺在床上，面色惨白，连声低呼：

“水！水！”

荀巨伯忙从桌上取过土碗，四处寻水，好一会才在厨房水缸里找到了一点水，马上装入碗内，递到友人口边。

友人呷了几口，精神稍好一些，抬头见是荀巨伯给他递水，惊喜地问道：“你什么时候来的?”

荀巨伯答道：“刚到。”

友人见荀巨伯满面风尘，为看望自己不惜千里奔波，深为感动。但想到目前情况紧急，又焦急地对荀巨伯说：“胡兵马上就要来攻城，城里的人都跑光了，你还是赶快走吧，晚了就走不了啦!”

荀巨伯诚挚而又坚定地说：“你重病在身，旁边没一个亲人，作为朋友，我现在能够离开吗?”

友人感动地说：“贤弟盛情，令人感动，我是将死的人了，怎么能够连累你呢？还是快点走吧!”说完，又吃力地把手一挥。

荀巨伯恳切地说：“我不远千里来看你，你却要我走。弃义以求生，我荀巨伯是那样的人吗?”

正说到这里，突然听到门外有人高喊："这里有人！"

友人听见喊声，焦急地对荀巨伯说："胡人来了！你快从后门逃走吧！"

说到这里，由于情绪激动，又禁不住连声咳嗽。

荀巨伯忙把土碗递到他口边。正在这时门突然被踢开，一个身材魁梧、身着胡装、手执钢刀的大汉，带领几个随从冲了进来。

友人十分着急，荀巨伯却镇定如常。

大汉见屋中只有两个男子，一个卧病在床，一个亲为递水，便走上前去，大声地问荀巨伯道："我大军一到，一郡尽空，你是何人，竟敢独自停留？"

荀巨伯从容不迫地回答道："在下荀巨伯，因友人重病在身，无人照顾，因此千里探视，不忍离去。望刀下留情，要杀就杀我，千万不要伤友人之命！"

大汉想不到一郡尽空，竟有人愿舍己救友，颇为感动，便对随从们说："我等不该入此有义之国，走！"

说完，向荀巨伯一拱手，转身出门而去。

友人此时方才如释重负，紧紧拉住荀巨伯的手，一句话也说不出来，眼泪滚滚而下……

情义小语

荀巨伯在危难时刻，决不放下重病的朋友，甚至愿意替朋友去死。这种重义轻生的美德品质，体现了中华民族团结、互助、关爱、知情重义的优秀传统。在现实生活中，有人或许在朋友危难时刻伸出救援之手，但未必会不顾自己生死地去做。而荀巨伯却做到了，这才是真正的刎颈之交。

义大于利篇

季札让国

季札是周朝吴国人，因受封于延陵一代，又称延陵季子。他的祖先是周朝的泰伯，曾经被孔子赞美为至德之人。泰伯本是周朝王位继承人，但父亲太王，有意传位给幼子季历以及孙子昌。于是泰伯就主动把王位让了出来，自己则以采药为名，逃到荒芜的荆蛮之地，建立了吴国。

数代后，寿梦继承了吴国王位。他的四个儿子当中，以四子季札最有德行，所以寿梦一直有意要传位给他。季札的兄长也都特别疼爱他，认为季札的德行才干，最足以继承王位，所以都争相拥戴他即位。但是季札不肯受位，坚持把王位让给哥哥。

哥哥诸樊觉得自己的德能，远在季札之下，一心想把持国的重任托付给他，但被季札婉言谢绝了。他说："曹国之人想拥立贤能的子臧为国君，来取代无德的曹王，但被子臧所拒绝。为了坚守臣民应有的忠义，并打消国人拥立的念头，子臧离开曹国，奔走到了宋，使曹国的君主，仍然得以在位执政。子臧谦恭无争的美德，被人们赞美为能守节的盛德之人。前贤的殷鉴历历在心，国君的尊位，哪里是我季札所希求的呢？虽然我无德，但祈求追比贤圣，则是念念在心啊。"

季札的厚德感动了吴国之人，他们如同众星拱月般，一心想要拥戴季札为王。不得已之下，季札退隐于山水之间，成日躬耕劳作，以表明他坚定的志节，才彻底打消了吴人的这个念头。

有一次，吴国派遣季札出使鲁国。到了鲁国，季札听到了蔚为大观的周乐。季札以深密的感受力和卓绝的见识，透析了礼乐之教的深远蕴涵，以及周朝的盛衰之势，语惊四座，使众人为之侧目。听到《唐》，他听出了思接千载的陶唐氏遗风，听到《大雅》，他在乐曲深广的气魄里，听到了文王之德。当《魏》歌四起，那「大而宽，俭而易」的盟主之志，辉映着以德辅行的文德之教。一直到《招箾》舞起的时候，季札惊叹道：这是最令人叹为观止的至德乐章，就如同苍天无不覆盖，大地无不承载。就算是盛德之至，也是无以复加了。

季札出使郑国之时，见到了子产。他们一见如故，就好像是多年的知心之交。季札对时局有着异常明晰的洞察力，临别前，他语重心长地对子产说："郑国的国君无德，在位不会很久，将来国主的王位，一定会传到你的手中。你统理郑国的时候，务必要谨慎，务必以礼来持国。否则郑国很难避免败亡的命运。"言之谆谆，当子产目送季札远去时，仍然觉得音犹在耳，心里不禁万分怅惘。

吴王诸樊一直到过世之前，都还念念不忘弟弟季札。他留下遗训，让后人将王位依次传给几位弟弟，这样最终就能传到幼弟季札的手里，以满先王寿梦生前的遗愿。继位的吴王夷昧临终前，要把王位传给季札，但被季札再一次拒绝了。为了表明自己坚定的决心，他再度归隐而去。

情义小语

季札坚守道义，为了不违背国传长子的"制度"，宁愿自己归隐，也不愿意代兄为王，确实是"情义至上"的榜样。孔子曾经说过："泰伯其可谓至德也已矣，三以天下让，民无得而称焉。"司马迁赞美季札是一位"见微而知清浊"的仁德之人。贤者的谦恭礼让、非凡气宇和远见卓知，一直在中国历史的长空中，闪耀不绝。

荐贤让相

人们把那些善于识别人才、推荐任用人才的人称为“伯乐”。而春秋时期齐国的鲍叔牙就是这样一个高风亮节、慧眼识才的“伯乐”。是他发现了千里马——管仲，为齐国的繁荣富强做出了积极的贡献。

管仲是鲍叔牙小时候的伙伴，相交很深，成为莫逆。管仲家贫，有老母，鲍叔牙时有接济资助，甚至一起赚钱，管仲也是多得多分，而鲍叔牙绝无怨悔，史称“管鲍之交”。齐僖公、襄公时期，鲍叔牙是公子小白的老师，而管仲则是公子纠的师傅。因为齐襄公诸儿淫行无度，滥杀无辜，暴虐无道，鲍叔牙辅佐公子小白逃奔到了莒国，而管仲辅佐公子纠出奔鲁国。

公元前 686 年，齐襄被无知杀死，无知又被雍廪杀掉，大夫高傒与小白关系友善，深知小白的才能，就派人往莒国迎接他回国做君。鲁国听说齐国国内政变，无知已死，也派军队护送公子纠回国抢国君之位。并派管仲带领军队拦截从莒国回国的小白。管仲在半道上遇见小白一行人，弯弓搭箭，射中了小白。小白惨叫一声，口吐鲜血，倒在车中……管仲回营，派人通知公子纠已将小白射死。公子纠这一帮人便不再急着赶路，一路朝行暮宿，每至城邑，总还要饮酒庆贺。等到鲁庄公带领兵车人马走出丘陵山道，步入界区平原，正要进入齐地时，突然有齐将仲孙湫来见。说齐国公子小白业已登位。原来管仲一箭，只射中了小白衣带钩，小白当即咬破舌头，喷吐鲜血，倒在车中，把众人都瞒过了。他们赶至齐都后，鲍叔牙说服众臣，辅佐小白登位，也就是齐桓公。他一面派仲孙湫去迎告鲁庄公，一面布置好埋伏，做好迎击鲁国的军事准备。

鲁庄公不肯就此罢休，遂与鲍叔牙率领的齐国军队大战于乾时（今临淄区南的矮槐树村附近）。齐军占尽了天时、地利的便宜，结果鲁军大败，鲁庄公跳下华美的戎辂（战车），换乘轻便兵车，率败兵回奔，才逃脱了被俘虏的命运。鲍叔牙乘胜率兵进逼鲁国，直抵曲阜。鲁庄公只好按对方条件，处死了公子纠，将管仲加上械具，装进囚车，交给齐方回去处置。

鲍叔牙忠心耿耿，在辅佐小白登位的过程中立下了汗马功劳，齐桓公非常感激他，准备任用他为相，鲍叔牙却推辞了，反而劝齐桓公不要记一箭之仇，力荐管仲为相。他说：“如果您仅仅想治理好齐国，那么有高僖和我就足够，但若您想称霸诸侯，则非管仲不可。管仲在哪个国家，哪个国家就会强大。至于他要杀您，那是各为其主。”鲍叔牙又说“君上知道我能够小心谨慎、恭敬守法、忠贞不二。但这些都是一个普通臣子应该做到的事情，并不是治理国家的雄才大略，真正能治国的大才，必须能够内安百姓，外抚四夷，使国君受王室封赏，使诸侯各国都能互相和睦。”桓公说：“你推荐管夷吾，他哪些方面比你强？他就真能担当起这个重任吗？”鲍叔牙说：“主公，臣与管夷吾相比，有五点不如他。第一，制定规矩，筹划经济，致使百姓富裕幸福，臣不如管夷吾；第二，胸怀韬略，治国有道，致使国兴邦安，臣不如夷吾；第三，言而有信，百姓敬仰，致使民为国本，国安民泰，臣不如夷吾；第四，建制礼义，实施法政，致使人人守礼相待，处处执法

如山，臣不如夷吾；第五，统帅三军，身先士卒，将士用命，攻必克，战必胜，致使诸侯敬仰，霸业可成，助天子安天下，臣更不如夷吾。管夷吾乃栋梁之材，主公拜之为相，定可建盖世勋业！”齐桓公在鲍叔牙的劝谏下，决定不计一箭之仇，重用管仲。

鲍叔牙劝说完桓公以后，马上亲自到齐国边境堂阜去迎接自己的老朋友管仲。管仲一进入堂阜，鲍叔牙命令兵士立即打碎囚车，卸除械具，一起回临淄面君。齐桓公是个大度之主，果然没有计较差点使自己丧命的一箭之仇，在鲍叔牙推荐的基础上，经过数日长谈，对管仲给予了充分信任，委之为国相，尊称为“伯父”。从此明君贤相，如鱼得水，整饬国政，发展生产，制定了“尊王攘夷”的大计，终于“九合诸侯，一匡天下”，建树了辉煌霸业。管仲对鲍叔牙大义荐贤、无私让相的举动非常敬佩，多次感叹：“生我的是我的父母，深知我志向抱负、才学能力的人是鲍叔牙啊！”

鲍叔牙让相后，退而不隐，依然全力支持管仲的事业。据《管子·大匡》载：桓公三年，桓公因不听管仲规谏而举兵伐宋，结果败北而归，于是要管仲在国内加强军备。管仲说：“不行，这样齐国就危险了！”鲍叔牙亦谏曰：“公必用夷吾之言！”在关键时刻，鲍叔牙支持了管仲。桓公五年，宋伐杞，桓公欲举兵救杞伐宋，管仲不同意这样做，说：“依我之见，不如派人以重礼去宋国交涉。交涉不成，您就收留杞君加以封赐。”当桓公征求鲍叔牙意见时，他毫不含糊地说：“君行夷吾之言！”鲍叔牙再次支持了管仲。

鲍叔牙性格耿直，是一位难得的诤友。当齐国的霸业蒸蒸日上，桓公、管仲都有骄傲自满的情绪时，他总是善意地及时提醒。《吕氏春秋·直谏》载，有一次，齐国君臣在一起饮酒，鲍叔牙向桓公敬酒说：祝您不要忘记逃亡在莒国时提心吊胆、愁困落魄的那段日子；向管仲敬酒说：“祝您不要忘记了在鲁国做囚徒的时侯。”几句话，使齐桓公和管仲感悟颇深，猛然警醒。

公元前645年，管仲患了重病，桓公去探，望他，询问他谁可以继任相位。桓公欲任鲍叔牙，管仲诚恳地说：“鲍叔牙是君子，但他善恶过于分明，见人之一恶，终身不忘，这样是不可以为政的。”桓公又问了易牙、开方、竖刁如何，管仲劝桓公务必疏远这三个人，认为宠信他们，国家必乱。最后，管仲向桓公推荐了为人忠厚、不耻下问、居家不忘公事的隰朋，说隰朋可以担当相位。易牙听说齐桓公与管仲的这段对话，便去挑拨鲍叔牙，说管仲阻止齐桓公任命鲍叔牙。鲍叔牙笑道：“管仲荐隰朋，说明他一心为社稷宗庙考虑，不存私心偏爱友人。现在我做司寇，驱逐佞臣，正合我意。如果让我当政，哪里还会有你们容身之处？”易牙讨了个没趣，深觉管仲交友之密，知人之深，于是灰溜溜地走了。

管仲病逝后，他的建议开始被齐桓公采纳，任用隰朋作相。不料，没过一个月，隰朋也死了。齐桓公请鲍叔牙作相，鲍叔牙认为自己不合适，坚决不同意。齐桓公说：“现在朝廷里你是我最信任的人，你不同意，那么让谁来做相呢？”鲍叔牙这才说：“我的缺点您是知道的，那得把易牙、竖刁、开方赶走，我才接受任命。”齐桓公说：“这事管仲早已说过，我一定照办。”当天齐桓公就赶走了这三个人，并且不许他们再入朝。鲍叔牙做了齐国的相以后，管仲的政策还能继续施行，所以霸主的地位齐国还能保持。但后来，好酒好色的桓公又重新召回了易牙、竖刁、开方三人，鲍叔牙愤而辞职，最后抑郁而终。

情义小语

鲍叔牙以国家为念，不计较个人得失，反应了他“义”字当先，“利”字靠后的君子风范。后人对鲍叔牙知人荐贤的精神非常敬佩。《史记·管晏列传》中说：“鲍叔牙推荐管仲做了齐国的相国，自己甘心情愿地在他的领导下为官做事。他的子孙世世代代享受国家棒禄，后世有十余代在齐国有封邑、任大夫之职。天下人不但赞美管仲的贤能，而更赞美鲍叔牙能够识才荐贤不妒，谦和爱国忠君。”

杜根大义

杜根，字伯坚，东汉颍川定陵人。其父杜安，字伯夷，年轻时就有志向有气节，十三岁入太学，被称为神童。当时，京城里不少达官贵族、皇亲国戚仰慕他的名声，有的就赠书于他，杜安却连书的外包装都不拆，全都原样放到壁柜里。等到以后这些贵戚因案获罚被抓捕时，杜安打开壁柜拿出他们所赠送的书，印记封条依然如故，杜安从而免受他们的牵连，躲过此祸，时人无不佩服他的深思和远见。后来，他官至巴郡太守，颇有声望。

杜根受其父影响，性格正直，说话率真。汉安帝永初元年（107）被推举为孝廉，做了郎中。时逢邓太后临朝，外戚掌权，杜根认为安帝年龄已经大了，应该可以亲政，于是同时郎一起上书直谏。太后大怒，下令抓捕杜根等，并命人用布袋装住他们，在大殿上当场用乱棍打死。执行命令的人知道杜根很有名望，偷偷地告诉行刑的人不下力打他。行刑后，就把他用车拉到城外，扔到荒野，杜根得以活过来。太后并不放心，又派人检查他们是否真被打死，杜根便装死，骗过验尸者。这样过了三天，伤口溃烂，眼中居然生了蛆。验尸者回报邓太后，太后以为他已死，便不再追查，他才得以逃生。后杜根到了一个酒家，做了伙计，这样一直过了十五年。天长日久，酒家老板知道他贤能厚道，也对他格外优待。

建光元年（121），邓氏失利被诛，皇权易主。安帝身边的人都再次提到当年杜根等人的忠烈。安帝亦认为杜根忠直，但以为杜根已经死了，便下诏禄用其子孙，杜根知道后才得以回归乡里，后被重新征召做官，并拜为御史。

当年平原郡的官吏成翊世也向太后进谏让皇帝归政，被牵连获罪，他与杜根同时被皇帝征禄，破格提拔为尚书郎。他问杜根：“当年遭遇杖杀之祸，是为了天下大义，大家都知道的。你的知己故交又很多，为什么你不投奔他们，而去做个伙计受苦呢?”杜根说：“朋友知交那里，不是可以藏匿行迹的地方，倘若偶然被发现，将祸及亲朋好友，所以我才没有那样做。”

情义小语

杜根和同僚们为了国家，力争安帝亲政，因此才遭受迫害，这反映了他以国为重的“大义”；他逃难到外，宁愿隐姓埋名，也不愿意奔亲友，以免连累他们，又反映了他以友为重的“大义”。义字当先，个人利益退后，这是“义”的主要内涵，每一个讲义气的人都会秉持这样的处世观。

不徇私情

汉顺帝的时候，出了一位有名的清官，名叫苏章。他为官清正、公私分明，从来不因自己的个人利益而冤枉好人、放过坏人，深受百姓的爱戴。

有一年，苏章被委任为冀州刺史。上任伊始，苏章便认认真真地处理政事，办了几件颇为棘手的案子。可是有一天，令苏章头疼不已的事情终于来了。

苏章发现有几个账本记得含混不清，不由得起了疑心，就派人去调查。调查的人很快呈上了报告，说是清河太守贪污受贿，数额巨大。苏章大怒，决心马上将这个胆大妄为的清河太守逮捕法办，可是当他的目光停留在报告上清河太守的名字上时，不由得呆住了。原来这个清河太守就是他以前的同窗，也是他那时最要好的朋友，两人总是一桌吃、一床睡，形影不离，无话不谈，简直情胜手足。真是没有想到这个朋友的品行竟会堕落到这种地步，苏章感到非常痛心，同时，想到自己正在处理这件案子，对老朋友怎能下得了手呢？苏章十分为难。

再说那位清河太守知道自己东窗事发，惊恐万状。他听说冀州刺史是自己的老朋友苏章，心存几分侥幸，希望苏章能念及旧情，网开一面。但是对于苏章清廉的名声他也有所耳闻，不知道苏章究竟会怎样对待自己。正在他惴惴不安、惶惶不可终日的时候，苏章派来了手下人请他去赴宴。

苏章一见老友，忙迎上去拉着他的手，领他到酒席上坐下。两个人相对饮酒说话，痛痛快快地叙着旧情，苏章绝口不提案子的事，还不停地给老友夹菜，气氛很是融洽。这时候，清河太守心里的一块石头终于落了地，他不禁得意地说道：“苏兄呀，我这个人真是命好，别人顶多有一个老天爷的照应，而我却得到了两个老天爷的荫护，实在是幸运啊！”

听了这话，苏章推开碗筷，站直身子整了整衣冠，一脸正气地说：“今晚我请你喝酒，是尽私人的情谊；明天升堂审案，我仍然会公事公办。公是公，私是私，绝对不能混淆！”

第二天，苏章开堂审案，果然不徇私情，按照国法将罪大恶极的清河太守正法了。

苏章公私分明，一心维护国家和人民利益的精神，到今天仍时时提醒着我们要秉公办事。

情义小语

古人说：己不正，何以正人？苏章公正执法、不徇私情，这不由得令人想起当今社会的一些执法者，他们对他人执法或许很公正、很无私，但在涉及自身亲友的问题上，往往犹豫不决、踌躇再三，生怕自己身败名裂。其实，只有你拥有一颗无私的胸怀，后人一定会歌颂你的。苏章就是这样的清官。

海瑞刚正不阿

在严嵩掌权的日子里，别说是严家父子，就是他们手下的同党，也没有一个不是依官仗势，作威作福的。上至朝廷大臣，下至地方官吏，谁都让他们几分。可是在浙江淳安县里，有一个小小知县，却能够秉公办事，对严嵩下面同党，一点不讲情面。他的名字叫海瑞。

海瑞是广东琼山人。他从小死了父亲，靠母亲抚养长大，家里生活十分贫苦。二十多岁他中了举人后，做过县里的学堂教谕，教育学生十分严格认真。不久，上司把他调到浙江淳安做知县。过去，县里的官吏审理案件，大多是接受贿赂，胡乱定案的。海瑞到了淳安，认真审理积案。不管什么疑难案件，到了海瑞手里，都一件件调查得水落石出，从不冤枉好人。当地百姓都称他是“青天”。

海瑞的顶头上司浙江总督胡宗宪，是严嵩的同党，仗着他有后台，到处敲榨勒索，谁敢不顺他心，就该谁倒霉。

有一次，胡宗宪的儿子带了一大批随从经过淳安，住在县里的官驿里。要是换了别的县份，官吏见到总督大人的公子，奉承都来不及。可是在淳安县，海瑞立下一条规矩，不管大官贵戚，一律按普通客人招待。

胡宗宪的儿子，平时养尊处优惯了，看到驿吏送上来的饭菜，认为是有意怠慢他，气得掀了饭桌子，喝令随从，把驿吏捆绑起来，倒吊在梁上。

驿里的差役赶快报告海瑞。海瑞知道胡公子招摇过境，本来已经感到厌烦；现在竟吊打起驿吏来，就觉得非管不可了。

海瑞听完差役的报告，装作镇静地说：“总督是个清廉的大臣。他早有吩咐，要各县招待过往官吏，不得铺张浪费。现在来的那个花花公子，排场阔绰，态度骄横，不会是胡大人的公子。一定是什么地方的坏人冒充公子，到本县来招摇撞骗的。”

说着，他立刻带了一大批差役赶到驿馆，把胡宗宪儿子和他的随从统统抓了起来，带回县衙审讯。一开始，那个胡公子仗着父亲的官势，暴跳如雷，但海瑞一口咬定他是假冒公子，还说要把他重办，他才泄了气。海瑞又从他的行装里，搜出几千两银子，统统没收充公，还把他狠狠教训一顿，撵出县境。

等胡公子回到杭州向他父亲哭诉的时候，海瑞的报告也已经送到巡抚衙门，说有人冒充公子，非法吊打驿吏。胡宗宪明知道他儿子吃了大亏，但是海瑞信里没牵连到他，如果把这件事声张起来，反而失了自己的体面，就只好打落门牙往肚子里咽了。

过了不久，又有一个京里派出的御史鄢懋卿被派到浙江视察。鄢懋卿是严嵩的干儿子，敲榨勒索的手段更狠。他到一个地方，地方官吏要是不"孝敬"他一笔大钱，他是不肯放过的。各地官吏听到鄢懋卿要来视察的消息，都犯了愁。但是鄢懋卿偏又要装出一副奉公守法的样子，他通知各地，说他向来喜欢简单朴素，不爱奉迎。

海瑞听说鄢懋卿要到淳安，给鄢懋卿送了一封信去，信里说："我们接到通知，要我们招待从简。可是据我们得知，您每到一个地方都是大摆筵席，花天酒地。这就叫我们为难啦！要按通知办事，就怕怠慢了您；要是像别地方一样铺张，只怕违背您的意思。请问该怎么办才好。"

鄢懋卿看到这封信揭了他的底，直恼得咬牙切齿。但是他早听说海瑞是个铁面无私的硬汉，又知道胡宗宪的儿子刚在淳安吃过大亏，有点害怕，就临时改变主意，绕过淳安，到别处去了。

为了这件事，鄢懋卿对海瑞怀恨在心。后来，指使他的同党在明世宗面前狠狠告了海瑞一状，海瑞终于被撤了淳安知县的职务。到严嵩倒了台，鄢懋卿也被充军到外地，海瑞恢复了官职，后来又被调到京城。海瑞到了京城，对明世宗的昏庸和朝廷的腐败情况，见得更多了。那时候，明世宗已经有二十多年没有上朝，他躲在宫里一个劲儿跟一些道士们鬼混。一些朝臣谁也不敢说话。海瑞虽然官职不大，却大胆写一道奏章向明世宗直谏。他把明王朝造成的腐败现象痛痛快快地揭露出来。他在奏章上写道："现在吏贪官横，民不聊生。天下的老百姓对陛下早就不满了。"

海瑞把这道奏章送上去以后，自己估计会触犯明世宗，可能保不住性命。回家的路上，顺道买了一口棺材。他的妻子和儿子看到全吓呆了。海瑞把这件事告诉了亲人们，并且把他死后的事一件件交代好，把家里的仆人也都打发走了，准备随时被捕处死。

果然，海瑞这道奏章在朝廷引起了一场轰动。明世宗看了，又气又恨，把奏章扔在地上，跟左右侍从说："快把这个人抓起来，别让他跑了！"

旁边有个宦官早就听到海瑞的名声，跟明世宗说："这个人是个出名的书呆子，他早知道触犯了陛下活不成，把后事都安排了。我看他是不会逃走的。"

后来，明世宗还是下命令把海瑞抓了起来，交给锦衣卫严刑拷问：直到明世宗死去，海瑞才得到释放。

情义小语

在严嵩掌权的日子里，别说是严家父子，就是他们手下的同党，也没有一个不是依官仗势，作威作福的。上至朝廷大臣，下至地方官吏，谁都让他们几分。可是作为一个小小知县的海瑞，却能够秉公办事，对严嵩下面的同党，一点不讲情面，甚至不惜身受迫害。海瑞无疑是大公无私的楷模。

荐贤无私

春秋时，晋平公有一次问祁黄羊说："南阳县缺个县长，你看，应该派谁去当比较合适呢？"

祁黄羊毫不迟疑地回答说："叫解狐去，最合适了。他一定能够胜任的！"

平公惊奇地又问他："解狐不是你的仇人吗？你为什么还要推荐他呢！"

祁黄羊说："你只问我什么人能够胜任，谁最合适；你并没有问我解狐是不是我的仇人呀！"

于是，平公就派解狐到南阳县去上任了。解狐到任后。替那里的人办了不少好事，大家都称颂他。

过了一些日子，平公又问祁黄羊说："现在朝廷里缺少一个法官。你看，谁能胜任这个职位呢？"

祁黄羊说："祁午能够胜任的。"

平公又奇怪起来了，问道："祁午不是你的儿子吗？你怎么推荐你的儿子，不怕别人讲闲话吗？"

祁黄羊说："你只问我谁可以胜任，所以我推荐了他；你并没问我祁午是不是我的儿子呀！"

平公就派了祁午去做法官。祁午当上了法官，替人们办了许多好事，很受人们的欢迎与爱戴。

孔子听到这两件事，十分称赞祁黄羊。孔子说："祁黄羊说得太好了！他推荐人，完全是拿才能做标准，不因为他是自己的仇人，存心偏见，便不推荐他；也不因为他是自己的儿子，怕人议论，便不推荐。像黄祁羊这样的人，才够得上说"大公无私"啦！"

情义小语

祁羊办事大公无私，也就是说，不因自己的好恶抬举人，任人唯贤，唯才是举。这种举贤不避仇，亦不避亲的作风，正是胸怀坦荡无私、遵守用人准则的具体表现。

执法如山

光武帝年间，东汉出了一个远近闻名的"强项令"——董宣。他为官正直廉洁，秉公执法，不畏权势，不仅赢得了汉光武帝刘秀的信任，而且也受到当时人们的称颂。

董宣就任北海相时，当地有个臭名昭著的武官公孙丹。他仗着自己是大姓豪族，一向为所欲为，横行乡里。公孙丹新建了一座宅院，入住前，请来一名阴阳先生占卜吉凶。这个阴阳先生胡诌了一通新宅房基不吉利的鬼话，大放厥词说：住进去必将招来家人横死！公孙丹大惊，忙奉上重金以求破解之术。阴阳先生暗暗指点：只要在宅子里放个死人就可躲过一切灾难。公孙丹对此竟信以为真，便指使他的儿子在光天化日之下把一个无辜的路人拦截杀死，把尸体扛回宅子放了一夜，以为这样就可以消灾祛祸、吉祥如意了。人们闻之，义愤填膺，纷纷向董宣控诉公孙丹父子残害百姓的种种罪行。董宣受理此案后，不顾其他人的劝说和阻挠，查明了犯罪事实后，立刻命人缉拿公孙丹父子，斩首示众。这一大快人心的壮举，得到了百姓们的交口称赞。

董宣面对豪强丝毫不手软，在皇亲国戚面前同样是鲠骨素志，不卑不亢，令人叹服。

居住在京城洛阳的皇亲国戚，骄奢淫逸，专横跋扈，他们的家奴也狗仗人势，胡作非为，京城百姓敢怒不敢言。为了扭转这一局面，光武帝特召董宣为洛阳令，以约束皇亲权贵们的不法行为。董宣到任不久，即有人向他控告：湖阳公主（光武帝的姐姐）的心腹恶奴在光天化日之下行凶杀人，正躲藏在公主府中。董宣闻讯，即派衙役在公主府第附近秘密监视，伺机捉拿杀人恶奴。

终于有一日，湖阳公主乘车外出，杀人恶奴依然洋洋得意地陪乘。董宣立即率领衙役守候在公主必经之地夏门亭。当湖阳公主的车马驶近时，早已“恭候”此处的董宣拔刀挡住公主的去路，厉声斥责公主不该目无国法，窝藏、庇护杀人恶奴。同时喝令恶奴滚下车来，并就地将其斩首正法。湖阳公主何曾受过这等屈辱，随即掉转车头，直奔皇宫，向光武帝哭诉。光武帝听了姐姐的一面之词，勃然大怒，发誓要把董宣乱棒打死，为姐姐出气。

董宣处决了湖阳公主的家奴，便做好了被杀头的准备。他奉诏进宫时泰然自若，还未等光武帝刘秀开口，便正义凛然地说：“我请求说一句话再死。”光武帝怒气冲冲地责问：“你胆敢当众侮辱公主！死到临头了，还有什么话可讲？”董宣从容不迫地答道：“皇上靠施行仁德、除暴安良才复兴了汉朝。可如今却纵容公主庇护杀人恶奴，这样下去，还怎么治理天下？臣既入仕途，就只知依法办事，早已把生死置之度外了！”说罢，便一头向殿柱撞去，顿时血流满面。光武帝见状，即令左右上前将董宣搀扶起来。其实，光武帝听了董宣的慷慨陈词之后，心中就有愧，但为了顾全湖阳公主的面子，便令他向公主磕头赔罪，可免其一死。可是，董宣却双手撑地，硬挺着脖子，宁死也不低头。好在光武帝是个较为开明的君主，最终还是让侍臣将董宣搀扶回去，并赏钱 30 万，以示安慰和褒奖。但董宣自己分文未留，全部分发给了下属官员和百姓。

从此以后，京城那些整日目无国法的豪门贵族一听到董宣的名字就会吓得发抖，京城的政风也逐渐清明起来。百姓们都敬称董宣为“卧虎”（意思是“躺着的老虎”），并有歌谣唱道：有了董宣这样的好官，民间再也不需要击鼓鸣冤……

情义小语

董宣一生为官清正廉洁，秉公执法，不畏强权，以义为重，狠狠打击了不法豪强和恶奴，维护了法令的尊严，为世人称颂至今。如今常听一些干部感叹道：做好官难，做清官更难。其实这些人都是瞻前顾后之辈，害怕惹火烧身。如果像董宣那样执法如山，宁死不屈，还有什么可以惧怕的呢？这个问题的确值得他们三思。

深明大义

桥玄是东汉时期一位著名的丞相，曾在汉灵帝时任尚书令，后来又被提拔为太尉。他为人正直善良，性格耿直，敢于和贪官污吏、盗贼劫匪作斗争，百姓都十分敬重他。

当时，常有盗贼劫匪以绑架的手段勒索钱财，许多人深受绑架勒索之苦，但往往忍气吞声，以钱财消灾，不敢与盗贼作对，使得绑架者勒索之事经常发生。

一天，桥玄十几岁的儿子正独自在家门前玩耍，忽然来了三个劫贼，趁无人注意时将孩子绑架了，然后向桥玄索要钱财，并威胁说如不照办，就杀了他的孩子。家人担心劫贼伤害孩子，希望桥玄不要把这事告知官府，花费些钱财把孩子索要回来算了。但桥玄不听，立即报告了官府。

当地守备阳球一直敬佩桥玄的胆识与为人，马上派兵前去包围了劫贼的住处。可是，桥玄的儿子此刻就在劫贼手里，阳球担心若贸然冲进屋去抓人，劫贼会狗急跳墙伤害孩子，甚至会做出无法预料的举动。但是，如果不赶紧下手，到了夜晚，劫贼有可能会乘夜色逃脱。怎么办呢？

阳球一时左右为难，不知如何是好。

正在这时，桥玄大声喝道："劫贼是众人的祸害，难道我今天就真的要为了自己的儿子而纵容祸害吗？我不能遇到一点挫折、阻力就停滞不前。"于是，桥玄再三催促阳球下令动手。士兵们被桥玄的深明大义所感动，阳球刚一下令，他们就个个奋不顾身地冲进屋内，活捉了三个作恶多端的劫贼。不幸的是，桥玄的儿子已被劫匪杀害了。

人们都十分敬佩桥玄果敢坚毅、勇往直前的大无畏精神，对他深明大义的美德更是世代传颂。桥玄死后，没有留下什么遗产，葬礼也极其简单，却受到了世人的景仰。

情义小语

桥玄嫉恶如仇、深明大义，面对伤子之危仍不屈服，始终保持高尚的节操。如果我们在生活中能够像他那样以大义为重、遇事百折不挠，困难谅不会成为拦路虎，挫折、失败也击不垮我们，成功就会纷至沓来。

隋文帝严惩皇子

隋朝开国皇帝隋文帝杨坚，是历史上少有的勤劳俭朴的帝王。他的第三个儿子杨俊，从小聪明伶俐，办事利落能干，16岁便当了行军之帅，在灭陈战争中立下了大功。后来隋文帝封他为秦王，任命他为并州（今山西）总管，对他非常宠爱。

杨俊自恃是当今皇帝的儿子，又认为自己功劳大，爵位高，逐渐贪图享乐、腐化堕落起来。他违反制度，一面发放高利贷，残酷盘剥吏民，一面大肆挥霍。在自己的封地上，建造起一座豪华无比的宫殿，用黄金、宝石铺砌台阶，用香料涂抹墙壁。殿中到处嵌上镜子，镶上珠宝。宫殿建成后，他通宵达旦，跟门客和歌妓们在里面饮酒作乐，闹得个乌烟瘴气。

杨俊瞒着父亲，搞违法乱纪的事，自以为得意。但纸毕竟包不住火，隋文帝得知后，气得大发雷霆，立即罢免了杨俊的官职，将他从并州召回首都长安，准备从严惩处。

左武卫将军刘升劝隋文帝说："秦王没有什么大错，不过多用了国家几个钱，去盖宫殿罢了，我看还是原谅他吧……"

隋文帝不等他说完，立即反问说："照你这么说，国法是可以任意破坏的？真是岂有此理！"

刘升被皇上一顿抢白，吓得不敢再说了。

宰相杨素平日与杨俊很要好，这时只得硬着头皮，替杨俊求情说："秦王虽然有过失，但请陛下看在父子的情份上，饶恕他这一次吧！"

隋文帝见杨素公然拿父子之情来动摇自己的决心，企图庇护杨俊就更加生气地说："法律只有一种。皇帝的儿子也好，百姓的儿子也好，谁都要严格遵守。照你这么说，难道因为杨俊是我的儿子，就可以置国法于不顾了吗？国家是不是还有另一个专门适用于皇子的法律呢？"杨素被问住了，开不得口。

隋文帝接着说："古代贤人执法，提倡'王子犯法，与庶民同罪'，从来不肯袒护自己的亲人。我虽然不敢跟古人相比，但又怎能庇护儿子，破坏法律的尊严呢？"

隋文帝说到做到，终于按国法严厉惩处了杨俊。

杨俊受到惩处后，心里又懊悔又痛苦，不久就患了重病，竟至卧床不起。大臣中不少人同情他的处境，大都督皇甫统还特地上书隋文帝，请求恢复杨俊的爵位与官职，也好减轻一些他的痛苦。隋文帝仍然不肯答应。

后来杨俊因病情加剧而去世。隋文帝伤心地大哭了一场，用简单的葬礼安葬了他，还下令将杨俊生前非法置办的奢侈之物全部焚毁，并通告全国，严禁任何人利用职权，破坏制度，挥霍国家的钱财。

情义小语

"王子犯法，与庶民同罪"。作为以天下为家的一国之君，隋文帝能做到这一点，委实难得。这是因为他懂得，自己的家人不遵守国法，则很难让天下人心服，久而久之，必影响国人对朝廷的信心，进而危及自身。法与情相比，隋文帝选择了法，这无疑是一种大义大智的行为。

赵绰依法办事

隋文帝统一全国以后，采取了各种巩固统治的措施，像改革官制兵制，建立科举制度，选用办事能干的官员，严办贪官污吏。经过他的一番整顿改革，政局稳定，社会经济出现了繁荣的景象。

隋文帝还派人修订刑律，废除了一些残酷的刑罚。这本来是件好事，但是隋文帝本人就不完全按照这个刑律办事，往往一时气愤，不顾刑律规定，随便下令杀人。这种情形，叫大理（管理司法的官署）的官员很为难。大理少卿赵绰觉得维护刑律是他的责任，常常跟隋文帝顶撞起来。

隋文帝曾经下令禁止使用不合标准的钱币。有一次，大兴（隋朝的都城名，今陕西西安市）大街上有人拿次币换好币，被人发现了，捉到衙门里。这件事让隋文帝得知了，隋文帝听说有人竟敢违反他下的禁令，一气之下，就下令把换钱的两个人统统砍头。

赵绰接到命令，赶忙进宫求见隋文帝。他对隋文帝说："这两个人犯了禁令，按刑律只能打板子，不该处死。"

隋文帝不耐烦地说："这是我下的命令，不干你的事。"

赵绰说："陛下不嫌我愚笨，叫我充当大理官员。现在遇到不依刑律杀人的情况，怎么能说跟我没关系呢？"

隋文帝气冲冲地说："你想撼动大树吗？撼不动你就走开吧！"

赵绰说："我只是想劝说陛下改变主意，谈不上想撼动大树。"

隋文帝又说："你想触犯天子的威严吗？"

赵绰不管隋文帝怎样威吓，还是坚持自己的意见。隋文帝怎样骂他赶他，他也不走。隋文帝没法，很不高兴地进内宫去了。

后来，由于别的官员也上奏章谏阻，隋文帝终于取消了杀人的命令。

又有一次，官员辛概被人告发搞不法的迷信活动。隋文帝又命令大理把辛概处死。

赵绰上朝对隋文帝说："辛概没有死罪，我不能接受这个命令。"

隋文帝气得浑身发抖，说："你想救辛概，就没有你自己的命。"说着，喝令左右侍从把赵绰拉下殿去。

赵绰面不改色，说："陛下可以杀我，但是不该杀辛概。"

左右侍从真的把赵绰扭下朝堂，剥了他的官服，摘掉他的官帽，准备处斩。这时候，隋文帝也想到杀赵绰太没道理，就派人跟赵绰说："你还有什么话说？"

赵绰跪在地上，挺直了腰说："臣一心执法，不怕一死。"

隋文帝并不真想杀赵绰，磨蹭了一阵子，气也平了。他想赵绰能忠于执法，毕竟是有利于他的统治的，就把赵绰放了，过了一天，还派人慰问了赵绰。

在大理官署里，有一个官员名叫来旷，听说隋文帝对赵绰不满意，想迎合隋文帝，就背着赵绰给隋文帝上了一道奏章，认为大理衙门执法太宽。隋文帝看了奏章，认为来旷说得很中肯，就把他提升了官职。

来旷自以为受到皇帝的赏识，就昧着良心，诬告赵绰徇私舞弊，把不该赦免的犯人放了。

隋文帝虽然嫌赵绰办事不顺他的心，但是对来旷的上告，却有点怀疑。他派亲信官员去调查，根本没有这回事。隋文帝弄清真相，勃然大怒，立刻下命令把来旷处死。

隋文帝把这个案子交给赵绰办，认为这一回来旷诬告的是赵绰自己，赵绰不会不同意。

哪儿知道赵绰还是说："来旷有罪，但是不该判斩。"

隋文帝很不高兴，袖子一甩，就退朝往内宫去了。

赵绰在后面大声嚷着说："来旷的事臣就不说了。不过臣还有别的要紧事，请求面奏。"

隋文帝信以为真，就答应让赵绰进内宫。

隋文帝问赵绰还有什么事。赵绰说："我有三条大罪，请陛下发落。第一，臣身为大理少卿，没有把下面的官吏管好，使来旷触犯刑律；第二，来旷不该处死，臣不能据理力争；第三，臣请求进宫，本来没有什么事，只是因为心里着急，才欺骗了陛下。"

隋文帝听到最后几句话，禁不住哑然失笑。旁边独孤皇后（孤独是姓）在座，也很赏识赵绰的正直，命令左右赐给赵绰两杯酒。隋文帝也同意赦免来旷死刑，改判革职流放。

情义小语

在以家为天下的封建朝代，要让国君真正遵守国法、依法办事，离不开像赵绰这样执法严明、不偏不废的好官。幸亏隋文帝碰上了，也算是隋朝的福份。要知道，皇帝一个人说了算，他的话就是法，要使皇帝改变自己的决定，做大臣的不仅要有胆量，也有要不怕牺牲的精神。赵绰坚持公正执法，理应为后人楷模。

秉公杀婿

明朝开国皇帝朱元璋，出生于贫农之家，小时候为地主放过牛，当过和尚，受尽风餐露宿之苦，对官吏欺压百姓的事感受很深。当了皇帝后，他曾告诫百官说："我以前在民间时，见到州县官吏多不爱民，往往贪财好色，饮酒废事。凡民疾苦，视之漠然，我心里恨透了。如今要严立法禁，官吏凡是贪污蠹害百姓的，严惩不恕！"

为此，他做出规定：官吏贪污至60两银子以上者斩首示众，并处以剥皮之刑。当时府县衙门左边的土地庙，成了剥皮的刑场，因此老百姓称土地庙为皮场庙。有的衙门旁边还摆着塞满稻草的人皮，叫当官的触目惊心，警告他们这就是贪官的下场。

当时西北少数民族过着逐水草而居的游牧生活，与中原汉族人民的生活习惯大不相同。他们因平日大多吃牛肉和羊肉，因此很需要中原的茶叶化解油腻。而明王朝为了加强北方的边防，也很需要西北地区的战马。于是朝廷组织了茶马互市——用中原的茶叶交换西北的战马。茶马互市，对朝廷和西北少数民族都很有利。

为了防止茶马互市出现混乱，互市一律由朝廷主持，不准私人插手。但是一些投机商人和不法官员为了赚钱，不顾法律规定，搞起走私的勾当来。他们把茶叶偷运至西北，高价卖给少数民族，又偷运马匹进入内地，高价在内地贩卖。走私活动越来越厉害，朱元璋大为震怒，下了一道命令：禁止走私行为，如有违反，从重处罚！

谁不知道朱元璋的厉害？谁敢拿自己性命开玩笑？因此禁令一出，投机商人和不法官员都害怕了，不敢继续作奸犯科。但朱元璋的女婿欧阳伦却正好抓住这个吃独食的时机，扩大“业务”范围，谋取更大利润。

禁令下达不到两个月的时间，欧阳伦一次派管家周保，押了50辆满载茶叶的大车，运往兰州一带贩卖。打算将卖的钱，换成战马带回内地。

一路上，关口的官员知道是驸马的车队，谁也不敢阻拦，因此车队一路畅通无阻。想不到车队就快到目的地，却在兰州黄河大桥的桥头出了“岔子”。

原来，负责守桥的小官是个忠于职守、不畏强权的人。车子一到，他立即下令停车检查。当发现车上装的全是禁运的私茶时，便将车队扣押，准备上报，等待处理。押车的管家周保，平日狗仗人势，专横惯了，他从车上跳了下来，指着那个小官的鼻子，大声吼叫起来：“你好大的胆子！这是驸马爷的车队，你也不睁开眼睛看看，难道你活得不耐烦了？”

那个小官并不示弱。他挺起胸膛，坚定地说：“我执行朝廷的命令。就是皇上亲自派来的车队，也要接受检查！”

周保受了顶撞，气不打一处来。他回头一招手，身后立即冲出几十个如狼似虎的家丁，上前揪住小官，一顿拳脚，打得他鼻青脸肿，浑身是伤。车队扬长而去。

小官忍着身上的疼痛，挣扎着从地上爬起来，回家赶写了一道奏章，托人千里迢迢地告到南京朱元璋那里。朱元璋收到奏章，得知有人公然违反禁令，贩卖私茶，甚至殴打执法官吏，顿时大怒。但将奏章仔细一看，违反禁令的不是别人，竟是自己的女婿欧阳伦。在派员调查核实后，证明奏章上说的全是真话，朱元璋不免感到左右为难。依法惩办吧，欧阳伦就得杀头。他一死，自己的女儿岂不成了寡妇？命运就悲惨了。不依法惩办吧，朝廷的法令成了一纸空文，以后还有谁来秉公执法，又怎么能使全国百姓服气呢？

一番激烈的思想斗争后，朱元璋毅然下令让欧阳伦自杀，并将那个仗势欺人的周保判处死刑。同时根据罪行轻重，对那些追随欧阳伦作恶和平日包庇欧阳伦的官员们分别进行了惩罚。

之后，朱元璋专门派出大臣赶往兰州，对那个严格执法、不畏强暴的守桥小官进行了嘉奖和慰问。

情义小语

很佩服那位严明执法的小官吏，尽管身份卑微，却严格严格遵守国法，不管是谁都不例外；朱元璋说到做到做，即使杀了女婿也要维护政令的贯通。正因为有了这样严守国法的君臣，明初才出现了社会安定的局面。可见，历朝历代不缺少国法，只是缺乏认真贯彻执行的人。国法严明，社会才能有秩序，人民才能安居乐业。

田母退金

春秋战国时代，田稷贵为齐国宰相，很多人趋炎附势找机会送礼巴结。有一天，他的属下送给他许多金子，说是要孝敬田稷的母亲，田稷回家后将金子交给母亲，不料母亲一见这么多的金子时却一点都不欢喜，反而心生疑惑，面色凝重地对儿子说："儿子啊！有些人儿子做了官，将财物孝敬父母，做父母的只知高兴却不过问这些财物是怎么来的。如果这些钱财，是正当得来的，固然是好事，倘若是不义之财，岂不是比盗贼行窃、抢劫还可耻吗？你做官三年，俸禄从来没这么多，今天这些金子，到底是从哪里来的呢？"

田稷说了实话，母亲听了非常生气，颤抖地说："宣王叫你做宰相，给你俸禄，你的一言一行都不应该辜负他呀！人臣之事君，就如同人子之事父，要忠信不欺廉洁公正。为人臣而不忠，就是不孝，不孝的儿子就不是我的儿子！"

田稷被母亲说得面红耳赤，无地自容，他立刻带这些金子去见齐宣王，把事情真相一五一十禀奏，并请宣王治罪。宣王听了很高兴，不但没治他的罪，还认为他的母亲德行高尚实在可嘉，而田稷为人诚实，也值得表扬，宣王赏赐了很多金子给他的母亲，但是田母谢绝了宣王的美意，没有接受赏赐。

这件事很快传遍了齐国，受到人们的赞扬。田母看见贵重的黄金而不为所动，可见她是一位轻物质、重德行的女子，由于田母的言教、身教影响到齐国的妇女起而效仿，实在了不起。

情义小语

为人母的都希望自己的子女成龙成凤，希望子女们长大后有出息。处在现今商业社会，一切以物质为导向，所谓有出息指的无非是能赚大钱、做大官……如果你将来突然孝敬母亲一笔可观的钱，或是昂贵的钻戒，母亲是心生欢喜呢？还是提高警觉、担心你的钱财的来路是否正当？现在，你不妨把这个故事读给你的母亲听一听。

宋弘念旧

东汉时期宋弘做司空的时候，正值光武帝刘秀的姐姐湖阳公主刚刚死了丈夫，光武帝就和湖阳公主谈论朝里的臣子，去探她的意思。湖阳公主说："宋公有很威严的容貌和很有道德学识，在一班臣子里没有一个赶上他的。"光武帝听了，就去对宋弘说："俗语说，做了官，好把贫贱时候的朋友换过了；有了钱，好把穷苦时候的妻子换过了，人情上不都是这个样子吗？"宋弘说："臣闻'贫贱之交不可忘，糟糠之妻不下堂'。"这就是说，凡是贫贱时候交的朋友，是不可以遗忘的，同过甘苦吃着糟糠的妻子，是不可以离异的。光武帝听后，很赞赏他，就对湖阳公主道："这件事情还是算了吧。"

情义小语

宋弘的做法千古流传，他真正做到"勿谄富，勿骄贫，勿厌故，勿喜新"，对朝夕相处的妻子念念不忘，而不去讨好巴结富有的人。这里虽然讲的是一个婚姻故事，却体现了宋弘知情重义的一面，是难能可贵的。反之，有的人不尊重夫妻间同患难的艰难岁月，喜新厌旧，缺少起码的一个"义"字，让自己的祖宗蒙羞。

姜氏劝夫

古代的女子以贤良端淑为美德，但其中也不乏深明大义之人，晋公子重耳的妻子姜氏就是这样一位女中英豪。

重耳是晋献公的儿子，他为躲避争夺皇位的斗争，长年流亡国外，这期间，他在齐国呆的时间很长。齐桓公想到日后重耳定会登上国君之位，对自己称霸天下大有用处，便极热情周到地厚待重耳，给他配备马车，建造豪华的居所，还将宗女齐姜嫁与他，人称姜氏。

重耳在齐国衣食无忧，十分开心自在，就渐渐留恋起这种生活，终日沉迷于温柔乡中，几乎忘记了复国之事。追随他的子犯、狐偃等人对此深以为忧，众人商议后决定，乘公子重耳外出打猎时，强行将他带回晋国。

姜氏在得知子犯、狐偃等人的谋划后，找到重耳先行规劝。姜氏说："大丈夫应以国家为重，不应贪图享乐。"重耳说："我知足常乐，将在这里终此一生，永不考虑谋国的打算。"

姜氏不停地劝说重耳逃走，可重耳却迷恋齐国不肯离去。无奈，姜氏找到子犯、狐偃，摒退左右，悄悄地对他们说："你们是不是想把公子骗出齐国，以谋划复晋之事？"

子犯与狐偃一听，暗叫不妙，原来这个姜氏已经知道密谋之事，他们深怕她泄密于齐桓公，就极力辩解。

姜氏微微一笑，说："你们不必隐瞒，其实，我早已苦劝公子以复国为重，可他不肯听从。于是我经过深思熟虑，想出了一个万全之策，来同你们商议。"

众人大喜，洗耳恭听。姜氏说："我趁吃酒时将公子灌醉，你们再趁机用车子把他拉出齐国，共谋大业去吧。"

子犯、狐偃听完，立即表示同意。于是，大家分工协作，一切准备就绪。

一天晚上，姜氏设宴摆酒，重耳满腹狐疑，即问姜氏为何设此大宴。姜氏试探着说："你将重回晋国，因此为你而设。"重耳有些恼怒，他说："我从未想过离开此地。"姜氏又说："公子的随从，都是些有远虑、卓识不凡的人，他们的言语，公子应采纳才对。"重耳立刻变脸生气，说："我为什么听他们的，不走就是不走。"姜氏见重耳发怒，不敢再提，转而甜言蜜语地劝酒。

重耳一杯又一杯痛饮着，不久便酩酊大醉，姜氏见重耳睡熟，立即派人通知子犯等。众人将重耳抬上马车，离开齐国。姜氏看着远去的马车，眼泪夺眶而出。

情义小语

姜氏聪敏机智，深明大义，其贤良淑德在过去的男权社会尤为难得。历史上像姜氏这样的女性还有三国刘备的续弦——孙权的妹妹。刘备沉溺于江东的安逸生活，不思进取，是她的一番话使刘备迷途知返，终于有所作为，其深明大义的事迹也从此传为美谈。

大义灭亲

春秋时，卫庄公娶了齐国太子得臣的妹妹，名叫庄姜。庄姜容貌美丽却没有孩子，卫国人为她作了一首《硕人》的诗。后来，卫庄公又从陈国娶了个女子，名叫厉妫。厉妫生下孝伯，孝伯很早就死了。厉妫随嫁的妹妹戴妫生了卫桓公，庄姜就把桓公当成自己的儿子。

公子州吁，是庄公宠妾的儿子，受到庄公宠爱并且喜欢惹事，庄公也不加以禁止。庄姜很讨厌他。刚正不阿的大臣石碏向庄公进谏说："我听说疼爱孩子，应该用正当的道理去教导他，不要让他走上邪路。骄横、奢侈、淫乱、放纵，是导致邪恶的四种毛病。这四种毛病的产生，是由于给他的宠爱和俸禄都过了头。国君如果要立州吁为太子，那就确定他的地位；如果还没有拿定主意，就会逐步地引导他酿成祸乱。大凡受到宠爱而不骄横、骄横而能安于地位下降、地位下降而不产生怨恨、产生怨恨而能够克制的人，是很少的。而且，低贱妨害高贵，年轻欺凌年长，疏远离间亲近，新进离间故旧，弱小压迫强大，淫邪败坏道义，这是六种逆理的事。国君行事得当，臣子奉行君命，父亲慈爱儿子，儿子孝顺父母，兄长爱护弟弟，弟弟敬爱兄长，这是六种顺理的事。背离顺理的事而效法逆理的事，这就是使祸患很快降临的原因。作为统治民众的君主，应该尽力除去祸患，而您却让祸患很快降临，恐怕不能这样吧！”卫庄公听不进去。

石碏的儿子石厚和州吁交往，石碏加以制止，但制止不了。卫庄公死后，等到卫桓公即位时，石碏就告老退休了。这时骄横霸道的州吁一心想杀死哥哥桓公夺取君位。

鲁桓公四年的春季，在石厚的积极策划下，卫国的州吁杀掉了卫桓公而自已做了国君。州吁封石厚为上大夫。

州吁设法使他的百姓和睦安定，于是石厚就向石碏请教安定君位的办法。石碏说：“朝见周天子就能够安定君位了。”石厚问：“用什么办法能朝见周天子呢?”石碏回答：“陈桓公正受到周天子的宠信，陈国和卫国关系又正密切，如果去朝见陈桓公，让他向周天子请求，就一定能办到。”石厚就跟着州吁到陈国去。石碏派人告诉陈国说：“卫国国土狭小，我老头子老了，不能干什么了。这两个人，正是杀死了我国国君的凶犯，请趁此机会想法处置他们。”陈国人把这两人抓了起来，并且请求卫国派人前来处理。九月，卫国派右宰丑前来，在濮地杀了州吁。石碏又派他的家臣孺羊肩前来，在陈国杀了石厚。

情义小语

州吁和石厚沆瀣一气，弑君夺位，属于大逆不道；石碏秉公执法，设法除掉这两个叛逆，其中包括自己的儿子石厚，实属公正无私。自古以来，凡是违法乱纪、胡作非为的人，终究落得可悲下场；而遵守法纪、大义灭亲的人，会得到人们的唱颂。从这个故事中可以略见一斑。

包拯进谏

包拯是北宋天圣进士，先后任天长县令、权开封府、监察御史、龙图阁直学士、枢密副使等职。人称“包青天”。

事情发生在北宋皇祐二年闰十一月。宋仁宗下诏以三司使、户部侍郎张尧佐为宣徽南院使、淮康军节度使、景灵宫使。张尧佐是张贵妃之父张尧封的堂兄。张贵妃受到宋仁宗宠爱，张尧佐也就青云直上。

包拯时任监察御史，负责对皇帝百官的纠弹。他认为宋仁宗一再超擢张尧佐，任人唯亲，不合大宋法度。他上书指出宋仁宗提拔张尧佐是错误的，并分析其背景是后宫干政、个别大臣曲意奉迎。包拯此举如天惊石破，激起了一片称赞，大臣们纷纷上书反对任命张尧佐。面对强大的舆论，宋仁宗只好收回成命。

转眼到了第二年正月，宋仁宗经不住张贵妃的一再请求，再次下旨擢升张尧佐。包拯不顾再次触犯宋仁宗和张贵妃，又一次挺身直谏。

张尧佐见包拯等人言辞激烈，感到众怒难犯，当即表示不接受委任。于是，宋仁宗也就顺势下台了。

可是张贵妃却老大不高兴，一再在仁宗耳边吹风。这年八月，宋仁宗金殿早朝，张贵妃特意送到宫门口，抚着仁宗的后背，柔声说：“官家今日不要忘了封宣徽使之事啊。”

金殿之上，宋仁宗果然又一次降旨。可御旨一下，包拯马上上奏。这一回，宋仁宗打定主意，坚持己见，说：“张尧佐并无大过，可以擢升。”

包拯谏驳道：“各地官吏违法征收赋税，闹得民怨纷纷。张尧佐身为主管，怎说是无大过呢?”

宋仁宗叹了口气，婉转说道：“这已是第三次下旨任命了。朕既贵为天子，难道擢任一个人就这么不容易?”

包拯闻言直趋御座，高声说道：“难道陛下愿意不顾民心向背么? 臣既为谏官，岂能自顾安危而不据理力争!”张尧佐站在一旁，听得心惊肉跳。

宋仁宗见包拯这么执着，众大臣又纷纷襄赞，而自己又没有合适的理由反驳，心里非常生气，一甩手回到宫里。

张贵妃早已派人在打探消息，知道又是包拯犯颜直谏，惹得仁宗下不了台，所以等仁宗一回来，她马上迎上前去谢罪。

宋仁宗余怒未消，举袖擦脸，说：“包拯说话，唾沫直溅到朕的脸上！你只知道宣徽使、宣徽使，就不知道包拯他还在当御史!”

情义小语

包拯不怕权贵，勇于进谏，他首先考虑的是国家的法律，是问题的是非，而不是个人的前程和安危。在他的心目中，坚持正义是第一位的，个人利益是次要的。如果不是像包拯、海瑞这样的清正刚直的人，是很难做到的。

见义勇为篇

史鱼尸谏

史鱼曾经在卫灵公时担任史官。那时，卫灵公宠爱弥子瑕，常常任其为所欲为，闹得朝野上下怨声载道。史鱼数次冒死劝谏，请求对弥子瑕加以管教，但灵公却始终不愿听从。眼看劝谏无功，史鱼感到心灰意冷。他在临死的时候把儿子叫到身边，悲伤地说："我死了以后，你们先不要把我的尸体装棺盛殓，放在窗户之下陈设几日再作处置。"史鱼死后，他的儿子就依照遗言，将尸体放在了窗户的下面。

卫灵公在听说史鱼驾鹤而去以后十分悲痛，便匆匆前去吊唁。他看见史鱼的尸体摆在窗户下，感到很奇怪，便问史鱼的儿子这是为什么？史鱼的儿子回答说："我父亲临死一再叮嘱我说，'我活着的时候没有能够匡扶君主，锄暴安良，死了以后就没有理由按照礼制安葬。'"卫灵公听后，幡然醒悟，领会了史鱼以暴尸窗下劝谏的良苦用心，于是就疏远了弥子瑕。

从此以后，卫国的政治更加清明，国泰民安，为世人称颂。这就是为后人极力称道的"尸谏"的故事。

情义小语

史鱼为了规劝灵公，清明政治和社会风气，生前力谏，死后尸谏，体现了他以治理天下为己任，以天下为重，舍此无它私利的大公无私精神。这是一种义举，一种不计较个人名利得失的义举，是应该永世传扬的。

惩一儆百

尹翁歸是西汉平阳人。他为人耿直、坦率，不畏权势，敢于揭发奸邪，办案精明，执法严正。

尹翁歸任东海太守期间，陈纲立纪，严明法度，踏踏实实地做了许多有益于地方的事。他经常微服出访，明察秋毫，各县吏民贤与不肖，奸邪之人及其犯罪事实都了如指掌，他责令各县将危害地方的黠吏豪民的罪行详细记录在案，处置之事由他一人决断，一改过去由县令负责，以防止他们与罪犯勾结串通。遇有重大紧急的案犯，故意作出松懈的样子以麻痹对方，待罪犯失去警觉，即按名册一一抓捕归案，无有遗漏，然后分别情况依法治罪。尹翁归对罪犯的斗争很有办法。他严惩案犯，总是在秋冬之际乘各地官员集中时或巡视各县时进行，以起到惩一儆百的作用。因此，长期以来危害地方治安、鱼肉乡民的贪官污吏、豪强大族惶惶不可终日，纷纷收敛恶性，不敢胡作非为。

对于极少数顽固不化、作恶多端的地头蛇，尹翁歸决不心慈手软，放纵姑息。郯县（今山东郯城北）大豪强许仲孙在当地无恶不作，百姓恨之入骨。但因其势力大，只得忍气吞声，前任郡守在盘根错节的恶势力面前畏手畏脚，终至养虎遗患，成为郡中一害。尹翁歸力排干扰，将许仲孙抓捕归案，并依法在闹市区将其斩首示众。消息传开后一郡震栗，无人敢触犯禁律。东海郡由此得治，百姓称颂。

情义小语

依法办事，重要的一点是敢于碰硬，不惧怕权势的阻挠和报复。敢于碰硬，才能做到杀一儆百。因为许多犯罪分子之所以很嚣张，是因为他们的眼睛在盯着那个最有势力的人，如果执法者不敢碰硬，人心必不服；相反，如果那个最有势力的人也被处理了，其余的犯罪分子也必然有所收敛。

除暴安良

杨景行是元代有名的清官，以不畏豪强、公正刚直为人们称道。

杨景行及第后，被授为江西赣州路会昌州判官。由于治民有方，不久就升任抚州路总管府推官。由于是专门管理刑狱，如同蛟龙入水，在这方面做出了惊人的成绩。他管辖下的金溪县有个豪民叫陶甲，家资殷富，但是为人却穷凶极恶，不仅欺压百姓，而且还好几次将本县长吏诬枉而使之罢官离去。因此，尽管控告他的辞状接连不断，县里的官吏却谁也不敢冒犯他，没有人敢出来认真受理。于是，陶甲更加横暴，气势更加张狂，凶焰遍及一郡。

杨景行断然派人将陶甲捉拿归案，并依照元朝法律如“有富豪权贵无视官府，横行乡里，淫暴贪虐，屡犯不改的，都流放到边远荒僻的地区去屯种”等条文，将他流放到 500 里外的地方，利利索索地为地方除了一害。

金溪还有一个更大的恶棍叫云住和尚。元代崇尚佛教，由于皇帝和上层统治者的袒护，造成了一批怙恶恣睢，气焰熏灼的恶僧。云住就是这样一个披着佛教慈善外衣，尽干伤天害理之事的恶霸和尚。他榨取活人的财物还嫌不够，更不顾广大民众的痛恨，公然盗掘坟墓，掠取殉葬财物。丑事传开来后，官府不得不拘禁了他。但云住依然依仗他强大的财力和关系网，四下活动，贿赂办案的官吏，企图让这个沸沸扬扬的案件冷却下来。

杨景行看破了恶僧的阴谋，他不敢再拖延，便抓紧时间审讯、取证。云住又想拿钱收买他，被他严词拒绝。云住贿通上官，这些人软语说情，强言威胁，甚至制造流言，企图把杨景行压倒，釜底抽薪，以挽救奸僧。但这种种手段，都不能动摇他依法办案的坚定态度。最后，他到底还是依法惩治了这个无法无天的恶霸和尚。

这个大案办下来后，影响很大，这一郡的豪猾之徒，不得不有所收敛，治安环境有了很大的改善，老百姓从此可以安居乐业了。

杨景行不管在哪里为官，都能办一些好事。每到一个地方，当他卸任走后，百姓都立碑纪念他。

情义小语

古代所谓“好官”，既是治民有方，发展经济，使人民吃穿不愁的官吏，也是不畏强权，勇惩贪官恶霸，为民申张正义的官吏。其中尤以惩凶治恶为最难得。因为这样做往往会危及自身安全，需要付出胆量和智慧。可以说，杨景行做到了这一点。因此他完全可以被认定是一个“好官”。

拾金不昧

王华是明英宗中的状元，大书法家王羲之的后代。6岁那年，他和一群小伙伴在小河边游泳玩耍。这时，有一个喝得醉醺醺的人提着一个提兜摇摇晃晃地来到河边。他坐到河沿上，开始慢吞吞地洗起脚来，嘴里还不停地嘟囔着什么。王华觉得这个人很有趣，就一边玩耍一边注意着他。

洗好脚后，这个人就跌跌撞撞地走了。王华来到这人坐过的地方，忽然发现这人的提兜还放在地上，忘记带走了。王华起身找那个人，却已不见了踪影。

王华想，说不定这提兜没有用了，是人家故意扔弃不要的，就走过去打开来看。这一看，可把王华惊呆了，里面竟然有几十两银子。这么多的银子，肯定是那人一时想不起来，起身离开时给忘了。

想到这里，王华估计那人酒醒后会跑回来找，于是就守在提兜旁边等那个人回来。

不过，王华还是不放心。要是有人看到这个提兜后拼命来抢，甚至谋财害命，那怎么办？后来，他想出了一个办法，把提兜扔进了水里，这样就没有人看得见了。他依然坐在河边耐心等待。

过了好一会儿，小伙伴们玩累了，都互相吆喝着回去了，只有小王华还一个人坐在河边等那个忘记带走提兜的人。

小伙伴们走后，那个人果然哭丧着脸回来了。小王华问明情况后，跳到水里，把提兜拿出来递给了他。

那个人打开提兜一看，发现银子还在里面，忙顺手摸出一锭递给王华，想表示谢意。王华摇摇头，说：“几十两银子我都不要，我为什么要您的一锭银子？”

那人知道他小看了眼前的这个小孩子，忙带着歉意再三道谢。随后，硬跟着小王华去到他家里，向王华的家人一一拜谢，然后含泪而去。

情义小语

面对金钱，得失取予之间，往往看出一个人的品格，德行。实际上，连带着一个人能否快乐和幸福。王华不占小便宜，不贪图钱财，只替别人着想的优良品质，真是值得现代人好好学习。

执法不阿

张释之是西汉文帝时南阳堵阳县（今河南方城东）人。官任廷尉，掌管全国司法工作。

有一次，他随汉文帝出行，正当皇帝的车驾人马走到中渭桥时，突然从桥下窜出一个人，把皇帝座车的御马吓得又叫又跳。汉文帝大怒，立即派侍从把那个人抓起来，交给廷尉张释之去治罪。

张释之不敢懈怠，回去后立刻对那个人进行审讯。经过详细的审问后了解到，这个人原来是长安的一个乡下百姓，今天进城走到中渭桥时，正赶上皇帝车驾出行，下了清道戒严的命令，所以就急急忙忙躲到桥下。他在桥下等了好大一会儿，以为皇上的车驾人马已经过完了，就从桥下走了出来。刚出来就看到皇帝的御车和仪仗队伍正在桥上，吓得慌慌张张地赶紧跑开，没想到会惊吓了御马。

张释之查明案情后，认为这个人是偶然过失，只是违反了清道令，根据法律的规定，判处罚金后就把人放了，并将处理根据和结果禀报给汉文帝。

汉文帝因为自己座车的御马受了惊吓，龙颜大怒，不太理智，原以为张释之为了替自己出气，一定会将惊马的人从重治罪。没想到张释之不仅没有顺从皇帝的心意，反而只判了罚金就放人了。

汉文帝火冒三丈地责问张释之："这个人胆大包天，竟敢惊吓了我的御马。幸亏这匹马脾气柔顺，要是一匹烈马，岂不是要让我受伤害吗？你怎么却只是判他罚金就了事呢？"张释之见皇帝不满意自己对惊马人的依法判决，而是想要超越法律，按他一时的情绪来加重判罪。刚正不阿的张释之不怕冒犯皇帝，义正辞严地说："国家的法律是皇帝和老百姓都应该共同遵守的。惊马人的案子，依据现在的法律，只应当判处罚金，可是皇上却想要超出法律加重处罚。若是按皇帝的意见办，以后法律就无法取信于民了。再说，如果当时皇帝下令立即处死惊马人，这案子也就算了。可现在陛下又把这个案子交给廷尉来审理，廷尉的职责就是要掌握量刑轻重，是主持天下公平的执法之人，一旦廷尉断案稍有差错疏忽，全国各地的执法官在量刑时就会忽轻忽重，甚至随意变更。这样一来，老百姓就会手足失措，无所适从了。这点还要请陛下三思。"

汉文帝听了张释之的这番话后，沉思良久，感到张释之所说的话句句在理，都是从维护国家法律来考虑的忠言，就接受了张释之的意见，并表示说："廷尉的处置是恰当的。"张释之坚持依法量刑，避免了轻罪重判的错误。

惊马人的案件处理后不久，西汉朝廷又发生了一起重大案件。有人胆大妄为，偷窃了汉高祖庙中神座前的玉环。汉文帝对窃贼敢于盗祖庙大为恼怒。全国上下一致行动，很快盗贼就被抓到了。汉文帝下令把盗庙贼交给廷尉严加惩治。张释之依据西汉法律中规定的偷窃宗庙的珍宝、服饰、器物的条款，判处盗贼斩首示众的"弃市"刑罚。

张释之把这个判决上奏汉文帝后，汉文帝勃然大怒，责问张释之："这个贼无法无天，为非作歹，竟敢盗窃皇家祖庙中的玉环器物。我所以把此案交给廷尉去处治，就是要你严加惩处，判以灭族重刑。可是你却像办平时其它案子一样，只是按照法律条文的规定，上报判处的意见。你这样处置他，怎么能够维护先帝高祖的尊严呢？再说也违背了我尊奉祖先，恭敬、孝顺的心意。”

张释之看到汉文帝大发脾气，于是也脱帽叩头谢罪，口里却依然据理力争地辩驳说：“根据法律规定将窃贼判处‘弃市’就是最重的了。到底是判斩首弃市罪还是判灭族罪，应该按照罪行情节的轻重来定。现在要是对盗窃了宗庙中的玉环器物的贼就判以灭族罪的话，那么有朝一日，再有个胆大妄为的亡命之徒，若公然去挖掘祖庙，到那时陛下又将用什么刑罚来加以惩治了呢?”

开明的汉文帝听后沉思不语，下朝后与太后商量，并接受了张释之的正确意见。

由于张释之执法严明、依法办事并敢于坚持正确主张，不以个人好恶来论罪，对皇上也不阿谀逢迎，所以在他任廷尉期间避免了许多冤案，得到了当时百姓的称颂。历史上有记载说：“张释之为廷尉，天下无冤民。”

情义小语

依法办事，也有个罪罚相当的问题。一个人的过错有大小、轻重的区别，受到的处罚也应该是轻重不同的。在处理这个问题上，如果带着情绪、好恶，往往会处理不当，即重罪轻判，或轻罪重判。这里就有一个度的尺寸。张释之以法律为准绳，以事实为根据，既惩罪犯，也做到罪罚相当，甚至为此不惜得罪皇帝，这无疑是一种见义勇为的表现。

秉公征税

战国时期，有个在地方主管征收租税工作的人叫赵奢。

有一次，他的部下到丞相平原君的家去收田赋，平原君家里人依仗权势，拒交田赋。赵奢知道后很生气，亲自登门征收，那些人还是不肯交，赵奢就下令逮捕了10多人，还依法杀了几个带头闹事的人。

平原君听后大怒，下令逮捕了赵奢，想处以死刑。赵奢理直气壮地对平原君说：“你身为国家大臣，却放纵家人拒交田赋，违背国家法令。法令被破坏，国家就要衰亡。像你这样身份的人，如果能奉公守法，那么上下就公平了，上下公平了，国家就会强盛起来。”平原君见赵奢说得在理，就下令释放了赵奢。

后来他向赵王推荐赵奢，赵奢被委以重任，让他管理全国的税收。

情义小语

从古到今，秉公办事的人很多，也很不容易。因为，一旦对有钱有势的人也秉公执法，可能就会得罪权贵，丢掉性命。然而，也不乏以死来维护法纪公平的人，赵奢就是其中一个人。由此，我们想到现今社会，公正执法未必就会掉脑袋，却仍然有人做不到，相比古人，这些人应该感到惭愧。

卫嗣君赎胥靡

春秋时期，卫国有个叫胥靡的小吏逃到了魏国，卫嗣君欲用50金赎买，魏国不给，卫嗣君就想用左氏城交换。

身边的人说："用一个城邑交换一个小吏，值得吗？"

卫嗣君说："法治无所谓小，法治不能建立，该杀的人不能杀、该判刑的人不能判，即使有10个左氏城邑又有什么用！法制建立了，该杀的人杀了、该判刑的判了，即使失去10个左氏城邑，也没有什么妨碍！"

以一城换一吏，为了惩治外逃官员，卫嗣君可谓不惜代价了。这样做的目的，是为了维护法制的尊严和统一。

情义小语

法制是一个国家的纲纪，政治秩序、社会秩序以及人民的生活秩序都要靠法制来维系，只有做到"法立诛必"、"罚当其罪"，才能维护法制的尊严和统一。而外逃的官员得不到惩处就无法做到"法立诛必"，法律的效力就会被削弱。社会发展到了今天，用一座城邑交换一个逃犯的历史早已结束，为了维护法制的统一，国家应该学习古人的做人，运用一切手段惩治那些犯罪的人。

司马光砸缸

有一次，司马光跟小伙伴们在后院里玩耍。院子里有一口大水缸，有个小孩爬到缸沿上玩，一不小心，掉到缸里。缸大水深，眼看那孩子快要没顶了。别的孩子们一见出了事，吓得边哭边喊，跑到外面向大人求救。司马光却急中生智，从地上捡起一块大石头，使劲向水缸砸去，"砰！"水缸破了，缸里的水流了出来，被淹在水里的小孩也得救了。小小的司马光遇事沉着冷静，从小就是一副小大人模样。这就是流传至今的"司马光砸缸"的故事。这件偶然的事件使小司马光出了名，东京和洛阳有人把这件事画成图画，广泛流传。

情义小语

司马光砸缸的故事，家喻户晓。做到这一点，一要靠胆，就是救人的勇气，还要有冷静和不惊慌的精神；二要靠智，就是懂得救人技巧，有时急不择法，反而适得其反。

荆轲刺秦

秦国的将领王翦打败了赵国，俘虏了赵王，占领了所有赵国的土地，派兵向北侵占土地，一直到燕国南边的边界。

赵太子丹非常的恐惧，于是就请求荆轲说："秦国的军队早晚就要渡过易水了，那么即使我想长久地侍俸您，又怎么可以呢？"荆轲说："即使太子不说，我也要请求行动。现在去却没有什么凭信之物，那就无法接近秦王。现在樊将军，秦王用一千斤金和一万户人口的封地做赏格，悬赏他的头。如果真能够得到樊将军的人头和燕国督亢的地图献给秦王，秦王一定会很高兴地接见我，我这才能够有办法来报答太子。"太子说："樊将军因为走投无路来投奔我，我不忍心因为我自己的私仇，而伤害长者的心意，希望您再想想别的办法吧！"

荆轲知道太子不忍心，于是就私下拜见樊於期，说："秦王对您樊於期，可以说是十分的刻毒。父母宗族，都被杀害和没收。现在听说秦王用一千斤金、一万户人家的封地来悬赏将军的首级，您打算怎么办？"樊将军仰天叹息流着眼泪说："我每次想起，常常痛入骨髓，只是想不出什么办法罢了！"荆轲说："现在有一个建议，可以解除燕国的后患，并且报樊将军的仇恨，怎么样？"樊於期于是走上前说："到底怎么做？"荆轲说："希望借您樊将军的首级来献给秦王，秦王一定非常高兴而好好地接见。我左手抓住他的衣袖，右手用匕首刺他的胸，然后这样就可以报将军的仇，燕国被欺侮的耻辱也除掉了。将军你可愿意？"樊将军脱下一只衣袖，握住手腕走上前说："这是让我日夜咬牙切齿非常痛心的事，现在才能够听说指教！"于是自杀。

太子听说这件事，驱车前往，伏在尸体上大哭，非常伤心。但已经是无可奈何的事了，于是就收拾装好樊於期的首级，用盒子封装起来。

于是太子事先寻求天下最锋利的匕首，用百两黄金从赵人徐夫人那儿买到，让工匠在淬火时把毒药浸在匕首上。用来试用他人，鲜血沾湿衣缕，人没有不立即死亡的。于是打点行装送别荆轲。

燕国有勇士叫秦武阳的，十二岁的时候就杀人，人们不敢和他正视。于是命令秦武阳作为他的助手和他一道去。荆轲等待另一个人，想和他一起去，可那个人住得很远没有来，就一直在等他。

过了一些时候，还没有出发，太子嫌荆轲动身太晚，怀疑他可能反悔，于是又去请他动身，说："太阳快要落山了，您难道不想去吗？就让我先打发秦武阳动身！"荆轲非常生气，怒斥太子道："如果现在去了而不能好好回来复命，那是没用的人！如今拿着一把匕首到生死难测的秦国，我留下来的原因，是想等我的朋友一道。如今太子嫌我动身太晚，请允许我辞别。”于是就出发了。

太子和那些的知情的宾客，都穿着白衣白帽来给他送别。到了易水上，祭过路神，就要上路了。荆轲的朋友高渐离拍打着乐器，荆轲和着音乐发出悲凉的声音，大家都流着泪哭泣。荆轲又走上前唱到：“风萧萧兮易水寒，壮士一去兮不复还！”又发出激愤的声音，大家都圆睁着眼睛，头发向上顶起了帽子。于是荆轲就上车而去，始终不曾回头。到了秦国之后，带着价值千金的礼物，以厚礼赠送给秦王的宠臣中庶子蒙嘉。蒙嘉事先为他对秦王说：“燕王确实非常害怕大王您的威风，不敢派兵来抵抗大王您，愿意拿全国的百姓来做您的臣子，排在诸侯的行列，像秦国的郡县那样向秦国进贡，只求能够守住祖先的宗庙。他非常害怕，不敢自己来陈述，现在谨斩杀樊於期的头并献上燕国督亢一带的地图，用盒子装好，燕王很慎重地在朝廷对他拜叩后将它送出，派遣使者来把这些告诉大王。一切听大王您吩咐。”

秦王听了之后，非常高兴。于是穿上朝服，设九宾之礼，在咸阳宫接见燕国的使者。

荆轲捧着装着樊於期头的盒子，秦武阳捧着装有地图的匣子，按先后顺序进来。到了殿前的台阶下，秦武阳害怕得变了脸色，群臣对此感到奇怪，荆轲回头对他笑了笑，走上前替他向秦王道歉说：“北方边远地区的人，没有见过天子，所以有些害怕，望大王能够稍稍原谅他，让他能够在大王面前完成使命。”秦王对荆轲说：“起来吧，把秦武阳的地图给我拿来。”

荆轲拿来地图之后捧着，打开地图，地图全部展开后露出了匕首。荆轲乘机抓住了秦王的袖子，右手拿着匕首去刺秦王。没有刺到，秦王非常吃惊，耸身站了起来，挣断衣袖。拔剑，但剑太长，于是拿起剑鞘。当时非常危急，剑插得太紧，没办法抽出来。

荆轲在后面紧追秦王，秦王绕着柱子跑。群臣非常吃惊，事情突然发生，根本没想到，大家都失去了常态。而按照秦国的法律，在殿上侍俸的群臣，不能带一点点兵器；那些带了兵器的侍卫，都在殿下侍候，没有命令不得上殿。正在慌急之中，而且也来不急召来侍卫，因此荆轲不断地追逐着秦王，而大家在惶急之中，也没有什么东西来对付荆轲，仅仅只是用手来和荆轲搏斗。

这时，秦王的御医夏无且用他手里的药袋扔向荆轲。秦王正绕着柱子跑，惊惶之中，不知所措。左右大臣都提醒说：“大王快把剑背在背上！大王快把剑背在背上！”于是秦王拔剑刺向荆轲，砍断了荆轲的左大腿。荆轲伤残倒地了，就举起匕首投向秦王，没投中，击中了柱子。秦王又砍杀荆轲，荆轲身中八处剑伤。

荆轲自知事情不能成功，靠在柱子上大笑，两腿张开，两膝微曲地坐着，痛骂道：“事情之所以没有成功，是想活捉你呀，然后要你同我们订下誓约来回报太子呀！”秦王的左右大臣上前，斩了荆轲。秦王吓得很长时间头晕目眩。

情义小语

荆轲刺秦的故事，千古流传至今。人们崇敬他，一是他知恩必报。赵太子对他有知遇之恩，所以一心想报答他，甚至付出生命也在所不惜，这才是大情大义的典型。二是他说到做到，勇敢无畏。他明知此去无生还的可能，依然前行，并做好了死的准备。为了反抗强秦，为了报答赵国，他义无反顾地走向除暴前列，奋不顾身，神昭日月。

缪肜较真

缪肜是东汉汝南召陵人，兄弟四人，缪肜为长。他年幼时就死了父母，待四个弟弟长大成人，缪肜为他们娶妻成家，因妯娌之间不和睦，兄弟提出平分家产，各立门户。缪肜对此深感伤心，就关了房门，痛哭失声并打自己的头说："缪肜啊！缪肜，亏你熟读圣贤之书，整日修身谨行，还声言匡正世风，如今连你自己的家都管不好，怎么还有脸活在世上呢?"他的弟弟和弟媳见缪肜如此自责，都很惭愧，一起下跪向缪肜磕头谢罪，表示愿意齐心合力，勤俭持家。从此家室融融，夫妻相敬如宾。

缪肜在县里担任主簿时，县令被诬告治罪，满衙官吏都害怕受到牵连，谁也不敢出来替他说话，缪肜却挺身而出，证明县令是冤枉的。酷吏把他逮到狱中，施以酷刑。缪肜不怕严刑拷打，也不怕坐牢杀头，甚至棒伤生蛆，仍坚持实事求是，不改初衷。直到四年以后，这位县令被宣布无罪，缪肜才被赦免。汝南太守梁湛听说了缪肜为了维护无罪的上司，不惧怕坐牢的英勇气节，把他招为郡中决曹史。汉安帝初年，梁湛病逝衙上，缪肜亲自护送梁湛的灵柩到原籍陇西。当时陇西有西羌之乱，梁湛的老婆和孩子皆避乱逃至他乡，缪肜就亲自掘墓负土，安葬梁湛。西羌之乱平息后，梁湛的妻子儿女回乡，听说此事，感激万分。陇西的父老乡亲都为缪肜轻生死重友情的高尚品德所感动，临别，梁湛的老婆孩子要赠车马衣资，缪肜却婉言谢绝，告辞而归。

朝廷得知其事，遂擢升缪肜为中牟县令。中牟邻近京都洛阳，当地一些豪绅权贵为非作歹，民怨沸腾。缪肜上任以后，秉公执法，诛杀贪官污吏和皇家的不法亲戚一百多人。从此缪肜威名大震，邪恶之徒再也没有人敢欺压百姓、横行乡里了。

缪肜官职虽然不大，但是史学家范晔在其所著的《后汉书》中却专为其立传，誉之为"蹈义历险"的独行人物。

情义小语

缪肜刚直不阿、敢于较真的个性活生生地立现于眼前。在被施以酷刑，甚至棒伤生蛆的情况下，他仍然实事求是、不改初衷。但从缪肜身上折射出的"义"字更令世人钦佩。首先，始终秉持公平正义的信念。县令受诬治罪后，缪肜不怕坐牢杀头仍然坚持实事求是、敢讲真话；任中牟县令时，缪肜敢于秉公执法，诛杀贪官污吏。

仗义执言的周昌

周昌是沛县人，他和堂兄周苛都在秦时担任泗水卒史。后来汉高祖在沛县起兵，打败了泗水郡的郡守、郡监，这样，周昌、周苛二兄弟也就以卒史的资历追随沛公，沛公命周昌担任一名管旗帜的职志，周苛暂时在帐下当宾客。后来他们都跟从沛公入关，推翻强秦的统治。沛公被封为汉王，汉王任命周苛为御史大夫，周昌为中尉。汉王四年（前 203），楚军在荥阳把汉王团团围住，情况紧急，汉王悄悄逃跑出围，命令周苛留守荥阳城。楚军攻破了荥阳，想任命他为将领，周苛痛斥道："你们这些人应该赶快投降汉王，不然的话，很快就要做俘虏了！"项羽听罢大怒，立刻就烹杀了周苛。于是，汉王就拜周昌为御史大夫。周昌经常跟随汉王，并且多次击败项羽军队。因此，在高祖六年（前 201）时，周昌和萧何、曹参一起受封，周昌被封为汾阴侯，周苛的儿子周成因父亲为国捐躯的原因，也被封为高景侯。

周昌为人坚韧刚强，敢于直言。萧何、曹参等人对周昌都非常敬畏的。周昌曾经有一次在高帝休息时进宫奏事，高帝正和戚姬拥抱，周昌见此情景，回头便跑，高帝连忙上前追赶，追上之后，骑在周昌的脖子上问道："你看我是什么样的皇帝？"周昌挺直脖子，昂起头说："陛下您就是夏桀、商纣一样的皇帝。"高帝听了哈哈大笑，但是却由此最敬畏周昌。当高帝想废掉太子，立戚姬之子如意为太子时，许多大臣都坚决反对，但是都未奏效。后来，幸好张良为吕后定下计策，使高帝暂时把此事放下。而周昌在朝廷中和皇帝极力争辩，高帝问他理由何在，因为周昌本来就有口吃的毛病，再加上是在非常气愤的时候，也就口吃得更加厉害了，他说："我的口才虽然不太好，但是我……知道这样做是不行的。陛下您虽然想废掉太子，但是我……坚决不能接受您的诏令。"高帝听罢，很高兴地笑了。事过之后，吕后因为在东厢侧耳听到上述对话，她见到周昌时，就跪谢说："若不是您据理力争的话，太子几乎就被废掉了。"

此后，戚姬的儿子如意立为赵王，年纪 10 岁，高祖担心如果自己死后，赵王会被人杀掉。当时有一个名叫赵尧的人，年纪轻轻，他的官职是掌管符玺的御史、赵国人方与公对御史大夫周昌说："您的御史赵尧，年纪虽轻，但他却是一个奇才，您对他一定要另眼相待，他将来要代替您的职位。"周昌笑着说："赵尧年轻，只不过是一个刀笔小吏罢了，哪里会到这种地步！"过了不久，赵尧去侍奉高祖。有一天，高祖心中不乐，慷慨悲歌，满朝文武不知道皇帝为什么会这样。赵尧上前请问道："皇帝您闷闷不乐的原因，莫非是因为赵王年轻而戚夫人和吕后二人又不和睦吗？是担心在您万岁之后而赵王不能保全自己吗？"高祖说："对。我私下里非常担心这些，但是却拿不出什么办法来。"赵尧说："您最好为赵王派去一个地位高贵而又坚强有力的相国，这个人还得是吕后、太子和群臣平素都敬畏的人才行。"高祖说道："对，我是想这样，但是满朝群臣谁能担此重任呢？"赵尧说道："御史大夫周昌，这个人坚强耿直，况且从吕后、太子到满朝文武，人人对他都一直敬畏，因此，只有他才能够担此重任。”高祖说：“好。”于是高祖就召见了周昌，对他说：“我想一定得麻烦您，您无论如何也要为我去辅佐赵王，您去担任他的相国。”周昌哭着回答：“我从一开始就跟随陛下，您为什么单单要在半路上把我扔给了诸侯王呢?”高祖说：“我非常了解这是降职，但是我私下里又实在为赵王担心，再三考虑，除了您之外，其他人谁也不行。真是迫不得已，您就为我勉强走一遭吧!”于是御史大夫周昌就被调任赵国相国。

高祖去世之后，吕太后派使臣召赵王入朝，相国周昌让赵王推说身体不好，不能前往。使者往返去了三次，周昌都一直坚持不送赵王进京。于是吕后很是忧虑，就派使者召周昌进京。周昌进京之后，拜见吕后，吕后非常生气地骂他：“难道你还不知道我非常恨戚夫人吗？而你却不让赵王进京，为什么?”周昌被召进京城之后，吕后又派使者召赵王，不久，赵王果然来到了京城。他到长安一个多月，就被迫喝下毒药死去了。周昌因此也就称病引退，不再上朝拜见太后。三年之后，他也去世了。

情义小语

周昌做事，不以自身的安危为出发点，而是以国家的法度为准绳，以正义的良心为标尺。当他看不惯朝廷的事时，即使是皇帝和权贵，他也要冒死进谏和规劝。这也是一种见义勇为的官德，比那些吹嘘拍马之徒，实在难能可贵。

勇救朝鲜少年

1952年1月2日清晨，寒风刺骨，气温下降到摄氏零下20度。放眼望去，泥栎河面结成了一片冰雪，就像一块巨大的玻璃。志愿军战士罗盛教一早出操归来，正和战友小宋向河边走去，只见几个朝鲜少年正在河边滑冰，玩得兴高采烈。

突然，猛听见“咔嚓”一声，接着是一声挣扎般的惊叫，罗盛教马上一回头，只见河中央有一个名叫崔莹的少年掉进冰窟窿。原来是这少年不慎踩着了河上的薄冰层，身体不由自主地往下陷。因为他身穿棉衣，脚上又绑着雪车，乱扑乱打地挣扎着，想爬上来，但手脚却难以起作用，他周围的冰面被打得连连断裂，一转眼工夫，他便被冰层没了顶，沉下河里。岸上的三个孩子失声地呼救。这时，罗盛教心如刀绞，立即像离弦的箭似的向河中出事地点冲去，他一面跑，一面脱掉身上的棉衣和棉帽，只剩下一身衬衣。猛地“扑通”一声，他一头扑进了冰窟窿。过了一会儿，只见罗盛教露出水面，原来他还未找着掉下河的孩子崔莹，他这时面色灰白，冰冷的河水使他浑身打颤。可是时间不允许他多停留一秒钟，他吸了一口气，又钻下水里。罗盛教第二次露出水面，他仍未找着崔莹，严寒使他四肢僵硬，手脚难以施展，但他仿佛听到朝鲜父母焦灼地呼唤“请你救救孩子”的声音，他把胸脯挺出水面，对着战友小宋喊道：“快，电线杆……”他此时已冻得叫不出声了，但又一次钻入水底。

过了好一会儿，水面上又一阵晃动，终于伸出了两只通红的小手，随后露出了崔莹的头，冰层下的急流，冲得他摇摇晃晃。只见他迷糊着双眼，两手乱抓。在冰层下托着“小胖墩”的罗盛教憋着气，用足劲，一分一秒地坚持着。由于冰沿还抓不着，罗盛教又一次使出了全身的力量，往冰沿方向一耸，崔莹终于扒到了冰沿，抖抖嗦嗦地往上爬。冰上的孩子们也伸出小手。眼看崔莹小半截身子都上来了，忽然“哗”地一声，冰沿崩塌了一大块，连人带冰又一次掉进水里，水花溅得老高，窟窿也越来越大。崔莹不见了。

罗盛教冲出水面，嘴里喷着水沫，面色青紫，竭力地喘着气，胳膊、手臂都在发抖。罗盛教顽强地把手一甩，咬紧嘴唇，一下子又沉到了水底。

北风呼呼地吼叫着。小宋抱着电线杆，“呼嚓呼嚓”地赶来了。他对着冰窟窿直喊：“盛教！盛教！”孩子们也哭叫着：“崔莹！崔莹！”这时水花一涌，崔莹的大半截身子伏到冰沿上。这一回，罗盛教不是用手托，而是用头和肩膀硬顶上来的！崔莹处于半昏迷状态，耷拉着头，两手也不乱抓了。转眼间，罗盛教出现在崔莹身后的冰沿旁，他清楚地知道，如果两人都趴在一起，冰层可能再一次崩塌。

小宋把电线杆子迅速伸到罗盛教的身边，喊：“快！抓住！快哦！”这时的罗盛教只要抓住杆子，立刻就会脱离险境，化险为夷。在这最危急最珍贵的时刻，罗盛教回过头来，强睁双眼，嘴唇嗫嚅着，用最后的气力腾出一只狂抖的手，向身后的崔莹摆了摆。由于气尽力竭和严寒，罗盛教已说不出话，但从这手势和眼神里可以看出，他异常坚决地告诉小宋：先救崔莹！

小宋望着战友那坚毅的神色，完全理解了他的意思，迅速地把杆子送到了崔莹的身边，崔莹抱住杆子，终于得救了。当小宋把杆子递向对面冰沿的时候，竟不见罗盛教。宽大的窟窿像个凶险莫测的虎口，呼啸的寒风把雪沫子刮向空中，又撒向水里。小宋不会游泳，急忙回村里去叫人。人们闻讯赶来，用铁镐、斧子砍开厚厚的冰层。男女老少跪在冰面上，一片又砸又砍的声音，满河里到处都是飞溅着的冰渣子。人们终于在离冰窟窿几丈远的下游，捞起了罗盛教。

罗盛教安详地闭着眼，嘴角微微向下弯，脸色是那样的平静，那样的坦然。

情义小语

罗盛教以崇高的共产主义、国际主义精神，冒着零下20度严寒救出滑冰落水的朝鲜少年崔莹，自己却光荣牺牲的动人事迹，在朝鲜广为传颂。他不愧是一名国际主义战士。在他的身上，既体现了舍己救人的传统美德，也体现了大公无私、先人后己的革命英雄主义精神。

舍身救火车

欧阳海诞生在湖南省桂阳县莲塘区一个贫苦农民家里。解放后加入了中国人民解放军，任班长，还入了党。

1963年11月，部队准备出发野营。动员会上，欧阳海对大家表示决心说："野营是对我们每个战士的考验。我和七班保证完成党交给的任务。"

他是党小组长，动员会后他又召集党员开会，对大家说："每个党员在行军中要起带头作用，在困难的情况下要挺身而出！"

18日清晨，欧阳海随着炮兵连进入了峡谷。突然，不远处两山缝隙里，冲出一列火车。霎时，山谷轰鸣，大地颤动，飞沙刺脸。列车驶近了，炮兵连一匹胆小性躁的黑色马，骤然受惊，背负高大的钢铁炮架，疯狂地蹿上铁道，横在路心，竖耳瞠目，瑟瑟打抖，死活不动。

奔驰而来的列车距离驮着炮架的战马只有40米，眼看就要闯下大祸！欧阳海以异乎寻常的敏捷毫不犹豫地冲上铁轨。他全然不顾呼啸而来的巨大列车，使尽全力把吓呆了的牲口猛地往轨道外面推了出去。欧阳海身受重伤俯卧在轨道外侧的沙石上。副班长曾阶锋和战士李甫生急忙把班长抱在怀中。火车冲滑了300米后停了下来，司机张世海和王治卫马上向英雄倒下的地方奔来。他俩拉住曾阶锋的手激动他说："快救救这个伟大的战士，是他救了几百名旅客的生命啊！"

欧阳海舍身救火车的英雄事迹像疾风一样飞快地传遍了衡山县城。在衡山医院，欧阳海静静地躺着，他是那样安洋，好像没有一丝痛苦，突然，他睁开晶亮的眼睛，向人们张望了一下。想不到这竟是英雄的最后一瞥。他像流星似的在夜空中陨落了，他安详地离开了我们。一支壮丽的乐曲、一首时代的颂歌，在一个战士英勇献身中谱成！

战友们忍泪含悲，走到烈士坟前，栽下几株松苗。一棵红松倒下去，却洒落无数的松果。这些蕴藏着强大生命力的种子，必将破壳出土，长成一片无边无际的红松林。它们身上也将刻着时代的年轮，英姿挺秀，清香四散……

情义小语

欧阳海是继雷锋之后在人民解放军这所大学校里涌现出的又一名共产主义战士。为了挽救一列火车和火车上的乘客，他毅然冲上轨道，推出了轨道上的马，自己却付出了年轻的生命。他这种挺身而出的英雄气概，丝毫不逊色于在战场上拼杀的战士，不逊色于冲向歹徒的勇士。他的英雄事迹永垂千秋，他的英雄形象成为后人的楷模！

英雄战士王杰

王杰是山东省金乡县城郊乡华固村人，入伍后成为坦克某师工兵营一名光荣的工兵战士。他非常崇尚英雄，在他的日记本上，剪贴着黄继光的画像，抄录有对黄继光英勇献身的一段颂歌。他经常说："我一定要向董存瑞、黄继光、安业民、雷锋等英雄人物学习。"

1965年初夏，根据驻地江苏省邳县张楼公社（现邳州市运河镇）人武部的请求，王杰所在的工兵营一连派班长王杰担任民兵地雷爆破训练的教员。7月14日，进行最后一项训练——地雷实爆，王杰让大家围成一圈，由他做示范动作。突然，埋设炸药包的土层冒出白烟。在这千钧一发之际，只听王杰大喊一声："闪开!"便毅然飞身而起，扑向炸药包。随着一声惊天动地的巨响，王杰倒在了血泊之中，在场的12名民兵和人武干部得救了，但年仅23岁的王杰却献出了自己的生命。

情义小语

当其他人的生命安全受到威胁时，毅然舍己救人，用自己的鲜血挽救他人的生命，这是一种高尚的思想情操。王杰的英雄壮举，无疑会激起人们对他的崇敬和怀念。他用生命谱写的"一不怕苦，二不怕死"精神，已成为中华民族精神宝库中一颗璀璨夺目的瑰宝，在一代代华夏儿女中传承。

礼

繁体的“禮”，从示。示的意思，就是把东西展示给别人看。“豊”字从豆象形，古代祭祀用的器物，用于事神就叫礼。所以，“礼”初始的意思是举行仪礼，祭神求福。用珍贵的器物祭祀，表示对“天”的感谢和尊重。“禮”的核心就是“尊重”二字。我们要提倡“礼”，就是要注重礼仪，尊重他人。要保持良好的行为规范，即我们通常所说的礼仪、礼节和礼貌。大到国家的外交，要遵循它；小到日常生活的方方面面，同样也要遵循它。

敬长爱幼篇

兄弟共被

汉朝的时候，有个人姓姜名肱。他有两个弟弟，一个叫姜仲海，另一个叫姜季江。他们兄弟三人非常友爱，情同手足，形影不离，天天在一起读书、下课又一起温习功课、玩耍、还一起帮家里做家务事。而且三个兄弟缝了一床大棉被每天都睡在一起。

有一次，姜肱跟他的弟弟一同去京城，结果半夜路遇强盗。月光下，强盗面目狰狞，手里的匕首泛出幽幽寒光，看了直叫人打颤。强盗嚣张地晃着明晃晃的匕首一步步逼进抱在一起的两兄弟。突然，哥哥推后弟弟，走上前一步说："我弟弟还小，我是做哥哥的，我可以牺牲，我要挽救我的弟弟，希望你们放他一条生路。"这时，后面的弟弟也走上前来说道："不！你不可以伤害我哥哥，还是杀我吧！"兄弟俩都争着让对方活，想到兄弟就要生离死别，俩人不禁抱在一起，痛哭流涕。

盗贼也不是铁石心肠，主要是因饥寒才起了盗心。他深深地被兄弟俩的手足情感动了，于是说道：我今天终于见到什么叫亲情了。只抢了一些财物便匆匆离开。

到了京城里头去办事，有人见到姜肱衣冠不整，穿得很破烂，就问他：出了什么事，你会如此落魄？但是姜肱用其他种种借口，来掩饰被抢的这一段经历。因为他深盼盗贼能悔改。

后来事情辗转传到盗贼那里，他听到姜肱被抢而不说，非常感激，悔恨交加。于是隔天就跑去请求拜见姜肱，亲自把所有抢来的衣物都还给了姜肱，并表明痛改之意。

礼仪小语

姜肱兄弟这样仁慈，这样有爱心，甚至感化了盗贼，实在是难能可贵。兄弟能和睦相处，好比是手足四肢一样，父母如同身躯，身躯与四肢能互相搭配，这样才是健全。这也就是汉语常形容的骨肉是一体，手足是一体。所以，自古以来，兄弟就要相互友爱、相互提携，长大成人之后，更要相互帮助。

赵孝争死

在汉朝的时候，有一个人叫赵孝，字常平。他有一个弟弟叫赵礼，兄弟两人相处得十分友爱。

有一年，由于收成不好，粮食减产歉收，饥荒严重，社会治安也很混乱。这一天，空中乌云密布，天色十分昏暗。一阵狂风过后，人们的心头仿佛都有一种不祥之兆。果然，一伙强盗突然占据了宜秋山，开始四处抢掠，百姓们都慌忙逃命，因为在这种严重的饥荒灾区，饥饿已经使强盗们失去了理性，甚至连吃人的事情也有所耳闻。

强盗们在老百姓的家中大肆搜寻一阵，见找不出多少食用的粮食和换钱的东西，一怒之下，他们就只好抓人，恰好把弟弟赵礼给捉走了。

赵礼尽管身体瘦弱，但是穷凶极恶的强盗们也不肯放过他，将他五花大绑捆起来后，系在一个树上，然后在旁边架起炉灶生起火来，开始烧水，准备拿赵礼来充饥。

哥哥赵孝虽然幸运地躲过了这一劫，却找不到了弟弟。他心急如焚，四处打听，得知有人亲眼看见赵礼被强盗抓走了。

弟弟被掠走的消息让赵孝心如刀割。他焦急地想：我该怎么办？要是弟弟有个三长两短，可怎么对得起父母啊！我这个做哥哥的又怎么能再活在这个世上？弟弟是同胞骨肉，哪怕赔上自己的性命，我也要救出他。想到这里，赵孝就下定决心，朝着强盗撤离的方向骑马奔了过去。

由于赵孝救弟弟心切，马不停蹄，所以很快就赶到了强盗那里，见到了被捆绑的弟弟，同时也看到旁边有一锅正呼呼冒着热气的开水。弟弟赵礼见哥哥来了，先是一阵惊喜，随后马上就哀叹起来，埋怨说："哥哥呀！您怎么可以到这个地方来呀！这不是白白送死来了吗？"

此时赵孝也顾不上与弟弟搭话，就冲到强盗的面前，哀求强盗说："我弟弟是一个有病的人，而且身体也很瘦弱，他的肉一定不好吃，请你们放了他吧！"

强盗们一听大怒，气汹汹地对赵孝说："放了他，我们吃什么？"赵孝赶紧说："只要你们放了赵礼，我愿意用自己的身体给你们吃，况且我的身体很好，没有病，还很胖。"

强盗们听了赵孝的这番话，一下子都愣住了，他们没想到天下还有这样甘愿送死的人，震惊地相互对视着。

这时，就听见赵礼在旁边大声地喊："不行！不可以那样做！"边上一个强盗就向赵礼吼道："为什么不行？"

赵礼哭着说："被捉来的是我，被你们吃掉是我自己命里注定的，可是哥哥他有什么罪过呀？怎么可以让他去死呢？"听罢此言，赵孝连忙扑到弟弟面前，兄弟相拥在一起互劝对方要让自己去死，情急之下已是泣不成声。

这些无恶不做的强盗们，听着兄弟互相争死的话语，望着手足之间舍身相救的场面，深深被震慑住了。他们那坚封已久的恻隐之心，被这人间真情真义的感人场面唤醒了，也都不免淌下了热泪。旋即，他们无声地放走了兄弟两人。

后来，这件事辗转传到了皇帝那里，皇帝是一个深明仁义道德的君王，不仅下诏书给兄弟二人封了官职，而且把他们以德感化强盗的善行昭示于天下，让全国百姓效仿学习。

礼仪小语

俗话说：兄弟如手足。纵观当时的危险境界，赵氏兄弟能够首先顾及对方的安危，丝毫不顾个人的凶险，足见他们的心中已深深明白，自己的身体与弟兄的身体都是父母身体的一部分，同气连枝，同体相生。放眼世界，万物虽有类聚群分，实则如兄弟一样，互相之间休戚相关，同体相生。

文灿拒间

宋朝时候，有一个人名叫周文灿。在父母和师长的教导下，从小他就深深地懂得孝顺父母、友爱兄弟是做人的根本。他有一个哥哥，兄弟俩友爱笃甚。小时候，他们经常一起在外面玩耍。文灿累了，哥哥就会把他背回家，在哥哥的背上，文灿感到就像在父亲的背上一样安全和踏实。

兄弟俩长大之后，父母相继去世。文灿和哥哥一直生活在一起，不幸的是哥哥染上了酗酒的恶习，经常喝得醉熏熏地回来，一个成年人应该干的活也由于这样的情形而干不了了。天长日久，哥哥就只能靠着文灿为生了。有时清醒的时候，哥哥的内心也感到很羞惭，自己一个大男人，却要仰仗弟弟过日子，难受啊！但酒瘾一上来，他两条腿就不由自主地往酒馆里迈。一帮酒友也时常过来，大家拉拉扯扯就一起过去了。文灿看到哥哥这个样子，心中不但没有半点埋怨，还时常体恤到哥哥身体不好，心情不快，总是对哥哥恭恭敬敬，好言好语相待。在他心目中，哥哥永远是哥哥，与自己骨肉情深，手足相连，自己有能力养活哥哥，兄弟俩一定要终身友爱下去，这样父母的在天之灵也会感到无比安慰啊！

一天傍晚，文灿正在家里看书，忽然听到外面吵吵嚷嚷，其中似乎还有哥哥的声音。他连忙跑出来，只见哥哥喝得酩酊大醉，正东倒西歪地往家里走来，嘴里还哼着歌儿，几个人正对着自己的哥哥指指点点。文灿急忙上前去扶哥哥，没想到哥哥粗声粗气地对他说："你是谁？你要干什么？"突然一个大巴掌朝文灿猛煽过来。文灿猝不及防，倒在地上，哥哥又把他按在地上暴打了一顿。等哥哥打够了，文灿好不容易才爬起来，已是遍体鳞伤。

邻居们闻讯纷纷赶来，他们早就对文灿的哥哥多年来仰仗弟弟生活有所不满，现在见到这幅情景，都感到愤愤不平。有的说："太不像话了！居然打自己的亲生弟弟，也不想想自己是靠谁生活？"有的说："文灿，别傻了，干脆告官算了！"这时哥哥的酒也醒了，看到如此情形，心中万分后悔，但又不知道说什么好，只是在一旁默默垂泪。几位邻居还在一旁大声指责。文灿看到众人这个样子，又看到哥哥在夜色中憔悴无助的模样，不禁一阵心酸。他走上前去扶住哥哥，怒声对着众人说道："我的哥哥并非来打你们，你们哪里可以离间我们的骨肉至亲啊！"众人一听，不禁一愣，仔细一回想，不禁感到很惭愧，就悄悄地回去了。

文灿把哥哥搀扶回家，帮他擦洗一番后安顿他睡下。在柔和的灯光下，文灿看着哥哥熟睡的面容，显得是那么消瘦和苍老。他不禁感慨万分：哥哥老了，我以后一定要更加细心地照料哥哥，让他能健康快乐地安度晚年。

后半夜，哥哥醒了，他放心不下弟弟，轻手轻脚地起来，走到弟弟床边，在清凉的月光下，只见弟弟睡得很熟，很香甜。但脸上的青肿却是清晰可见，哥哥不禁老泪纵横：弟弟呀，真对不住你啊！

这件事情就像长了翅膀一样，一时传遍了邻里八方，传到了朝廷上。许多人家的兄弟争相以周文灿做为仿效的的榜样。当朝的宰相司马温公知道了这件事情，不禁为周文灿对兄长的至情至爱击节赞赏。常常写了这一桩事情去劝诫人家，告诫凡是有兄弟之人，一定要懂得包容手足。

礼仪小语

周文灿的兄长仰仗弟弟提供财物而过活。照理讲他应该知恩图报才是，想不到他却酒后酩酊大醉，无缘无故地伤害弟弟，邻居们当然会打抱不平。周文灿不愿意别人来破坏他们兄弟间的感情。能忍人所不能忍，包容自己的手足，实在是太难能可贵了。《弟子规》告诉我们："兄道友，弟道恭。兄弟睦，孝在中。"周文灿的这一举动不仅使兄弟之间的感情更加融洽，也使离世的父母的在天之灵备感宽慰。同时感化邻里乡亲，更使千百年后的子孙从中学习受益。

王守仁敬重前辈

明嘉清初年，绍兴出了三个尚书：韩邦问、王鉴之和王守仁。韩邦问和王守仁的父亲同辈，王守仁对他十分敬重。冬至节这一天，王守仁和韩邦问都去朝堂上朝贺，王守仁当时是一位立了大功的勋臣，他身着貂蝉朝服，乘马前行。一会儿随从报告说韩尚书在后边。王守仁立即下马执笏，立在道旁。韩公至，也不下轿，拱拱手说："守仁走好啊，我先走了！"就过去了。王守仁等他过去才上马继续前行。这个时候，韩公居然以前辈自居，而王守仁对他十分恭敬，并不因身是伯爵而自命不凡。

礼仪小语

在官场中，年轻的官员应谨慎，对老官员要尊重，这样才能受到他们的赞许。

否则就会受到老臣们的攻击。王守仁是唯心主义哲学家，对人生修养有独到研究，为历代官员所推崇。王守仁升了官，封了伯爵，但他十分注意自己的形象，对老臣尊重，并不得意洋洋。这是值得后人学习的。

田真叹荆

隋朝时代有一户田氏人家，住着田真、田庆和田广三兄弟。自他们分别成家之后，兄弟三人就想要各自发展，所以他们就决定分家，把家产分成了三份。分到最后，只剩下庭院中那棵满是紫红色花朵的紫荆树了，几十年来，它一直欣欣向荣，象征着这个家庭的兴旺。一代又一代的田氏子孙，就是在紫荆树默默的俯视中成长起来的。他们和乐融融地在这块土地上生活了好多代人。老树蕴涵着人们不尽的追忆和缅怀。

哥哥田真叹息着说道：田家的历史有多长，紫荆树就有多老。

田庆不以为然地说：我们家产都分完了，留着这棵树也没什么用了，不如把它也给分了。

幼弟田广精打细算地说：有理有理，紫荆树的树皮和木材都可以入药，我们干脆直接把它砍掉，一人一份，还能卖个好价钱呢！再说，我们分了家之后，都要各奔前程，谁还顾得上照顾它啊？

田真说：使不得，使不得。我们怎么忍心伤害这些美丽的花朵和润泽的叶子呢？它鲜活的生命力，伴随着一代又一代人的成长。眼见那翠绿的色泽，谁不发自内心地赞美它的生命？家族有多兴旺，紫荆树就有多美。这是我们家族繁盛的见证，怎能如此伤害于它呢？

田庆说：哥哥您别犯傻了，谁还会注意到这棵老树？您要是不肯，那我就和弟弟对半分了。

两位弟弟那样坚持，哥哥也爱莫能助，于是他们决定将紫荆树砍成三段。田真仰望着昔日的故宅和茂盛的老树，内心十分地伤感，但也无可奈何。

隔天，原本茂盛挺拔的紫荆树一夕之间突然全部枯萎凋零。原本壮硕挺直的枝干、翠色可人的叶子，顷刻间仿佛成为枯死的紫荆，看到的人无不大惊失色，疑惑地想到：难道紫荆树也伤心欲绝，知道自己的生命将被截成三段，不如先自行了断吧。

三兄弟见到这个情形，首先大吃一惊，然后开始痛切地忏悔：为什么手足之情要这样分离？连树都觉得伤心，连树都为之涕泣，连树都不想再活下去。昨天热火朝天的砍斫计划，一时间令两位弟弟感到万分沮丧和羞愧。

哥哥神情肃穆地说：树木原本就是同气连枝的，正是因为听说将要被砍成三段，它们才会如此悲伤，我们人竟然连树木都不如啊！

田庆看到这番景象，非常有感悟，他追悔不已地说：当我们还非常小的时候，我们同吃同住，同出同息。那种在父母身旁承欢膝下、同舟共济的幸福生活，现在想起来还那么令人怀念。

弟弟伤感地说：现在父母都不在了，我们兄弟就是最亲最亲的人了，如果连我们都不肯团结友爱的话，父母在天之灵一定会天天流眼泪，一定会比紫荆树还要伤心。

田真说：我们为什么不能继续从前的生活呢？“三人同心，其利断金”，我们是同一个生命共同体，要想重振家业，就要通力合作，和睦共处，团结一心。

兄弟三个人的手紧紧地握在了一起。他们把分家的契约在紫荆树面前一同烧毁，决定继续同舟共济，共同经营幸福的生活。兄弟三人默默地祝祷着，感恩祖先留下的这棵紫荆树，展现了及时的枯萎，让他们深深体会到，连树木都有真情，难道人连树木都不如吗？

第二天，当太阳早早地爬上枝头的时候，弟弟打开窗户时，惊讶地喊了起来：哥哥，哥哥，快来看看，叶子绿了，紫荆树的头抬起来了，叶子变绿了。

鸟儿听到他的叫声，也不由自主地朝着紫荆树那片绿油油的枝头望去。两位哥哥惊讶地探出了头，紫荆花那片殷红的色彩，湿润了他们的眼睛……

从此之后，他们兄弟更加友爱，他们相互扶持，相互帮助，再也不提分家分财产的事情了。美丽的紫荆树也繁茂如初，就像这个团结如故的家庭一样，欣欣向荣，充满无限生机。

礼仪小语

人体各个器官如果不能协同配合，身体必遭病魔的侵袭；团体不和睦，必定迅速瓦解；国家上下不团结，则很难抵御外敌的入侵。俗话说：“家和万事兴”，和睦何其重要！兄弟是同气连枝的生命共同体，就像树枝树干一样不可分离，只有和谐共处，才能家业繁茂兴盛。彼此之间如果产生对立和嫌隙，整棵树都会受到伤害。

世恩夜待

明朝时候，有一个人姓陈名世恩，他是明神宗皇帝万历年间的进士。

他们这一家有弟兄三人，长兄是一个学问道德都很好的人，孝顺廉洁，得到乡里的敬重。陈世恩是老二，当时还没有成就。但是德行也如兄长一样为众人所称许，尤其是他那谦逊有礼、平易近人的态度，更使人觉得他易于接近。但他们的弟弟由于与他们相隔的岁数比较多，父母对这个幺儿不免有些宠爱，因此长大了之后整日无所事事，并且结交了一批狐朋狗友，到处游荡，经常是一大早就不见了人影，深更半夜才回来。

俗话说，长兄如父。三弟的年少轻狂令大哥看在眼里，急在心头。心想假如三弟不成器，自己该如何向高堂老父老母交待，又如何对得起列祖列宗呢？于是，只要有机会，大哥就把三弟叫到一边，苦口婆心地劝他：“三弟呀！不要再在外面游荡了！要早点回家，免得让家人担心啊！”

三弟正是年轻气盛的时候，大哥劝一次、两次还罢，次数多了，他不但听不进去，还开始对大哥反感起来。以后他见到大哥就躲，实在躲不过去，就勉强听着，但也是左耳朵进，右耳朵出，只要有机会就溜出去。一见到那帮朋友，他就觉得比自己的哥哥亲多了。俗话说，逸则淫，淫则忘善。三弟因为放纵自己，不免越发离不开这帮酒肉朋友，心里还怪大哥多管闲事。

大哥看到三弟不仅不听自己的规劝，依然我行我素，并且比以前有过之而无不及，心里十分痛苦、烦闷。

陈世恩见此情景，请大哥坐下来与自己促膝长谈。大哥说："我如此煞费苦心地劝告三弟，他却愈发变本加厉。公然以不良的行为回答我，难道是我哪里做错了吗？"想到自己的好心却被弟弟当成了驴肝肺，大哥不禁有些激动。

陈世恩按住哥哥的手，对他说："大哥，你的心是为弟弟好，这个没错，我对弟弟的行为也很担忧。但是你对弟弟讲话的时候，语气太直接了，年轻人恐怕面子上挂不住。并且还会伤到他的内心，这对他来讲一点益处都没有。这样吧，你给我一段时间，由我来劝他，你暂时先放下这件事。"陈世恩和大哥就这样说定了。

当天晚上，陈世恩手里拿着院子大门的钥匙，在门前等弟弟回来。此时，夜空中月朗星稀，月色下有一条路通向村外，路旁长着茂密的桑树和梓树。陈世恩不禁回想起弟弟小时候天真可爱的模样。唉！时间过得真快，哥哥已年过半百，自己也到了不惑之年，弟弟也一眨眼就长成了大小伙子了，手足之情，弥足珍贵啊！

一阵清凉的风吹来，陈世恩感觉身上有些发冷。弟弟还是没有回来，他想到弟弟一大早出去，也不知衣服穿够了没有？再说，在外面闲逛，都是一帮不经世事的年轻人，怎么照顾得好自己？饱就撑一顿；饿就熬一顿。唉！弟弟的脸色好像是比以前差很多了。

夜深人静，家家户户都已歇息，人们都已进入了香甜的梦乡，陈世恩还在门外徘徊，他耐心地等待着弟弟。突然，在月光下前面走来一个瘦长的身影，他判定是弟弟，高兴地说："是三弟吗？"

"啊，是二哥。"弟弟没料二哥在等他，意外之下显得有点不知所措。"赶快进来吧！外面冷。"世恩看着弟弟走进院子，就把院门关起来，并且把锁锁上。

弟弟以为二哥开始要教训他了，没想到耳朵边却传来二哥亲切的问候："你吃晚饭了没有？冷不冷？"

"噢……吃了，不冷。"弟弟说完，就急急忙忙地回自己房间去了。

第二天一大早，弟弟又溜出去了，仍然是一整天也没有回来，陈世恩和前一天一样，晚上仍在院子门口等弟弟。

弟弟没想到二哥又在等他，不免有些心虚，站在院子外不好意思进来。陈世恩笑着说："自己家门都不进了吗？进来吧，我好锁门。"

弟弟进门后，陈世恩照旧把院门锁好，他闻到弟弟身上有一股酒气，关切地说："喝酒了，难不难受？我刚好泡了一杯浓茶，你喝了可以解解酒。"说罢，世恩就把弟弟带到自己房间，看他喝了茶，漱了口，嘱咐他早点歇息。

这下弟弟可有些睡不着了！假如二哥也像大哥那样骂自己几句，自己倒觉得无所谓，但是二哥却半点也没责怪自己。回想起自己在外面花天酒地的情形，弟弟觉得脸上有些发烧。一会儿，他又想到从小到大两位哥哥对自己疼爱有加。尤其是二哥，从来都是无微不至地照顾自己，想到他心里觉得特别亲。

此后连续几天，弟弟在外面开始呆不住了，眼前尽是哥哥深夜翘首盼自己归家的情形。他对朋友们提出要先告辞，朋友们嘲笑他说："急什么？难道怕家里的大棒槌吗?"弟弟只好又和他们玩到天黑，赶回家一看，二哥又是一脸关切地等着自己。弟弟低下头，无言以对。

陈世恩亲切地抚着弟弟的肩头，问他有没有哪儿不舒服。弟弟羞惭交加，感到太对不起哥哥和家里人了。他心头一酸，哇的一下哭出声来，跪下来对二哥说："我错了！请二哥责罚！"陈世恩也感动不已，他高兴地说："好！好！回来就好！哥知道你会自己改正的！"

果然从此以后，弟弟像换了一个人，再也不和那帮朋友一起混了。在两位哥哥的精心教导下，他认真学习，发奋图强，终于成了一位德才兼备的人。

礼仪小语

这是一个普普通通、充满了人情味的故事，脍炙人口、广为流传。应该说，大哥的劝导指责也无可厚非，但为什么没有收到良好的效果呢？关键在于他在劝导弟弟的时候，只是以道理来说教，态度强硬，反倒让弟弟产生反感。而陈世恩则是用善巧方便的方法来感化弟弟。后人评价说：没有什么方法比这个更好的。最为难得的是他天天在外等候，并不是心不甘，情不愿，而是真诚地，发自内心地关怀等候弟弟，一点难色都没有。弟弟确实感受到兄长的那一片真情，心灵受到了很大的触动而决心悔改，毕竟家才是一个人最温暖的港湾，兄弟之间互相扶持才能风雨同舟啊！可见一个人如果要劝勉对方，一定要懂得善巧。此外，还要让对方能感动，在此基础上再晓以大义，才有办法让他改邪归正。

陈昉百犬

在宋朝，有一个备受瞩目的家庭，那就是以纯朴厚道的家风代代承传的陈氏家族。陈家上下有13代人，共同生活在一起，足足有700人之多。他们的祖先陈崇，德高望重，为家族制定了严格的家规，希望子孙后世恪守不移，代代相传，从而使敦朴厚道的家风，能够绵绵远远地承传下去，至久不息。

到了陈昉主持家务的时候，家道依然非常地厚朴善良。陈昉为人温和厚重，他以身作则，勤勤勉勉，使得陈氏家族枝繁叶茂，代有贤人，全家上下充盈着一派吉祥和顺的年节般的景致。

家族人数如此众多，他们的生计如何维持呢？原来，陈家的子弟都克勤克俭，维持着非常俭约朴实的生活习惯，一切的事务，都尽可能自己动手来完成，从来都不委用仆役或者婢女。习劳知感恩，孩子们从小沿袭敦厚俭朴的家风，了解物力维艰的道理，知道一切都来之不易，所以他们一生都能够刻苦耐劳，知足常乐。

俗话说，锅碗瓢盆也有磕磕碰碰的时候，人一多，口舌是非怎么可能避免得了？然而这个庞大的家族，老老少少加起来，人数多达七百多口，却比任何家庭都还要来得和睦。他们深知和气致祥、戾气致殃，所以不会去张家长、李家短地闲言碎语，更不会无中生有地造谣生事。家里从来都听不到互相争吵的声音，永远是一派和气融融的欢声笑语。

陈昉家中，矗立着一座特别建造的厅堂，非常宽阔，能够容下七百多人共聚一堂用餐。每到吃饭的时候，大家都穿戴整齐，扶老携幼地来到厅堂中。彼此见了面，感到分外地亲切，都互相地问长问短，问寒问暖。他们按照年龄、尊卑的先后，次第而坐，大人坐在一个区域，小孩另外坐在一起，可谓长幼有序，条理井然。

全家人只要还有一位尚未到来，大家都一定会静静地等待，直到所有的人都到齐了之后才开始用餐。吃饭之时，厅堂悄无声息，一片宁静肃穆。等到都吃完了饭，大家才开始热火朝天地聊了起来，有的谈天说地，侃侃而谈，有的文质彬彬地寒暄问候，互问短长。这是全家共有的的幸福时光，是其乐融融最感亲情温馨的时刻。许多家族性的问题，也常于此时及时沟通解决，避免了各自为政的误会与猜疑。

陈昉的家中，养了一百多条大大小小的狗，它们的性情都特别地温顺，与街上那些互相叫吼打斗的野狗完全不一样。更有意思的是，这群家教严格的狗，全都是在同一个大槽里用食。主人们为家狗作了最好的示范，所以它们各个都温和乖巧。每到吃饭的时候，它们也牵家带口地来到大槽前，彼此互相摇着尾巴，以示问候。

几条年长的老狗，非常威武地站在哪里，原来是在清点人数。只见它们左看看，右看看，发现了阿平家的大狗还没有来。于是，大家都不约而同地在那里憨态可掬地等待着它的到来。不一会儿，有的狗开始悠悠闲闲地来回踱步，有的狗以示问候地摇摇尾巴，调皮的小狗干脆一把搂住哥哥的脖子，在地上雪球般地滚了起来。

大家左等右等，终于看到一只强壮的大狗，气喘吁吁地跑了过来。原来，今天主人为它洗了个澡，还理了理身上的毛，这才耽搁了用餐的时间。大狗非常抱歉地摇着尾巴，向大家低头忏悔，虽然刚才自己已经像离弦之箭一样地，冲到了这里，可是还是来迟了。于是，一百多条狗就开开心心地开始了它们的午餐。

乡里的人见到这种情形，深受感动，想想看，连狗都能够互敬互爱，如果父子兄弟之间不能和谐共处，那将何以为人呢？所以乡里之人都纷纷起而效法，忏悔改过，使得那一带的风俗日渐敦朴厚道。

郡守张齐贤将陈昉一家的事迹向朝廷作了禀报。朝廷有感于他们人与人之间的互敬之诚，所以就免了他们的徭役，而且礼遇有加。希望这个家族的典范，不但得以影响全乡，而且更能感化全国。

礼仪小语

陈昉一家七百多口人，能够如此敦睦和合地生活在一起，实在是难能可贵。

陈昉百犬的故事生动展现了中国传统的大家庭中和煦温馨的一面。它让我们了解到，和气就是家庭最温暖的阳光，它能够使一个家庭枝繁叶茂，欣欣向荣，充满希望。美满的家庭，更是国家未来栋梁成长的温床。一个美好的家庭气氛的构成，正取决于家里的每一分子能否互相尊敬，互相关怀，互相礼让。

司马光尊兄

宋朝司马光，一生孝顺父母、友爱兄弟，忠于朝廷. 他地位显赫，德高望重。人们对他的德行推崇备至之外，他发乎真诚的友爱兄弟的情怀，更是流传千古。

司马光的哥哥，字伯康，名旦，兄弟两人的感情特别好。当司马光退居在洛阳的时候，每次返乡探亲，总会探望兄长，他对哥哥既敬重又极为关怀。当时伯康已 80 岁，而司马光也年事不小，但侍奉兄长就如同侍奉父亲一样地尽心尽力。尤其兄长体质虚弱，消化不佳，为保康健常需少吃多餐，故照顾颇为费神。所以每当吃完饭不久，温公总会亲切地问候哥哥："您饿了吗？要不要再吃点东西？"几乎是时时刻刻地关注，如同照顾婴儿般地无微不至。季节交替，气温变化很大，老人最怕着凉，司马光就常常轻抚着兄长的背，关切地问道："衣服会不会太薄？会不会冷？"日日嘘寒问暖。

礼仪小语

人的一生和兄弟姐妹相处的时间，往往超过父母，所以更应该彼此提携照顾。古人把兄弟称为"手足"，是说手足相互协调配合，才能做事。如果缺少其一，或配合不当，什么事也做不了，或做不好。这种比喻是再也贴切不过的了。

徐懋功奉姊

唐朝李绩，字懋功，原来他本姓徐，叫徐世绩，后改为李绩，因为当时太宗皇帝跟他父亲李渊一起打天下的时候，李绩随着他们父子俩南征北战，出生入死建立唐朝，唐太宗非常感念他对国家的功劳，所以赐他姓李，并且封他为"英国公"，做了宰相。

有一次，他返乡探亲，顺道去探望他的姐姐，姐姐这个时候碰巧生病了，李绩就留下来照顾姐姐，每天侍候着姐姐，亲自给姐姐熬药。古时候熬药很不容易，李绩在外面蹲着用炉子烧着劈材熬药，不小心一阵风吹来竟把李绩的胡须烧着了。姐姐看见了就说："我们家里佣人很多，为什么要你自己做，辛苦到这般地步呢？"李绩回答："我难道是为了没有人的缘故吗？因为现在姐姐的年纪已经老了，我的年纪也老了，我们还能有几时在一起，我为姐姐熬药的机会越来越少了。"

礼仪小语

的确，姐弟之情是别人不能代替的。这是兄友弟恭的典型，受到历代人们的称赞。在一个家庭里，长姐跟长兄一样，是除了父母之外最亲的人，做弟妹的，要懂得敬爱和关照自己的兄姐，这也是古人所强调要遵守的家庭礼仪之一。

兄弟争死

孔融是东汉末年的学者、有名的“建安七子”之一。孔融还有五个哥哥，一个小弟弟，兄弟七人相处得十分融洽。

有一天，孔融的妈妈买来许多梨，一盘梨子放在桌子上，哥哥们让孔融和最小的弟弟先拿。

孔融看了看盘子中的梨，发现梨子有大有小。他不挑好的，不拣大的，只拿了一只最小的梨子，津津有味地吃了起来。爸爸看见孔融的行为，心里很高兴，心想：别看这孩子刚刚四岁，却懂得应该把好的东西留给别人的道理呢。于是他故意问孔融：“盘子里这么多的梨，又让你先拿，你为什么不拿大的，只拿一个最小的呢?”

孔融回答说：“我年纪小，应该拿个最小的，大的应该留给哥哥吃。”

爸爸接着问道：“你弟弟不是比你还要小吗？照你这么说，他应该拿最小的一个才对呀?”

孔融说：“我比弟弟大，我是哥哥，我应该把大的留给小弟弟吃。”

爸爸听他这么说，哈哈大笑道：“好孩子，好孩子，你真是一个好孩子，以后一定会很有出息。”

东汉末年，宦官把持着朝政，政治十分腐败。孔融 15 岁的时候，有个叫张俭的官员，揭发了当权的宦官侯览和他的家人所犯的罪恶，却反遭陷害，官府要抓捕他治罪。

张俭是孔融的哥哥孔褒的好友，急迫之中，他逃到孔家，请求掩护。不巧孔褒外出不在家，孔融就出来接待了他。张俭见孔融还是个孩子，就没有说明来意。孔融看见张俭神情紧张、欲言又止的样子，知道一定是有什么为难的事了，就对张俭说：“我哥虽然不在家，但你是他的好友，难道我就不能做主收留你吗?”听了孔融的话，张俭心里踏实下来，他在孔融家里躲藏了好几天，找了个机会，终于安全地逃走了。

不料，有人知道了这件事情，就去向官府告发了。官府抓不到张俭十分生气，就把孔融和他的哥哥孔褒抓了起来。

审官对孔融和孔褒说：“你们兄弟到底是谁放走了张俭？你们知道不知道，张俭是朝廷的要犯，放走了他就是犯了杀头之罪!”

听了审讯官的话，孔融知道哥哥和张俭是好朋友，朝廷是不会轻易放过他的。只有自己主动承担罪责，才会保全哥哥的性命。于是，他对审官说：“留藏张俭的是我，你要治罪的话，就请治我的罪吧！”

听了弟弟把罪责承担在自己身上，孔褒忙说：“张俭是来投奔我的，这不关我弟弟的事！要杀就杀我吧！”

孔融、孔褒兄弟在堂上争了起来，都说是自己放走了张俭。审官见兄弟俩争罪，怎么也拿不定主意。最后，只好如实上报。后来，皇帝定了孔褒的罪，下令杀死了他。

孔融虽然没能救下哥哥，但是他友爱兄长，凛然争死的事迹却流传了下来。

礼仪小语

孔融千百年来之所以成为友兄爱弟的典范，就在于他懂得谦让、懂得揽责。为了兄弟间的情谊，甘愿吃亏，甚至甘愿舍己相助。都是兄弟情深，但真正像孔融那样敬爱兄长的，古今并非多见。以后，独生子女多了，亲兄亲弟少了，但兄弟之间的美好情谊不能丢，人与人之间的互助精神不能丢。

朱显焚券

在元朝真定这个地方，有一位叫朱显的人。

元世祖至元年间，朱显的祖父卧病在床，想到自己随时都会撒手人寰，于是他决定在弥留之际将家产按等份分好，还立下了字据，把后事交代得非常妥当。

英宗至治年间，朱显的哥哥不幸过世了，留下了几个嗷嗷待哺的孩子，家里一片萧瑟凄凉，令人分外感伤。看到侄子们孤苦无依，朱显非常难过，因此，在日常生活当中，他对侄儿彦昉等人特别照顾，把他们看作是自己的亲生孩子一样，无微不至地细致关怀。

看到侄子们年纪这么小，还没有能力自立。如果就这样把财产均分，各奔前程的话，那有谁能够关心到孩子们的教育？又有谁能在身边料理他们想象不到的种种问题？如果没有人帮助他们撑起这个家的话，往后的情形将会怎样？对他们不管的话，于心何忍？想到这里，朱显的道义之情油然而生。

于是，朱显就对他的弟弟朱耀说：“父子兄弟，本就同气连枝，不可分离。现在，哥哥已经离开我们了，他的孩子那么小，无论是情理还是道义上，我们都需要代替哥哥来履行长辈应有的责任，把侄子们的生活安顿好，让他们没有后顾之忧。此外，如果没有长辈对他们品行上日日督导的话，又怎能培养他们的厚道善良？所以我们是不是不要分家，全心全力来看护和照顾他们？”

平日，哥哥总是默默地关怀年幼的侄子，那么地真诚无私，弟弟被他深重的情义所感动。而今，哥哥又为了侄子而决定放下这笔丰厚的遗产，让整个大家庭共同来分享。对哥哥无私的心怀他由衷地佩服与敬爱。

于是，他们一同来到祖父的墓前，把祖父留下来的分产证明全部焚毁。从此之后，这一家继续其乐融融地共同生活在一起，互相关怀照顾，和睦温馨。

礼仪小语

年少就失去父母，这真是人间的至痛。如果没有亲情的力量来维持家庭的温暖，那孩子如何心智健全地成长呢？如何培养对周遭一切热切的关怀，经营积极向上的人生？在侄子们最为艰难的时候，如果还分家分财产，情何以堪？朱显焚券，不但是尽了兄弟应有的手足情义，也是对父母尽了最大的孝心。综观现代社会的生活情形，这种浑朴厚道的品行，已经越来越少见了。甚至有许多人，在父母还健在的时候，就很想要得到父母的财产。这不能不说是一种道义的失落。

推枣让梨

南朝梁时人王泰，小时候也是个聪明有悟性、懂礼貌的孩子。在他年仅几岁的时候，他的祖母把自己所有年幼的子孙们叫到一起，把许多红枣、栗子倒在床上，让他们随便拿着吃。结果，这群小孩抢得抢，夺得夺，乱成一团。唯独王泰不参加这种争抢。亲戚们都很赞赏他有礼貌和礼让他人的品德，认为他长大后必定有出息，是个奇特的人。

孔融四岁时，每次和几个哥哥一起吃梨，孔融总是拿最小的，大人问他为什么，他回答说："我人小，按道理应当拿小的。"因此整个家族都认为他奇异。

礼仪小语

后人把上面两个故事结合在一起，叫做"让枣推梨"，用以比喻兄弟友爱。中国之所以是一个礼仪之邦，就是很早的时候就有一套礼仪规范，其中在家庭成员的关系上，提倡孝悌。孝就是尊敬和孝顺长辈；悌，就是敬爱同辈的兄长。只要分清礼序，遵守礼规，才能使家庭和睦和谐。

张良尊老

汉代的张良从小就很有礼貌。有一天，张良正悠闲地在桥上散步，忽然有位穿着粗布短衣的老人走到他跟前，当着他的面故意把脚上的草鞋丢到了桥下。随后老人看着张良说："小子，去把鞋给我捡回来！"

张良愣了一下，十分不解，但是看他年老衣破，顿生怜悯，就真的走到桥下取回了鞋子。

上来之后，老人坐在桥头，眼皮也不抬一下就说："给我穿上。"

张良虽然觉得奇怪，但还是跪在地上，帮老人穿上了草鞋。穿好之后，老人笑了笑，也不道谢，抬脚就走。张良念他是个老人家，也不放在心上。谁知刚走几步，老人又转过身来，对着张良招了招手，示意他到跟前来。

张良乖乖地走上前去，老头和蔼地对他说："我看你这娃不错，值得教导。五天后天一亮，你在这里等我。"

张良恭敬地行了个礼，答应了老人。

五天后，天刚刚亮，张良一来到桥上，就看见那个老人已经坐在桥头等他了。老人见到张良来了，很生气地说："现在天已经亮了，年轻人这么不守信用，和长辈约会还迟到，长大后还能有什么作为？再过五天吧，鸡叫的时候来见我。"说完，老人径自走了。

又过了五天，鸡刚叫，张良就来到了桥上，可是老人又已经先到那里了。老人十分生气地说："我已经听见三声鸡叫了，你怎么才来？看来你还得等五天。"两次都落在老人后面，张良也感到很惭愧，便暗下决心，下回一定不能再迟到了。

五天的时间很快到了，这次，张良半夜就到桥上去等着那个老人。一会儿，老人也来了，他高兴地说："年轻人要成大事，就要遵守诺言，懂得礼仪，才能成大气候。"

接着老人从怀里掏出一本又薄又破的书，对张良说："读了这本书，你就可以成为皇帝的老师。你看着，我的话会在十年后应验的。"说完，老人就离开了，从此以后再也没有出现过。

好容易天亮了，张良赶紧打开老人送的那本书，原来是《太公兵法》。张良非常高兴，开始认真学习。同时，他还记住了老者的教诲，严格要求自己，立志做一个信守诺言的人。

后来，老人的话果真应验了，张良帮助刘邦完成了统一大业，成为了历史上赫赫有名的将领。

礼仪小语

对人诚实讲礼貌，是一个人成就大业的基本保证，所以，老人家才以礼仪和诚信为准则来考验张良。一个人没有了这两点，做老百姓会受人讥骂，做买卖会失去合作伙伴，治理国家会害国害民，确实不可不慎。

礼贤下士篇

齐桓公用贤

据《新序·杂事》记载，齐桓公听说小臣稷是个贤士，渴望见他一面，与他交谈一番。一天，齐桓公连着三次去见他，小臣稷托故不见，跟随桓公的人就说：“主公，您贵为万乘之主，他是个布衣百姓，一天中您来了三次，既然未见他，也就算了吧。”齐桓公却颇有耐心地说：“不能这样，贤士傲视爵禄富贵，才能轻视君主，如果其君主傲视霸主也就会轻视贤士。纵有贤士傲视爵禄，我哪里又敢傲视霸主呢？”这一天，齐桓公接连五次前去拜见，才得以见到小臣稷。

又据《管子·小问》记载：一天，桓公与管仲在宫内商讨要征伐莒国的事，还没行动，已在外面传开。桓公气愤地对管仲说：“我与仲父闭门谋划伐莒，没有行动就传闻于外，这是什么原因？”管仲说：“宫中必有圣人。”桓公寻思了一下，说：“是的，白天雇来干事的人中，有一个拿拓杵舂米，眼睛向上看的，一定是他吧？”

那人叫东郭邮，等他来到齐桓公跟前，桓公把他请到上位坐下，询问他说：“是你说出我要伐莒的吗？”东郭邮果敢地说：“是的，是我。”桓公说：“我密谋欲伐莒，而您却言伐莒，是何原因？”东郭邮回答：“我听说过，君子善于谋划，而小人善于推测。这是我推测出来的。”桓公又问：“你是如何推测出的？”东郭邮说：“我听说君子有三种表情，悠悠欣喜是庆典的表情，忧郁清冷是服丧的表情，红光满面是打仗的表情。白天我看见君主在台上坐着红光满面，精神焕发，是打仗的表情，君王唏吁长出气却没有声，看口型应是言莒国，君主举起手远指，也是指向着莒国的方向，我私下认为小诸侯国中不服君主的只有莒国，因此，我断定你是在谋划伐莒。”桓公听言欣喜地说：“好！你从细微的表情和动作上能断定大事，了不起！我要同你共谋事。”

不久，齐桓公就提拔了东郭邮，委以重任。综上所述，正是因为齐桓公礼贤下士，选贤任能，才为其霸业蓄备了大量的有用人才。

礼仪小语

齐桓公之所以把齐国建设的强大，在诸侯之中称霸一方，就是因为他善于治国，特别是尊重人才，礼贤下士。对于有才能的人，我们不管他是学生，还是领导者，都要本着谦虚和敬重的态度向他们学习，这是绝对有益的。

信陵君礼遇侯嬴

信陵君是魏国国王的弟弟，名字叫无忌。他是一个很有才能的人，为人也很谦虚。他对门下的宾客不分贵贱，一律平等对待，从来不因为自己出身贵族而傲慢。因此，方圆数千里内的人都争着到大梁投奔他。在他家里经常养着门客三千人左右。

信陵君礼贤下士，善于识别有才干的人。当时看守大梁东门的一个小官名叫侯嬴，已经七十多岁了，家里很穷。信陵君听说他很有见识，希望能够认识他，就派人给他送去很多礼物，但侯嬴坚决不收，把礼物都退回来了。

信陵君对侯嬴更加看重了。于是，他专门筹办了一次很大的宴会。等客人们都到齐以后，信陵君亲自赶着马车，到大梁东门去邀请侯嬴。侯嬴也不谦让，穿着很破旧的衣裳，就上了信陵君的车。

在路上，侯嬴对信陵君说："我有个朋友，在卖狗肉的铺子里，请绕道经过他那里一下。"信陵君就赶着马车进入市场。在那家铺子门口，侯嬴与他的朋友朱亥说了好长一段时间的话，让信陵君站在一旁等候。

当时，信陵君家里宾客满堂，要等主人回来宴会才能开始。跟信陵君一起去请侯嬴的随从们都在暗骂侯嬴这个老家伙不知规矩。但信陵君一直对侯嬴十分恭敬，没有丝毫不耐烦的表示。好不容易等到侯嬴与朱亥分手了，信陵君扶着侯嬴又上了车。

回到府邸，信陵君请侯嬴坐在首席，并向所有的宾客作了介绍，说："诸君！这位就是在下仰慕已久的智者、德高望重的侯嬴老先生！"然后亲自为侯嬴敬酒。信陵君这种态度使宾客们都很惊诧。侯嬴则非常感动，他对信陵君说："我只是一个看守城门的下人，你放下满堂宾客，亲自赶着车去迎接我，对我实在太过分了。"信陵君说："这是应该的。"侯嬴又说："刚才在市场同我说话的人叫朱亥，他很有本事，只是没人能用他，所以隐姓埋名当了屠夫。"信陵君说："那我也要结识他！"

从此，侯嬴就成了信陵君府上经常来往的客人。信陵君多次去看望朱亥。但朱亥的态度似乎很傲慢，并不表示感谢，信陵君感到很奇怪。

公元前 260 年，秦国和赵国在长平打了一次大仗，战争相持了三年多，结果赵国被打败，秦将白起活埋了赵国投降的士兵四十万人。接着秦国大军继续向赵国进攻，包围了赵国的国都邯郸，形势十分危急。赵国国王和他的弟弟平原君多次给魏王写信，请求魏国派出救兵。但魏王害怕秦国，下令大将晋鄙率领的十万魏国军队停止前进，静观其变。

赵国的平原君是信陵君的姐夫。看到这种情况，他非常着急，不断派人向信陵君求救。信陵君看到赵国正处在生死存亡的关键时刻，多次请求魏王下令进军，魏王始终不答应，信陵君心急如焚，心想：我决不能自己生存，而眼看赵国灭亡。就请求魏王允许他带领自己的门客到邯郸去，同秦军拼个死活。

信陵君和他的宾客从大梁东门出城的时候，去向侯嬴告别。但侯嬴只是淡淡地说了一句："你多保重！我老了，不能同你一起去了，实在对不起！"信陵君离开大梁城走了几里，感到很不自在，自言自语说："我过去待侯嬴一贯不错，这是大家都知道的。今天我要去同秦军决战，他的态度却很冷淡，连一句鼓励的话也不说。"他越想越伤心，就掉转车头，回来找侯嬴问个明白。

侯嬴见信陵君回来，大笑起来，说："我料定你会回来的。你这种与秦军硬拚的办法，就等于把肉块扔到饿虎的嘴边，不但救不了赵国，反而是去白白送死。"信陵君很诚恳地问："那么，依你看，应该怎么办呢？"

侯嬴把信陵君拉到一边，避开别人，悄悄地告诉了他一条巧妙的计谋，并且让自己的好友朱亥协助信陵君行动。

结果，信陵君按照侯嬴指教的方法，恳求王妃如姬盗取了魏王的兵符，然后他持着兵符、带着朱亥到了晋鄙的军中，命令晋鄙率军救助赵国。果然不出侯嬴所料，晋鄙怀疑信陵君的话，要请示过魏王再说。这时，勇猛的朱亥立即击杀了晋鄙。这样，信陵君率领着魏国的十万大军，驰援赵国，将秦军打得大败而逃。

礼仪小语

领导者礼贤下士，就会吸纳人士，就能得到贤明人士的帮助。所谓人才，就是才能和智慧高于普通人的那些杰出人士，他们的一个主意，一个思想，一次帮助，往往能起到四两拔千斤的作用。尊重他们，就是尊重科学和真理，就是借助他人帮助自己。

隆中对策

官渡大战以后，刘备逃到荆州，投奔刘表。刘表拨给他一些人马，让他驻在新野（今河南新野县）。

刘备在荆州住了几年，刘表一直把他当上等宾客来招待。但是刘备是一个雄心勃勃的人，因为自己的抱负没有能够实现，心里总是闷闷不乐。有一次，他摸摸自己的大腿，心里有了感触，流下了眼泪。刘表发现了，就问他遇到什么不快活的事。刘备说："没什么！以前我经常打仗，每天不离开马鞍，大腿上的肉很结实。现在在这儿过着清闲生活，大腿的肉又长肥了。看看日子像流水般地过去，人都快老了，还干不了什么大事业，想起来就感到难过。"

刘表安慰了他一阵。但是刘备心里总在考虑着长远的打算。为了这个，他想寻找个好助手。他打听到襄阳地方有个名士叫司马徽，就特地去拜访。司马徽很客气地接待他，问他的来意。刘备说："不瞒先生说，我是专诚来向您请教天下大势的。"司马徽听了，呵呵大笑起来，说："像我这样平凡的人，懂得什么天下大势。要谈天下大势，得靠有才能的俊杰。”刘备央求他指点说：“往哪里去找这样的俊杰呢?”司马徽说：“这一带有卧龙，还有凤雏，您能请到其中的一位，就可以平定天下了。”

刘备急着问卧龙、凤雏是谁，司马徽告诉他：卧龙名叫诸葛亮，字孔明；凤雏名叫庞统，字士元。

刘备向同马徽道了谢，回到新野。正好有一个读书人来见他。刘备一看他举止大方，以为他不是卧龙，就是凤雏，热情地接待了他。经过一番谈话，才知道这个人名叫徐庶，也是当地一位名士，因为听到刘备正在招请人才，特地来投奔他。刘备很高兴，就把徐庶留在部下当谋士。

徐庶说：“我有个老朋友诸葛孔明，人称卧龙，将军是不是愿意见见他呢?”

刘备从徐庶那里知道了诸葛亮的情况。原来诸葛亮不是本地人，他的老家在琅琊郡阳都县（今山东沂水县南)。他少年的时候，父亲死了。他叔父诸葛玄跟刘表是朋友，就带着他到荆州来。不久，他叔父也死了，他就在隆中（今河南南阳）定居下来，搭个茅屋，一面耕地种庄稼，一面读书。那时，他年纪只有二十七岁，但是学问渊博，见识丰富，朋友们都很钦佩他，他也常常把自已比做古时候的管仲、乐毅。但是他看到天下乱纷纷，当地的刘表也不是个能用人才的人，所以他宁愿隐居在隆中，过着恬淡的生活。

刘备听了徐庶的介绍，说：“既然您跟他这样熟悉，就请您辛苦一趟，把他请来吧!”

徐庶摇摇头说：“这可不行。像这样的人，一定得将军亲自去请他，才能表示您的诚意。”

刘备先后听到司马徽、徐庶都这样推重诸葛亮，知道诸葛亮一定是个了不起的人才，就带着关羽、张飞，一起到隆中去找诸葛亮。诸葛亮得知刘备要来拜访他，故意躲开。刘备到了那里，扑了个空。

跟刘备一起去的关羽、张飞都感到不耐烦。但是刘备却记住徐庶的话，耐着性子去请，一次见不到，第二次再去；两次不见，第三次又去请他。

诸葛亮终于被刘备的诚意感动了，就在自己的草屋里接待刘备。刘备把关羽、张飞留在外面，自己跟着诸葛亮进了屋子。趁屋里没有人的时候，刘备坦率地说：“如今汉室衰落，大权落在奸臣手里。我自己知道能力差，却很想挽回这个局面，只是想不出好办法，所以特地来请先生指点。”

诸葛亮看到刘备这样虚心请教，也就推心置腹地跟刘备谈了自己的主张。他说：“现在曹操已经战胜袁绍，拥有一百万兵力，而且他又挟持天子发号施令，这就不能光凭武力和他争胜负了。孙权占据江东一带，已经三代。江东地势险要，现在百姓归附他，还有一批有才能的人为他效力。看来，也只能和他联合，不能打他的主意。”

接着，诸葛亮分析了荆州和益州（今四川、云南和陕西、甘肃、湖北、贵州的一部分）的形势，认为荆州是一个军事要地，可是刘表是守不住这块地方的。益州土地肥沃广阔，向来称为“天府之国”，可是那里的主人刘璋也是个懦弱无能的人，大家都对他不满意。

最后，他说：“将军是皇室的后代，天下闻名，如果您能占领荆、益两州的地方，对外联合孙权，对内整顿内政，一旦有机会，就可以从荆州、益州两路进军，攻击曹操。到那时有谁不欢迎将军呢！能够这样，功业就可以成就，汉室也可以恢复了。”

刘备听着听着，不禁打心眼里钦佩眼前这个青年人，他说：“先生的话真是开了我的窍。我一定照您的意见干。现在就请您一起下山吧。”

诸葛亮看到刘备这样热情诚恳，也就高高兴兴跟着刘备到新野去了。后来，人们把这件事称作“三顾茅庐”，把诸葛亮这番谈话称作“隆中对”。打那以后，刘备把诸葛亮当老师对待，诸葛亮也把刘备当作自己的主人，两人越来越亲密。

关羽和张飞看在眼里，心里很不高兴，背后直嘀咕。他们认为诸葛亮年纪轻轻，未必有多大能耐，怪刘备把他看得太高了。刘备向他们解释说：“我有了孔明先生，就像鱼得到水一样。以后可不许你们乱发议论。”关羽、张飞听了刘备的话，才没有话说。

礼仪小语

刘备以诚取士，三顾茅庐，终于得到诸葛亮。后来的事实也证明，诸葛亮对刘备的帮助确实太大了，没有他，刘备也占有不了西南半壁江山，三国鼎立的局面也就形成不了。虽然刘备和诸葛亮“出师未捷身先死”，恢复汉室的重任未能完成，但诸葛亮所起到的历史作用，的确是无人可比的。

三请荀或

刘备三顾茅庐成为千古美谈。早在刘备之前，曹操已有了“三顾”之举，不过他请的不是诸葛亮，而是许昌的荀或。

东汉末年，曹操的兵马在山东壮大起来后，他瞧着自己兵多将广的阵势，满心欢喜。可是他渐渐地觉察到，只有能冲锋陷阵的将士不行，还须有才智超群的人出谋划策。可去哪里找这样的人呢？他一拍额头，上了泰山，请教老和尚去了。

泰山有一高僧叫明镜，听了曹操的意思，啥也没说，给了他一个锦囊，上写“遇怒则拆”四个字。曹操也没多问，揣好锦囊下山了。

不久，曹操率大军进入中原。经过许昌时，他觉得这里是藏龙卧虎之地，就命大军安营扎寨，驻守在这里。他把中军帐设在许昌城北门外一个庙里，号令士兵不得骚扰地方。可他没想到不少新招来的士兵野性未改，连他的堂弟曹仁也在背地里带兵抢掠商家和百姓。一时间，许昌被闹得鸡飞狗跳，百姓惶惶不安。但这一切曹操却不知道。

这天，曹仁急火火地进了中军帐，手握一张帖子呈给曹操。曹操展开一看，见上边写的是：“许昌来了曹孟德，千家万户齐遭灾。丧失民心如鼠辈，总有一天难过街？”下面的落款是“荀或”。曹操不禁一股怒火冲顶：“这荀或是何许人？胆子也太大了！不惩戒便不能警告他人，否则我们在许昌就难以立足！”曹操刚要令曹仁去查寻捉拿，猛然想起泰山高僧的“遇怒则拆”的锦囊，赶紧找出来拆看。看毕，他“嗨”了一声，庆幸没有鲁莽行事。原来锦囊中装有一帖，上书“写帖斥骂你者，即是欲求之贤人奇士”。这一句话使曹操转怒为喜，激动得大声说：“贤人有了，贤人有了！”

这个大胆责骂曹操的荀或是个什么样的人呢？他在中原，可算是无人不知无人不晓的大学问家。荀或早有出山干一番事业的心意，苦于没有机会，未遇明主。这次曹操统率大军来到许昌，他想投奔，可对曹操不了解，对自己能不能得到曹操的重用不摸底。恰好得知曹仁领兵抢掠了商家和百姓，他便灵机一动，借此事责骂曹操，以试探曹操的态度。

这曹仁先见曹操怒不可遏，又见曹操喜上眉梢，情绪瞬间骤变，喜怒无常，感到无法理解。接着，曹操吩咐他快去备份丰厚礼品，要他陪同自己立即去请那个写帖子的人。曹仁更是莫名其妙。

此时正值寒冬腊月，朔风如刀。陪行的曹仁心里直嘀咕：人家骂了你，你倒带厚礼去请人家，这叫什么事儿呢？二人打听着，七拐八拐，找到了聚魁街荀或的住所。没想到竟是铁将军把门。曹仁乐了，心想，人家不在，该返回了吧？可瞅瞅曹操，竟恭候在门外一动不动，他也只好鹄立等待。过了好久，不见有人回来。曹仁实在冻得忍耐不住，就想砸开门进去等候，马上遭到曹操的严厉喝斥。又恭候了一会儿，曹操的胡须上结了冰。他想想人家今日不知回来不回来，才不等了，扫兴而归。

过了几日，曹操又让曹仁带上礼品，两人一同去请荀或。这次又很令人扫兴，荀或仍没在家。曹操仍如前次那样，恭立等候。不巧，天空纷纷扬扬下起鹅毛大雪，雪花很快盖住了曹操、曹仁的脚背。他们的脚都冻僵了。等有一个时辰，看看仍没人回来，只好又一次怏怏而返。

曹操走后，有人将曹操的形象和恭候的情形告诉了荀或。荀或听了点点头说：“知道，知道。”此后数月，曹操一时忙于军务，脱不开身，未能再请荀或。

转眼到了第二年的三月。清明节这天，荀或携带纸马、供品，只身到城东祖坟扫墓去了。他摆好供品，点着纸马，跪下磕头时，忽觉身后不远处也有人在磕头，不由心中一怔，暗想：他又来了？但仍装作不知，头也不回。磕罢头，他立起身，拍拍膝盖上的泥土，默默地盯视一番坟茔。这时，他感觉身后那人也已立起身，伫立在不远处。荀或估摸时间不短了，再不能不回头了，于是回头一瞧，果然是那人，与听到的那人形象无二：一身锦服，美髯飘胸……他故意问道：“你是何人？来这里干什么？”那人打躬施礼道：“荀公金安？吾乃谯郡曹孟德。曾几次到府上恭请，怎奈孟德无缘，均未能见。今猜荀公定到祖茔致祭，便再来请。已恭候多时，不敢打扰。”荀或心中发热，面上却淡淡一笑：“我不懂治国安邦道理，曹公您请错人了。”曹操慌忙又打躬作揖：“荀公，谁人不知您胸藏纬地经天之才，腹隐安邦定国之谋？何必谦辞？孟德决心已下，非先生不请。”边说边又一躬到地。“曹公，不恨我骂您吗？”曹操连连摇头：“荀公指帖子吗？孟德觉得骂得有理。治军不严，该当如此。愿今后多骂才好？”荀或终于点头答应出山。曹操大喜，即请荀或入帐一叙。荀或行动困难。曹操立即伏身，荀或就伏到曹操背上。曹操又亲自牵过马来，扶荀或上马。曹操和荀或食同桌，寝同床，终日形影不离，谈论兵书战策和安邦定国之道，朝暮不倦。

曹操迎献帝迁都许昌之后，根据荀彧的建议，连续发出五道《求贤令》，广招天下文武人才，势力大增，为统一中国北方奠定了基础。

礼仪小语

荀彧是曹操的重要谋臣，其作用不亚于刘备的诸葛亮。不管是刘备或曹操，都知道招贤纳士的重要性，都懂得礼贤下士的纳才之道。因为要让人才为己所用，就要将心比心，要以诚感人，这样才能打动人士，使其充分发挥才智。如果缺少诚心，再有能耐的人也难以接受。

毛遂自荐

秦国大军攻打赵都邯郸，赵国虽然竭力抵抗，但因为在长平遭到惨败后力量不足。赵孝成王要平原君赵胜想办法向楚国求救。平原君是赵国的相国，又是赵王的叔叔。他决心亲自上楚国去跟楚王谈判联合抗秦的事。

平原君打算带二十名文武全才的人跟他一起去楚国。他手下有三千个门客，可是真要找文武双全的人才却并不容易。挑来挑去，只挑中十九个人，其余都看不中了。

他正在着急的时候，有个坐在末位的门客站了起来，自我推荐说："我能不能来凑个数呢？"

平原君有点惊异，说："您叫什么名字？到我门下来有多少日子了？"

那个门客说："我叫毛遂，到这儿已经三年了。"

平原君摇摇头说："有才能的人活在世上，就像一把锥子放在口袋里，它的尖儿很快就冒出来了。可是您来到这儿三年，我没有听说您有什么才能啊。"

毛遂说："这是因为我到今天才叫您看到这把锥子。要是您早点把它放在袋里，它早就戳出来了，难道光露出个尖儿就算了吗？"

旁边十九个门客认为毛遂在说大话，都带着轻蔑的眼光笑他。可平原君倒赏识毛遂的胆量和口才，就决定让毛遂凑上二十人的数，当天辞别赵王，上楚国去了。

平原君跟楚考烈王在朝堂上谈判合纵抗秦的事。毛遂和其他十九个门客都在台阶下等着。从早晨谈起，一直谈到中午，平原君为了说服楚王，把嘴唇皮都说干了，可是楚王说什么也不同意出兵抗秦。

台阶下的门客等得实在不耐烦，可是谁也不知道该怎么办。有人想起毛遂在赵国说的一番豪言壮语，就悄悄地对他说："毛先生，看你的啦！"

毛遂不慌不忙，拿着宝剑，上了台阶，高声嚷着说："合纵不合纵，三言两语就可以解决了。怎么从早晨说到现在，太阳都直了，还没说停当呢？"

楚王很不高兴，问平原君："这是什么人？"

平原君说："是我的门客毛遂。"

楚王一听是个门客，更加生气，骂毛遂说："我跟你主人商量国家大事，轮到你来多嘴？还不赶快下去！"

毛遂按着宝剑跨前一步，说："你用不着仗势欺人。我主人在这里，你破口骂人算什么？"

楚王看他身边带着剑，又听他说话那股狠劲儿，有点害怕起来，就换了和气的脸色对他说："那您有什么高见，请说吧。"

毛遂说："楚国有五千多里土地，一百万兵士，原来是个称霸的大国。没有想到秦国一兴起，楚国连连打败仗，甚至堂堂的国君也当了秦国的俘虏，死在秦国。这是楚国最大的耻辱。秦国的白起，不过是个没有什么了不起的小子，带了几万人，一战就把楚国的国都——郢都夺了去，逼得大王只好迁都。这种耻辱，就连我们赵国人也替你们害羞。想不到大王倒不想雪耻呢。老实说，今天我们主人跟大王来商量合纵抗秦，主要是为了楚国，也不是单为我们赵国啊。"

毛遂这一番话，真像一把锥子一样，句句戳痛楚王的心。他不由得脸红了，接连说："说的是，说的是。"

毛遂紧紧追问一句："那么合纵的事就算定了吗？"

楚王说："决定了。"

毛遂回过头，叫楚王的侍从马上拿鸡、狗、马的血来。他捧着铜盘子，跪在楚王的跟前说："大王是合纵的纵约长，请您先歃血（歃血就是把牲畜的血涂在嘴上，表示诚意，是古代订立盟约时候的一种仪式）。"

楚王歃血后，平原君和毛遂也当场歃了血。楚、赵结盟以后，楚考烈王就派春申君黄歇为大将，率领八万大军，奔赴赵国。

礼仪小语

平原君礼贤下士，不因毛遂暂时没有显露才能才放弃他，而是尊重他、使用他。试想，如果他一开始就小看毛遂，不给予他施展才华的机会，就没有后面的盟约。有时，有才华的人并不见得马上就能显露出来，给他们施展才华的舞台，也是尊重人才和礼遇人才的内涵之一。

握发吐哺

周公姓姬名旦，是周文王第四子，武王的弟弟，我国古代著名的政治家，曾两次辅佐周武王东伐纣王，并制作礼乐，天下大治。因其采邑在周，爵为上公，故称周公。

在周文王时，他就很孝顺，仁爱，辅佐武王伐纣，封于鲁。周公没有到封国去而是留在王朝，辅佐武王，为周安定社会，建立制度。武王死后，又帮助成王摄政。那时，新建立的周王朝面临着严重的困难，商朝旧贵族们准备复辟，而周公辅政，又有违于王位世袭制中父死子继的原则，引起周室集团内部的矛盾。结果残余势力即与周室内部的反叛势力勾结起来，他们的代表是纣王子武庚与三监管叔、蔡叔等人。结果周公东征平定三叔之乱，灭五十国，奠定东南，归而制礼作乐。

周公惟恐失去天下贤人，他曾告诫伯禽说："我在全天下的地位，也已不算低贱的了，但就像我这样洗一次头要多次握住头发，吃一餐饭要多次把吃在嘴里的饭先吐出来（因在洗发和吃饭时往往有人来访，不能怠慢别人，让别人等着），赶紧先接待有学识的人，还只怕疏忽了有才德的人。"

后来，"吐哺握发"就成为一句成语。

礼仪小语

洗一次头时，曾多回握着尚未梳理的头发；吃一顿饭时，亦数次吐出口中食物，迫不及待的去接待贤士。这是周公的美德，也是周朝兴起的原因之一。做领导的，如果具备周公这样的礼贤之心，何愁找不到人才、得不到帮助呢？

燕王招贤

战国后期，公元前 312 年，燕人立太子平即位，就是燕昭王。昭王即位后，即思发奋图强，洗雪燕国为齐国攻破之耻并复兴燕国，但又顾虑燕国弱小，无力复仇，因而筑黄金台诚招天下贤士，共治燕国，图谋发展。

昭王为雪先王之耻，睡不好觉，吃不好饭，常常想着如何报仇。他去见郭隗，请教如何求得贤士同来强国雪耻。郭隗说，大王若能像侍奉老师那样尊礼贤士，就能招来比自己强百倍之人；大王若能像对待朋友那样善待贤士，就能招来十倍于自己的人；大王把士当做臣下，那只能招来同自己一类的人；大王若整日凭靠几案，拄着手杖，颐指气使，就只能用来差役徒隶之类。要想国家强盛，就要广择国中贤士，亲自登门聘请，天下贤土必然会争先恐后地来投燕国。郭隗又说，据听说古时有人用千金买千里马，三年未成。主人另派人去买，三个月用五百金买下一死千里马骨头。主人很生气问为何买死马骨头。买者答道，买得死马，不愁买不到活马。而天下人由此皆知他为求千里马不惜重金。果然不出一年，买得三匹千里马。郭魄建议燕昭王礼聘贤士由他郭隗始，那比他更有才的人就会不远千里而至。昭王从其言，为他修筑宫室，尊其为师，优礼相待。不久，天下贤士纷纷前来。邹衍从齐国游说至燕，昭王用衣袖裹着扫把，边退走边扫地接他，表示尊敬，又坐弟子之位请求授业，为邹衍筑碣石室。乐毅内魏国来，被任为亚卿。在群贤的辅佐下，燕昭王励精图治，重建家园，燕国日益富强，终于在二十八年后击败了齐国，报仇雪恨。

礼仪小语

“大王若能像侍奉老师那样尊礼贤士，就能招来比自己强百倍之人；大王若能像对待朋友那样善待贤士，就能招来十倍于自己的人；大王把士当做臣下，那只能招来同自己一类的人；大王若整日凭靠几案，拄着手杖，颐指气使，就只能用来差役徒隶之类。要想国家强盛，就要广择国中贤士，亲自登门聘请，天下贤士必然会争先恐后地来投燕国。”这段话鞭辟入里，说明要招揽人才，就必须视人才为上宾，把人才的地位提到最高程度。有道是：筑得梧桐树，才能招得凤凰来。

姜子牙出山

周文王要夺无道昏君殷纣王的天下，解救受苦受难的黎民百姓，就招兵买马，访请能人。这天晚上，他梦见飞熊人怀，第二天就差人访飞熊。在渭水河边访到了钓鱼的姜子牙，姜子牙的号叫飞熊。周文王听了当差的禀报，亲自坐辇到渭水河边请姜子牙到朝里管理国家大事。

姜子牙问周文王：“大王请我，怎样进京？”

周文王说：“骑马、坐轿，随你挑。”

姜子牙说：“我一不骑马，二不坐轿，大王的辇得让给我坐。”

跟周文王来的文官武将都愣了，这辇只有帝王才能坐，你姜子牙算老几？还要坐辇！可是，周文王立刻就答应了。

姜子牙又出了难题：“我坐辇，还得大王亲自拉着。”文官武将吓了一跳，姜子牙把周文王当成大骡子大马啦？罪过不小。可是，周文王又立刻就答应了。

姜子牙坐上辇，周文王拉着，一步一步地走。周文王是真心真意请能人，平日里他肩不挑担，手不提篮，这回拉了个辇，哪能拉得动。拉了一气，停下来歇脚。再看姜子牙，在辇里还睡着了。周文王歇了一阵，再拉一气，又拉不动了；再歇了一阵，再拉。拉了三气，歇了三气，累得汗珠子赶点儿滴，连气儿都喘不上来了，只好对姜子牙说：“实在拉不动了。”

姜子牙睁开眼睛，下了辇问：“大王拉我走了多少步？”

周文王说：“我没数。”

姜子牙说：“大王拉我走了八百七十三步，我保大王的子孙坐八百七十三年的天下。”

周文王一听，后悔了，连忙说：“你快上辇，我还拉。”

礼仪小语

这虽然是一个传说故事，却形象地说明了周文王求贤若渴，视才如命的道德风范。任何朝代，兴国富民都离不开人才的辅助，做领导的付出什么样的诚意，就会请到什么样的人才。请人才的目的，就是用人才的智慧。如果不拿出诚意，怎么能打动人才的心呢？

大义管仲

齐桓公，名小白。是齐僖公之子，齐襄公的弟弟，齐国第十六代君主。在公元前七世纪中叶称霸中原，成为春秋五霸之首。

齐僖公过世后，齐襄公当政，小白和他的哥哥公子纠怕祸及自身，就出逃到外国。管仲辅佐公子纠逃到鲁国，公子小白在鲍叔牙的辅佐下逃到莒国。

后齐襄公被杀，齐国出现无国君的混乱局面。当时可望登上君位的有两个合适的人选。一为避难于鲁的公子纠，一为避难于莒的公子小白。他们听到齐国君死国乱时，都想抢先回国继承王位。由于莒国离齐国路程比较近，这对公子纠很不利，于是公子纠的师傅管仲率军去莒国通往齐国的道路上守候，阻拦公子小白回国。

管仲到达莒国的边境，正好碰见鲍叔牙和公子小白的队伍向齐国匆匆赶去。管仲一见心中发急，便暗暗拿出弓箭，对准公子小白射去。只见小白中箭，大叫一声，口吐鲜血，倒在车下，管仲以为小白已经死了，立即送信给鲁国。鲁国得到这个消息，觉得已经没有人和公子纠争位了，送公子纠回国的队伍就走得不那么急了。谁知道管仲射中的是公子小白的带钩。公子小白怕管仲射第二箭，便咬破舌尖，口吐鲜血，摔在车下诈死。等大伙儿一哭，他才睁开了眼睛，松了一口气。鲍叔牙叫人抄小道继续赶往齐国，日夜兼程地赶到齐国的首都临淄。这时候，公子纠和管仲还在路上。齐国的大贵族国氏和高氏等立即立公子小白为国君，称齐桓公。

齐桓公即位后，立即派军队去抵抗鲁军，把鲁军打得一败涂地，退归鲁国的道路也被齐国切断。

鲍叔牙送信给鲁国说："公子纠是齐国国君的兄弟，齐国国君不忍心亲自杀他，请鲁国杀掉他；管仲和召忽是齐国国君的仇人，齐国国君要新自杀掉他解恨。如果不答应的话，齐国的军队就要打到鲁国。"

鲁国没有办法，只得杀了公子纠，把管仲放在囚车上，押送去齐国。齐桓公为什么要把管仲弄回齐国？原来，这是鲍叔牙的主意。齐桓公本来恨透了管仲，一定要杀死他，报一箭之仇。鲍叔牙却劝他说："当君主的应当把眼光看得远大点。如果大王只想治理好一个齐国，那么我和高氏、国氏来协助您就够了。如果大王想称霸诸侯，就非管仲不可。管仲的才比我高多了，大王如果重用他，他一定能使齐国成就一番大事业。"

齐恒公是一个有鸿鹄大志的人，听了鲍叔牙的这番话，又知鲍叔牙与管仲是知心朋友，相知甚深，一肚子对管仲的怨气就烟消云散了。他就派鲍叔牙到边境上去迎接管仲，管仲一到临淄，齐桓公沐浴三次，亲自迎管仲在郊外，拜管仲为宰相。齐桓公对管仲信任有加，国家大事均由管仲处理，并拜管仲为"仲父"。

齐桓公在以管仲为基干的集团辅佐下，厉行改革，富国强兵。高张“尊王攘夷”的大旗号令中原，完成了称霸大业。

礼仪小语

管仲相齐的故事，如今已家喻户晓。说明齐桓公深明大义，心胸宽阔，以国家为重，不计私仇，这是其一；其二，齐桓公珍惜人才、器重人才。有了人才，就有了智慧和力量，就有了捷径和方法。

尊师教子篇

陈祎避席

陈祎是隋末唐初洛州人，有一次和几个哥哥听父亲讲授《孝经》第一章。

父亲说：“古人没有椅子，都是席地而坐。孔子向他的弟子们授课，大家也都是坐在席子上。有一天，孔子讲着讲着，他忽然提了个问题，叫他的弟子曾子来回答。孔子问：‘以前的圣贤之王有至高无上的德行，精要奥妙的理论，用来教导天下之人，人们就能和睦相处，君王和臣下之间也没有不满，你知道它们是什么吗?’曾子听了，明白老师孔子是要指点他最深刻的道理，于是立刻从坐着的席子上站起来，走到席子外面，恭恭敬敬地回答道：‘我不够聪明，哪里能知道，还请老师把这些道理教给我。’曾子见老师要他回答问题，赶紧站起来，往边上一站，垂下双手，毕恭毕敬的回答了孔子的提问……”

“这就是曾子避席的故事。你们明白了吗?”父亲最后问。

陈祎的哥哥们都说明白了，只有陈祎站了起来，整理好衣襟，站到边上，毕恭毕敬的说：“明白了，父亲。”

后来陈祎出家当了和尚，法名玄奘。

礼仪小语

在这里，“避席”是一种非常礼貌的行为，当曾子听到老师要向他传授时，他站起身来，走到席子外向老师请教，是为了表示他对老师的尊重。曾子懂礼貌的故事被后人传诵，很多人都向他学习。然而，只有陈祎学得最好，因为他马上就能按前人的方法做。

曾子尊师

曾子16岁拜孔子为师，他勤奋好学，尊师重道，颇得孔子真传。

有一次，他在孔子身边侍坐，孔子就问他："你知道人民和睦相处，君臣关系融洽的原因是什么吗？"曾子听到这个问题，立刻从席子上站起来，走到孔子面前，垂下双手，恭恭敬敬地回答道："我才能有限，想不出这是为什么，还得请老师告诉我。"孔子看到自己的弟子这么懂礼貌，赞许地点点头，耐心地给他讲述其中深刻的道理。

礼仪小语

避席，就是离开坐席的意思。春秋时期，当老师单独教导一位学生时，为了表示对老师的尊重，这位学生会起身，离开坐席，走到老师面前，恭敬地听老师说话。曾子的做法恰恰表现出他是一个讲礼仪、敬师长的人。后来，这个故事也被记载到《孝经》中，被后人传诵，很多人都向他学习。

魏昭煮粥

东汉时代，有一位名叫魏昭的人，当他还在童年求学的时候，看到郭林宗，心想这是一位难得的好老师，便对人说："教念经书的老师是很容易请到的，但是要请到一位能教人成为老师的人，就不容易找到了。"所以他就拜郭林宗为老师，而且派奴婢侍奉老师。但是郭林宗体弱多病，有一次他要魏昭亲自煮粥给他吃。当魏昭端着煮好的粥进来的时候，郭林宗便呵责他煮得不好，而魏昭就再煮一次。这样一连三次，到了第四次，当魏昭再端粥来而又没有不好的脸色时，郭林宗才笑着说："我以前只看到你的外表，今天终于看到你的真心啦！"于是大喜，将毕生所学的都全部教给了魏昭，而魏昭也终成大器。

礼仪小语

以人讲礼仪，不因对方的态度和表现而改变。我们不能因为对方不够礼貌而不愿以礼相待。其实，当我们真心地对待他人的时候，他人也必定会以真心回报我们的。

知礼得子

明朝时，在四川灌县有一位银匠，名叫何云发，他平日侍奉师傅非常恭敬诚恳。每次若在道路上遇到师傅，他一定双手拱立，诚心敬意地向师傅问好。不久他的家渐渐地富有起来，但是结婚多年却一直没有子女，有一天他妻子梦到神来托梦说："你命中本来注定没有子女，但因你的丈夫懂得恭敬师傅，所以上天许你生个贵子。"

后来他们夫妇果真生了贵子，并得到这贵子的孝顺供养，一生衣食丰厚。

礼仪小语

这个故事虽然只是一个传说，真假可以不论，却说明尊师知礼是一个好品德，是受欢迎和倡导的行为习惯。不管从事哪个行业，不管是面对老师或师傅，都应视其为父母，以礼伺奉。

孔子尊师

公元前521年春，孔子得知他的学生宫敬叔奉鲁国国君之命，要前往周朝京都洛阳去朝拜天子，觉得这是个向周朝守藏史老子请教"礼制"学识的好机会，于是征得鲁昭公的同意后，与宫敬叔同行。到达京都的第二天，孔子便徒步前往守藏史府去拜望老子。正在书写《道德经》的老子听说誉满天下的孔丘前来求教，赶忙放下手中刀笔，整顿衣冠出迎。孔子见大门里出来一位年逾古稀、精神矍铄的老人，料想便是老子，急趋向前，恭恭敬敬地向老子行了弟子礼。进入大厅后，孔子再拜后才坐下来。老子问孔子为何事而来，孔子离座回答："我学识浅薄，对古代的'礼制'一无所知，特地向老师请教。"老子见孔子这样诚恳，便详细地抒发了自己的见解。

回到鲁国后，孔子的学生们请求他讲解老子的学识。孔子说："老子博古通今，通礼乐之源，明道德之归，确实是我的好老师。"同时还打比方赞扬老子，他说："鸟儿，我知道它能飞；鱼儿，我知道它能游；野兽，我知道它能跑。善跑的野兽我可以结网来逮住它，会游的鱼儿我可以用丝条缚在鱼钩上来钓到它，高飞的鸟儿我可以用良箭把它射下来。至于龙，我却不能够知道它是如何乘风云而上天的。老子，其犹龙邪!"

礼仪小语

在当时，孔子已经是誉满天下的大学问家和教育家，却虚心向长辈老子请教，体现了他尊重前辈、热衷于学问、不懂必学的求学态度。在请教的过程中，不以自己的身份为尊，以弟子礼相见老子，又体现了他尊师敬礼的一面。可见，大凡有学问者，都是学无止境的态度和虚心学习的过程共同作用的结果。

汉明帝敬师

汉明帝刘庄做太子时，博士桓荣是他的老师，后来他继位作皇帝后仍然对桓荣以师生之礼相待。他曾亲自到太常府去，让桓荣坐东面，设置几杖，像当年讲学一样，聆听老师的指教。他还将朝中百官和桓荣教过的学生数百人召到太常府，向桓荣行弟子礼。桓荣生病，明帝就派人专程慰问，甚至亲自登门看望，每次探望老师，明帝都是一进街口便下车步行前往，以表尊敬。进门后，往往拉着老师枯瘦的手，默默垂泪，良久乃去。

桓荣去世时，明帝还换了衣服，亲自临丧送葬，并将其子女作了妥善安排。

礼仪小语

当朝皇帝如此敬师，确实难能可贵。试想，除了自己的父母，什么人才能享受如此礼遇呢。难怪古人早就说过："师徒如父子"。敬师，当如父母一样敬之。

秦始皇拜荆条

秦始皇拜荆条，是他统一中国 6 年后，即公元前 215 年的秋天，他第四次出巡时发生的事。当时，秦始皇在文武群臣的护卫下，乘着车辇，浩浩荡荡地从碣石向东北的仙岛前进。随着均匀的马蹄声，秦始皇不觉沉入对往事的追忆中。他回想起自己幼年的老师，仿佛就在眼前。虽说严厉，可令人钦敬难忘。我嬴政能有今日，其中也有他的一份功劳呢。那位威严的老人，第一次授课讲的就是舜爷赐给我们家的姓，他先分别讲了"亡、口、月、女、凡"，然后再合成一个嬴字，第二天就要背写。"老师，这字太难写了。""什么，一个嬴字就难住了？将来秦国要你去治理，难事多着呢，能知难而不进吗？"说着就举起了荆条棍……可惜自己已多年没见过这位老师，听说他老人家已经去世了。

突然，车停了。前卫奏道："仙岛离此不远，请万岁乘马。"于是秦始皇换乘了心爱的大白马，过不多时，便到了岛上。始皇环视渤海，胸襟万里，豪气昂然，更加思绪万千。待到他低头察看眼前，却忽然下马，撩衣跪拜起来。随从的大臣们见此情景，莫名其妙，也只好跟着参拜。等皇帝站起身来，大臣李斯才问他为何参拜。秦始皇深情地说："众位卿家，此岛所生荆条，正是朕幼年在邯郸时老师所用的荆条，朕见荆条，如见恩师，怎能不拜？"

后来，人们就把这个岛称为秦皇岛。传说岛上的荆条为秦始皇敬师的精神所感动，皆垂首向下，如叩头答谢状。

礼仪小语

不管后人对秦始皇的评价如何，但他敬师尊师的精神倒是可以标榜后人的。一个普通人的敬师不算什么，一个地位相当高的人也保持敬师之礼，则是难得的。特别是一个位及九五之尊的皇帝，尤其难得。所以，不管我们的地位如何，身份如何，是贫是富，尊师之礼不可丢弃。

墨子结识鲁班

鲁班与墨子是春秋战国同时期人，都生活在鲁国，鲁班年长墨子二十七岁。鲁班快五十岁时，由于手艺精湛，弟子过百，发明很多，已建盖了不少非常好的房子和宫殿，名气已非常大了。一天，一个陌生青年来访。鲁班家人问青年有什么事，来人说想与鲁班交流学问。鲁班让家人转告青年，作为工匠，他只与务实的人交朋友，无时间与人空谈闲聊。青年改口说，是来向鲁班师傅拜师学艺，鲁班才让青年进屋相见。

鲁班见青年二十岁出头，身着粗布衣衫，脚蹬四耳芒鞋，秀眉明眸，额头饱满，心知是一个能务实吃苦，又有头脑的人，是做弟子的好苗子，自是喜欢。于是沏茶让座，以礼相待。

青年告诉鲁班他叫墨翟，并告诉了他祖父和父亲的名字。知墨翟也是工匠世家，其父亲和祖上先辈都是工匠，鲁班更为高兴，便问："你为什么不向父亲学艺呢？"

墨翟说："鸟攀高枝，人奔捷径，我父亲技不如您。"

鲁班又问："我看你是一个读书做学问的人，怎么会想学手艺呢？"

墨翟说："读书用不着十年可培养出一个能说会道的书生，十年功夫却难于培养出一个好的手艺人，因此不能小看了手艺人。"又说："现在世上，说空话的书生可谓不少，做实事的手艺人却永远是需要的，'天干三年饿不死手艺人'说的正是此理。"

见墨翟言吐不凡，鲁班心里又添高兴，决定收青年为徒。便问："土木工程技艺广泛，你想学什么呢？"

墨翟回答："我秉承家学，对各种土木技艺也略知一二。近年来，我潜心研究作战用的守城工具，且已绘出施工图纸，今请师傅过目，望指出疵漏，以便改进。”一面恭呈图纸给鲁班。

鲁班接过图纸，过细看了起来，心中暗惊！原来此前鲁班发明了当时最为先进的云梯。这种云梯，轻巧灵活，可折叠运输，攻城时一经连接长度不限，再高的城墙，士兵瞬间就能搭梯攀援而上。而墨翟的守城工具，设计更为奇巧，使用时只要拨动机关，不等攻城士兵攀上云梯，就能让云梯立刻散架。显然，墨翟是针对鲁班云梯的弱点，专门设计来破解它的。

鲁班更另眼看待墨翟：“你的设计已在我之上，我何敢收你为徒！”

墨翟说：“以师傅的高超技艺，不出百日，您就能设计出破解我守城工具的新云梯，我岂能在师傅之上。”

鲁班说：“我看你学问不低，你怎会对设计守城用的工具感兴趣呢？”

墨翟说：“我听说，楚王为了攻打宋国等国家，向师傅订一千付云梯，此事不知是否属实？”

鲁班答“属实，我正准备安排赶做呢！”

墨翟对鲁班说：“宋国等各国，已知道楚国向师傅订购云梯，现正急着四处想法得到能破解云梯的工具。我正是为了此机遇，而赶着设计出守城工具。我是诚心将此守城工具图纸，献给师傅，作为拜师的见面礼。师傅可据此制作出当今世上最好的守城工具。这样，师傅既有天底下最好的云梯，又有世上最好的守城工具。攻战双方都有求于您，战争愈打得厉害，您名气愈大，赚的钱愈多。如同既有最好的矛，又有最好的盾，师傅岂不天下第一?！这就是我前来向您拜师的目的。”

听了墨翟的话，鲁班知道墨翟是用“卖矛又卖盾”的寓言来开导他，心中顿悟。是啊！天外有天，人上有人，今时胜昨时，后浪越前浪，发明是无止境的。昨昔你发明了最好的云梯，今时就有人发明出破解它的工具，即使明时你又发明了更为先进的云梯，要不多久照样有人能破解它，如此无限循环，战争无休止地消耗着社会财富，遭殃的却永远是黎民百姓。

想到此，鲁班自愧不如墨翟的思想境界，谦恭地说：“技艺不分先后，学问不管长少，你的见识远在我之上，你的学问值得我向你学习，岂敢做你的师傅，我们做好朋友吧！”

鲁班的坦诚让墨翟感动，他不再作谦恭客套之态，便从包中拿出他的著作《墨经》，赠送给鲁班。墨翟当即向鲁班讲解了他的学说观点“非攻（反战）”和“兼爱（博爱）”。墨翟反对战争，主张人与人应互相关爱等。《墨经》一书，是一部内容丰富，结构严谨的科学著作。不仅涉及到哲学、政治经济学、逻辑学，而且其中大部份内容是当时最先进的自然科学知识，如力学、光学、数学等，对发明家鲁班来说，最是需要。鲁班得了此书，自是高兴的不可言，以后一直将它视为珍宝学习和收藏。

自此后，鲁班与墨翟常有交往，结为忘年交。鲁班深受墨翟学说的影响，放弃了研发战争工具，一心放在有利于人民生产、生活工具的研发上。鲁班的发明愈来愈多，在当代和后世广为推广使用，被后人尊为我国土木工匠的祖师。大思想家墨翟，则被后人尊称为墨子。鲁班和墨子，各自在不同领域，做出为百姓大众造福的不凡业绩，受到世代人民大众的热爱和崇敬。

礼仪小语

鲁班和墨子的忘年交，千古传颂，说明了一个人不管有多么大的学问，一旦离开了这个行业，就是学生，要走向自己未知的领域，就要向这方面的行家学习，拜其为师。两个有学问的人相交，要取长补短，互为学友，而不是相互嫉妒，相互排斥。这样才能学问互补，思想交流，共同长进。

孙思邈拜师

当年，名医孙思邈还曾拜过两位山姑为师。

有一次，唐太宗患病，太医们束手无策。于是，太宗传旨召孙思邈进宫。孙思邈为唐太宗诊过脉，开了药方。一剂下去，不见起色，又服一剂，仍不见效。唐太宗没有责怪他，让他先回家去。孙思邈心里很不痛快，行走了半天，他来到一座山下，向山民讨口水喝。这户山民只有姐妹俩，以卖药材为生。她们对这位远来的客人很热情，姐姐用黄色花为他冲了一碗金花茶，妹妹用白色花为他冲了一碗银花茶。孙思邈每样茶喝一口，觉得味甘清淡，止渴清热，就说："这两种花都可以入药。"姐妹二人听罢，笑了起来。姐姐解释说："这两种花是同一种药，刚开时是白色，盛开时变黄，它叫金银花。莫说你，就是孙思邈也不认识假药呢，这次他在万岁爷面前丢尽了面子。我们进城卖药，那些太监把我们的药全都拿走，只给一点点钱。我们气不过，就用假药骗他们，为此连孙思邈也治不好万岁爷的病。"

孙思邈听罢，恍然大悟，当下"亮明"了自己身份，拜两位山姑为师，跟她们学习采药、制药，了解各种药性。然后，他采了些新鲜药回宫，一剂就把唐太宗的病治好了。唐太宗接受了他的忠告，要太监上市买卖公平，并封孙思邈为"药王"。后来，"药王"以金银花为"君"；甘草、生地、桔梗为"臣"，配制成"甘桔汤"方剂。至今，凡中医师开"甘桔汤"，都会自然而然地想起虚心好学的"药王"孙思邈。

礼仪小语

任何人的学问都是不断学习的结果。一个人如果不虚心学习，就难以长进；虚心学习的提前，就是尊敬老师，从老师那里获取有价值的东西。一个不懂敬师的人，不仅做人的水平低下，也不会得到真正的知识。

康昆仑拜师

唐代真元年间，天下太平日久，社会经济文化都有较大发展，堪称太平盛世。音乐文化也具有很广泛的受众。无论在民间、宫廷、寺院，高手众多，藏龙卧虎。这个故事说的就是因为天旱祈雨引出的斗艺佳话。

贞元年间，虽是太平盛世，但天灾也难免，老天不给皇帝老倌唐德宗李适面子，接连大旱数月。在那个年代不可能人工降雨，只有搞求雨仪式，拜拜菩萨。于是皇帝下达诏令：在首都长安的东西两街搭台求雨，一直要延伸到天门街。老百姓都很兴奋，想利用这大好机会比比谁的琵琶演奏水平高，谁的歌声妙。这东街西街的有关人士暗暗较劲。东街的人士认为稳操胜算，因为他们手里有号称天下琵琶第一手的御用琵琶大师康昆仑，西街绝对不在话下。皇帝主持祈雨仪式后，演出斗艺活动宣布开始，康昆仑登台亮相，弹了一首新编名曲——羽调《绿要》。喝彩声、鼓掌声好比疾风骤雨。不曾想一曲刚刚结束，在西街的祈雨台上款款走出一位女郎，手抱琵琶，一阵莺声燕语，说道：我也把这首曲子献给大家，但不用康昆仑的羽调弹奏，而是移到枫香调上演奏。女郎坐定之后，略微沉思片刻，划然下拨，那琵琶发出的声音简直如雷鸣一般。听众惊呆了，都以为大雨将至，旱情可以缓解了，一片欢呼声破空而来。等到回过神来，才发现是受了琵琶声的骗：艳阳高照，没有下雨的迹象。众人不得不叹服。

康昆仑也大吃一惊，才明白眼前这个女子不可小瞧，一定是琵琶高手，这种师傅不容错过。于是不顾众人的嘘声，匆匆跑到西街的祈雨台上，表示要拜女郎为师。女郎到后台更衣后出来与康昆仑相见。康昆仑不由倒吸一口凉气：怎么是个和尚！原来西市为了在求雨展示才艺中战胜东市，花大价钱特邀长安著名古刹庄严寺的僧人善本出山，为求雨斗艺最终战胜东市奠下基础。

第二天，德宗召见善本，善本说：陛下，贫僧俗姓段，自幼学习琵琶，出家后得名师真传，从未间断研习琵琶演奏艺术，但艺无止境，还要更上层楼啊！德宗皇帝夸奖有加，说：你的琵琶功夫真是炉火纯青，一定要把你的技艺传给更多的学生，弘扬我大唐音乐，向西域各国展示我大唐帝国的风采。现在，你就把康昆仑收为弟子吧。善本说；谢陛下，但我要请康昆仑弹一曲，听听他的师从。康昆仑红着脸说：那就献丑了。一曲弹完，善本不客气指出，你的弹奏路子太杂乱，还带一点雅乐的声调特点。康昆仑惊讶地说：善本老师真是神人。我小时候学习弹奏琵琶，只偏重在邻居一个女巫那里学习一品弦的曲调。以后又跟几个风格各异的老师学习，比较杂乱。你鉴别琵琶演奏的功夫真了不得，精妙神奇，令人佩服，我一定要好好学习，发扬光大我大唐琵琶演奏的传统。

善本也不再客气，直接奏请德宗皇帝说：陛下应命令康昆仑十年不接近琵琶，让他忘记以前的本领，我才能教他。德宗皇帝虽然觉得十余年不让康昆仑接近乐器有点不近人情，但善本说得还是很有道理。当场下诏，同意善本的建议。果然，康昆仑不辜负皇帝的期待和师傅的培养，若干年后，完全掌握了善本的演奏艺术特点，而且还有所发展，成为一代大家。

礼仪小语

唐德宗认识到段善本的琵琶技艺无人能匹，一定要传承下来。毫不迟疑决定让康昆仑拜他为师。而善本的收徒条件却很难让人接受，但唐德宗没有顾皇帝的面子，让御用的号称天下第一手琵琶演奏家拜倒在无名僧人面前，堪称尊师重教的好典范。

立志拜师

公元150年，在古南阳郡涅水北岸一个叫涅阳的大村镇里，一户张姓人家生了一个小男孩。小孩快满百日时，已长得眉清目秀，乖巧可爱。孩子的父亲考虑到儿子满百日时，族中百余口亲属都要来祝贺，所以忙着给孩子取了名字，姓张名玑。意即张家得一珠宝之意。这个孩子就是后来中外皆知，被后人尊为“医圣”的大医学家张玑字仲景。

当时南阳经常有瘟疫流行，轻者村村闻哭声、家家戴重孝；重者路断人稀，田园荒芜。仲景的同族叔叔张伯祖是南阳有名的郎中，经常四出救治病人。小仲景十岁时一天，一位农民患病，来请张伯祖去诊治。正巧仲景在叔叔家里。张伯祖就带了仲景一起去。张伯祖诊断病人患的是“伤寒病”。后患者服用了张伯祖的药，很快就康复了。小仲景亲眼目睹了叔叔高明的医术，心里暗说：“长大以后，我要做个像叔叔一样了不得的郎中，为天下人治病！”

张仲景十几岁时拜叔叔张伯祖为师。拜师过后，张仲景向叔叔提了一个问题：“叔叔医道如此精明，是从哪里学来的？”张伯祖笑笑说：“要想做一个好的郎中，必须勤究古训，博采众方。”张仲景恍然大悟，懂得了要做一个出色的郎中，必须精究前人留下的医方，同时又要广泛收集民间医方，并在实践中将两者加以验证、总结和发展。

自此以后，他除了每天在家钻研医书之外，一有机会就随着叔叔外出治病。通过临床实践来验证从书本上学来的理论，加深对医学的理解，丰富自己的临床经验。晚上，他则虚心请叔叔传授医术。转瞬三年时间过去了，仲景已在叔叔的指导下读完了《内经》、《难经》等传统中医书籍。平日里，他悉心搜集民间治病的各种医方。张伯祖见侄儿如此潜心医学，自是高兴，就把他选做了承传弟子，把所有的本事都传授给他。

一次，仲景去拜访同郡一位当时在朝中的名人何颙。何颙和他交谈以后，非常赏识地对他说：“你这样聪明勤奋，又如此痴迷医道，你如果做官或是写诗词，都不一定能有多大的作为，但你将来一定能成为一个良医。”仲景听后笑着说：“我立志学医，进可救世，退可救民，虽不能成良相，亦当为良医！”

礼仪小语

张仲景之所以成为“医圣”，是因为虚心拜师、博采众长、钻空书籍、日积月累形成的。一个人求学，不仅要向老师直接学习，也要学书本间接学习，更要向普通人学习。因为知识不分贫贱，智慧广布民间，只要以谦虚的态度，向一切可学之人学习，就能不断进步。

尹喜拜师

尹喜是西周时的一位贤大夫，自幼喜好古籍，精通历法，善观天文，能知前古而见未来。一天，他仰观乾象，见东方有紫气相连，知有圣人当度关而西，于是请任函谷关令。在关上他叮嘱守关士卒：“数日之内将有大圣人路经此关，你们见有形貌脱俗之人要立即禀报。”同时派人洒扫道路，夹道焚香，以迎圣人。

几天后，尹喜闻报有位白发老翁道骨仙貌，驾青牛之车欲出关，立即赶来迎接，在牛车数丈前跪拜道：“关令尹喜叩见圣人！”老翁说：“我是一介布衣，如此非常之礼，不知有何见教？”尹喜道：“我早得神明示象，已在此恭候多日，诚望圣人赐教。”老翁道：“你是怎么知道的？”尹喜道：“我好观天文，略知变化。去冬十月，天圣星西行过昴；今月之初，和风立至，见紫气东来，知有圣人西行；紫气浩荡，长达三万里，知来者至圣至尊绝非一般之神；紫气之前有青牛星相牵，圣人必乘青牛之车来也。今观圣人神姿迥绝，望指点修行之道。尹喜感恩不尽。”

老翁见其求道至诚，心慈人善，笑答道：“你知老夫，老夫亦知你，当教你。”尹喜非常高兴，叩头问道：“敢问大圣人姓名？”老翁道：“我姓李，字伯阳，号老聃。”尹喜听说是老子，焚香叩头，恭敬地拜其为师。

老子把自己关于道德以及对宇宙、人生、社会等方面的见解，写了一部五千言的《道德经》授与尹喜。尹喜按照老子的教导虔心修行，弘扬道家学说经国济世，后来修成大道，被称为尹真人。

礼仪小语

这个故事选自《礼记》。尊师重道是我们中华民族的传统美德，老师是伦理道德、知识、价值观念的传授者，教人为人处世的行为规范，是道德的表率。《礼记·学记》中说：“师严，然后道尊；道尊，然后民知敬学”。维护师道尊严，不仅要求学生的言行举止体现出对老师的尊敬和礼貌，更要从内心里敬重老师，并严格按照老师说的要求去做。

程门立雪

宋朝有一位有学问的人，名叫杨时。他对老师十分尊敬，一向虚心好学。后来中了进士，他不愿做官，继续访师求教，钻研学问。当时程颢、程颐兄弟俩是全国有名的学问家，杨时先是拜程颢为老师，学到不少知识。四年后，程颢逝世了，为了继续学习，他又拜程颐为老师。这时候，杨时已经四十岁了，但对老师还是那么谦虚、恭敬。

一天，天空浓云密布，眼看一场大雪就要到来。午饭后，杨时为了向老师请教一个问题，约了同学游酢一起去程颐家里。守门的人说，程颐正在睡午觉。他们不愿打扰老师的午睡，便一声不响地立在门外等着。这时，天上飘起了鹅毛大雪，雪花在头上飘舞，凛冽的寒气，冻得他们浑身发抖。他们仍旧站在门外等着。

过了好长时间，程颐醒过来了，这才知道杨时和游酢在门外雪地里已经等了好久，便赶快叫他们进去。这时门外的雪，已经积得有一尺多厚了。

杨时这种尊敬老师的优良品德，一直受到人们的称赞。正是由于他能够尊敬师长，虚心向老师求教，学业进步很快，后来终于成为一位全国知名的学者，人们尊称他为“龟山先生”。

礼仪小语

杨时诚心专志，对老师表现出真诚和恭敬的态度，体现了他尊师敬道、以诚动人的治学精神。俗话说：心诚则灵。一个人只要有诚心诚意的态度，一定会打破人际交往的坚冰，达到彼此和谐相处。

宋濂求学

宋濂是元末明初的著名学者。他一生中数十年如一日地刻苦学习，在学术上做出了卓越贡献。他主修《元史》，还写了大量优美的散文，著有《宋学士文集》，他的《送东阳马生序》，就被选在了中学语文课本中。

宋濂小时侯家里很穷，没钱买书。酷爱读书的他只能向人家借书看。每次借阅，他总是事前讲好归还的时间，所以人们都愿意借给他。

一次，宋濂借到一本好书，越读越喜欢，于是决定把它抄下来。时值隆冬，寒气逼人，小宋濂的手冻得冰冷僵硬。他不得不放下笔，使劲搓，等手暖和一点，再接着抄。母亲一觉醒来，看到宋濂屋里还亮着灯，就掀开门帘走进来，轻声问道：“孩子，你怎么还不睡呀？都后半夜了，天又这么冷。”

“娘，我在抄书呢。”宋濂答到。

“明天再抄吧！今天太晚了。”

“不行啊，我答应明天还书的，今晚必须抄完。”

“他们家那么多书，不会急着看这一本的。”

“那到是，”宋濂一边抄一边回答，“不过，不管人家看不看这本书，到期就要归还，一天也不能耽搁。”

“这又不是大事，早一天，晚一天，有什么关系？何必这么认真。”

“娘，不管大事小事，咱说话都要讲信用，您说是吗？”

就这样，宋濂一直抄到天亮，总算把整本书抄完了。白天，他把书还给主人家。那人接过书一看，干干净净，不卷不折，还是那么平整，非常高兴，就指着自己的书橱对宋濂说：“快过来看看，这都是好书，你想借哪本，随便挑吧！”

长此以往，宋濂靠诚实守信赢得了人们的信任，从而借阅了许多好书，大大增长了学识。

20多岁后，宋濂读书更加勤奋了。但由于没有名师指点，遇有问题常常得不到解决，他就步行一百多里路，去向名师请教。他请教的这位老前辈是位大学者，对学生要求很严厉。宋濂在向他请教时，每次都十分恭敬地提出疑问，并躬着身子侧耳倾听。由于他虚心求教，宋濂跟着这位老师学到了很多知识。

有一天宋濂出门访师的时候，正是数九寒天。这时他就穿上草鞋，背上行李，踏着几尺深的积雪，顶着寒风冒雪去访师。等他好容易赶到客店里，四肢都冻僵了，但他一点儿也不怕苦，坚持向老师请教。

宋濂由于家境贫苦，少年求学之时每日都是粗茶淡饭，穿着破旧棉衣也浑不在意。他的同学中有不少是富家子弟，穿着绫罗绸缎，满身珠光宝气，但他丝毫没有羡慕的意思，而是把全部心思都用在了求学读书上。就这样，经过长期刻苦努力，宋濂终于成为了一位著名的学者。

礼仪小语

宋濂求学，诚心加虚心，尊重老师，诚恳地向老师请教，表现了一个学子的敬师、尊长的传统美德。试想，如果没有起码的尊师之心，老师怎么会把知识无偿地教给他呢？

颜真卿学书法

颜真卿是唐代著名书法家。为了学习书法，颜真卿起初向褚遂良学习，后来又拜在张旭门下。张旭是唐代首屈一指的大书法家，各种字体都会写，尤其擅长草书。颜真卿希望在这位名师的指点下很快学到写字的窍门，从而一举成名。但拜师以后，张旭却没有透露半点书法秘诀。他只是给颜真卿介绍了一些名家字帖，简单地指点一下字贴的特点，让颜真卿临摹。有时候，他带着颜真卿去爬山，去游水，去赶集、看戏，回家后又让颜真卿练字，或看他挥毫疾书。

转眼几个月过去了，颜真卿得不到老师的书法秘诀，心里很着急，他决定直接向老师提出要求。

一天，颜真卿壮着胆子，红着脸说："学生有一事相求，请老师传授书法秘诀。"

张旭回答说："学习书法，一要'工学'，即勤学苦练；二要'领悟'，即从自然万象中接受启发。这些我不是多次告诉过你了吗？"

颜真卿听了，以为老师不愿传授秘诀，又向前一步，施礼恳求道："老师说的'工学'、'领悟'这些道理我都知道了，我现在最需要的是老师行笔落墨的绝技秘方，请老师指教。"

张旭还是耐着性子开导颜真卿："我是见公主与担夫争路而察笔法之意，见公孙大娘舞剑而得落笔神韵，除了苦练就是观察自然，别的没什么诀窍。"

接着他给颜真卿讲了晋代书圣王羲之教儿子王献之练字的故事，最后严肃地说："学习书法要说有什么'秘诀'的话，那就是勤学苦练。要记住，不下苦功的人，不会有任何成就。"

老师的教诲，使颜真卿大受启发，他真正明白了为学之道。从此，他扎扎实实勤学苦练，潜心钻研，从生活中领悟运笔神韵，进步很快，终成为一位大书法家，为四大书法家之首。

礼仪小语

许多人在拜师求教时都希望掌握老师的学习秘诀，但所有老师都无一例外地告诉你他们：勤奋出天才。是老师不肯说实话，怕教出了徒弟饿死了师傅吗？决不是！因为所有知识都是通过刻苦读书掌握的，没有捷径。

孙悟空拜师学艺

花果山有一块灵石，一天，灵石里爆出了一只石猴，因为这只石猴非常勇敢，所以山上的猴子们都封它为"大王"。

有一天，石猴对它的猴子们说："我现在一点本领都没有，如果大家有危险，我怎么才能保护你们呢？我决定到外面去走一走，学一些本领回来才，才能保护你们。"本来猴子们都不愿意"大王"离开自己去学本领，但又觉得"大王"说的话有道理，只好含着眼泪把"大王"送出了花果山。

在别人的帮助下，石猴在山下拜了一位神仙学艺，师傅给石猴取了一个名字叫"孙悟空"，一天，师傅在孙悟空的头上打了三下，意思就是三天后来找他，过了三天，师傅教了孙悟空七十二变的本领，在以后的日子里，孙悟空天天刻苦练习，最后，孙悟空把师傅教的七十二变都学会了。一天，师傅对孙悟空说"你学会了本领，可以回去了"，孙悟空听了师傅的话，虽然不舍得离去，但它离开它的小猴子们已经很长时间了，不知道它们现在怎么样呢，很想念它们啊！后来，孙悟空只好依依不舍地告别了师傅，骑着跟斗云回去了。

礼仪小语

古今中外，那些有学问、有成就的人，他们的满腹经纶无不是从老师那里获得的，或在老师的引导下获取的。没有人天生什么都会，相反，一个人出生之初，脑子是一片空白，如果没有后天的学习，就是一个白痴。所以，我们不能不尊师敬长，这是一个人起码的道德底线。

华佗拜师

华佗是东汉末年杰出的医学家。他的技术全面，精通医道，尤于外科，曾发明全身“麻沸散”用于剖腹开背、切除胃肠等大手术。特别是在他功成名就之后，仍谦虚好学。华佗拜师学艺故事，被后人传为佳话。

一次，华佗给一个年轻人看病，经望、闻、切脉后，认为患者得了头风病。可是一时又拿不出治疗此病的药方，急得束手无策，病人也很失望。后来，这位病人找到一位老医生，很快就把病治好了。华佗听后很是惭愧，便打听到老中医的住处，决心去拜师学艺。但华佗当时名噪四方，恐老医生不肯收他为徒，于是改名换姓，来到老中医门下，恳求学医。老人见他心诚，就收下了他。从此，华佗起草贪黑，任劳任怨，虚心好学，终于获得了治头风病的绝技。当华佗满师归来时，这个老中医才明白眼前这个徒弟就是名医华佗，他一把拉住华佗的手说；“华佗啊，你已是名扬四海了，为何还要到我这里受苦?”华佗把来意告诉了老人，并说“山外有山，学无止境。人各有所长，我不懂的地方就应该向您学习。”

礼仪小语

这个故事说明既要参加实践又要学习间接经验的重要性。知识来源于经验。经验有直接经验和间接经验两部分，直接经验固然重要，但一个人的生命和精力是有限的，人类在长期的实践中积累起来的间接经验是十分丰富的，都应该详尽地好好学习。

陶行知深求学

陶行知的父亲是一个穷秀才，虽然满腹经纶，却不愿趋炎附势，所以一直处于贫穷之中。眼看儿子到了读书年龄，有钱人家的孩子都进了学堂，父亲开始为儿子着急了。父亲找到邻村小学的方老师商量。方老师博古通今，经常到陶家来串门，与小行知的父亲很聊得来。父亲希望方老师先收下小行知，学费日后再交。

方老师知道陶家的难处，也很喜欢小行知的聪明礼貌，答应收小行知为徒，免收学费。方老师的教育方法很不一般，他先从人们见惯不怪的自然知识讲起，尽量符合学生的口味，以引起学生的兴趣。

10岁时，父亲在外地找到了一份差事，小行知只得告别方老师，随父亲到一个陌生的地方安家。当地有一个姓许的老先生，学问、人品都不错。这天，陶行知换上干净的衣服，拿着一些礼品去许老师家拜师。来到许老师家门前，他恭恭敬敬地站在门外，先报上自己的名字，再说明来意。见到老师后，他又深深地行了一个大礼。许先生见他年纪尚少，却很懂礼节，便问："你这么小就跑这么远的路来求学，不怕辛苦吗?"陶行知说："只要能学到知识，路再远也没问题。"许先生点点头，连考了一些难题，都被小行知又快又圆满地回答上了，心里非常高兴，答应免费收小行知为徒。这使得一直担心孩子学业的父亲感到非常快慰。

但是，许先生的学馆比较远，约15里路，小行知只能隔3天去一次，剩下的时间在家里自学。小行知对此从来没有怨言，他知道自己能读得上书已经很不容易了，心里只有感恩。开始，许先生担心小行知坚持不下去，后又渐渐发现他没旷过一次学，无论刮风下雨都能到馆，而且每次布置的作业都完成的很好。有一次下大雪，当他赶到塾馆时，老师已经开讲，为了不影响老师讲课，他硬是站在门外听老师把课讲完。这种学习精神感动了塾馆里的每一个人。老先生私下对行知的父亲说："这个孩子又懂礼貌又好学，我教这么年书也是第一个看到。你一定不能耽误了他啊。"

父亲高兴地说："老先生，你放心。只要他能考得上学，我拼出老命也不耽误他。"

15岁时，陶行知进入教会学校崇一学堂读书，在这里学习英文、数学、理化等课程，开始接受西方资产阶级的新教育。23岁时，他又以名列第一的优异成绩在南京金陵大学文科毕业，远渡重洋赴美国留学。他选择了教育专业，期望通过教育来救国救民。

礼仪小语

陶行知拜师有礼貌，讲礼节，给老师的第一印象就很好，加上他聪明好学，成绩优秀，这更增加了形象分。如果他是一个胆怯没有礼貌的孩子，他还能受到老师的青睐，并能够接受免费教育吗?

陈毅拜师

陈毅是一位运筹帷幄，决胜千里的常胜将军，也是一位善于力挽危局，冲杀凌厉的著名棋手。1929年6月3日，毛泽东、朱德、陈毅率领中国工农红军第四军第二次攻克龙岩，国民党福建省防军陈国辉留守部队便望风而逃。红军进城后，政治部设在城内的公民小学内。茶余饭后，政治部内经常传出"噼噼啪啪"的对弈声。欢笑声惊动了住在隔壁的石老伯。石老伯70岁了，曾精读《三国演义》，略通韬略，是个棋谜。他的棋艺高超，远近闻名。一天傍晚，石老伯来到政治部门口，一手撩开长衫，一手扶着门框，津津有味地观赏着。陈毅见状忙起身，恭请老先生进内对弈。向来以性格爽朗著称的石老伯，毫不谦让，入座连下3盘，可是老人输了两盘。

不久，红军撤离龙岩，在消灭了陈国辉部队后，又重回龙岩。红四军政治部仍设在公民小学，在庆功晚会上，举行象棋比赛。只见石老伯满面春风，来到政治部门口，要求与陈毅再对弈3盘。陈毅兴致正高，连忙摆好棋子。说也奇怪，这次连下3盘，陈毅却都输了。陈毅深感疑惑，忙请教石老伯。老伯捻捻胡子，慢条斯理地道："不瞒将军，我想，红军一定要与陈国辉决一雌雄，因此我让将军两盘，以便鼓舞将军士气。而今，陈国辉已被击败，为了不使将军滋长骄傲情绪，我就不客气地连胜3盘了！"陈毅听罢，顿开茅塞，急忙离座，朝老人深深一揖说："石老伯，你这就收下我这个徒弟吧！"从此，两人经常在一起切磋棋艺。

礼仪小语

在尊长面前如何说话的问题，归根到底是如何敬老的问题。在尊长面前表现得礼貌和客气，才能赢得尊长的青睐，自己才有长进。

"教五子，名俱扬"

窦燕山，原名窦禹钧，五代后晋时期人。他的老家是蓟州渔阳，也就是今天天津的蓟县。过去，渔阳属古代的燕国，地处燕山一带，因此，后人称窦禹钧为窦燕山。

窦燕山出身于富裕的家庭，有良田千顷、奴婢无数，却为人不好，常常以势压贫。有贫苦人家借他家粮食时，他是小斗出，大斗进，小秤出，大秤进，明瞒暗骗，昧心行事。由于他做事缺德，所以到了30岁，还没有子女，窦燕山也为此着急。

这天晚上，他做了个噩梦，他死去的父亲托梦告诉他："你心术不好，心德不端，恶名远扬，如不痛改前非，重新做人，不仅一辈子没有儿子，也会短命。你要赶快改过从善，大积阴德，只有这样，才能挽回天意。"

梦醒之后，窦燕山暗下决心，痛改前非，缺德的事再也不做了。有一天，他在客店中捡到一袋银子，为找到失主，他在客店里整整等了一天。失主回到客店寻找，他原封不动地将一袋银子归还给失主。窦燕山还在家里办起了私塾，聘请名师教课。有的人家因为没有钱送孩子到私塾读书，他就主动把孩子接来，免收学费。总之，自那以后，窦燕山就象是换了一个人似的，周济贫寒，克已利人，广行方便，大积阴德，广泛受到人们的称赞。

后来，窦燕山的妻子连续生下了五个儿子。他把全部精力用在培养教育儿子身上，不仅时刻注意他们的身体，还注重他们的学习和品德修养。在他的培养教育下，五个儿子都成为有用之才，先后登科及第：长子中进士，授翰林学士，曾任礼部尚书；次子中进士，授翰林学士，曾任礼部侍郎；三子曾任补阙；四子中进士，授翰林学士，曾任谏议大夫；五子曾任起居郎。当时人们称窦氏五龙。

当时，为这件事，朝廷侍郎冯道赋诗一首："燕山窦十郎，教子有义方。灵椿一株老，丹桂五枝芳。"这里所说的"丹桂五枝芳"，就是对窦燕山"五子登科"高度评价。

礼仪小语

《三字经》说："窦燕山，有义方。教五子，名俱扬。"这是对窦燕山教育子女经验的总结。窦燕山从自己的不端行为中，悟出了品行的重要性，从此率先垂范，并用好的品德教育儿女。可见，好的品德是做人的标准，也是成才的前提，家长切莫放松对子女品德方面的要求。

择邻而居

孟子的母亲仉氏是一位伟大的女性，她克勤克俭、坚守志节，含辛茹苦地抚育儿子，从慎始、励志、敦品、勉学等方面入手，数十年如一日，毫不放松，既成就了孟子，更为后世的母亲留下一套完整的教子方案，她本人也成为名垂千秋万世的模范母亲。后人把她与徐母（徐庶母）、欧母（欧阳修母）列为母亲的典范，号称中国"贤良三母"。

孟子的父亲名叫孟激，是一位怀才不遇的读书人。他为了更大的发展，光耀门庭，抛妻别子，远赴宋国游学求仕。三年后，带给孟母的是晴天霹雳般的噩耗，从此孤立无援的仉氏开始了坎坷的人生旅途。她下定决心，要凭着自己的双手生活，并把独生儿子教养成为一个有用的人。

那时，仉氏就已体会到"胎教"的重要性。《韩诗外传》记载着她的一段话说："吾怀妊是子，席不正不坐，割不正不食，胎教之也。"儿子出生后，为了避免他受不良环境的影响，仉氏又不断给孩子换环境，至今还留传下"孟母三迁"的故事。

孟家原在马鞍山下（今山东邹城北 20 里），山麓坟茔座座，时常有送葬的人群出人。村中儿童追逐嬉戏，便也模仿大人们的礼仪，扮演丧葬的过程。孟母看在眼里，忧在心里，认为这样不利于孩子的成长。为了孩子不受影响，唯一的办法就是变更居住环境。

经过一番周折，孟家母子把家迁到了十里外的庙户营村。这里是一个"日中为市"的交易集市，每逢一、三、五、七单日，远近的百姓们手拎肩扛一些新产品来到集市交易，喧嚣吵闹。这场面对孩子来说是颇有吸引力的，耳渲目染，孟子和其他一些孩子就难免学会了锱铢必较的行为。仉氏认为孩子养成了市侩行为也是不好的，住了半年后又要第二次迁居。

仉氏对儿子抱着很大希望，她既不愿看到儿子成为一个碌碌无为的人，也不愿看到他沾染了唯利是图的市侩风气。眼看孩子越长越大，必须为他的成长着想，否则，孩子就不可救药了。眼下就是尽快为孩子换一个有利的环境。想来想去，她认为应该把家搬到邹城的学馆附近，那里虽然房子破旧不堪，但儿子一定会从那里学会有用的东西。

不出仉氏所料，这家学馆附近常常有读书人来往，那高雅的气韵、从容的风范、优雅的举止与循规蹈矩的礼仪行为，都给了附近居民不少潜移默化的影响，尤其是初解人事的孩子们，常群集在大树底下，演练学馆中揖让、进退的礼仪，有模有样，一片庄严肃穆的景象，使得远远察看的仉氏内心深处大为高兴："这才是孩子们最佳的居住环境啊！"

当孟子再大一些的时候，仉氏又在为他物色良师而费心。春秋战国时代，学术风气蓬勃发展，诸子百家争奇斗胜，使人眼花缭乱，不知如何选择才好。然而，仉氏却有自己的独到主张，她无视于老庄的玄虚，不屑于杨朱的功利，唯独醉心于孔子的忠恕之道。经过努力，她终于在孔门诸子中为儿子找到了启蒙老师。这个老师就是孔子的孙子孔伋（字子思）。

15 岁时，在母亲的鼓励下，孟子由邹城来到了曲阜，正式拜子思为师。孟子埋头读了 5 年，求礼问道，学业突飞猛进，终于继承了孔子的衣钵，成为一代"亚圣"。

礼仪小语

孟母三迁的故事，流传至今，家喻户晓，成为千古美谈。其伟大之处就在于：早在两千多年前，孟母就懂得环境对于孩子成长的决定作用，并努力为孩子营造良好的生活和学习环境。对于今人而言，环境对孩子成长的决定作用也许并不难以理解，而难以做到的是效法孟母"择邻而居"的精神。许多家长总是抱怨学校条件不好，乐意为孩子择校，却不愿从本身找原因。其实，"好"的环境，首先是好的家庭环境，只要有意识地改善身边的环境，孩子是可以健康成长的。

唯有一点像羲之

王羲之的儿子王献之，也是晋代的书法家，其书法成就几乎与他的父亲王羲之齐名。而他的成就，是与父母的教育分不开的，民间至今还流传着他的父亲王羲之和母亲郗氏共同指导他练习书法的故事。

王献之是王羲之的第七个儿子，自幼聪明好学，在书法上专工草书隶书，也善画画儿。他七八岁时始学书法，师承父亲。有一次，王羲之看献之正聚精会神地练习书法，便悄悄走到背后，突然伸手去抽献之手中的毛笔，献之握笔很牢，没被抽掉。父亲很高兴，夸赞道："这个儿子长大后必定能成大名。"小献之听后，心中有些沾沾自喜。

还有一次，王羲之的一位朋友让献之在扇子上写字，献之挥笔便写，突然笔落扇上，把字污染了，小献之灵机一动，一只小牛便栩栩如生于扇面上。这种随机应变、化拙为巧的本领，引起周围的人纷纷竖起了大拇指。小献之更是心花怒放。

由于众人对他的书法绘画赞不绝口，夸他前程无量，小献之不由的慢慢滋长了骄傲情绪，尾巴开始翘起来了。献之的父母看此情景，若有所思……

一天，小献之问母亲郗氏："我只要再写上 3 年就行了吧？"母亲摇摇头。"5 年总行了吧？"母亲还是摇摇头。

献之急了，冲着母亲说："那您说究竟要多长时间？"

"你要记住，写完院里这 18 缸水，你的字才会有筋有骨，有血有肉，才会站得直立得稳。"母亲严肃地说。

献之一回头，看见父亲也站在了他的背后。他虽然心中不服，却啥都没说，一咬牙又练了 5 年。然后，他把一大堆写好的字送给父亲看，希望听到几句表扬的话。谁知，父亲一张张掀过，一个劲儿摇头。掀到一个"大"字，父亲露出了较满意的表情，随手在"大"字下填了一个点，然后把字稿全部退还给献之。

小献之心中仍然不服，又将全部习字抱给母亲看，并说："我又练了 5 年，并且是完全按照父亲的字样练的。您仔细看看，我和父亲的字还有什么不同？"母亲认真地看了 3 天，最后指着王羲之在"大"字下加的那个点儿，叹了口气说："吾儿磨尽三缸水，唯有一点似羲之。"

献之听后泄气了，有气无力地说："真的好难啊！照这样下去，啥时候才能把字写好呢？"母亲见他的骄气已经消尽了，就鼓励他说："孩子，只要肯下工夫，就没有过不去的河、翻不过的山。只要你像这几年一样坚持不懈地练下去，就一定会达到目的的！"

接着，母亲又把献之带到街上，看见一位老婆婆正在烙薄饼卖，就对献之说："你看，她每烙好一张饼，就用竹筷挑起，头也不回地从肩头往后撂，一张张薄饼竟摞得整整齐齐。她为什么摞得这么准呢？"献之摇摇头。母亲便鼓励献之向老婆婆请教。老婆婆听后哈哈大笑，说："没有什么，日积月累，撂得多了，就熟练准确了。"献之听完后，明白了个中道理。回去之后，他又锲而不舍地练下去。功夫不负有心人，献之练字用尽了 18 大缸水，终于在书法上取得突飞猛进。

后来，王献之的字也到了力透纸背、炉火纯青的程度，他的字和父亲王羲之的字并列，被人们称为"二王"。

礼仪小语

学习在于长期积累，不是一朝一夕的功夫。孩子在学习的过程中，要么气馁，要么滋长傲气，这些都是在所难免的。气馁，是因为孩子觉得做好一件事太难了；傲气，是孩子自以为聪明，认为天下事不在话下。所以，面对孩子出现的不正常情绪，特别是骄傲情绪，有必要煞一煞。王羲之夫妇的故事很有意思。你瞧，一句"惟有一点像羲之"，胜过千言万语，使孩子彻底警醒了。

良言一句抵千钧

皇甫谧小时候就过继给叔父为子，所以后母任氏原是他的婶母。他自小就不愿好好读书，整天游荡，十分顽劣。眼看着皇甫谧就长到了12岁，还是一事无成，腹中空空。因此，人们都认为皇甫谧不会有什么出息了。

谁也料想不到，像皇甫谧这样一个冥顽不灵的人，却被他的后母任氏的一剂良药治好了毛病，并最终成了知名的学者。皇甫谧尽管游荡无度，不肯向学，但对他的后父、后母总算还有孝顺之心。有一次，他得到了一些瓜果，自己舍不得吃，特意拿回家去，给他的后母任氏吃。

任氏想到这个孩子不求上进终日游荡，时刻感到担心，哪里还有心思吃皇甫谧敬献的瓜果？她一面拒而不食，一面训诫他道："《孝经》上说，'如果自己不学好，哪怕每天用牛、羊、猪等三牲侍奉双亲也仍然是不孝！'你现在已经12岁，仍然丝毫也不把读书学习放在心上，行为也不入正道，你实在没有什么可以让我感到安慰的！"她越说越感伤心，又痛切地说道："过去孟子的母亲接连三次搬家，以便让儿子在一个良好的环境中学习，成人；曾参宁可杀掉一头猪给儿子吃，也不肯违背诺言，始终坚持言行一致、诚实不欺的教育。为什么你总是这样的愚钝不开窍啊？是不是因为我没有挑选好居住的环境，对你的教育也还没有到家呢？修身养性，刻苦读书，将来得到好处的是你自己，我又能得到什么呢！"说完，热泪盈眶，无限悲伤。

听到任氏这一番发自肺腑的话语，皇甫谧的内心受到极大震动。这一番话，犹如当头棒喝，将皇甫谧一下子震醒了。从此以后，皇甫谧改变了过去的恶习，开始跟从家乡知名的学者席坦读书，而且非常勤奋，毫不松懈。家中贫困，他便亲自耕作。干农活的时候，也照样带着书籍，抓紧时间阅读。皇天不负苦心人，皇甫谧最后终于博通群籍，经史百家，几乎无所不晓。晚年时，他得了风痹症，手脚活动不便，仍然不顾病痛，手不释卷。他成天沉浸于书籍之中，废寝忘食，当时人都称他为"书淫"。有人劝他读书不要太过，否则会伤害身体，皇甫谧说："古人说：'朝闻道，夕死可矣。'勤奋学习总是不错的，至于其它，则在所不计。"

礼仪小语

假如当初没有其母任氏的良言相劝，皇甫谧恐怕终将一生碌碌，不可能成为一代有名的学者而名垂史册。可见，对于自己的孩子，特别是顽劣、不听话的孩子，一句感动肺腑的良言，可以抵千钧之力。关键是，对孩子的教育要用真心、诚心和恒心，只要把自己的真心捧出来，使孩子的心灵受到震撼，就不会不打动孩子。

在父亲的指导下

李白的父亲是个很有文学修养的人。李白刚刚懂事的时候，有一次听到父亲在书房里朗读《子虚赋》，那优美动听的文词，使李白人迷入神。开始，父亲以为他听不懂，后来父亲发现每当他朗读诗文的时候，李白便到父亲跟前，眼睛盯着父亲，认真聆听。有时竟随着父亲感情的起落表示悲欢。于是，父亲便留他在书房里一块学习，一块朗诵。幼时的李白几乎每天都是在书房里度过的。

在父亲的教育下，李白"五岁诵六甲"（指推算生辰年月的六十甲子），"十岁观百家"（指诸子百家的各类书籍），十五岁开始学写文章和诗歌。他最早写的《惜余春赋》、《明堂赋》、《大猎赋》都曾受到文豪的重视。

李白的进取精神特别强，他甚至有超过司马相如的抱负。为了使自己成为一个有学问的人，他下了很大决心，同一位好朋友住到成都附近的青城山里去，专心攻读，博览群书，钻研诗文书法。他在青城山，一连苦读了好几个年头，都不曾进城去闲逛一次。

但是，少年时的李白，在学业上也不是没有发生过动摇的。他在四川眉州象耳山读书的时候，一度对学习的艰苦和紧张适应不了，曾想中途放弃学业，做一个自由自在、随意飘游的浪子。一天，他离开象耳山，正走到山下小河边时，遇见一位头发花白姓武的老大娘蹲在河边磨铁杵。李白好生奇怪，走上前去问大娘干什么。武大娘指着铁柞说："我要把它磨成针。"李白以为老大娘在拿他开心，不相信老大娘的话，问道；"这么粗的一根铁杵，能把它磨成针吗？"老大娘意味深长地对李白说："只要功夫深，铁杵磨成针。"李白听了心里不觉一怔，顿时感慨万分，独自一人在河边沉思了很久，从中得到极大的启发。于是，他又坚定地往山里走去，决心继续归山终业。

从此，"铁杵磨成针"成了李白的座右铭。他始终以这种精神来要求自己"读破万卷书"。正因为如此，所以他后来做的诗，都能达到有如信手拈来、妙语天成的程度。

礼仪小语

童年是一张白纸，上面画着什么，将来就会成为什么。所以，自古以来人们都重视家教，特别是早期的家教。科学研究表明：如果以成人的智力水平为100%，那么孩子从出生到4岁的智力就发展了50%，而到了8岁便已经发展了整个人生智力水平的83%—90%。也就是说，一个孩子是不是聪明的，在他8—9岁的时候，就基本上可以定局了。因此，家长不妨有意识、有计划地开发孩子的早期智力。譬如李白，如果没有父亲对他的早期文化熏染，很难想象他将来会成为历史上的伟大诗人。

智

知是智的古字，先有“知”字，方有“智”。知，从矢从口。矢本义是箭，引申为正直、端正。按照古人的解释，“知”的意思是认识、知道的事物，熟悉到可以脱口而出。因此，我们把通晓天地之道、深明人世之理的人，称为智者。而按照孔子的认识论和伦理学，“智”的内涵，涉及知的性质、来源、内容和效果等方面。真正掌握“智”的实质的人，一定是不会偏离道德仁义的。可见，“智”的要求，是“大聪明”，不是“小聪明”；小聪明的人，不是“智者”。现在，我们要提倡“智”，就是提高素质，服务社会。

以智取胜篇

刘伯温夜写奏章

刘伯温辅佐朱元璋完成帝业，建立明朝后，回到家乡青田察访民情。当他来到水南岭时，看到几个衙役正押着一个相貌忠厚的农民走过，刘伯温问旁边的农民："他犯了什么罪？"这个农民唱起山歌来回答："三年大旱三年灾，百家种田百家哀；缸无粒米怎完税？官吏日日捕人来。"刘伯温经调查当地确遭三年大旱而田赋未减时，决心请求洪武帝给青田百姓减免田赋。于是，他在岭头村子住下，连夜写奏章，一直到天亮才写好。

洪武帝朱元璋上朝后，从太监手里接过刘伯温的奏章，边看边念："青田，青田，叠石成田。田无水，民无粮，赋粮减半、减半再减半……"这时，只见刘伯温从容地跨出一步，跪下磕头说："谢主隆恩！"朱元璋这才恍然大悟，中了刘伯温的计，可是君无戏言，就只好同意减掉青田部分田赋。据说青田人们感激刘伯温的恩情，为纪念他，就把他通宵达旦写奏章的村子，取名为"章旦"。

智慧小语

有的时候，直言相劝往往起不到应有的作用，因为你的话可能会触及对方的痛处，伤害对方的利益。在此，找准突破口，采取迂回突进的策略，往往能达到奇效。刘伯温就是从"君无戏言"这句话里寻找突破口的。

申渐高进谏

申渐高是南唐时候的一个艺人，经常在宫中的宴会上奏乐，他生性诙谐幽默，敢于为民众说话。南唐皇帝李升在位时，国力薄弱，军粮储备不足，官府横征暴敛，人们深受苛捐杂税之害，不胜其苦。一年久旱不雨，祈雨也不应验。一天，李升在宫苑中同群臣饮酒时说："现在京郊下起雨来，惟独京城不下雨，难道我们监狱中有冤枉的事违背了天意吗？"群臣都不知如何回答。这时，申渐高走上前来笑着说："雨水害怕抽税，所以不敢进京城呀！"皇帝猛然醒悟后大笑说："是京城中赋税过重了吧？"于是当日就下诏书免去一切不合理的税赋，其他税赋也都有减除。

智慧小语

劝谏别人，不能冒失，不能不分场合，而要找准时机。在正确的场合，抓住正确的时机，运用正确的语言技巧，针对正确的论点，进行正确的点拨和指导，方能击中要害，一举成功。

孙亮断案

三国吴主孙亮喜爱吃生梅子，吩咐太监去库房里取来蜂蜜渍梅。孙亮津津有味地吃着，忽然在蜜中发现了一颗老鼠屎。大家都吓得面面相觑。太监连忙跪下奏道："这一定是库吏渎职所致，请陛下治罪。"

库吏被召到堂上。孙亮问他："刚才太监是从你手上取蜜的吗？"

库吏战战兢兢地回答："蜜是臣下交给他的，但给他时并没有鼠屎。"

"胡说！"太监指着库吏鼻子，"鼠屎早就在蜜里了，这是你欺君罔上！"

太监一口咬定是库吏干的，库吏死不承认，说是太监放的。两人在堂上争执不下。

侍中官刁玄和张邰出列奏道："太监和库吏言语不同，难以决疑，不如押进监狱，一同治罪。"

孙亮环视众人，说："这个容易知道。"马上吩咐卫兵当众剖开鼠屎。

大家定睛看去，只见鼠屎外面沾着蜜汁，里面却是干燥的。

孙亮哈哈笑着说，"要是先在蜜中，里外都应浸湿，而今外湿里燥，显见是刚才放进去的。这一定是太监干的事！你与库吏有仇，故意嫁祸给库吏，欲借朕之手替你除去库吏。可是你却故意侮辱朕，今日若不杀你，世人都以为朕好欺负，左右武士将他拉出去斩首，以示他欺君之罪。"

太监吓得浑身哆嗦，连忙扑通一声跪下，磕头求饶，左右的人也感到十分吃惊。

智慧小语

孙亮断案，说明他善于分析，勤于观察，不拘泥于对人的审问，把注意力集中在事物本身的变化上。只要肯动脑筋，了解事物的特性，善于动脑，总会找到破绽。再聪明的作案人，也会在现场上留下蛛丝马迹。只要会观察会判断会思考，就能找到。

曾巩智取“霸王社”

“唐宋八大家”之一的曾巩，在从政时亦有相当政绩可言。他知齐州时，以痛惩奸恶、诛除寇盗为己任。

曲堤这个地方，有家姓周的大户，是当地的首富。周家的儿子周高，是个横霸乡里的混世魔王。他肆意伤害百姓，奸污妇女，无恶不作。更猖狂的是，他使用的衣物器具，竟敢公然僭越等级。可是，因为他家财大势大，当地的权豪也对他无可奈何，州县官吏也不敢干涉。曾巩听说后，没有被这家大户的气焰所慑服，他二话没说，将混世魔王周高及其帮凶捉拿归案，依法办罪。

章丘有个地方的土豪结成一个团伙，称霸一方，人称“霸王社”。这伙匪徒抢劫财物，杀人放火，挖冢盗墓，劫狱夺囚，为所欲为，畅行无阻。百姓对这伙歹徒恨之入骨，纷纷要求官府严加惩治，诉状堆得像小山一样。曾巩对这伙歹徒的暴行更是愤慨无比，他决心收拾“霸王社”。

曾巩首先访拿“霸王社”的爪牙 31 人，经过审讯，取了口供，然后将他们全部发配远方。这一重大举措，斩断了“霸王社”的许多爪牙，沉重打击了他们的气焰。歹徒们感到这位曾知州不仅会写文章，还有胆量、有决心、有手段到太岁头上动土。歹徒们被他的威势吓倒了，一些头目带领心腹躲进了山里，一般成员也不敢像过去那样公然扬威街头了。

曾巩又把当地百姓组织起来，几家为保，几人为伍，分区负责，维持地方治安，监察人员出入。发现盗贼就鸣锣击鼓传递警讯，四周百姓马上赶来支援。这样一来，每有盗贼出现，马上陷入百姓的包围之中，想跑也跑不脱。地方治安由此而得到很大改善。

有个叫葛友的“霸王社”歹徒，他的名字早已列入缉捕的强盗名单中。他困居深山数月，不见官府有松动的迹象，又担心家里老小的吃喝，硬着头皮从山里出来，到衙门投案自首。出乎他的意料，知州曾巩不仅没有关他杀他，却对他走出深渊表示欢迎，还奖给他一些安家的钱物，而且给以酒肉招待，让他穿戴得整整齐齐，骑上高头大马，车上载着奖给他的金钱绸缎，由衙役们敲锣打鼓地护送他遍游四乡。这一举动一传十、十传百地在全境传开，很快就产生了良好影响。许多有家口之累的盗贼，听说出山自首可以不坐牢，不杀头，还有奖励，一个个都动了出山的心思，不久就有一批一批的人出山投案。曾巩这样做的目的，是要对强盗、土豪团伙进行分化瓦解，使想洗手不干的人有路可走。

这样，“霸王社”里人怀二心，互相猜忌。“八千子弟”迅速走散，剩下几个“霸王”也就陷入四面楚歌声中，其势力土崩瓦解。因此，地方上又出现安定局面。

智慧小语

俗话说：邪不压正。凡是作奸犯科的人，即使有很深的根基，有复杂的背景，只要治理者下定决心，一定能将其绳之以法。不过，光有一颗刚正不阿的心不行，还要有智慧和胆量。曾巩就是这样的人。

苻融断案

五胡十六国中的前秦是氐族人所建立的政权。苻坚为帝时，统一了北方，当时前秦是十六国中最强盛的国家。苻坚有个兄弟叫苻融，是他的得力助手，也是历史上一个十分杰出的少数民族政治人物，他聪辩明慧，文武兼能，治理地方、领兵上阵，都有极不寻常的表现。

苻融精于断案，善于观色察形，究事推理，他都高人一筹，无不曲尽情状：他担任司隶校尉时，曾侦破过很多疑难案件，使他管理的地方“盗贼止息，路不拾遗”。

在他管辖冀州时，发生了这样一个有趣的案件。一个老太太在回家的路上被强盗抢去包袱，包袱里装有一些对她来说至关紧要的银钱。老太太呼天叫地，高喊捉贼。旁边走来一个年轻人，看见老太太伤心痛哭的样子，动了一点恻隐之心，就顺着老太太所指的方向，飞跑去追赶强盗。这小伙子健壮轻捷，不一会就追上了强盗。两人争夺包袱，扭打在一起。围观的人越来越多，强盗见跑不脱了，灵机一动，反咬一口，大骂对方是贼，说自己是见义勇为，追上来抓这个狗强盗的。两人互相指斥对方是强盗，旗鼓相当，闹得围观者莫名其妙。

老太太跌跌撞撞地赶到后，人们问她是谁抢了她的东西，她只知道是贼，却分不清哪一个是抢她的贼，哪一个是帮她的好人。这也难怪，这时候天已黄昏，老太太眼睛不好使，况且全部心思都在那个包袱上，自然分不清个头、衣着年龄都差不多的两个人。

地方出了抢劫案，里甲不敢不管，他拉住两个年轻人说：“你们谁真谁假，我无法分清，没办法，只好委屈二位到衙门里去一趟，到那里，我交了差，你们呢，善有善报，恶有恶报。”说罢，连老太太一起送到官衙去了。

苻融刚好巡视地方来到这里。事发的第二天上午，三个当事人被推到他面前。他听了情况汇报以后，又仔细端详了一好一坏、难分好坏的两个青年，想了一想，便对当地的官员们说：“谁好谁坏，尽管他们的脸上没有刻字，但也不难分辨。你们把这两个人带出去，让他们同时向凤阳门方向跑去，谁先跑出凤阳门的，就不是强盗。”

官吏和衙役从来没有听说过有这样审盗的，但又听说这位亲贵满腹经纶，绝非等闲之辈，他既然如此说，就一定有好戏可看。因此，就照他指示执行。过了一会，衙役将两人带回，胜者得意扬扬，败者垂头丧气。符融指着跑得慢的人说：“你这个小毛贼，抢了东西，还敢诬枉好人。说，你是不是贼？”他还有什么好说的，只好招认。

左右官吏问苻融怎能用此妙法辨出真贼？符融说：“其实很简单。强盗抢了包袱后，自然要拼命跑开，见义勇为的捉盗人在后面追，他起步晚，可还是追上了强盗，说明他跑步的速度比强盗快。因此，谁是盗人者，谁是捉盗人，让他们比赛跑步，自然就真相大白了。”

苻坚和前秦的大小官员都佩服他的智慧，州郡有了难以决断的疑虑，都要请他指点和判断。

智慧小语

自古以来，巧断官司的例子不胜枚举，如包公智断偷牛案，就是一个成功例子。苻融断的这个案子，也在于以智取胜。为什么能以巧断案呢？因为犯罪分子再狡猾，也难免不留下蛛丝马迹。只有抓住案件的特点，从中找到某个漏洞或疑点作为突破口，就能将计就计，使出计策将真凶“钓”出来。可见，断案就是斗智。

孙膑的妙计

齐国的大将田忌，很喜欢赛马，有一回，他和齐威王约定，要进行一场比赛。他们商量好，把各自的马分成上、中、下三等。比赛的时候，要上马对上马，中马对中马，下马对下马。由于齐威王每个等级的马都比田忌的马强得多，所以比赛了几次，田忌都失败了。田忌觉得很扫兴，比赛还没有结束，就垂头丧气地离开赛马场，这时，田忌抬头一看，人群中有个人，原来是自己的好朋友孙膑。孙膑招呼田忌过来，拍着他的肩膀说：“我刚才看了赛马，威王的马比你的马快不了多少呀。”孙膑还没有说完，田忌瞪了他一眼：“想不到你也来挖苦我！”孙膑说：“我不是挖苦你，我是说你再同他赛一次，我有办法准能让你赢了他。”田忌疑惑地看着孙膑：“你是说另换一匹马来？”孙膑摇摇头说：“连一匹马也不需要更换。”田忌毫无信心地说：“那还不是照样得输！”孙膑胸有成竹地说：“你就按照我的安排办事吧。”齐威王屡战屡胜，正在得意洋洋地夸耀自己马匹的时候，看见田忌陪着孙膑迎面走来，便站起来讥讽地说：“怎么，莫非你还不服气？”田忌说：“当然不服气，咱们再赛一次！”说着，“哗啦”一声，把一大堆银钱倒在桌子上，作为他下的赌钱。齐威王一看，心里暗暗好笑，于是吩咐手下，把前几次赢得的银钱全部抬来，另外又加了一千两黄金，也放在桌子上。齐威王轻蔑地说：“那就开始吧！”一声锣响，比赛开始了。孙膑先以下等马对齐威王的上等马，第一局田忌输了。齐威王站起来说：“想不到赫赫有名的孙膑先生，竟然想出这样拙劣的对策。”孙膑不去理他。接着进行第二场比赛。孙膑拿上等马对齐威王的中等马，获胜了一局。齐威王有点慌乱了。第三局比赛，孙膑拿中等马对齐威王的下等马，又战胜了一局。这下，齐威王目瞪口呆了。比赛的结果是三局两胜，田忌赢了齐威王。还是同样的马匹，由于调换一下比赛的出场顺序，就得到转败为胜的结果。

智慧小语

同样的马和同样的赛事，第一着输了，第二着却赢了，原因何在？就在孙膑的妙计上：在双方优劣势明显的条件上，劣势要转败为胜，就要打破常规，逆向思维，做到灵活机动，出奇制胜。如果我们研究古今以少胜多的战例，胜者莫不如此。

周宣王斗鸡

战国时，斗鸡是贵族们寻欢作乐的一项活动，齐王便是当时的一位斗鸡迷。为了能在斗鸡场上取胜，齐王特地请专家纪渻子帮他训鸡。

齐王求胜心切，没过几天，便派人来催问，纪渻子说："鸡没训好，它一见对手，就跃跃欲试，沉不住气。"

过了几天，齐王又派人来问，纪渻子说："还不到火候，看样子鸡虽不乱动了，但还不够沉稳。"

又过了几天，纪渻子终于对来人说："请你告诉齐王，我花工夫把鸡训好了。"待到斗鸡时，对手的鸡又叫又跳，而纪渻子训好的鸡却像只木鸡，一点反应也没有，别的鸡看到它那副呆样竟然都被吓跑了。因此，齐王用这只鸡和别人斗，自然场场获胜。

智慧小语

纪渻子在训练斗鸡的时候，不是让鸡每天增加一点技巧，而是让它每天减少一些心理负担，这正像老子所描述过的修道过程——"为学日益，为道日损；损之又损，以至于无为"。也就是说，大智慧表现出来的也许是愚钝，高度的技巧看起来却有些笨拙，真正的勇敢往往被误解为胆怯。大智若愚，说的也是这个道理。

围魏救赵

战国时，魏惠王派大将庞涓带兵攻打赵国，将赵国都城邯郸围住。赵国立即派使臣向齐国求援。齐国国君齐威王当即任命田忌为主将，孙膑为军师，发兵救赵。

田忌打算尽快赶到邯郸，而孙膑却不同意，他说："要理清乱丝，不能硬扯瞎拽，要解开斗殴，不能加入乱打。我们不如把部队开往魏国都城大梁（今河南开封），因为魏军的主力现在正在赵国猛攻邯郸，国内空虚，魏军知道我们打大梁，他们一定会从赵国撤兵，赶回抢救。这样，我们既可援助赵国，又能打击魏军，比赶到邯郸去厮杀要便利得多。”

田忌采纳了孙膑的计策，便直奔大梁。魏军得悉，果然撤兵回国，邯郸于是解围。田忌、孙膑率领的齐国大军，预先在桂陵（今河南长垣县西北）设下埋伏，当魏军撤退到这里时，齐军一声号令，奋勇杀出。魏军久战疲劳，突遭袭击，几乎全军覆没。

智慧小语

孙膑用围攻魏国的办法来解救赵国的危困，这在我国历史上是一个很有名的战例，被后来的军事家们列为三十六计中的重要一计。围魏救赵的实质，就是避实就虚，这种战法为历代军事家所欣赏，至今仍有其生命力。

破釜沉舟

秦末，项羽和他的叔父项梁起兵反秦。因为项家世代为楚将，楚地的起义将领都来归附他们，于是势力逐渐壮大起来。

项梁率领大军和项羽等在山东、河南一带连续击败秦军，打了好几次胜仗。有一次，项羽还杀了秦丞相李斯的儿子李由。但秦军大量增援后，秦将章邯在定陶（今属山东省）一战，大败楚军，项梁就在这一战役中战死。项羽、刘邦、吕臣等部队只得撤退下来。

章邯击破了楚军，以为楚地的战事可以告一段落了，便渡过黄河北攻赵地。那时赵歇为赵王，陈余为将，张耳为相，退入钜鹿固守。楚王以宋义为上将军、项羽为次将，率领楚军前去救赵。

楚军开到安阳，停留不进，直等了四十六天，项羽忍耐不住，催宋义快快渡河，同赵军里应外合，打垮秦军。宋义不同意，说要等秦军打得疲劳时才能有机可乘，并说：“冲锋陷阵，我不如你；筹谋策划，则你不如我!”此时正值冬季，天气很冷，又加雨雪，士兵们忍受饥寒，而宋义只顾自己吃喝，毫不在意。项羽气愤极了，清早去参见宋义时，就在帐中把宋义杀死，割下他的头号令全军。将领们见杀了上将军，个个惊惧，表示愿意服从项羽。项羽报告了楚王，楚王就命项羽为上将军。

项羽先派黥布（即英布）和蒲将军领二万人渡河，解救钜鹿，接着率全军渡河北上。过河以后，把渡船全凿沉，饭锅都砸了，岸边房屋也统统烧光，每人只发三天粮食，表示此去只有拼命，誓不后退的坚强决心。

楚军一到前线，立刻把秦军包围，截断了他们的运粮后路。一场恶战，打得秦军落花流水。那时各地派来援赵的十多支部队，各立营垒，躲在里面，不敢出来和秦军交锋。现在看见楚军战士一以当十，勇猛无比，个个惊呆了，只在营垒上远远地观战。

这一战役胜利结束后，项羽召见各地援军的将领。他们低头弯腰地走进辕门，都拜伏在项羽面前。项羽从此成为各地抗秦军队的首领。

智慧小语

破釜沉舟的实质就是斩断退路，败中取胜。试想，既然没有退路，何不战死？逃跑不仅没有活路，还没有好名声；奋力一拼，或许有胜的希望，就是战死了，也是英雄啊。在这种心理的驱使下，谁不拼死一战呢？这是古代常用的激励士气的战法。在现代商战中，这也是一种死里求生的智慧选择。

老马识途

虽然中原各国逐渐承认了齐国的盟主地位，但居住在边远地区的某些少数民族部落却不理这一套。有一天，齐桓公正与管仲议事，有人来报告说北方的一个叫做山戎的少数民族又侵犯了燕国，劫夺粮食、牲畜和财物，燕国派人来求救了。齐桓公征求管仲的意见，管仲说："山戎经常骚扰中原，是中原安定的忧患，一定要征服。"齐桓公听了管仲的话，亲率大军援救燕国。

齐侯大军到了燕园，才知山戎早就带着抢到的人口和财物跑了。管仲说："山戎虽然跑了，但以后还会来骚扰。我们不如一追到底，彻底打垮他们，实现北方的长治久安。"齐桓公听了管仲的意见，向北追击山戎。燕国的君主燕庄公又对齐桓公说："附近有个无终国，与我们素有往来，他们也和山戎有仇，可否请他们给我们带路，一同攻打山戎？"齐桓公立刻派人带着礼物去无终国求助。无终国也派了一支军队前来参战。

山戎的首领叫密卢，他听说齐、燕、无终三国联合讨伐，知道打不过，就带着一些亲信和金银财宝向北方逃跑了。来不及跑的山戎百姓和士兵都投降了。齐桓公为了使山戎真正心服，传令不许伤害山戎降兵和百姓。山戎受到宽待，感激齐桓公。齐桓公问他们："你们的首领跑到哪里去了？"他们说："一定是去孤竹国借兵去了。"齐桓公决定跟踪追击，捉拿密卢，征伐孤竹国，彻底消除北方动乱的隐患。

再说密卢逃到孤竹国，向国君答里呵求援。答里呵派大将黄花率兵跟密卢前去迎战齐军，不料，黄花一出阵就被齐军打得大败。黄花逃回去对答里呵说："齐侯率军前来，不过是要捉拿密卢，与我国毫无关系。我看不如杀了密卢，与齐侯讲和，方能保全我们自己。"另一位大臣则献计说："北方有个地方叫'旱海'，又称'迷谷'，那里茫茫沙漠无边，路途难辨。如果能把齐军引入'迷谷'，不用一兵一卒，就能使齐侯人马全军覆没。"

黄花听到这里动了心眼。于是去杀了密卢，割下了首级，直到齐侯军中，献上密卢首级，并称答里呵已经率军逃跑，自己愿归顺齐侯，为齐军引路，追击答里呵。齐侯见黄花献上密卢首级，便信以为真，率领大队人马跟着黄花向北追击。

黄花在前面带路，齐侯人马随后紧跟。进了沙漠，才拐了几个弯就找不到路了。茫茫无垠的黄沙，好似静静的大海，既分不清东西南北，也辨不出前后左右。齐桓公想找黄花来问一问究竟是怎么回事，但哪里还有他的影子？这才知道中了黄花的奸计。这时太阳已经下山，夜幕笼罩着大地，四周漆黑一片，西北风一个劲地刮，冻得士兵直发抖。好不容易等到天亮，才发现人马已零散不全。齐桓公命令赶快寻找出去的道路，但大队人马转来转去，怎么也走不出这个迷谷。这时，管仲猛然想起老马大多认识归途，便对齐桓公说："老马识途，无终国的马很多是从山戎弄来的，不如挑选几匹无终国的老马，让它们在前边走，兴许可以找到出去的路。"齐桓公虽然将信将疑，但又没有别的办法，就同意试一试。于是管仲挑了几匹老马，让它们在前边走，大队人马跟在后头。几匹老马不慌不忙地走着，果然走出了迷谷，回到了原来的路上。大家死里逃生，都佩服管仲足智多谋。

智慧小语

这个故事告诉我们，遇到危险和困境，要运用智慧，智慧不是凭空想出来的，它就在在我们的生活和身边。只有依靠生活和实践，智慧这才会产生出来。

一鸣惊人

齐国的淳于髡，口才很好。他常常用一些有趣的隐语来规劝君主，使君王不但不生气，而且乐于接受。

当时的齐威王是一个很有才智的君主，但是，在他即位以后，却沉迷于酒色，不管国家大事，每日只知饮酒作乐，而把正事都交给大臣去办理，自已则不闻不问。因此，政治不上轨道，官吏们贪污失职，再加上各国的诸侯也都趁机来侵犯，使得齐国濒临灭亡的边缘。

为此，一些爱国之人都很担心，但是，却都因为畏惧齐王，所以没有人敢出来劝谏。淳于髡便想了一个计策，准备找个机会来劝告齐威王。

有一天，淳于髡见到了齐威王，就对他说："大王，为臣有一个谜语想请您猜一猜：有只大鸟，住在大王的宫廷中，已经整整三年了，可是他既不振翅飞翔，也不发出鸣叫，只是毫无目的的蜷伏着，大王您猜，这是一只什么鸟呢？"

齐威王本是一个聪明人，一听就知道淳于髡是在讽刺自己，像那只大鸟一样，身为一国之尊，却毫无作为，只知道享乐。于是，他沉吟了一会儿，便毅然地决定要改过，振作起来，做一番轰轰烈烈的事，因此他对淳于髡说："嗯，这一只大鸟，你不知道，它不飞则已，一飞就会冲到天上去，它不鸣则已，一鸣就会惊动众人，你慢慢等着瞧吧！"

从此齐威王不再沉迷于饮酒作乐，而开始整顿国政。首先他召见全国的官吏，尽忠负责的就给予奖励；而那些腐败无能的则加以惩罚。结果全国上下很快就振作起来，到处充满蓬勃的朝气。

智慧小语

打比方、用典故，以此引导、提醒对方，这是一种委婉的艺术，是劝告他人，特别是冥顽不化者的良好方法。因为这样的委婉表达，以讲故事、说典故的方式开头，容易引起对方的兴趣，使对方乐于接受，并在比较中得到有益的启示，不至于让人一下子接受不了。

趁火打劫

这个智谋故事见于《三国演义》第七回“袁绍磐河战公孙；孙坚跨江击刘表”。

关东诸侯联合起兵，共推渤海太守袁绍为盟主，反对董卓专权。讨卓联军攻占洛阳后，各路诸侯便各打各的算盘，不仅不能同心协力，反而争权夺利、互相兼并，以致讨卓联盟迅即瓦解，各路诸侯各自为战，自谋发展。当时，洛阳一带几乎已成废墟，袁绍觉得在这里已无戏可唱，便于次年率军退屯河内（今河南武陟县西南），观望形势发展。渤海郡属冀州，因而袁绍在名义上应算冀州牧韩馥的部下，所以韩馥经常派人运送粮草接济袁绍。谁知好心不得好报，袁绍及其部下却暗中算计起富庶的冀州来。谋士逢纪向袁绍献计说：“大丈夫当纵横天下，怎能光靠人接济为生！冀州乃钱粮广盛之地，将军何不取之！”

得到袁绍赞同后，逢纪进一步具体谋划说：“可暗中派人送信给北平太守公孙瓒，约其共攻冀州，平分其地。他必定欣然起兵攻冀州。面对公孙瓒的进攻，韩馥这样的无谋之辈肯定会请您协助守冀州。您便可趁势行事，冀州唾手可得。”袁绍闻言大喜，即依计送信给公孙瓒。瓒得信，即应约发兵杀奔冀州而来。袁绍却又使人将公孙瓒发兵攻冀州的消息密报韩馥。韩馥得报后，即召集谋士荀谌、辛评二人商议对策。荀谌说：“公孙瓒率领燕、代之众，长驱而来，锐不可当。今袁绍智谋过人，手下名将极广，将军可请其同治州事，就不怕公孙瓒了。”韩馥以为得计，便差别驾闵纯去请袁绍。长史耿武谏曰：“袁绍孤客穷军，仰我鼻息，譬如婴儿在股掌之上，绝其乳哺立可饿死，怎能将州权委托给他？这等于引虎入羊群啊！”忠厚的韩馥答道：“我本是袁家先世的故吏，才能又不如袁绍，让贤是自古以来的美德，现在我决计请袁绍与我一同治理冀州，诸位不要忌妒！”耿武等人见韩馥固执己见，不听忠告，只好叹息而出。

数日后，袁绍应韩馥之邀率领大队人马来到冀州。忠于韩馥的耿武、闵纯不愿冀州落入袁绍之手，便伏于城外，欲刺杀袁绍，结果被袁绍大将颜良、文丑斩杀。袁绍入据冀州后，即以韩馥为奋威将军，并以自己的亲信部下田丰、沮授、许攸、逢纪分掌州事，架空韩馥，逐渐篡夺韩馥之权，终将冀州据为己有。至此，韩馥懊悔无及，只好弃下家小，只身投靠陈留太守张邈去了。

公孙瓒见袁绍不讲信义，独吞了冀州，不肯平分其地，因而与袁绍结下仇怨，彼此攻伐。但公孙瓒哪里是袁绍的对手，屡战屡败，后来被袁绍围困于易京（今河北雄县西北），走投无路，自缢而死。这样，连公孙瓒割据的幽州也落入了袁绍之手。

智慧小语

袁绍实际上是利用别人处于困境时，趁火打劫，虽然不道德，但实际效果却使用计人实现愿望。按照当时的军事形势，袁绍完全有能力以武力夺取冀州。但那样做不仅要损失大量将士，而且名不正言不顺，会在道义上受到天下人的谴责。于是袁绍便明智地采纳了逢纪的计策，这样就在应韩馥之邀的幌子下，名正言顺、兵不血刃地占据冀州，从而为日后的发展打好基础。

欲擒故纵

汉献帝初平四年（183），割据兖州的曹操派遣泰山太守应劭往琅邪迎其父曹嵩及家人百余口到兖州。途经徐州时，徐州牧陶谦为交好曹操特派都尉张护送曹嵩一行。不料张杀死曹嵩及其家人，席卷财物而去。于是曹操便把帐记在陶谦身上，以为父报仇为名，发兵攻徐州。

陶谦面对兵临徐州城下的曹操大军，自知难以抵敌，便采纳别驾从事糜竺的建议，请北海相孔融、青州刺史田楷前来相救。孔融请刘备同去救陶谦。刘备遂欣然带领关羽、张飞、赵云和数千人马奔赴徐州。

刘备率军在徐州城下与曹军于禁所部小试锋芒，初战告捷，使久被曹军围困的徐州暂时缓解了危机。于是陶谦急令将刘备迎入城内，盛宴款待。陶谦席间便主动提出将徐州让给刘备，说："当今天下大乱，国将不国；阁下是汉室宗亲，正当为国出力。老夫年迈无能，情愿将徐州相让。公勿推辞。我当自写表文，申奏朝廷。"刘备一听，吃了一惊，急忙推辞说："我虽是汉室苗裔，但功德不足称道，任平原相犹恐不称职。我本是为了义气前来相助。您这样说，莫非怀疑我有吞并之心？"陶谦表白说："这是老夫推心置腹之言，决非虚情假意。"但刘备只是推辞，终不肯接受。糜竺见二人再三辞让，便说："现在兵临城下，且当商议退敌之策。待事平之后，再议相让不迟。"于是刘备写信给曹操，希望曹操以国家大义为重，撤走围困徐州之兵。恰好这时吕布攻破兖州，进占濮阳，威胁曹操后方。因而曹操便顺水推舟，卖个人情，接受刘备建议，退兵而去。

陶谦见曹军撤走。徐州转危为安，便差人请刘备、孔融、田楷等人城聚会，庆祝解围。饮宴既毕，陶谦再向刘备让徐州。刘备说："我应孔融之约救援徐州，是为义而来。现在若无端据有徐州，天下将以为我是不义之人。"糜竺、孔融及关羽、张飞等皆纷纷劝刘备接替陶谦治理徐州。刘备苦苦推辞说："诸位想把我推向不义的地步吗？"陶谦推让再三，见刘备终不肯受，便说："如您必不肯受，那就请暂驻军近邑小沛，以保徐州，怎么样？"众人也皆劝刘备留驻小沛，刘备方始同意。

不久，陶谦染病，日渐沉重，便派人以商议军务为名，把刘备从小沛请来徐州。陶谦躺在病榻上对刘备说：“今番请您前来，不为别事，只因老夫病已垂危，朝夕难保；万望您以汉家城池为重，接受徐州牌印，老夫死亦闭目矣！”刘备说：“可让您的二位公子接班。”陶谦说：“其才皆不能胜任。老夫死后，还望您多加教诲，千万不能让他们掌握州中大权。”刘备还是辞让，陶谦便以手指心而死。举哀毕，徐州军民极力表示拥戴刘备执掌州权，关羽、张飞也再三相劝。至此，刘备才同意接受徐州大权，担任徐州牧。

智慧小语

刘备“三辞徐州”，一方面体现了刘备博取仁义忠厚之名、收买民心的良苦用心；一方面是出于刘备对当时情势的清醒认识。当时的徐州并不是一颗好吃的果子，弄不好就会有惹火烧身的危险。即使徐州牧陶谦真心相让，其部下能否心悦诚服都是很现实、很严重、很迫切的问题，刘备不能不顾虑！实际确实如此，历史上刘备领有徐州不久，即先后受到过曹操、吕布、袁术的进攻，陶谦部下曹豹也反叛刘备而助吕布。以致刘备在徐州难以立足，最终被逐出徐州，先后依附袁绍和刘表。当然，具有重要战略地位的徐州，对于刘备来说，毕竟具有巨大的诱惑力。因而陶谦一死，在外有北海相孔融的支持、内有麋竺及徐州军民广泛拥戴的情况下，刘备便不失时机地同意接替陶谦任徐州牧，将徐州据为己有。诱惑终于战胜了顾虑。

兵不厌诈

公元前633年，楚国攻打宋国，宋国向晋国求救。第二年春天，晋文公派兵攻占了楚的盟国曹国和卫国，要它们与楚国绝交，才让他们复国。楚国被激怒了，撤掉对宋国的包围，来和晋国交战。两军在城濮（今山东鄄城西南）对阵。

晋文公重耳做公子时，受后母迫害，逃到楚国，受到楚成王的款待。楚成王问重耳以后如何报答，重耳说：“美女、绸缎等等，您都有了，我能给您什么呢？假如托您的福我能回国执政，万一遇到两国发生战争，我就撤退三舍（舍为十里）。如果楚国还不能谅解，双方再交手。”

为了实现当年的诺言，晋文公下令撤退九十里。楚国大将子玉率领楚军紧逼不舍。

当时，楚国联合了陈、蔡等国，兵力强；晋国联合了齐、宋等国，兵力弱。应该怎样作战呢？晋文公的舅舅子犯说：“我听到过这样的说法：对于注意礼仪的君子，应当多讲忠诚和信用，取得对方信任，在你死我活的战阵之间，不妨多用欺诈的手段迷惑对方。你可以采取欺骗敌军的办法。”

晋文公听从了子犯的策略，首先击溃由陈、蔡军队组成的楚军右翼，然后主力假装撤退，引诱楚军左翼追赶，再以伏兵夹击。楚军左翼大败，中军也被迫撤退。

这就是历史上著名的以弱胜强的城濮之战。晋国取胜后，与齐、鲁、宋、郑、蔡、莒、卫等国会盟，成为诸侯霸主。

智慧小语

《韩非子·难一》上说；“舅犯曰：‘臣闻之，繁礼君子，木厌忠信，战阵之间，不厌诈伪，君其诈之而已矣。’”所谓“兵不厌诈”指出了用兵时为了战胜敌人，在策略上使用诡计的必要性。晋文公采用这种计谋，终于取得了城濮之战的胜利。

上楼抽梯

后汉末年，刘表偏爱少子刘琮，不喜欢长子刘琦。刘琦的后母害怕刘琦得势，影响到儿子刘琮的地位，非常嫉恨他。刘琦感到自己处在十分危险的环境中，多次请教诸葛亮，但诸葛亮一直不肯为他出主意。

有一天，刘琦约诸葛亮到一座高楼上饮酒，等二人正坐下饮酒之时，刘琦暗中派人拆走了楼梯。刘琦说：“今日上不至天，下不至地，出君之口，入琦之耳：可以赐教矣!”诸葛亮见状，无可奈何，便给刘琦讲一个故事。春秋时期，晋献公的妃子骊姬想谋害晋献公的两个儿子申生和重耳。重耳知道骊姬居心险恶，只得逃亡国外。申生为人厚道，假尽孝心，侍奉父王。一日，申生派人给父王送去一些好吃的东西，骊姬乘机用有毒的食品将太子送来的食品更换了。晋献公哪里知道，准备去吃，骊姬故意说道，这膳食从外面送来，最好让人先尝尝看。于是命左右侍从尝一尝，刚刚尝一点，侍从倒地而死。晋献公大怒，大骂申生不孝，阴谋弑父夺位，决定要杀申生。申生闻讯，也不作申辩，自刎身亡。讲罢这个故事后，诸葛亮对刘琦说：“申生在内而亡，重耳在外而安。”刘琦马上领会了诸葛亮的意图，立即上表请求派往江夏（今湖北武昌西)，避开了后母，终于免遭陷害。

智慧小语

上楼抽梯又称为“登搂抽梯”或“上屋抽梯”。此计名出于《孙子兵法·九地篇》，后来的意思有所改变，即指诱敌深入，阻敌援兵，断其退路，然后歼之的一种战术。刘琦运用这一计策，迫使孔明为其谋划保全之策，可以说是这一军事计谋在日常生活中的成功运用。

草船借箭

诸葛亮在推动孙刘联盟的建立和运筹对曹军作战的方略中，所表现出的远见卓识和超人才智，使器量狭小的周瑜妒火中烧。为解除诸葛亮对他的威胁，周瑜又设下置诸葛亮于死地的圈套。

周瑜的如意算盘是：一方面以对曹军作战急需为名，委托诸葛亮在10日之内督造10万支箭；一方面吩咐工匠故意怠工拖延，并在物料方面给诸葛亮出难题，设置障碍，使诸葛亮不能按期交差。然后周瑜再名正言顺地除掉诸葛亮。圈套布置好的第二天，周瑜就集众将于帐下，并请诸葛亮一起议事。当周瑜提出让诸葛亮在10日之内赶制10万支箭的要求时，诸葛亮却出人意外地说："操军即日将至，若候10日，必误大事。"他表示：只须3天的时间，就可以办完复命。周瑜一听大喜，当即与诸葛亮立下了军令状。在周瑜看来，诸葛亮无论如何也不可能在3天之内造出10万支箭，因此，诸葛亮必死无疑。

诸葛亮告辞以后，周瑜就让鲁肃到诸葛亮处查看动静，打探虚实。诸葛亮一见鲁肃就说："3日之内如何能造出10万支箭？还望子敬救我！"忠厚善良的鲁肃回答说："你自取其祸，教我如何救你？"诸葛亮说："只望你借给我20只船，每船配置30名军卒，船只全用青布为幔，各束草把千余个，分别竖在船的两舷。这一切我自有妙用，到第三日包管会有10万支箭。但有一条，你千万不能让周瑜知道。如果他知道了，必定从中作梗，我的计划就很难实现了。"鲁肃虽然答应了诸葛亮的请求，但并不明白诸葛亮的意思。他见到周瑜后，不谈借船之事，只说诸葛亮并不准备造箭用的竹、翎毛、胶漆等物品。周瑜听罢也大惑不解。

诸葛亮向鲁肃借得船只、兵卒以后，按计划准备停当。可是一连两天诸葛亮却毫无动静，直到第三天夜里四更时分，他才秘密地将鲁肃请到船上，并告诉鲁肃要去取箭。鲁肃不解地问："到哪里去取？"诸葛亮答道："子敬不用问，前去就知道了。"鲁肃被弄得莫名其妙，只得陪伴着诸葛亮去看个究竟。

当夜，浩浩江面雾气霏霏，漆黑一片。诸葛亮遂命用长索将20只船连在一起，起锚向北岸曹军大营进发。时至五更，船队已接近曹操的水寨。这时，诸葛亮又教士卒将船只头西尾东一字摆开，横于曹军寨前。然后，他又命令士卒擂鼓呐喊，故意制造了一种击鼓进兵的声势。鲁肃见状，大惊失色，诸葛亮却心地坦然地告诉他说："我料定，在这浓雾低垂的夜里，曹操决不敢贸然出战。你我尽可放心地饮酒取乐，等到大雾散尽，我们便回。"

曹操闻报后，果然担心重雾迷江，遭到埋伏，不肯轻易出战。他急调旱寨的弓弩手6000人赶到江边，会同水军射手，共约1万余人，一齐向江中乱射，企图以此阻止击鼓叫阵的"孙刘联军"。一时间，箭如飞蝗，纷纷射在江心船上的草把和布幔之上。过了一段时间后，诸葛亮又从容地命令船队调转方向，头东尾西，靠近水寨受箭，并让士卒加劲地擂鼓呐喊。等到日出雾散之时，船上的全部草把密密麻麻地排满了箭支。此时，诸葛亮才下令船队调头返回。他还命令所有士卒一齐高声大喊："谢谢曹丞相赐箭！"当曹操得知实情时，诸葛亮的取箭船队已经离去20余里，曹军追之不及，曹操为此懊悔不已。

船队返营后，共得箭10余万支，为时不过3天。鲁肃目睹其事，极称诸葛亮为“神人”。诸葛亮对鲁肃讲，他不仅通天文，识地利，而且也知奇门，晓阴阳。更善长行军作战中的布阵和兵势，在3天之前已料定必有大雾可以利用。他最后说：“我的性命系之于天，周公瑾岂能害我！”当周瑜得知这一切以后，大惊失色，自叹不如。

智慧小语

明代揭暄《兵经百篇》提出：“艰于力则借敌之力，难于诛则借敌之刃，乏于财则借敌之财，缺于物则借敌之物……”借战计应用的经典就是诸葛亮的草船借箭。后来又有“借东风”、“借鸡下蛋”等说法，其实世界上还有许多同样的例子也值得借鉴。

晏婴挫败晋谋

齐国曾是春秋战国时期第一个称霸的国家，但是齐桓公死后，齐国就逐渐衰败了。过了100年后，齐景公当上了国君，为了恢复齐国的往日繁盛，齐景公任用了晏婴等一批贤臣，使齐国再度走上欣欣向荣的道路。

齐国的繁盛引起了妄图称霸中原的晋国的不安。晋平公为了向诸侯各国显示一下自己霸主的威力和巩固其地位，就想征伐齐国，给齐国一点厉害看看。为了探清楚齐国的虚实，晋平公派大夫范昭出使齐国游说。

范昭到了齐国后，齐景公设盛宴招待晋国使者。酒酣耳热时，范昭对齐景公说：“请大王把酒杯借我用一下。”齐景公不知其用心，便吩咐侍从说：“把我的酒杯斟满酒，为上国使者敬酒！”侍从倒满酒恭恭敬敬地送到范昭面前，范昭端起酒，一饮而尽。

晏婴把范昭的举止和神色看在眼里，十分愤怒，厉声命令斟酒的侍从：“赶紧撤掉这个酒杯！换一个干净的给国君。”

范昭闻言知道自己的行为被晏婴识破，暗吃了一惊。于是，他干脆假作喝醉，站起身手舞足蹈地跳起舞来，边舞还边对乐师说：“请给我奏一曲成周之乐，以助酒兴！”

聪明的乐师从晏婴命令侍从撤杯这一举动中看出了范昭的险恶用意，站起来对范诏说：“下臣不会奏成周之乐。”

范昭接连讨了个没趣，借口已经喝醉，告辞回驿馆去了。

齐景公见范昭不悦而去，心中不安，责怪晏婴说：“你太过分了。我们要跟各国友好往来，范昭是上国使者，怎么能惹怒人家呢？”

晏婴回道：“范昭的用意不过是以喝醉为名来试探我国的实力，我这样做，正是要挫掉他的锐气，扬我国威风，使他不敢小看我们齐国。”

乐师也跟着接口说：“成周之乐是供天子听的，范昭不过是个小小使者，有什

么资格听？他也大狂妄自大了。”

齐景公这才恍然大悟。

次日，范昭拜见齐景公时，连连向齐景公道歉，说自己酒醉失礼了。齐景公回了几句客套话，然后派晏婴带范昭去齐国的军营和街市上参观。

范昭回国后，不无感触地对晋平公说：“齐国国力一点也不弱，而且群臣上下同心，暂时还不可图谋啊。”晋平公于是打消了攻伐齐国的念头。

智慧小语

范昭出使齐国，名为“结好”，实为探听虚实，为攻打齐国提供依据。好在晏婴等人识破了他的阴谋，针锋相对，团结一致，使范昭回到晋国后，劝晋平公不要轻举妄动。这实际上是以精神和意志征服对方，当对方过于强势时，只要显示自己的精神力量和坚强不屈的意志，就会使对方望而却步，有所顾虑。

疲楚败楚

春秋时期，吴王阖闾在大将孙武、大夫伍子胥、太宰伯嚭的辅佐下，国力大为增强。公元前512年，吴王阖闾认为可以攻打楚国了，于是召集孙武、伍子胥、伯嚭等人共议出兵大计。

孙武说道：“我认为大王要远征楚国，现在还不是时机。楚国地大物博、兵多将广，而我们吴国是个小国，人口少，物力也不够富足，要想打败楚国，还需要很长时间的准备。”

因自己的父兄都被楚王杀害，伍子胥急于报仇，他在同意孙武意见的同时，又提出了一个“疲楚”的妙计：把吴国的士兵分为三军，每次用一军去袭扰楚国的边境，一军返回，另一军则出发，这样，自己的军队可以得到充分的休整，而使楚国的军队则疲于奔命，劳苦不堪，以致精神崩溃。

孙武和伯嚭也都认为伍子胥的计策切实可行。于是，第二年，阖闾开始实施伍子胥的“疲楚”计划：派一支部队袭击楚国的六城和潜城，楚国急忙调兵援救潜城，吴兵则已离开潜城攻破了六城。过了一些日子，吴兵又攻击楚国的弦，楚国慌忙调兵奔走数百里援救弦，但是，援军还没有赶到弦，吴兵已撤退回国了。一连6年，吴国用此疲楚之计使楚国士卒疲于奔走，消耗了大量实力。

公元前506年，楚国令尹囊瓦攻打蔡国，蔡国联合唐国向吴国求救，阖闾认为这是一个出兵攻楚的大好时机，再次召集伍子胥、孙武和伯嚭商议出兵之计，伍、孙、伯三人一致同意阖闾的意见。这一年冬天，阖闾亲率伍子胥、伯嚭、孙武，倾全国的军队计6万多人誓师伐楚。楚军由于连年奔走作战，现在已是疲劳至极，因此，吴军长驱直入，追近汉水方才遇到囊瓦的阻挡。决战时刻，吴军士气旺盛，而楚军战战兢兢，勉强应战。双方军队一接触，楚军就土崩瓦解，囊瓦率先逃走，大夫史皇战死，吴军乘胜追击，接连在郧、随一带和雍澨大败楚军，然后渡过汉水，迅速攻占楚国都城郢，楚昭王由于跑得快了一步，才没有落进吴军之手成为俘虏。

智慧小语

这也是一个挫败对方精神意志的战例。敌方的强大既表现在物质上，也表现在精神上，而精神因素则处于主导地步。要挫败强大的敌方，用心理战挫败对方的精神力量，也是一种成功的尝试。如果把这个经验运用于其他领域，那就是心理战术。

曹沫劫持齐桓公

齐桓公是春秋时期最先称霸的霸主。由于实力相当雄厚，齐桓公不断对外发起战争，扩大领土。

公元前681年，齐国与鲁国多次交战，鲁国屡战屡败，鲁庄公只好割地求和，双方约定在柯（今山东阳谷东）地举行签约仪式。

鲁国有位大将姓曹，名沫。曹沫力大无比，又有智谋，对齐桓公以强凌弱的做法大为愤慨，但是，又奈何不了齐桓公，思来想去，他决定乘鲁齐在柯地会盟之机，教训一下齐桓公。

齐桓公拥重兵到达柯地，曹沫做为鲁庄公的侍卫也参加了会盟仪式。仪式开始后，鲁庄公和齐桓公同时登上会盟仪式的坛，正在这时，曹沫突然跳到坛上，一手抓住齐桓公，一手拔出藏在战袍下的匕首，对准了齐桓公。齐桓公被这突如其来的袭击吓得面无人色，挣扎了几下，曹沫力大，齐桓公挣脱不了，只好颤颤惊惊问："你、你到底想干什么？"

曹沫道："你们齐国以强自恃，到处欺负我们小国，我们鲁国已经没有多少土地了，你还不放过，我现在只求你把齐国夺走的土地归还给鲁国，否则，我和你一起死在这里！"

齐桓公望着寒光闪闪的刀刃，哆哆嗦嗦地说："这、这好办，我答、答应就是了。"

曹沫说："这样口头答应不行，你要当着坛下的贵宾和所有的人宣布，齐国从今起归还鲁国的所有土地！"

坛下的齐国将士想上前营救齐桓公，但又害怕曹沫一匕首刺杀齐桓公，一个个束手无策。齐桓公迫于无奈，只好照着曹沫的话当众宣布归还鲁国的土地。

会盟仪式结束后，齐桓公灰溜溜地回到齐国，越想越感到有失体面，越想越生气，不但不准备把土地归还鲁国，还想起兵灭掉鲁国。这时相国管仲劝道："不可以。君子言必信，行必果，大王既然已经当众答应了鲁国，再兴兵伐鲁，岂不是失信于诸侯？这样做实在是因小失大啊！"

齐桓公听从了管仲的劝告，把靠战争夺到的国土如数归还了鲁国。

智慧小语

当着众人的面，以暴力的手段威胁和挟迫强大的对手，方式虽然过于偏激，却也能达到一定的效果。因为对方理亏在先，所以不会引起众怒；对方被迫答应了合理的要求，虽然是在暴力挟迫下，但又顾及面子，不敢不兑现，以免给人一种说话不算数的印象。可见，面对敌强我弱的处境，智胜是最好的选择。

赵奢智救阏与

这是发生在战国时代的故事。赵惠文王执政时，赵奢在赵国是个与上卿廉颇、蔺相如同等地位的人。

赵奢本是一个收税小吏，执法很严，曾杀了平原君赵胜手下9名抗税家臣。后来，赵惠文王让他管理全国税收，又管得有条有理，赵王很信任他。赵惠文王二十九年，秦国将领胡阳率兵包围了赵国的阏与城，赵惠文王召集大臣商量对策。廉颇、乐乘等人都说道路险远，难以救援。赵奢却说："在远征途中的险狭之地打仗，就如两鼠争斗于洞中，只有勇者才能胜出。"赵惠文王便命赵奢领兵去救阏与。

但是赵奢离开邯郸后只向西行军30里就停了下来，还对不解的将士下了一道命令："有来谈军事、劝我急速进兵者，斩！"眼见秦军在武安的西侧昼夜操练人马，磨刀霍霍，将士们无不着急万分。有个军吏实在忍耐不住了，强行来见赵奢，请求速速发兵出救武安，却被赵奢动真的砍了人头。

时间都过去差不多一个月了，赵奢仍旧按兵不动，还不停地加固工事，构筑营垒。秦国派人到赵奢营中察看，赵奢也不得罪，用好酒好肉款待他，客客气气地送他走了。对于他们的到来，赵奢明知是来刺探军情，却只是不动声色。然而，秦国间谍一送走，赵奢立即下令拔营，急速行军一昼夜，来到阏与前线。赵奢还让善于射箭的军士迅速到距阏与五十里一带构筑营垒。

秦国的将领胡阳没想到赵奢竟有此一举，此前他听了秦国间谍的报告，还以为赵军驻足不前，自己指日便可夺取阏与呢。此时方知上当，便气急败坏地率领全部人马也赶到那里准备拼杀。

这时，又有一个叫许历的军士冒死来见赵奢，他说宁可受腰斩之刑，也要和赵奢谈谈作战问题。这次，赵奢却说："前令是在离开邯郸之时为迷惑秦军下的，现在已经过时了，前令无效你讲吧！"

许历说道："要马上占领阏与北山，先上山者胜，后上山者败。"赵奢认为有理，立即派一万精兵火速抢占北山。

赵军刚刚登上山顶，秦军也已来到山下，他们蜂拥而上，山上赵军箭如雨下，秦军几次冲锋，都没有冲上去。赵奢见时机已到，下令总攻。赵军从四面八方掩杀过来，秦军弃甲抛戈，狼狈而逃，阏与之围旋即解除了。

智慧小语

赵奢先是用惧战计麻痹秦军，抢先达到指定地点，后来又抢占制高点，终于解了城围。有道是：兵贵神速，谁的速度快，谁就能占领有利地形，谁就能以逸待劳，掌握主动权。可见，只要把握时机，掌握方法，运用智谋，世上就没有战胜不了的对手。

蒯通说降三十城

蒯通是秦朝末年人，由于他聪明机辩，就使陈胜的起义军没经过攻战，就得到了河北地区的三十多座城池，减少了起义部队和老弱妇孺的伤亡。

故事的原委是这样的，陈胜麾下有一名将军叫武臣，这天武臣奉命率3000义军横渡黄河，攻打河北地区的各个城池。武臣一踏上河北的土地，就向各地发出檄文，揭露秦王朝的残暴。河北各地的百姓纷纷拿起刀枪棍棒，争先恐后地去杀死本地的郡县官吏，义军从此声威大振，一连占领了十几个城池。

这时，镇守范阳的徐公得知武臣杀来，急忙整顿士卒，日夜小心提防，打算与范阳共存亡。

一天，蒯通求见徐公，开口就说："守令大人，蒯通今日特来为您吊丧来了！"

徐公闻言大怒，喝道："我还没死呢，你给我吊的什么丧？我看你是活得不耐烦了！"

蒯通大声说道："大人息怒！请听我言。你做了十多年的范阳令，今天杀了张家儿子，明天又杀了李家的父亲，被你砍掉手脚的更是不计其数。您的仇人太多了。过去他们没找你报仇，那是因为惧怕秦朝的法律；现在天下大乱了，陈胜的义军就到，老百姓恨不得挖了你的心，割了你的肉，你难道还能不死吗？"

蒯通的话正好说到徐公的心坎上了——这本来就是他的一块心病。徐公连忙俯身作揖，向蒯通求教："望先生指条明路，救救我吧！"

蒯通道："除了向义军投降，别无生路。如果您愿意，我可以代您去见武臣，保证您绝处逢生免遭遇厄运。"

"好，那就依先生，就依先主！"徐公立刻答应了。

蒯通进入武臣营中，对武臣说："以前，将军没费多大力气就得了十多个城池，这是莫大的功劳，不过以后可就难了。"

武臣知道蒯通是范阳城中有名的辩士，便向蒯通请教。蒯通不慌不忙地说："以前，有些城池的守吏开城向您投降，您却把他们杀了，这是大错特错的事。远处的先不讲，就说这范阳令徐公吧，他就想跟您顽抗到底，决不投降，因为他怕像以前那些投降的秦朝官吏一样被您杀掉。"

"嗯，有道理。"一席话，说得武臣连连点头。

"如果范阳令投降被杀，其他城池的守将势必固守城池，抵抗到底，将军能轻易夺取河北各城池吗？相反，如果您能优待范阳令，就等于给其它城池的守将吃了定心丸，他们也会相继投降，那么，占领整个河北，就会不费吹灰之力。您看怎样?”蒯通进一步劝说道。

武臣被说得喜笑颜开，连呼“甚妙！甚妙！”他让蒯通给范阳令送去侯印，又把一百辆车、二百匹马赠送给范阳令。范阳令投降义军受到优待的事情一传开，其他城池守将纷纷开城投降，迎接起义军。就这样武臣很快就占领了整个河北地区。

智慧小语

这又是一个成功说服对方的范例。蒯通的技巧，就是抓住对方的弱点，晓以利害，让对方接受自己的观点。然后两面调和，促其达到默契。可见，利用对方的弱点，紧追不放，威逼利诱，就可以收到奇效。

郤至善察败楚军

公元前575年4月，晋厉公联合齐、宋、鲁、卫四国攻打郑国。楚国是郑国的盟友，立即出兵支援。双方的军队在鄢陵短兵相接。

当时的军情是，楚郑联军共有兵车530乘，将士9..3万人；晋军先期到达鄢陵，有兵车500乘，将士5万余人，而宋、齐、鲁、卫的军队还没有到达鄢陵。楚共王见诸侯各军未到，就想乘机击溃晋军，因此命令大军在晋军大营附近列阵准备进击。

面对这种情况，晋厉公率众将登上高地观察楚军列阵布局，以便研究可行的作战计划。

晋将大多惧于楚郑联军的兵力优势，主张坚守不战，以待友军来到。晋军中军主将栾书在仔细观察敌阵后，发现楚郑军士气不佳，认为几天之后，楚郑联军必然疲乏，因此也主张等待友军来到后再出战。唯有新军副将郤至在观察了敌阵之后发表了主战的意见。

郤至说道：“根据我的观察和掌握的情报来看，楚郑联军有6个致命的弱点，立即出击定能获胜。这些弱点有：第一，楚军人数不少，但老兵多，这些老兵行动迟缓，根本没有什么战斗力；第二，郑国的军队一团糟，到现在还没有列成像样的阵势，这说明他们缺乏训练，不堪一击；第三，两军都在喧闹不止，没有一点临战的紧张气氛；第四，据我所知，不但楚郑两军协调不好，就是楚军内部，中军和左军也在闹意见；等等……”郤至说得有理有据颇能服众，于是晋厉公和众将都赞同郤至的建议立即发起进攻，以击败楚军。

这时将军苗贲皇献计，苗贲皇原是楚国人，对楚军很熟悉，他乘机说道：“楚军的精锐会在中军，只要能打败他的左、右两军，再合力攻打中军，楚军必败。”

晋厉公接受了苗贲皇的建议，命令晋军首先向楚右军和郑军发起猛烈攻击。

战斗开始后，晋厉公的战车忽然陷入泥沼中，进退不得，楚共王远远地看在眼里，亲自率领一支人马杀奔而来，企图活捉晋厉公。不料，“螳螂扑蝉，黄雀在后”，晋将魏卻早已发现楚共王的企图，一箭射去，正中楚共王的左眼，楚共王拔箭，连眼珠都带了出来。楚军见楚共王负伤，军心浮动。这时候，晋厉公的战车从泥沼中挣脱出来，晋厉公指挥晋军冲杀过去，楚军以为诸侯四国的军队已经赶到，阵势大乱，纷纷后撤，一直退到颍水南岸方才停止，当天晚上就班师回国了。

这就是晋军以少胜多的战例，论功行赏，卻至当立首功。

智慧小语

抓住对方的弱点，分而击之，是古今战场上常用的战例。不管对手有多么强大，总有其缺陷和弱点，总有空子可钻。世上其实没有铁板一块，即使有，还可以用铁钻钻穿呢。所以，不怕对方强大，就怕自己束手无策，只要用心用智，巧妙分解，化强为弱，以强击弱，各个击破，就会取得最后胜利。

赵襄子以水淹智伯

战国初期晋国是当时的大国，而掌握国家大权的却不是晋王，而是智伯、赵襄子、魏桓子和韩康子四个人。这智、赵、魏、韩四家控制着晋国内政，其中要算智伯的势力最大，但智伯并不满足自己的势力，时刻都梦想消灭亡赵、魏、韩三家，独霸晋国天下。

到了公元前455年，智伯以晋王的名义要求赵、魏、韩三家各拿出100里土地和户口送归公家，表面上是为公，实际上是为了削弱赵、魏、韩三家的力量。魏桓子和韩康子惧怕智伯，只好忍痛支出土地和户口，但赵襄子一口回绝道：“土地是祖先传下来的，我不能随便送给别人！”

智伯闻报大怒，召集魏桓子和韩康子来到自己府中，对他们说：“赵襄子竟敢违抗国君的命令，不可不伐。灭掉赵襄子，我们三家平分赵襄子的土地、户口。”

魏桓子和韩康子不敢不听从智伯的话，又见可以分得一份好处，便各自率领一队人马随智伯去进攻赵襄子。赵襄子情知不敌智、魏、韩三家联军，急忙退到先主赵简子的封地晋阳，试图依靠坚固的城墙、丰足的粮食和百姓的拥戴，以守为攻求得自保。

这时，智伯指挥智、魏、韩三家人马把晋阳城围得水泄不通，赵襄子率城内百姓同仇敌忾，激烈的战斗一直打了两年多，智伯仍在晋阳城外，赵襄子仍在晋阳城头，双方难以决出胜负。智伯劳民伤财，又恐日久生变，千方百计想要尽快结束这场战争，好班师回朝。

一天，智伯望见晋水远道而来，绕晋城而去，立刻有了主意。他命令士兵们在晋水上游筑起一个巨大的蓄水池，再挖一条河通向晋阳城，又在自己部队的营地外筑起一道拦水坝，以防水淹晋阳城时也淹了自己的人马。蓄水池筑好后，雨季到来。智伯待蓄水池蓄满水后，命人挖开堤坝，汹涌的大水即沿着河道扑向晋阳城，将晋阳全城泡在水中。但是，全城军民爬上房顶和登上仅剩6尺未淹的城墙上坚持守护，宁死也不投降。智伯洋洋得意，大笑道："哈哈，我今天才知道水可以用来做灭亡别人国家的武器！"

赵襄子对家臣张孟谈说："情况已十分危急了，我看魏、韩两家并非真心帮助智伯，我们今天灭亡了，明天就会轮到它们，你去找魏桓子和韩康子阐明利害吧！"

张孟谈连夜出城找到魏恒子和韩康子，对他们说："智伯今天用晋水灌晋阳，明天就会用汾水灌安邑（魏都）、用绛水灌平阳，我们为什么不联合起来消灭智伯，平分智伯的土地呢！"

魏桓子和韩康子正在担心自己会落得与赵襄子一样的下场，于是和张孟谈定下除掉智伯的计策。两天后的晚上，赵襄子与魏桓子、韩康子共同行动，杀掉守堤的士兵，挖开护营的堤坝，咆哮的晋水顿时涌入智伯的营中。智伯从梦中惊醒，慌忙涉水逃命，但前有赵襄子，左有魏桓子，右有韩康子，智伯被杀死，智伯的军队也全部葬身大水之中。

智伯被消灭后，晋国的统治大权就落在了赵、魏、韩三家之中，这就是后来出现的赵、魏、韩三国。

智慧小语

有道是：水能载舟，亦能覆舟。就是说：水能利人，也能害人。这个故事的精髓就是晓以利害，分化对方的同盟，策反对方的阵营，争取一切可以团结的力量，建立统一战线。关键是如何寻找突破口。可见找到对手的破绽，分化对手的力量，是战胜强大对手的有效方法之一。

李牧之死

李牧是战国时期赵国继老将廉颇之后的著名将领，因长期驻守赵国北方边防和拯救赵国于危难之中有功，受封为武安君。

公元前229年，秦王嬴政派大将王翦和杨端兵分两路进攻赵国，赵王命令李牧和将军司马尚领兵阻击秦军。秦将王翦久经沙场，智勇双全，李牧与王翦战了个平手，交战一年之久，双方各有胜负。

秦军攻战，远离本土，时间长了后勤供应发主了困难，而且士兵厌战情绪高涨。秦嬴政为了尽快结束战争，决心用离间计除掉李牧。

赵国的谋士王敖是受秦王嬴政的命令潜伏在赵国的间谍。王敖接到嬴政的密令后，借故来到王翦的军营对王翦说："秦王让我们尽快除掉李牧，打败赵国，请老将军给李牧写封信，商议讲和，其余的事情由我来做。"

王翦知道王敖是"自己人"，对王敖的话心领神会。王敖走后，王翦立即写好讲和的书信，派使者送给李牧。李牧不知是计，于是回了封信，派使者送给王翦。从此以后，双方的使者频繁往来，对和谈的条件讨价还价。

王敖回到赵国都城邯郸，拿出秦王派人送来的金银珠宝广交朋友，四处活动。王敖早就探知赵王最宠信大臣郭开，平日里经常出入郭开府中，这时更是无日不往。郭开贪得无厌，忌贤妒能，王敖投其所好，奇珍异室、黄金白银，无所不送。郭开每每设宴款待，酒酣之后，无所不谈。一天，王敖对郭开说："李牧在与王翦秘密来往，据说，秦王答应李牧，破赵之后，封李牧为代王……"

郭开得知这一消息，认为是向赵王邀宠的好时机，急忙报告给赵王。赵王半信半疑，派人去李牧处察访，果然发现了李牧与王翦来往的许多信件。王敖乘机对赵王说："李牧驻守北疆，十几万匈奴人都不是他的对手；四年前肥下一战，把占优势的秦军打得大败而退。如今王翦只有几万人马，他却按兵不动。这不是心怀叵测是什么?"

赵王迁认为王敖的话有道理，派使到李牧大营中传令：升赵葱为大将，接替李牧的兵权。

赵葱有郭开作后盾，强行接管了李牧的兵权并将李牧杀害。王翦得知李牧已死，挥兵长驱直入。赵葱指挥不利，一败而不可收拾，还赔上了自家性命，秦军大获全胜。

智慧小语

反间计是战场上常用的计谋。反间计的核心是陷害对方的关键人物。为了达到这个目的，一般都要经过精心准备，巧妙设计，力争每一个环节和细节都做得天衣无缝，这才能一步一步引人上钩，达到借刀杀人的目的。一旦关键人物不存在了，该办的事也就水到渠成了。

以逸待劳

战国末年，秦国崛起。秦王嬴政雄心勃勃，连连出兵，攻灭韩、赵、魏等国，又运筹帷幄，决心南下灭掉强敌楚国，推进天下统一。

秦王召集大臣开会，征询灭楚方案。少年将军李信站出来，拍着胸脯说："我只要 20 万人马，便可一鼓破楚!"

老将军王翦摇摇头说："我看非发 60 万大军不可!"

李信信心十足，争辩不已。秦王见他很有胆略，当下拜李信为帅。王翦只好退下，回来私下对人说："唉，李将军少年气盛，劳师远袭，恐怕非社稷之福!"

秦王深悔轻许李信，亲自登门请求王翦出征，答应给他 60 万人马。王翦知秦王回心转意，欣然接下帅印，整军出发。秦王亲自到灞上送行。王翦与士卒同甘共苦，还经常慰劳将士。大家感恩不尽，相继请战，王翦却坚决不准。他明白，秦军长途跋涉，疲劳已甚，需要恢复元气，养精蓄锐。秦军闭营练习投石，跳跃，锻炼身体和技能。楚军百般挑骂，王翦充耳不闻。过了一年，兵不交锋，楚将等待得不耐烦，便下令撤兵东走。王翦一见时机已到，立即召集人马，突然出击。楚军挑战年余，未尽一战，锐气尽失，军心疲惫，经不起猛攻，阵势大乱，被秦军杀得一败涂地。

王翦以逸待劳，乘胜挥军，纵深追击，直打到淮南，攻克楚都寿春，俘虏了楚王，吞并了楚国。

智慧小语

以逸待劳，就是让自己养精蓄锐，让对手身心疲惫，心躁不耐烦，然后己方一鼓作气，战而胜之的一种战术。以逸待劳的方法很多，本故事中闭门不出，任对方折腾是其中方法之一；另外，让对手疲于奔命，经常空忙一场也是方法之一。

王充戳穿骗人把戏

王充是东汉著名的哲学家，从小喜欢自然科学。他少年时曾用自己的智慧，戳穿了一场骗人的把戏。

一天，王充到集市上去玩，看见一个老道士正在骗钱。道士在面前的小桌上摆了一尊雕像，对围观的人说："我这尊雕像是一位天师，无论你问他什么问题，都能立刻回答：天师如果点点头，说明这件事一定是好事；如果摇头，那你可就要倒霉了。"

王充从来不相信这些骗人的事情，他走近雕像，仔细观察，发现塑像的头是铁做的，而脖子是活动的。他又拿起刚才道士拿来的那把尺子，发现尺子的一头是磁铁的，而另一头却是像铁一般的别的金属。他立刻明白了老道士的骗人把戏：把尺子磁铁的一头对着塑像挥动，塑像的铁头被磁铁吸引，当然会摇动，而用另一头靠近塑像，铁头便只会点头。

于是，他对问卜的人说："老道是个骗子，大家不要上当受骗!"说着，他把事实真相给大家演示了一遍。

老道士见自己的鬼把戏被王充戳穿，只好在众人的哄笑声中灰溜溜地逃走了。

智慧小语

别说在在古代，就是现在，依然存在着许多街头骗术，像那些打着"科学推测"、"电脑算命"、看相卜卦等幌子的人，依然在变着法子骗钱。只是像王充这样当众戳穿鬼把戏的人太少了。所以，面对如此种种的骗术，最重要的就是擦亮自己的眼睛，用科学的头脑武装自己，不让自己也不让别人上当。

范缜反对迷信

南北朝时代，佛教渐渐盛行起来。南齐的朝廷里，从皇帝到大臣都提倡佛教。南齐的宰相——竟陵王萧子良就是一个笃信佛教的人。

萧子良在建康郊外的鸡笼山有一座别墅，他常常在那里招待名士文人，喝酒谈天。有时候，也请来一些和尚到他那里讲解佛教的道理。萧子良还亲自给和尚备饭倒茶水。人家都认为他这样做有失宰相的体统，他却并不在乎。

有宰相提倡，佛教的势力自然更大了。这些和尚宣传人死了以后，灵魂是不会死的。还说一个人的富贵或者贫贱，都是前世的因果报应，穷人受苦受罪，都是命里注定，没法抗拒的。

当时，有一个大胆的读书人名叫范缜，起来揭露这一说法是一种迷信，要大家别信那一套。

范缜的堂哥范云就是经常在萧子良家里走动的。萧子良听到范缜竟敢跟他唱对台戏，反对佛教，十分恼火，叫范云把范缜找到他家来。

萧子良问范缜说："你不相信因果报应，那么，你倒说说，为什么有的人生下来富贵，有的人生下来就贫贱呢？"

范缜不慌不忙地说："这没有什么奇怪。打个比方，人生好比树上的花瓣。花经风一吹，花瓣随风飘落，有的掠过窗帘，落在座席上面；有的吹到篱笆外，落在茅坑里。"

萧子良瞪着眼睛，一下子还听不懂范缜说的是什么意思。范缜接着说："落在座席上就像您；落在茅坑里的就像我。富贵、贫贱就是这么一回事，哪里有什么因果报应呢？"

范缜从萧子良那里回来，觉得虽然驳斥了萧子良，但是还没有把自己反对迷信的道理说透彻，就专门写了一篇文章，叫作《神灭论》。文章里面说："形体是精神的本质，精神只是形体的作用。精神和形体的关系，好比一把刀和锋利的作用。没有刀，就不能起锋利的作用。没有形体，哪里有什么精神呢？"

范缜在那篇文章里，还断定人死以后灵魂是不存在的，什么因果报应，都是骗人的话。

这篇文章一出来，朝廷上上下下都闹翻了天。一些萧子良的亲信、朋友都认为非把范缜狠狠地整一下不可。萧子良又找了一批高僧来跟范缜辩论，但是范缜讲的是真理，那些高僧到底还是辩不过范缜。

有个佛教信徒王琰讽刺他说："唉，范先生啊！您不信神灵，那您就连祖先的神灵在哪里也不知道了。"

范缜针锋相对地嘲笑王琰说："可惜呀，王先生。您既然知道您的祖先神灵在哪里，为什么不早点去找他们呢？"

萧子良怕范缜的影响太大，会动摇大家对佛教的信仰。隔了几天，他派了一个亲信王融去劝说范缜，说："宰相是十分赏识有才能的人的。像您这样有才干的人要做个中书郎还不容易！何苦一定要去发表这样违背潮流的议论呢。我真替您可惜。我看您还是把那篇背时文章收回了吧。”

范缜听了，仰起头哈哈大笑，说：“我范缜如果放弃自己的观点去求官，那么要做更大的官也不难，何以在乎您说的中书郎呢。”

萧子良拿范缜没有办法，也只好由他去了。

智慧小语

迷信之所以是骗人的，是因为没有一点儿科学道理，经不起实践的检验，也不值得一驳。有些迷信在今人看来是非常可笑的，而在2000多年前则非常盛行。从这一点来说，范缜的无神论思想确实是难能可贵的。

聪明的买马人

从前，有一个商贩在集市上卖马，每匹马喊价500块钱。他吹嘘自己养马能力强，驯养成的马跑起来四蹄腾空，快如闪电，无论跟什么马比赛，他的马总是胜；如果试下来不是这样，他愿意倒贴500块钱。

一个人经过这里，听了他的话，接口说：“听了你的介绍，你的马真好，我打算买两匹。不过，我得先试试它们的脚力。”

“好！好！”遇到了买者，卖马人非常兴奋。

买马人牵了一匹马，骑在上面，在四周跑了一圈，连声称“好”；然后跳下马，又牵出一匹，骑在上面又试了试。

两匹马试骑了之后，买马人牵着两匹马，头也不回地走了。

卖马人见状，即忙赶了过去，要他交两匹马的价钱。

买马人说：“我已经跟你结完了账，一分钱也不欠你的啊。”

卖马人一听，气得跳了起来，说：“第一匹马是500，第二匹马也是500，你一分钱也没有付，怎么说没有欠呢？”

“奇怪了！”买马人撇撇嘴，“我骑你的两匹马比试了一下，结果是一匹跑得快，一匹跑得稍慢。跑得快的，我应该付给你500块钱，跑得慢的，你应该倒贴500块钱，这样一来一去，我们的账不是都清了吗？”

卖马人一听，说不出话来。

智慧小语

玩弄小伎俩的人，往往又会被别人玩弄。因为，他们不是实事求是地说明情况，而是靠某种自相矛盾的手法糊弄别人，这样，就不能不露出破绽。对这种人，只要以其矛对付其盾就可以了。

少年大智篇

少年劝吴王

春秋时，有一年，吴王决定攻打楚国，许多大臣阻止他，他都不听，并威胁说："谁要是敢提出反对意见，立刻处死！"吴王有个侍从官，他有个儿子，年纪不大，他想劝吴王放弃伐楚的打算，但不敢进宫去见吴王。他就拿着弹弓，到宫后的花园里去打鸟。一连去了三次，终于在一天早上和吴王在花园里相遇了。

吴王见这个少年，衣服都被花草上的露水沾湿了，还伸着头，望着树梢，兴致勃勃地在那里转来转去，就说："孩子过来，你在干什么？瞧你的衣服湿成这个样子。"少年有礼貌地过去对吴王说："大王！那棵树上，有一只蝉，它唱着歌饮着露水，高兴得很，哪知背后来了一只螳螂；螳螂弯着身体伸出前臂，要抓住这只蝉来充饥，怎知道它的背后又来了一只黄雀；黄雀伸长颈子，要向螳螂一口啄去，可是黄雀又怎知道它的背后也有弹丸正等着它呢。蝉、螳螂、黄雀，它们都只看到眼前的利益，而看不到藏在背后的祸害呀！"

吴王听了，觉得这孩子的话很有意思，想了一想，说道："对，你说得很好。"于是把伐楚的事搁下了。

智慧小语

之所以只有少年可以将吴王说服，就是因为他运用了"当局者迷，旁观者清"的道理，在条件、背景相同的情况下把吴王从"当局者"转为了"旁观者"，这样，吴王就可以用旁观者的角度来重新分析、重新认识这背景相同的两件事了。

于仲文断牛案

于仲文曾在隋朝做过大官。于仲文小时候，有一年，村上有任家和杜家都丢失了一头牛，两家都倾巢出动分头寻找，找了好久也没有找到。后来别人总算为他们找到了一头，两家都抢着说那头牛是自己的，双方争执不下，把官司打到州里，州官也难以判断，案子就挂了起来。

这时，益州长史韩伯俊灵机一动，对州官说："少年于仲文聪颖过人，为何不召他来断案?"

州官不以为然他说："嘴上无毛，办事不牢！此案大人都不行，何况少年?"

韩伯俊说："大人此言差矣。"说着，就向州官介绍了于仲文 9 岁时跟着父亲去晋见隋文帝的轶事：

皇帝向于仲文问道："听说你喜欢读书，书里记载着哪些事啊?"

仲文从容地回答道："奉养父母，服务国君，千言万语无非是'忠孝'两字而已。"

隋文帝惊异于仲文概括能力之强，连连赞叹道："说得好！说得好!"

韩伯俊说："大人，您看能否让于仲文这小子试一试处理此案?"

州官欣然应允，即命左右持着大红请帖前往于家。

于仲文到达州府，问明前后情况，微笑道："这个案子很容易判定。"

说着，便叫任、杜两家各将自己的牛群全数赶到州府前的大操场上。他便喝令道："放牛!"

结果一撒手，那头牛径直往任家牛群奔去。

场上人群欢呼起来："是任家的，是任家的!"

于仲文冷眼见杜家不服，便叫道："慢，把那头牛单独赶出来。"

牛出来了，仲文命差役用鞭子狠命地抽打，任家的人奔上前，拼命地抵挡，还将鞭子夺了下来；杜家的人只是在旁边喊道："莫打了，莫打了。"那喊声有气无力，像在演戏。

于仲文看了，便厉声盘问杜家人："如果查出这头牛不是你家的，而你们硬要冒领，除了十倍罚款，还要承担法律责任啊!"

杜家人知道瞒不过于仲文，只得承认自己有冒领之罪，诺诺连声，告退而去。

于仲文神断牛案的名声，从此传了出去。

智慧小语

于仲文断牛的方法，一是根据牛性识家的特点，因为牛认识自己的主人，也认识自己的家，它只会回到主人的家，不会去不熟悉的地方。二是根据人性爱物的特点，大凡自己的牛，时间久了也会与它产生感情，也会心疼自己的牛。有了这两点，案子就不能判断。关键是要创新思维形式，断案方式要不拘一格。

山鸡起舞

山鸡天生美丽，浑身都披着五颜六色的羽毛，在阳光的照耀下熠熠生辉、鲜艳夺目，叫人赞叹不已。山鸡也很为这身华羽而自豪，非常怜惜自己的美丽。它在山间散步的时候，只要来到水边，瞧见水中自己的影子，就会翩翩起舞，一边跳舞一边骄傲地欣赏水中倒映出的自己那绝世无双的舞姿。

魏武帝曹操当政的时候，有人从南方献给他一只山鸡。曹操十分高兴，召来了有名的乐工，为他奏起动听的曲子，好让山鸡跳舞歌唱。乐工卖力地又吹又打，可是山鸡却一点都不买账，充耳不闻，既不唱也不跳。曹操的手下人拿来美味的食物放在山鸡面前，山鸡连看都不看，无精打采地耷拉着脑袋走来走去。就这样，任凭大家想尽了办法，使尽了手段，始终都没办法逗得山鸡起舞。

曹操非常扫兴，气恼不已，斥责手下人说："你们这么多人，连一只山鸡都对付不了，还怎么做大事！"

曹操有一位十分钟爱的小儿子，名字叫作曹冲。曹冲自幼聪明伶俐，又博览群书、见识渊博。这时候，他动了动脑子，有了主意，于是就走上前对曹操说："父王，儿臣听说山鸡一向为自己的羽毛感到骄傲，所以一见到水中有自己的倒影，就会跳起舞来欣赏自己的美丽。何不叫人搬一面大镜子来放在山鸡面前，这样山鸡顾影自怜，就会自动跳起舞来了。"

曹操听了拍手称妙，马上叫人将宫中最大的镜子抬过来，放在山鸡面前。山鸡慢悠悠地踱到镜子跟前，一眼看到了自己无与伦比的丽影，比在水中看到的还要清晰得多。它先是拍打着翅膀冲着镜子里的自己激动地鸣叫了半天，然后就扭动身体、舒展步伐，翩翩起舞了。

山鸡迷人的舞姿让曹操看得呆了，连连击掌，赞叹不已，也忘了叫人把镜子抬走。可怜的山鸡，对影自赏，不知疲倦，无休无止地在镜子前拼命地又唱又跳。最后，它终于耗尽了最后一点力气，倒在地上死去了。

智慧小语

曹冲的成功，说明他善于抓住事物的本质和特性，并针对其特性采取应对措施。以此看来，世上没有解决不了的难题，主要是先要全面了解事物，然后才能解决问题。所谓"知彼知己，百战不殆"，说的也是这个道理。

智救库吏

有一天，曹冲正在院内玩耍，忽然听到仓库内有人哭泣。原来，曹冲的父亲曹操最心爱的马鞍被仓库的老鼠咬了一个洞，管仓库的库吏怕曹操知道后杀死他，就吓得哭泣。曹冲听完后说："你先别告诉父亲，我有一个办法。"

曹冲回到自己屋中，取来最心爱的一件新衣服，用剪刀偷偷戳出许多洞，然后便抱着衣服坐在床上发呆，谁喊也一动不动。大家都吓坏了，以为曹冲得了病。一向疼爱儿子的曹操听说后慌慌张张赶来问："冲儿，你怎么啦？"

曹冲叹了口气："父亲，我最心爱的新衣服被老鼠咬坏了。"

曹操一听就笑起来："是这么件小事呀，再做一件新的不就得了。"

"可是，有人说被老鼠咬坏的东西不吉利。"

"这话没有道理，老鼠咬坏东西是件很平常的事嘛！你就别胡思乱想了。"曹操不以为然地说。

正好这时，库吏赶来求见曹操，他跪在地上哆哆嗦嗦地禀报了老鼠咬坏了马鞍的事。曹操挥挥手，让库吏起来，说："别说是仓库的马鞍了，就连冲儿的衣服都被老鼠咬坏了呢。这不是你的错。"

聪明的曹冲就这样救了库吏一命。

智慧小语

曹冲的聪明就在于他以假乱真，巧妙地将罪责转移到老鼠身上。既然儿子的衣服被咬坏了责在老鼠，那么，老子的马鞍被咬坏了又怎能怪库吏呢？这就是逻辑思维。当然，如果没有曹冲戳坏自己的衣服，然后嫁祸于老鼠，曹操就形成不了这个逻辑思维，一怒之下，或许就真的杀了库吏。这个故事告诉我们，在无关大是大非的小问题上，完全可以采取办法弥补某些小错误。

八岁知画

岳柱是元代人，他从小博览群书，对许多问题有独到的见解。

有个叫何澄的画师，画了一幅"陶母断发图"。图意是说东晋贫穷清官陶侃的母亲，断发换钱买酒菜招待儿子的客人。何澄把画拿去给人看，人们都称赞画得很好。年仅 8 岁的岳柱却大叫"失真！失真！"他指着画中陶母手腕上戴着的金镯说："这金镯很值钱啊，陶母怎么不拿去换钱，而要剪掉珍贵的头发呢！"

何澄一听十分惊讶于他的观察力，真想不到这一直未被发现的败笔，会由一个小孩子指了出来。

智慧小语

岳柱之所以能发现画的破绽，是因为他不被他人的赞扬所迷惑，而是独立思考，善于观察，从细节中找到了不合理的地方。所以，观察细节，从细节中发现问题，是我们应该培养的观察能力之一。

对答如流

明代学者戴大宾是正德年间进士。从小聪明多智，勤奋刻苦，小小年纪就会对对子。有一次，私塾老师指着椅子出上句："虎皮褥盖学士椅。"

戴大宾应声对道："兔毫笔写状元文。"

老师听后，赞叹不已。

戴大宾的家乡有一显贵擅于钻营，小大宾对他的行为甚为鄙视。一天，这个显贵来求见戴大宾的父亲。他为了讨好戴家，便故意出对子，让小大宾对，想藉此夸奖小大宾，以取得其父的好感。

显贵出对：月圆。

大宾对道：风扁。

显贵问：风怎么是扁的呢？

大宾答：见缝就钻；不扁怎么行？

显贵听了，很不是滋味，但并不就此罢休。

他又出：凤鸣。

大宾对道：牛舞。

显贵诧异地问：牛怎么会舞？

戴大宾说：自古道，百兽齐舞。牛不也在百兽之中吗？

说得显贵哑口无言，只好悻悻而去。

智慧小语

戴大宾以对子为工具，巧妙地讥讽了显贵的钻营投机面目。这比直言所指的效果要强得多。直言相告，容易让人下不了台，而委婉的方法，既让对方明白自己的意思，也不至于让对方太过意不去。

文长取物

明代杰出的文学家、艺术家徐渭，字文长，在诗文、戏剧、书画等方面都能独树一帜，他的诗，袁中郎尊之为明代第一，他的戏剧，受到汤显祖的极力推崇，至于绘画，他更是我国艺术史上成就最为特殊的人物之一。

文长从小就善于动脑筋思考，他聪明、机智也充满了情趣。他的伯父很喜欢他，时常想些法子逗他玩，考他的思考能力。有一次，伯父领着徐文长来到一座贴着水面、桥身既窄又软的竹桥边，把两只水桶装满了水，对徐文长说："我想考考你，你能提着这两桶水过桥，我就送你一件礼物。"少年徐文长想了一下，就脱下鞋，用两根绳子把小桶系住，然后再把装满了水的木桶放到水里，就这样他提着两根绳子走过了木桥。

伯父还想用一个更难的法子把徐文长难倒。他说："既然你过了桥，礼物我当然要给你，但必须要按我的要求去取礼物。"说着，他就把那件礼物吊到一根长竿顶上，并且告诉徐文长："你既不能站在凳子之类的高地方去取，又不能把竹竿横下来。"伯父想，这下徐文长就没有办法了。但徐文长摸了摸后脑勺，马上就想出了取礼物的方法。只见他拿着竹竿一直走到一口井边，然后把竹竿向井里放，当竹竿顶快到井口时，他就顺利地拿到了那件礼物。

伯父被聪明的徐文长惊呆了，不禁拍手称赞："真是聪明的徐文长啊！"

智慧小语

世上没有解不开的难题，也没有想不出来的办法。要是这样的话，从古至今的那些难题，也就没有人去探索去解决了。办法是有，但要找到解决问题的办法则不是容易的事。有时，寻找解决问题方法的过程，就是解决问题的过程。

司马光砸缸

司马光 7 岁的时候就像大人一样非常懂事，听到老师讲解《春秋》，非常喜爱，放学之后又为家人讲他所学到的，因此他也明白了《春秋》的内涵。从此书不离手，甚至忘记了饥渴冷热，一心都扑到了书里。

有一次，他跟小伙伴们在后院里玩耍。院子里有一口大水缸，有个小孩爬到缸沿上玩，一不小心，掉到缸里。缸大水深，眼看那孩子快要没顶了。别的孩子们一见出了事，吓得边哭边喊，跑到外面向大人求救。司马光却急中生智，从地上捡起一块大石头，使劲向水缸砸去，砰，水缸破了，缸里的水流了出来，被淹在水里的小孩也得救了。

智慧小语

解决问题要有快马斩乱麻的方法。动手慢慢解，乱麻永远也解不开，只要一刀下去，乱麻才能分开。解决其他问题也是如此，要当机立断，要找准解决问题的钥匙，找到解决问题的捷径，然后立即执行，才能把问题解决掉。对那些迫在眉睫的问题，尤其应该如此。

称　象

一天，外国人送给曹操一只大象，他很想知道这只大象有多重，就叫他手下的官员想办法把大象称一称。这可是一件难事。大象是陆地上最大的动物。怎么称法呢？那时候没有那么大的秤，人也没有那么大的力气把大象抬起来。官员们都围着大象发愁，谁也想不出秤象的办法。正在这个时候，跑出来一个小孩子，站到大人面前说："我有办法，我有办法！"官员们一看，原来是曹操的小儿子曹冲，嘴里不说，心里在想：哼！大人都想不出办法来，一个五六岁的小孩子会有什么办法！可是千万别瞧不起小孩子，这小小的曹冲就是有办法。他想的办法，就连大人一时也想不出来。他父亲就说："你有办法快说出来让大家听听。"曹冲说："我称给你们看，你们就明白了。"他叫人牵了大象，跟着他到河边去。他的父亲还有那些官员们都想看看他怎么个称法，一起跟着来到河边。河边正好有只空着的大船，曹冲说："把大象牵到船上去。"大象上了船，船就往下沉了一些。曹冲说："齐水面在船帮上划一道记号。"记号划好了以后，曹冲又叫人把大象牵上岸来。这时候大船空着，大船就往上浮起一些来。大家看见他，一会儿把大象牵上船，一会儿又把大象牵下船，心里说："这孩子在玩什么把戏呀？"接下来曹冲叫人挑了石块，装到大船上去，挑了一担又一担，大船又慢慢地往下沉了。"行了，行了！"曹冲看见船帮上的记号齐了水面，就叫人把石块又一担一担地挑下船来。这时候，大家明白了：石头装上船和大象装上船，那船下沉到同一记号上，可见，石头和大象是同样的重量；再把这些石块称一称，把所有石块的重量加起来，得到的总和不就是大象的重量了吗？

大家都说，这办法看起来简单，可是要不是曹冲做给大家看，大人还真想不出来呢。曹冲真聪明。

智慧小语

曹冲之所以比其他人"聪明"，是因为他善于逆向思维，把大问题化为小问题，把难问题化成简单的问题。怎么把大问题化为小问题？这就需要把一个问题切割开来，分成若干小问题，然后一一化解。懂得化解问题也是一种智慧。

甘罗拜相

甘茂是秦国一位著名的人物，曾担任秦国的左丞相。"将门出虎子"，在他的教导下，孙子甘罗从小就聪明机智，能言善辩，深受家人的喜爱。后来、甘茂受到别人的排挤被迫逃离秦国，不久就死于魏国。甘罗小小年纪，就投奔到秦相吕不韦的门下，做他的门客。

有一天，吕不韦回到家里，脸色非常难看，看上去十分恼怒的样子，甘罗见状，就走上前问道："丞相有什么心事，可以告诉我吗？"吕不韦心里正烦躁得很，见是甘罗，就挥挥手说。"走开，走开，小孩子知道什么？"甘罗高声说道："丞相收养门客不就是为了能够替你排忧解难吗？现在你有了心事却不告诉我，我即便想要帮忙的话，也没有机会啊！"吕不韦见他说话挺自信的样子，就改变了态度说："皇上派刚成君蔡泽到燕国为相，已经三年了，燕王对他很满意。派太子丹到秦国做人质，表示友好，我派张唐到燕国为相，占卦的结果也很吉利，可是他却借故推辞不去。"

事情原来是这样的，张唐是秦国一位大臣，曾率军攻打赵国并占领了大片的土地，赵王对他恨之入骨，声称如果有人杀死张唐，就赏赐给他百里之地，这次出使燕国必须经过赵国，所以张唐推辞不去。甘罗听了，微微笑道："原来是这样一件小事，丞相何不让我去劝劝他？"吕不韦责备他："小孩子不要口出狂言，我自己请他他还不去，何况你小小年纪。"甘罗听了不服气地说："我听说项橐 7 岁的时候就被孔子尊为老师，我现在比他还大 5 岁，你为何不让我去试试，如果不成功的话，你再责备我也不迟啊！"吕不韦见他语气坚定、神气凛然，心里不由暗自赞赏，于是就改变了态度，放缓了口气说："好，那你就去试试吧！事成之后，必有重赏。"甘罗见他答应了，也就没多说什么，高高兴兴地走了。

到了张唐家里，张唐听说是吕不韦的门客来访，连忙出来相见，发现甘罗不过是个十多岁的小孩子，不由得心生轻视，张口就问道："你来干什么？"甘罗见他态度傲慢，就说道；"我来给你吊丧来了。"张唐听了大怒："小孩子怎么能这样说话，我家又没死人，你来吊什么丧？"甘罗笑到："我可不敢胡说啊，你听我讲清一下原因。你和武安君白起相比，谁的功劳更大啊！"张唐连忙答到："武安君英勇善战，南面攻打强大的楚国，北面扬威于燕赵，占领的地方不计其数，功绩显赫，我怎么敢和他相比啊？""应侯范雎和文信侯相比，谁更专权独断啊？"应侯是秦国以前的一位丞相，文信侯即吕不韦，张唐答道："应侯当然不如文信候专权独断啦！""你真的知道应候不如文信侯专权吗？"张唐说到："当然了。"甘罗听了笑到；"既然如此，那你为何还推辞不去呢？我听说，应侯想攻打赵国的时候，武安君反对他，离开咸阳 7 里就被应侯派人赐死，象武安君这样的人尚且不能被应候所容忍，你想文信候会容忍你吗？"张唐听了这话，不由得直冒冷汗，甘罗见状又说："如果你愿意去燕国的话，我愿意替你先到赵国去一趟。"张唐连忙称谢答应了，请他回去禀报丞相。

甘罗回去把情况告诉吕不韦。吕不韦听了很高兴，甘罗说："张唐虽然不得已答应去了，可经过赵国时可能还会遇到麻烦。我想替他先到赵国去一下。"吕不韦已经相信了他的才能，想了一下就答应了，并把这件事禀报给秦王，说："大王，甘茂有个孙子叫甘罗。年方 12 岁，投奔在臣的门下，他出身名门、工于心计，能言善辩，这次张唐托病不去燕国为相，经他一说就答应了，而且，他还想替张唐先到赵国去一趟，请你答应他吧！"秦王听了，就叫甘罗进来相见，过了一会儿，就见殿下走进一个眉清目秀的少年来。心下不由喜欢，笑着问到："就是你想要出使赵国吗？"甘罗答到："是的。""那你见了赵王后要说什么呢？""我看他的神色，相机行事。不知道赵王反应如何，我也不能确定该说什么话啊。"秦王见他口齿伶俐，对答如流，就答应了他，给他 10 辆车、百余名仆从。让他出使赵国。

赵王早已听说秦国准备派人到燕国为相了，心里一直很焦急，担心秦国和燕国联合起来攻打他。这时听说秦国使者求见，连忙说："叫他进来。"不多时，就见一个少年缓步走上前来，朗声道："小臣甘罗奉秦王之命，拜见赵王。"赵王连忙让他在旁边坐下，心里暗暗称奇，秦国怎么派了这样一个小孩子来，再仔细一端详，也不由心生喜爱之情，只见那甘罗长得仪表非凡，眼神清朗，眉宇间露着一股轩昂之气，于是就问到："秦国过去一位姓甘的丞相是你的什么人？"甘罗答道。"是我的祖父。""你今年多大年纪？""小臣今年已 12 岁了。"赵王听了不由大笑道："秦国难道没有人可派吗？让你这个小孩子出来！"甘罗不慌不忙地答道：我们秦王用人，都是按他们才能的大小让他承担不同的责任，才能高的让他担当重任，才能低的担当小的责任，秦王认为这是件小事。所以就派我来了。”赵王听了不由地对甘罗又敬重了几分，问道。“你这次到赵国来究竟有什么事吗?”甘罗反问道：“大王是否听说过燕太子丹入秦为质这件事。”赵王点了点头，甘罗又问道：“大王是否听说过张唐要到燕国为相?”赵王又点了点头，“既然如此，那你为何还不着急啊？燕派太子入秦为质，说明燕国不欺骗秦国；秦国派张唐入燕为相，说明秦国不欺骗燕国。燕秦不相欺，赵国就危险了。”赵王听了问道：“秦国和燕国和好，有什么目的吗?”甘罗答道：“秦燕和好没有别的原因，就是想攻打赵国、扩大河间的地盘啊!”“哦，是吗，那您这次来有何见教?”赵王问道。“大王不如给秦国5座城池扩大秦国的地盘，秦王自然高兴，你再请求他遣回燕太子，断绝秦燕之好，这样你就可以去放心地攻打燕国了。以强大的赵国攻打小小的燕国，还愁得不到5座城池吗?”赵王听了很高兴，就赏给他黄金百两、白玉一双，并且把送给秦国的5座城池之图让他带回给秦王。

甘罗回到秦国，秦王大加赞赏，说道：“你的智慧真是超出了你的年纪啊!”于是就封他为上卿（战国时诸侯国最高的官职，相当于丞相)，并且把原先甘茂的田宅赐给他。赵国得知秦国与燕国绝交后，派军攻打燕国，得到30座城池，又把其中的3座城池送给了秦国。

智慧小语

在战国这个时代的大舞台上，各种各样的人才层出不穷，甘罗年方12，就已经凭自己的智慧周旋于王侯之间，并且不费一兵一卒使秦国得到16座城池，官封上卿，这在中国历史上可以说是绝无仅有的，确实是一个才能出众的小神童。甘罗的聪明，表现在他的政治眼光和说话的智慧。只要有眼光，讲策略，就没有做不成的事。

可悉陵斗虎

可悉陵是北魏的皇亲，他体格强壮、高大魁梧、性格坚毅，有一身好武艺。

17岁那年，北魏皇帝拓跋焘带着他进山打猎。在返程的路上，忽然有人察觉到旁边的树在微微颤动，传出一阵草叶的“沙沙”声，好像有什么动物在快速行走。就在迟疑间，说时迟，那时快，丛林中突然蹿出一只吊睛白额虎。它大吼一声，直吼得地动山摇。

人们惊出一身冷汗，惊惶失措，不知如何是好。只听得一个人大喊道：“保护皇上，看我的!”说话间，人已到了老虎跟前。大家定睛一看，原来说话的是可悉陵。

可悉陵没拿任何武器，赤手空拳地和老虎搏斗起来。老虎的尾巴用力一掀，眼看要扫到可悉陵的身上，可悉陵灵巧地一闪躲开了。大家回过神来，弯弓搭箭想要帮可悉陵的忙，可悉陵却喊道：“请大家别动手，有我一个人就可以了。”大家只好眼睁睁地看着可悉陵和老虎周旋，心里暗暗为他捏了一把汗。

躲过了老虎凶猛的一扑一掀一剪，可悉陵瞅准机会趴到老虎身上，揪着虎皮死死按住虎头，抬起铁拳拼命朝老虎的天灵盖砸下去。也不知砸了多少拳，可悉陵累得不行了，才发现老虎已经七窍流血，死了。可悉陵把这头老虎献给了拓跋焘。

拓跋焘没有如他想象的那样称赞他，而是说："我们本来有机会逃走，不必跟老虎纠缠；实在走不了，大家一起上，也可以轻而易举地置老虎于死地，可你偏偏要徒手和老虎单打独斗。你的勇敢和体力超人一等，但应该用来造福国家，而不是浪费在这种不必要的搏斗上。万一出了点事，岂不是太可惜了吗？"

可悉陵听罢，惭愧地低下了头。

智慧小语

一个人勇猛刚强固然重要，但人的智慧和谋略更重要。没有智慧的勇敢，是匹夫之勇，是争强斗胜，是自我炫耀；而真正有智慧的人，懂得巧妙地运用自己的勇猛，用得得当、得时。有道是，有勇有谋才是大将风度。而可悉陵只算作是一个草莽英雄。

游水的窍门

一次，孔子和学生游览吕梁山色美景。只见瀑布飞流而下，溅起的水珠泡沫直达40余里以外。瀑布下来冲成一条水流湍急的河流。在这里，连鱼鳖都不敢出没。然而，孔子却突然发现一个少年跳入水中畅游。开始，孔子以为有人寻短见，立即命弟子去搭救。

不料，那少年在游了几百步远的地方却又露出了水面，上得岸来，披着头发唱着歌，在堤岸边悠然地走着。

孔子赶上前去，诚恳地问他说："我还以为你是个鬼呢，仔细一看，你实实在在是个人啊！请问，你游水有什么窍门吗？"

那少年爽朗一笑说："没有。我哪有什么窍门？我只不过是开始时出于本性，成长过程中又按照天生的习性，最终能达到一种境地是因为一切都顺应自然。我能顺着游涡一直潜到水底，又能随着漩涡的翻流而露出水面，完全顺着水流的方向不停地调整自己游泳姿势，这就是我游水游得好的原因。"

孔子又问："什么叫做开始于本性，成长中按照天生的习性，而有所成就是顺应自然呢？"

少年回答道："如果我生在丘陵，我就去适应山地的生活环境，这叫做出自本来的天性；如果长在水边则去适应水边的生活环境，这就是成长顺着生来的习性；不是有意地去这样做却自然而然地这样做了，这就叫顺应自然。"

孔子听了，若有所思地点点头。

智慧小语

有句话叫做“尊重自然规律，积极适应自然”。我们虽然不能改变大自然的许多现象，但我们能够主动适应它、顺从它，在大自然的变化中寻找自己的生存法则。主动适应和被动适应是有本质区别的。被动适应的结果，是自己的命运被大自然所主宰，难逃大自然的虐待；而主动适应，就是按自然规律办法，避实就虚，达到得心应手、游刃有余的境界。

笃学启智篇

铁棒磨针

有一天，李白逃学，在一条小河边遇到一位老奶奶。这位老奶奶正在做一件很奇怪的事情：在一块石头上用力磨一根铁棒，老奶奶的举动深深吸引住了李白，他蹲在老奶奶身边研究了半天，也猜不透老奶奶究竟要做什么，于是忍不住问：“老奶奶，您磨这根铁棒干什么呀?”老奶奶回答：“我要用这根铁棒磨成一根缝衣针。”李白听后惊呆了，很不相信地说：“这么精的铁棒，怎么可能磨成细针呢?”老奶奶却很有信心地笑起来，说：“孩子，别看铁棒粗，磨一点就细一点。只要工夫深，铁棒照样能磨成针!”

老奶奶的话深深地打动了李白。从此以后，他再不逃学了，开始认真读书，刻苦学习，长大后成为一名大诗人。

智慧小语

“只要工夫深，铁棒磨成针”，这个成语已为我们所熟知。我们常常为别人取得的巨大成就而惊叹，其实我们也能取得这样的成绩，只是我们的工夫还不如人家的深而已；我们也不要被一个难题所吓倒，只要我们下一番工夫，终将会攻克它。这里的关键是要持之以恒、坚持不懈，抱着决不放弃的信念。有道是：没有比脚更长的路，没有比人更高的山。

石勒读汉书

晋元帝即位的第二年，匈奴族的汉国国主刘聪病死。汉国内部也发生分裂。刘聪的侄儿刘曜接替了国主的地位。他觉得用汉朝的名义并不能欺骗人民，在公元319年改国号为赵。汉国大将石勒在反晋战争中扩大了兵力，不愿再受刘曜的统治，也自称赵王。

石勒是羯族人，他家世代是羯族部落的小头目。年轻的时候，并州地方闹饥荒，他和部落失散了，曾经给人家做过奴隶、佣人。有一次，石勒被乱兵捉住，关在囚车里。正好他的囚车旁边有一群鹿跑过。乱兵纷纷去追捕鹿群，石勒才趁机逃走。

石勒受尽苦难，没有出路，就招集一群流亡的农民，组成了一支强悍的队伍。刘渊起兵以后，石勒投降汉国，在刘渊部下当了一员大将。羯族人的文化比匈奴人要低。石勒从小没有像刘渊那样受过汉族文化教育，不识字。他担任大将以后，渐渐懂得要成大事业，光靠武力不行，就依靠一个汉族士人张宾，采取了许多政治措施。他还收留了一批北方汉族中的贫苦的读书人，组织了一个“君子营”。

由于石勒骁勇善战，加上有了张宾一批谋士帮他出谋划策，石勒的势力更加强大。到了公元328年，终于消灭了刘曜。过了两年，石勒在襄国自称皇帝，国号仍是赵。历史上把刘氏的赵国称为“前赵”，把石勒建立的赵国称为“后赵”。

石勒自己没有文化，但是却十分重视读书人。他做了后赵皇帝后，命令部下凡捉到读书人，不许杀死，一定要送到襄国来，让自己处理。他听从张宾的意见，设立学校，要他部下将领的子弟进学校读书。他还建立了保举和考试的制度。凡是各地保举上来的人经过评定合格，就选用他们做官。

石勒严禁部下提到“胡”字、“羯”字。但是为了安抚汉族士人，有时候也没有执行禁令。有一次，有个汉族官员樊坦被任用做官。樊坦进宫朝见的时候，穿了一身破破烂烂的衣服。石勒吃惊地问他：“你怎么穷到这步田地?”

樊坦忘记了禁令，回答说：“刚刚碰到一批羯贼，把我的家当都抢走，家里连一件像样的衣服都没有了。”

石勒知道他吃了亏，就安慰他说：“羯贼这样乱抢东西，太不应该！我来替他们赔偿吧!”

樊坦忽然想起了触犯了禁令，吓得浑身发抖，连忙向石勒请罪。

石勒笑着说：“我这个禁令，是对付一般百姓的。你们这些老书生，我不怪你们。”

说着，他真的赔给樊坦一些衣服钱财，还赏给他一辆车，一匹马。

石勒挺喜欢读书。他自己不识字，就找一些读书人把书讲给他听，一边听，一边还随时发表自己的见解。有一次，他让人给他读《汉书》，听到有人劝汉高祖封旧六国贵族的后代的历史。他就说：“唉！刘邦采取这样错误做法，还怎么能够得天下呢?”讲书的人马上给他解释，后来由于张良的劝阻，汉高祖并没有这样做。石勒点头说：“这才对啦。”又有一次，石勒举行宴会招待大臣，宴席上，他问一个大臣，说："你看我可以比得上古代什么样的帝王？"

大臣吹捧说："陛下英明神武，比汉高祖还强，别人更比不上了。"

石勒笑了笑说："你说得太过分了。我要是遇到汉高祖，只能做他的臣下，大概跟韩信、彭越差不多。要是我生在汉光武帝那个时候，还说不定谁胜谁负呢。"

由于石勒重用人才，在政治上比较开明，后赵初期出现了兴盛的气象。

智慧小语

石勒虽然是一个文盲皇帝，但他尊重读书人，努力学习比较先进的汉文化。他知道，一个人有文化是十分了不起的，没有文化才是愚昧可悲的，智慧是从文化和知识中产生的。他的这种思想和行为至今仍然现实意义。

拜妻为师

清代咸丰年间有个武官叫张曜，因苦战有功，被提拔为河南布政使。他自幼失学，没有文化，常受朝臣歧视，御使刘毓楠说他"目不识丁"，因此改任他为总兵。张曜从此立志要好好读书，使自己能文能武。张曜想到自己的妻子很有文化，回到家要求妻子教他念书。妻子说：要教是可以的，不过要有一个条件，就是要行拜师之礼，恭恭敬敬地学。张曜满口应承，马上穿起朝服，让妻子坐在孔子牌位前，对她行三拜九叩之礼。从此以后，凡公余时间，都由妻子教他读经史。每当妻子一摆老师的架子，他就躬身肃立听训，不敢稍有不敬。与此同时，他还请人刻了一方"目不识丁"的印章，经常佩在身上自警。几年之后，张曜终于成为一个很有学问的人。后来，他在山东做巡抚时，又有人参他"目不识丁"。他就上书请皇上面试。面试成绩使皇上和许多大臣都大为惊奇。张曜在山东任上，筑河堤，修道路，开厂局，精制造，做了不少利国利民之事。因为他勤奋好学，死后皇帝谥他为"勤果"。

智慧小语

"勤能补拙是良训，一分辛苦是分才"。工人需要流汗才能创造机械，农民需要流汗才能收获粮食，知识分子需要流汗才能揭开世界之谜，读书人也需要流汗才能收获学问，要获得聪明才智，就离不开辛勤的汗水。

董遇"三余"勤读

董遇是汉代人，为人朴实敦厚，从小喜欢学习，掌握了丰富的知识，却不像浮华子弟那样夸夸其谈，哗众取宠。

汉献帝兴平年间，董卓虽已被处死，但他的部将李傕、郭汜、樊稠、张济等劫掠烧杀，异常残暴；加以连年大旱，五谷不收，弄得关中地区发生了人吃人的现象，尸骨到处堆积。弘农地方，又恰恰是张济的屯兵之处，董遇和他的哥哥没法住下去，只好远离家乡，投奔朋友。

在朋友那里找到歇脚的地方以后，董遇和他哥哥便进山打柴，背出来卖几个钱，换一些粮食，借以维持生活。在这样艰苦的环境里，董遇仍然没有放松学习。每次出门，都带着书本，一有空闲，就拿出来诵读。他哥哥讥笑道："又累又饿，还不歇一歇，哇啦哇啦的干什么！读书能饱肚子吗？"董遇听了，既不生气，也不泄气，还是照样读他的书。

董遇对《老子》很有研究，替它作了注释；对《春秋左氏传》也下过很深的功夫，根据研究心得，写成《朱墨别异》。附近的读书人听说他学有专长，纷纷请他讲书，他总是告诉人家："先用心读吧！读上百把遍再说。"请教的人见他不肯讲解，不免有点失望。他解释道："不管什么书，只要认真读上百把遍，边读边揣摩，总会懂得它的意思的；如果还有不懂的地方，再讲也不迟。"请教的人说："您说的很有道理，可是我们哪有这么多的时间呢？"

董遇听到人家说没有时间读书，总是摇摇头，反问一句："为什么不利用'三余'？"

"什么叫'三余'？"

"'三余'就是三种空闲时间。冬天，冰天雪地，没有多少农活，这是一年里的空闲时间；夜间，黑古隆冬，不便下地劳动，这是一天里的空闲时间；雨天，遍地泥泞，不好出门干活，也是一种空闲时间呀！好好利用'三余'，不就可以读很多书吗？"

那些人听了他的话，才认识到自己不是没有时间，而是不会利用时间。一个个感谢他的教导，高兴地辞去了。

智慧小语

董遇这个生长在离乱年代、靠自己的劳动维持生活的穷人，就是由于善于利用时间，刻苦学习、独立钻研，终于成为三国时期的著名学问家。可见，想学习的话，并非真的没有时间，可是缺少艰苦奋斗的精神。只要不怕苦不怕累，时间总会挤出来的。

张溥抄书

张溥是明朝人，因天资较差，常常过目即忘。但张溥小时候并不垂头丧气，而想办法来克服这个缺点。有一次，他在读书过程中偶尔发现了一篇有关董遇读书的文章，其中"读书百遍其义自见"的话给了他很大启发。他想：人家读一篇文章，有个七八遍就能够背诵了，而我读了一二十遍却还只能断断续续地背个大概，这差异不能不承认。可是，我再怎么笨，只要多背几遍，保证每篇文章都读一百遍，不也能行吗？从此，他就开始这么做了起来。古时候的私塾先生要求学生背诵的都是《四书》、《五经》之类，而这些枯燥乏味的文章，要重复地读上一百遍，别说一个七八岁的孩子，就是大人也会觉得厌烦的。可张溥硬是不厌其烦地坚持下来。口渴了，他就舀一瓢凉水喝；嗓子哑了，他就把声音放低一点……苦读了一段时间，他终于能连贯地背出文章来了，这使他异常高兴；可是白天背得挺熟的，第二天一觉醒来，又忘得差不多了，这使他十分焦虑，他决心寻找出一种更为有效的读书方法。

一天上课时，先生叫张溥背诵文章。开始几段，他背得好好的，先生也挺满意，可没背一会儿，他就背不下去了。这下他可急了：昨天还当着父亲的面背得很流利的，今天怎么就背不出来了呢？而他越急，就越想不出，最后只好低着头等着挨先生的责打了。先生见张溥愣在那里，非常生气，便拿戒尺使劲地在张溥的手掌上抽打了几下，直打得张溥白嫩的小手掌红肿了起来。打完了，先生余怒未消，说："你怎么这样不用功？罚你回去把这篇文章抄十遍，明天交给我！"

张溥挨了打，可他一点儿也不怨恨先生，只怪自己不争气。回到家草草吃过晚饭，他就在灯下铺好纸，研好墨，挥笔抄起书来。文章较长，他抄得又认真，等他抄完，已经是半夜了。第二天到校，把把抄的书交给了先生，没想到先生又让他接着背昨天的文章。这下可把张溥急坏了：这下完了，我只顾抄书，没有特意背呀！可看着先生那严厉的样子，他只得硬着头皮背了起来。谁知奇迹发生了：上句刚一出口，下句居然就跟着跳了出来，一会工夫就把全篇文章顺利地背了出来，而且还没有一次停顿，没有背错一个字。先生听了，不由得连连称赞道："好，好，就应该这样背！"

放学回家的路上，张溥还在琢磨背书的事："奇怪，昨天我并没有背书呀，可今天为什么就能脱口而出呢？难道是因为我抄了10遍的缘故吗？"正好先生又留了新的背书作业，他决定按昨天的办法再试一试。回到家，他先把文章朗读一遍，然后开始抄写，边抄还边默诵着，抄完一遍，又大声朗读一遍，接着再抄写一遍。这样循环往复，当抄到第7遍的时候，他觉得不仅已经领会了文章的意思，而且还能够熟练地背诵了。他放下笔，高兴地喊了起来："好，我终于找到背书地诀窍了！原来果真是'好记性不如烂笔头'呀！"

从此以后，张溥读书必手抄，读后又随即焚去，再抄，再读，再焚，如此六七次方休。后来，他把这种读书方法称为"七录"，他把读书的屋子也取名为"七录书斋"。这样长年累月地抄写，他右手握笔的手指上都磨出了老茧。夏夜蚊虫叮咬，他读书时就在桌下放一大瓮，将两足置于瓮中，常常通夜苦读。冬天冷风吹刮，皮肤冻裂了，张溥用热水温一温手，又开始抄读。有一年冬天，他夜读灯尽，见窗外光照如天明，开门一看，原来是天降大雪，积雪盈尺，竟也没有发觉。一天，他的好友张采来看他，见他正拿着粽子，蘸着墨汁，吃得满口乌黑也没觉察。有人讥讽他近于迂，他却充耳不闻，好学如常。

智慧小语

原来天资较差、记性不好的张溥，靠着这种“七录”的读书方法终于获得了渊博的学识，成了著名的文学家。他著书立说，思路敏捷，文笔流畅，内容深邃，颇得好评。入选中学语文教材《五人墓碑记》，即出自张溥之手。难怪后人说：天才在于勤奋；天才靠一分天分和九分汗水。可见，一个人“天资”不佳不要紧，只要努力，照样成才。

刺股求学

提起“悬梁刺股”的故事，人们首先想到的是苏秦。苏秦，字季子，战国时洛阳（今河南洛阳东）人。苏秦在小的时候就十分喜欢学习，他曾在很有名望的鬼谷子门下学习纵横家的言论。当时，苏秦的家境不好，连温饱问题都解决不了，更没有钱买书读了。为了读书，他时常把自己的长发剪下来卖掉，或者给别人打短工、卖力气，以换取微薄的收入来勉强维持自己的生活和学业。由于苏秦勤奋好学，在开始的一段时期内取得了很好的成绩。

然而，就在苏秦取得好成绩的时候，他骄傲自大起来，老师的话渐渐听不进去了，自以为已经学到了纵横术的所有知识，能够“运筹帷幄”了。于是，他收拾好行李，告别了老师和朋友，一个人外出游说他的“合纵连横”理论去了。

苏秦先是主张“合纵”的，于是他去求见周天王，劝弱小的国家联合起来，阻止强国的兼并。由于没人给他引见，被冷落了一年多。一气之下，他又到了秦国，向秦惠王宣传“连横”的意见，劝他用此办法来兼并各诸侯国，以统一天下。他先后写了10来封意见书给秦惠王，但都没有引起秦惠王的重视，秦惠王只是草草地看一下，就随便放到一边，不予理睬了。

苏秦在秦国住了一年多的时间，所带银两已用得一干二净，衣服既破又旧换不了季。他已无法再住下去了，看到秦惠王一点也没有重用他的意思，就只好缠了裹腿，穿了草鞋，背上书包，离开秦国，返回家里。

由于路途比较远，缺吃少喝，加之心情不好，奔波了好多天才回到家中。这时他已瘦得不成样子，皮肤被晒得黑乎乎的。回到家里怪难为情的，都不愿抬头见家人。妻子看见他这副样子，叹了一口气，低下头去织布了；嫂子看见他这副样子，也不想马上给他去做饭；父母见他这副样子，也不想与他说话。

苏秦的心里难受极了。他长长地叹了一口气，自言自语地说道：“唉，妻子不认我这个丈夫，嫂子不认我这个小叔子，父母也不认我这个儿子，这全是由于自己不争气造成的啊！”

于是，他又重新开始埋头读书。当天夜里，他把自己几十箱藏书找了出来，从此不分昼夜，刻苦攻读。有时候读着读着就在案头上睡着了。每次醒来，看到时间过去了很多，都十分懊悔，痛骂自己无用。可是一时也找不到合适的办法来制止自己打瞌睡。

有一次，他读着读着又开始打瞌睡了，身子一下扑在了案桌上，放在案上的一把锥子刺痛了他的手臂，使他一下子清醒过来。他看着锥子，眨了眨眼，忽然想出了一个制止自己打瞌睡的好办法：用锥子扎自己的大腿。此后，每当困意袭来的时候，他就拿起锥子，朝自己的大腿狠扎几下。由于扎得狠，往往是鲜血淋漓。他的家人看了于心不忍，就规劝他说："你不必这样折磨自己了，只要你痛改前非，就一定可以成功的。"

就这样，苏秦勤学苦读了一年多的时间，才觉得比以前学得深了，能够说服当代的君主了。

经过这一番准备，苏秦于公元前334年开始游说六国，终于得到了六国君王的重用，并担任了六国的宰相，提出了有名的六国合纵共同抵抗秦国的政策。

晋朝的孙敬，酷爱学习，每日攻读到深夜。日复一日，年复一年。由于他把时间几乎都用在学习上，所以很少外出。当他偶尔到集市上去的时候，有的人就在他的背后指指点点地说："看哪，这就是'闭户先生'呀！"

为了避免在深夜学习时产生疲倦，他想了一个办法：把头发结在绳子的一头，将绳子的另一头挂在屋梁上，每当打瞌睡时，就会因为扯痛头发而惊醒过来。

智慧小语

"头悬梁、锥刺股"的故事，早已成为勤奋苦读的象征。这些故事说明，不经过一番艰苦奋斗，哪能取得好成绩。任何成就都是用汗水取得的。纵观一切满腹经纶的专家、学者和文人，哪一个人轻而易举就获得了成功呢？他们的故事，理应给我们诸多的启示和教育。

诸葛亮拜师

诸葛亮八九岁时，拜一位老道人为师，风雨无阻，日不错影，天天上山求教。他聪明好学，专心致志，读书过目不忘，听讲一遍就记住了。老道人对他更加喜爱了。

在这山腰间有个"庵"，诸葛亮每天上山下山都从这庵前经过。有一天，他下山走到这里，突然狂风大作，铺天盖地下起雨来。诸葛亮忙到庵内避雨。一个从未见过的女子把他迎进屋里。只见这女子长得细眉大眼，油嫩丝白，娇娆仙姿，犹如仙女下凡。他不由心中一动：庵里居然有这样漂亮的女子呀！临走，那女子把诸葛亮送出门，笑着说："今天我们算认识了，往后上山下山渴了累了来歇息用茶。"

打这以后，诸葛亮每到庵中来，那女子不仅殷勤接待，还盛情挽留，做好的饭菜。吃过饭他们不是说笑，就是下棋逗趣。与道观相比，这里真是另一个天地。诸葛亮被那女子的甜言蜜语弄得神魂颠倒！

诸葛亮思想出了岔，对学习倦了起来。他笑着从庵里出来，走进观里就发愁，真是“出门欢喜进门愁，笑脸丢在门外头”。师父讲的话他这个耳朵进去，从那个耳朵出来，印不到脑子上；书上写的，看一遍不知道说的啥，再看一遍还是记不住。

老道人看出了问题，把诸葛亮叫到跟前，长叹一声说：“毁树容易栽树难哪！我白下了这些年的功夫！”

诸葛亮听出师父的话里有话，低着头说：“师父！我不会辜负你的一片苦心！”

“这话现在我却不信。”老道人望着诸葛亮说：“我看你是个聪明的孩子，想教你成才，才治好你的哑病，收下你当徒弟。前些年你是聪明加勤奋，师父我苦心教你不觉得苦；现在你是由勤奋变懒惰，虽聪明也枉然哪！还说不辜负我一片苦心，我能相信吗？”

“师父！这些天我没睡好觉，头脑发昏。”诸葛亮怕说出真情，挨师父训斥，撒了个谎。

老道人说：“风不来，树不动；船不摇，水不浑。”说着，他指着庭院里被葛藤缠绕的一棵树让诸葛亮看：“你看那棵树为啥死不死活不活，不往上长呢？”

“让葛藤缠得太紧了！”

“对呀！树长在山上，石多土少，够苦的。但它根往下扎，枝往上长，不怕热，不怕冷，总是越长越大。可是葛藤紧紧一缠，它就长不上啦，这就叫‘树怕软藤缠’哪！”

聪明人一点就灵。诸葛亮看瞒不过师父，问道：“师父！你都知道啦？”

老道人说：“近水知鱼性，近山知鸟音。看你的神色，观你的行动，还能不知道你的心事吗？”停了一下，老道人郑重地说：“实话给你说了，你喜爱的那女子并不是人，它原是天宫一只仙鹤，只因贪嘴偷吃了王母娘娘的蟠桃，被打下天宫受苦。来到人间，它化作美女，不学无术，不事耕耘，只知寻欢作乐。你只看它貌美，岂不知乃是寝食而已。你与她相爱，吃喝玩乐，倒也逍遥，但这样浑浑僵僵下去，终身将一事无成啊！若不随她的意，还会伤害你。”

诸葛亮一听，慌忙问道：“师父！这会是真的吗？”

老道人说：“如果不信，随你的便吧，以后就别再登这观门啦！”

“师父！我相信。以后再不与她来往了！”

“这还不行。你要烧道她的画皮，也好消除你的疑虑，永不怀念。”

“怎样烧掉她的画皮，还请师父指教。”

“那仙鹤有个习惯，每晚子时要现原形，飞上天河洗澡。这时，你进她的房中，把她穿的衣裳烧掉。衣裳是她从天宫盗来的，一烧掉便不能化作美女了。”

诸葛亮答应了。这天晚上时，诸葛亮悄悄来到庵里，打开房门，果然见床上只有衣裳，不见有人。他便点火把那衣裳烧了。

诸葛亮高高兴兴去见师父。老道人说：“记住这个教训吧！要想学好本领，干一番事业，这色情之事千万不可迷恋！”诸葛亮不忘这个教训，把仙鹤尾巴上的羽毛保存起来，以此作为戒鉴。

打这以后，诸葛亮更加勤奋。

智慧小语

要成就一番事业，切莫沉缅于酒色财气，用这些身外之物麻醉了自己的斗志，阻碍了自己前进的步伐。而要发扬吃苦耐劳、艰苦奋斗的精神，一门心思、全力以赴地干好一件事。干事业是这样，求学问更是这样——这就是诸葛亮拜师的故事给我们的启示！

凿壁借光

汉朝时，少年时的匡衡，非常勤奋好学。

由于家里很穷，所以他白天必须干许多活，挣钱糊口。只有晚上他才能坐下来安心读书。不过，他又买不起蜡烛，天一黑，就无法看书了。匡衡心痛这浪费的时间，内心非常痛苦。

他的邻居家里很富有，一到晚上好几间屋子都点起蜡烛，把屋子照得通亮。匡衡有一天鼓起勇气对邻居说："我晚上想读书，可买不起蜡烛，能否借用你们家的一寸之地呢?"邻居一向瞧不起比他们家穷的人，就恶毒地挖苦说："既然穷得买不起蜡烛，还读什么书呢!"匡衡听后非常气愤，不过他更下定决心，一定要把书读好。

匡衡回到家中，悄悄在墙上凿了个小洞，邻居家的烛光就从这洞中透过来了。他借着这微弱的光线，如饥似渴地读起书来，渐渐地把家中的书全都读完了。

匡衡读完这些书，深感自己所掌握的知识是远远不够的，他想继续看多一些书的愿望更加迫切了。

附近有个大户人家，有很多藏书。一天，匡衡卷着铺盖出现在大户人家门前。他对主人说："请您收留我，我给您家里白干活不报酬。只是让我阅读您家的全部书籍就可以了。"主人被他的精神所感动，答应了他借书的要求。

匡衡就是这样勤奋学习的，后来他做了汉元帝的丞相，成为西汉时期有名的学者。

智慧小语

这个故事讲了匡衡少年时读书的两件事，一件是凿壁偷光，一件是借书苦读。赞扬了匡衡勇于战胜艰苦的条件、勤奋读书的精神，为我们树立了刻苦读书的好榜样。

囊萤映雪

晋代的车胤自幼好学不倦，可是由于家境贫困，没有钱买灯油在晚上读书。因此，到了晚上他只能背诵诗文。

一个夏夜他在屋外诵书，忽然看到原野里如星星一样的萤火虫在空中飞舞。他突发奇想，萤火虫的光亮在黑夜里不正如灯一样吗？这样我就能够彻夜苦读了！想到这，兴奋的他立即找来了白绢扎成一个小口袋，并抓了几十只萤火虫放在里面。果然，如此还真的管用。正是借着这微弱的光芒和坚持不懈地苦读，车胤学识日渐长进，并最终入朝为官。

同是晋朝的孙康也是由于贫困而无法点灯夜读，所以只能早早睡觉，这令他觉得光阴虚掷。

一个冬夜，雪下得特别大，白茫茫一片。半夜时分，寒冷使孙康从睡梦惊醒，但他却发现窗外似乎有一些光亮，原来那是雪映射出的微光。于是他倦意顿消，这不正可以借着这难得的微光看书吗？于是他翻身起来，取出书卷，来到屋外。宽阔的大地上映出的雪光，比屋里要亮多了。孙康不顾寒冷，立即看起书来，手脚冻僵了，就起身跑一跑，搓搓手。此后，每逢有雪的晚上，他就不放过这个好机会，孜孜不倦地读书。正是凭着这样学习的精神，使得他的学识突飞猛进，最后也入朝为官，成为一个学富五车的一代名士。

后来，他们的故事就演变为“囊萤映雪”这则成语，比喻用功苦读。

智慧小语

常听有人叫苦，但是又有谁的苦超过车胤和孙康呢？一个连油灯都用不起的学生，竟靠着“囊萤映雪”来学习，谁又比得了他们呢？可见，办法总是有的，再苦也不会耽误学习，关键是我们是否有一颗能吃苦耐劳的心。

对月苦读

崔鸿是南北朝时期的著名历史学家，他曾编过《十六国春秋》，这部珍贵的历史文献以优美的文笔流传至今。

崔鸿从小就勤奋学习、刻苦读书，知识非常渊博。

崔鸿小时候酷爱读书，常常废寝忘食。后来，由于父亲受贿被追查，家境败落下来，再也没钱去买书了。当家中的藏书被他读完后，就只好向别人借书。借的书一般都催要得很紧，为了既按时还书又能把书读一遍，崔鸿决定将书抄下来读。崔鸿节衣缩食，把省下来的钱用来买纸。晚上抄书读书要耗费很多的灯油，崔鸿家境贫寒，无钱买油。一天夜里，灯油已经耗尽，崔鸿的母亲已经睡下了，崔鸿不得不放下手中没有读完的书。他躺在床上，心里还在想着没有看完的书，难以入眠。

崔鸿翻身下床，信步走到门口，突然眼前一亮。他抬头一看，原来天空晴朗，一轮明月当空，将大地照得如同白昼。他把刚才没有看完的书拿来，借着月光展卷阅读，字句竟清晰可辩。崔鸿高兴得跳了起来，这下他又能读书了。

崔鸿急忙跑到屋里，搬出一个小凳坐在月光下，认真地读起书来。不知不觉，崔鸿发觉书上的字迹逐渐模糊了，他抬头一看，原来月光已经移动了。于是他也移动小凳，追随着月光读书。就这样，月光不断移动，崔鸿也随之不断移动。直到月亮渐渐西斜，光线暗淡下来，书上的字实在看不清了，他才恋恋不舍地放下书本，回屋睡觉。

从那以后，每当皓月当空，月光明亮的时候，崔鸿就来到院中借着月光读书、抄书。有时为了追月光，他竟然坐到院门外面还不知道。

智慧小语

崔鸿通宵达旦地在浩瀚的书海中遨游，积累了丰富的历史资料。正是凭着这种勤奋刻苦的精神，他终于成了著名的史学家。可见，只要想读书，不是没有办法，难道我们会穷得像崔鸿那样连油灯都没有吗？条件越艰苦，越能磨练人的意志，催人奋发。

沙中学字

欧阳修是北宋著名的文学家、史学家、“唐宋八大家”之一。在他很小的时候父亲就去世了，是母亲郑氏带着他度日。那时，家里的生活非常艰苦。好在母亲是一位有志气有见地的女子，她不仅靠纺织维护母子两个人的生活，还决心让孩子读书，好让他长大后能成才，不受人欺负。因为生计困难，交不起学费，上不起私垫，母亲就决定自己亲自教欧阳修识字、读书。

一天，母亲把 4 岁的儿子叫到跟前，对他说：“孩子，眼看你越长越大了，你不能再玩了，要像富家的孩子一样去读书。虽然咱上不起私塾，但娘可以教你。等你再长大些，娘再想办法送你上私塾。”小欧阳修说：“娘，读书要用纸和笔，咱家有吗？”母亲说：“咱家没有纸，就在地上铺一层细沙做纸，没有笔，就用竹枝代替笔。孩子，从今之后你要认真读书，多读书长大了才能有出息，才能做一个对国家有用的人，才能对得起你死去的爹爹。你愿意好好读书吗？”小欧阳修懂事地说：“娘，我一定好好读书。”

于是，母亲拉着儿子来到窗前，挑了一根细竹枝作笔，在地上铺一层均匀的沙子，在沙子上面首先写了一个大大的“人”字，然后对儿子说：“天地之间，以人为本。”欧阳修接过竹枝，也像母亲一样，在沙子上写了个“人”字，虽然歪歪斜斜，却写得很认真。从这以后，欧阳修天天跟着母亲学字背书，每天完成识字任务后还要温习、巩固。母亲还给他讲古代先贤的故事，教给他做人的道理，鼓励他成为一个有学问、有抱负的人。母亲还教他念书，母亲念一句，儿子重复一句，在他们的小院里，经常可以听到琅琅的读书声。

小欧阳修很聪明，学东西很快，也记得牢，时间久了，就滋长了骄傲情绪，翘起了尾巴。一天，他只顾贪玩，没完成母亲留给的作业任务。母亲很严肃地把他叫到身边，许久没有说一句话，只是不停地织着布。忽然，母亲停了下来，递给小欧阳修一把剪刀，对他说："你过来，把这匹布剪了。"小欧阳修吃惊地说："娘，你为什么要剪布啊？你好不容易织成的布，一剪断就没法卖了。娘，我不能剪。"母亲这才对儿子说："你知道好不容易织的布，一剪断就可惜了；可是你不知道，你好不容易读到的书，如果中断了，也是可惜的。如果你一点一滴积累起来的知识不能继续巩固，就会荒废，长大了就难以成才啊。"母亲的一席话，让小欧阳修感到脸红，他惭愧地低下了头，对母亲说："娘，我知道错了，我以后再也不贪玩了。"

从此以后，欧阳修更加发愤读书，从不懈怠。直到他长大成名之后，还保持着勤奋读书的习惯。

智慧小语

一个人贫穷并不可怕，可怕的是被贫穷吓倒。艰苦的生活和条件正可以磨炼自己的斗志和勇气。俗话说，温室里长不了栋梁材。许多成功人士，他们所取得的成就都是在艰苦的环境下取得的。所以，我们从小就要养成不怕吃苦的习惯，在艰苦的环境里努力造就自己。

吃粥苦读

范仲淹是北宋初年杰出的政治家、文学家。其"先天下之忧而忧，后天下之乐而乐"的名句深为后人喜爱，广为传诵。

范仲淹年轻时，由于家境清贫，上不起学，就一个人跑到一个僧舍中去读书。每天只煮一锅稠粥，凉了以后划成四块，早晚各取两块，拌上一点儿韭菜末，再加点盐，就算是一顿饭。但他对这种清苦生活却毫不介意，而用全部精力在书中寻找着自己的乐趣。

这种情况被他的一个同学（南京留守的儿子）看到了，回家告诉了父亲，留守知道这个人将来必有所成，于是就叫儿子给范仲淹送来许多饭菜。可是，几天过去了，食物都放坏了，仍不见范仲淹尝一口。那同学问他为什么不吃？范仲淹诚恳地答谢说："老兄误解了，我不是不吃，而是不敢吃。我担心自己吃了鱼肉之后，咽不下去粥和咸菜。你的好意我心领了，你千万别生气。"朋友听了范仲淹的话，更加佩服他的人品高尚。之后，范仲淹依旧以稀粥当饭。终于学问过人，备受世人的称赞。

智慧小语

范仲淹不仅生活艰苦，尤其懂得艰苦奋斗的道理。他知道勤能补拙，苦能立志，怕吃了鱼肉而不思长进了，因此才宁愿吃苦。看来，他是懂得贫富之道的。作为吃穿不愁的我们，真的要好好借鉴一下这种以苦为动力的精神。

放牛读书

王冕是元代著名的诗人、花鸟画家。小时候因为家里穷，不能上学读书，父亲便叫他给人放牛，好挣点钱补贴家用，当时他才七八岁。

一天，王冕从学堂门前走过，被里面的读书声吸引住了，就把牛拴住，趴在窗子外面偷听老师讲课。老师的讲解，有时深奥，有时浅显，还夹杂着许多闻所未闻的典故，使王冕产生了浓厚的兴趣，久久不愿离去。他还把老师写的字记在心上，听完之后，用树枝在地上练习。就这样，他不仅偷学了不少字，还学会了不少文章，能够背下来。但是，由于害怕父亲骂他贪玩，他不敢把这事告诉家里。

有一次，王冕听完课后，发现牛不见了，只有一条半截缰绳扔在地上。他知道牛等不及了，自己挣断缰绳去吃草了，急忙四处寻找，直到天黑透了才把牛找到。回到家里，正赶上一个邻居找上门来，说王冕的牛偷吃了他家的麦苗。父亲一怒之下，举起棍子就把王冕抽打了一顿，问他还敢不敢再贪玩。王冕说："我不是贪玩，我是听先生讲课去了。"父亲不相信，问他听到了什么。王冕便把他听到的文章背了一遍，父亲一听，还真像那么回事。见父亲面有喜色，王冕又在地上写了几个字让父亲看。这时，父亲摸了摸儿子的头，感慨地说："儿子，爹错怪你了。爹没钱供你读书，你却这样用功，爹对不起你啊。"

看到儿子是一个读书的苗子，父亲对母亲说："孩子自个儿用功，咱做爹妈的不能看着不管。放牛时间太长，耽误他读书，不如找个空闲多的事让他干，这样他就能腾出更多的时间读书了。"商量好之后，父母到处打听。有个人告诉他们，附近庙里需要一个打杂的，活儿并不多。于是，父亲对王冕说："想不想去庙里干？那里空闲时间多，还能挣钱。就是要离开家里，住在庙上。"王冕虽然不愿与父母分开，但一想到能读书，就答应了下来。

来到庙里，王冕很勤快，老和尚很喜欢这个聪明好学的孩子，除去工钱外，还给他一些小钱，王冕便把这些钱攒起来买书。一到夜里，他就悄悄走出来，坐在佛像的膝盖上，手里拿着书就着佛像前的长明灯诵读，有时一直读到深夜。

正是靠着这样的勤奋，王冕一点一滴地积累知识，终于成为著名的诗人和画家。

智慧小语

王冕是一个从放牛娃成长起来的画家。他的与众不同之处就在于对读书的强烈热爱。虽然他没有条件入学，却边工边读，付出了比常人更多的艰辛。许多名家都是这样成才的，像苏联的高尔基等。

信

信，从人从言。《说文解字》说：直言曰言，论难曰语。也就是说：心里有什么话就直说，叫做“言”；通过判断推理、辩论诘问的话叫做“语”。可见，古人对什么是“言语”，是有明确区分的。古人说，言为心声，人的言论应当是诚实的、真实的、不虚伪的。一个言不由衷、言行不一的人，肯定不是重“信”的。孔子将“信”作为“仁”的重要体现，是贤者必备的品德。孔圣人还把“信”上升到国家政权的高度，治国“三要”即“足食，足兵，民信之”，一个没有信用的国度，一定没有前途；同理，一个人不讲信用，同样也会被社会唾弃。我们提倡“信”，就是要诚信守法，一诺千金。

诚实守信篇

臾骈不负信

春秋时，晋国人臾骈奉命护送贾季的家眷到狄国。过去，贾季曾侮辱过臾骈，这次有机会护送贾季的家眷，所以朋友们鼓动臾骈趁此良机杀掉贾季一家来报仇。臾骈沉思了许久，说："不行。我听说有一本叫《前志》的书上有这样的话：'无论是有惠于人，还是有怨于人，都与他的后代没有关系。'如果我现在利用主人对我的信任而杀死贾季一家，这并不表明我的勇敢。如果我发泄了自己的怨气，却增加了我与贾季之间的仇恨，这并不说明我聪明。由于报私仇而损害了公利，辜负了主人的信任，也不表明我的忠诚而是表明我的背信弃义。舍弃了勇敢、智能和别人对我的信任，还能办得成什么事呢？"

臾骈说服了朋友和手下人，亲自保护着贾季的家人，把他们送到了狄国。

诚信小语

"如果我现在利用主人对我的信任而杀死贾季一家，这并不表明我的勇敢。如果我发泄了自己的怨气，却增加了我与贾季之间的仇恨，这并不说明我聪明。由于报私仇而损害了公利，辜负了主人的信任，也不表明我的忠诚而是表明我的背信弃义。舍弃了勇敢、智能和别人对我的信任，还能办得成什么事呢？"臾骈这段充满理智和动情的话，哪一句不包含着哲理和人生智慧呢？

季札挂剑

季札是春秋时期吴国人，是吴国国君的小儿子。他博学多才，品行高尚，甚至是自己在心里许下的诺言，也要竭尽全力去做。

一次，季札遵照国君的旨意出使各诸侯国。他中途经过徐国，受到徐国国君的热情款待。两人意气相投，谈古论今，十分投机。

几天后，季札要离开徐国继续赶路，徐国国君设宴为季札送行。宴席上不但有美酒佳肴，而且还是优雅动听的音乐，这一切令季札十分陶醉。酒喝到兴处，季札起身，抽出佩剑，一边唱歌一边舞剑，以助酒兴，表示对徐国国君盛情款待的感谢。

这把佩剑不是一般的剑，剑鞘精美大方，上面雕刻着蛟龙戏珠的图案，镶嵌着上等宝石，在灯光的照耀下显得格外精致。剑锋犀利，是用上好的钢制成的，看起来寒光闪闪，令人不寒而栗，挥舞起来更是银光万道，威力无穷。徐国国君禁不住连声称赞："好剑！好剑！"

季札看得出徐国国君非常喜欢这把宝剑，便想将这把剑送给徐国国君作纪念。可是，这是出使前父王赐给他的，是他作为吴国使节的一个信物，他到各诸侯国去必须带着它才能被接待。现在自己的任务还没有完成，怎么能把剑送给别人呢？

徐国国君心里明白季札的难处，尽管十分喜欢这把宝剑，却始终没有说出口，以免让季札为难。

临分手的时候，徐国国君又送给季札许多礼物作为纪念，季札对徐国国君的体谅非常感激，于是在心里许下诺言：等我出使列国归来，一定要将这把宝剑送给徐国国君。

几个月后，季札完成使命，踏上归途。一到徐国，他顾不得旅途的劳累，直接去找徐国国君。然而，出乎意料的是，徐国国君不久前暴病身亡了。

季札怀着沉痛的心情来到徐国国君的墓前，三行大礼之后，对着国君的墓说："徐君，我来晚了，我知道你喜欢这把宝剑，现在我的任务完成了，可以将这把剑送给你了。"然后他解下佩剑，双手敬放到墓前。

站在一旁的随从不解地问："大人，徐国国君已经去世了，你把剑送给他，他也看不到，你这么做有什么用呢？"

季札说："在离开徐国之前，我已经在心里许下诺言，要将这把剑送给徐君。从那时起，这把剑已经不属于我了。这段时间以来，我只不过是借用，现在是来把剑还给徐君的。"

诚信小语

心口一致，心行一致，这就是信守诺言。答应的事一定要办到，即使对方已不在人世了，仍然践诺。这种把诚信看的高于一切的思想，是前人给我们留下的宝贵遗产。崇尚诚信，真是源远流长。

烽火戏诸侯

周幽王有个宠妃叫褒姒，什么都好，就是有一样：不苟言笑！怎么办呢？

为博取她的一笑，周幽王这天终于想好一个主意。他下令在都城附近 20 多座烽火台上点起烽火——烽火是边关报警的信号，只有在外敌入侵需要召诸侯来救援的时候才能点燃。结果诸侯们见到烽火，率领兵将们匆匆赶到，当弄明白这是君王为博妻一笑的花招后又愤然离去。褒姒看到平日威仪赫赫的诸侯们手足无措的样子，终于开心一笑。

5年后，西夷太戎大举攻周，幽王烽火再燃而诸侯未到——谁也不愿再上第二次当了。结果幽王被逼自刎而褒姒也被俘虏。

诚信小语

这个故事告诉我们，一个人讲信用，是其立身之本；一个统治者讲信用，则是其立国之本。“信”对一个国家的兴衰存亡起着非常重要的作用。

落水的失信者

《郁离子》中记载了一个因失信而丧生的故事：济阳有个商人过河时船沉了，他抓住一根大麻杆大声呼救。有个渔夫闻声而至。商人急忙喊：“我是济阳最大的富翁，你若能救我，给你100两金子。”待被救上岸后，商人却翻脸不认帐了，他只给了渔夫10两金子。渔夫责怪他不守信，出尔反尔。富翁说：“你一个打渔的，一生都挣不了几个钱，突然得10两金子还不满足吗?”渔夫只得怏怏而去。

不料，后来那富翁又一次在原地翻船了。有人欲救，那个曾被他骗过的渔夫说：“他就是那个说话不算数的人!”于是商人淹死了。

诚信小语

商人两次翻船而遇同一渔夫也许是偶然的，但商人的不得好报却是在意料之中的。因为一个人若不守信，便会失去别人对他的信任。所以，一旦他处于困境，便没有人再愿意出手相救。失信于人者，一旦遭难，只有坐以待毙。

刘秀以诚服人

东汉建立者刘秀是汉高祖的第九代孙子。公元24年，铜马爆发了大规模的农民起义，并很快发展成了一支强大的起义队伍，汉朝统治因此受到了很大的威胁。皇帝刘玄遂派萧王刘秀率兵前去征讨。

刘秀能征善战，足智多谋，很快击溃了铜马农民起义军。铜马义军战败后归降汉军，刘秀征得皇帝刘玄的同意后，把降兵全部收编到自己的队伍里，大大充实了军队的力量，增强了战斗力。刘秀还奏请皇帝应允，代表皇帝把铜马农民起义军的首领、部将都封侯爵。

在铜马起义军将帅被封为侯爵后，由于这些将帅人数很多，刘秀的部将们担心这些人串联起来发动大规模的反叛，都不敢相信他们，常常避之唯恐不及，很少与他们交往，有的人甚至还在潜意识中仍把他们当做敌人，处处提防，时时小心，老想着自己随时会被他们攻击。

与此同时，这些归降的将帅们也终日惶恐不安，因为他们也意识到对方在怀疑自己的诚意，以至担心自己某一天会被刘秀铲除。其中有一降将，一直以直言著称，肚里有委屈从来装不住。一天，他把自己心中的担忧单独在刘秀面前说了出来。

刘秀得知此事，并没有向这位敢于直言的降将说什么，而是立即把降将按他们原来的职位安排，并从自己手下部将的军队里抽回降将们原来的兵马，让他们直接统率。随后，刘秀在巡视各部时，只带少数的卫士，从来不对各降将及其部下士卒加以戒备。

刘秀的诚意之举让手下的部将备受感染和鼓舞，他们开始与降将士卒友好往来。降将士卒们更为刘秀的诚意感动不已，心中的恐慌和顾虑不仅完全消除，还对刘秀以及汉王朝更加忠诚了。他们在私底下说："萧王都把自己的心放在别人腹中了，我们还有什么可担心的呢？我们应当心悦诚服地为他效劳，才能真正表示我们的诚意和感激之情。"后来，这些降将果然率领手下共10万大军，在帮助刘秀建立东汉王朝的过程中作出了很大贡献。

诚信小语

今天，人与人之间在智力上的先天差距已经随着教育的普及和知识的提高而日益缩小了，非智力因素在一个人的成功因素中所占比重越来越大。所以我们只有养成诚信的习惯，坦荡做人，在追求理想和事业的道路上襟怀坦白，做事光明磊落，严于律己、宽以待人，才能为自己营造良好的发展空间。其实只我们真诚地对待别人，别人也会真心实意地对待我们。

韩康卖药不二价

韩康是东汉名医，生性不爱出名，但医术高明且诚实不欺。他经常上山采药，并在长安的大街旁摆了个摊子，出售各种药品。

韩康卖药，实行明码标价，每种药品上都标明了价格，而且还在自己的药摊子旁挂了块布，上写着"不二价"三个大字。一天，一个牙痛不止的老太婆前来买药。韩康虽然已经写明了"牙痛药一个钱两包"，然而，购物时总爱精打细算的老太婆，还是忍不住与韩康讨价还价："一个钱卖给我三包好吗？"

只见韩康摆了摆手，严肃认真地说："做生意，靠的是'信用'。我从不虚报价格占人家的便宜，也从不接受客人的砍价。我的药全是货真价实的灵药，绝对童叟无欺！"

老太婆见韩康口气这么坚决，知道再讲也砍不下价，就买了一个钱的牙痛药走了。

日复一日，韩康这个药摊“不二价”的消息就渐渐传开了。城里的居民经过仔细打听，才知道摆这个药摊的人原来就是赫赫有名的韩康！

韩康的诚实先前在城中就已经出了名。如今大家既然知道了这个摆摊卖药的人就是韩康，于是大家一有什么病就都到他这里来买药，而且再也没有人尝试与他讲价了。

诚信小语

尊以真实的诚信之道，将会拥有难以抗拒的魅力，从而能为自己实实在在地聚拢人气、创造声誉。因此，众多商家总标榜自家“货真价实、童叟无欺”，以获取顾客们对自己的信任。这个故事表明：只要做个诚实守信的人，无论身在何处，总能赢得众多的瞩目。

乐羊子妻

乐羊子的妻子是汉代洛阳有名的贤惠女子。她诚实善良，知书达礼，虽然家境贫寒，但是非常自爱，从不拿别人的东西，甚至是捡来的也不要。

一天，乐羊子的妻子到地里去干活了，只有乐羊子的妹妹在家。她看见邻居家的一只母鸡跑到自己家的菜地里，于是就想：嫂子待我像亲妹妹一样，并且为了哥哥的学业整日操劳，一年到头也吃不上几次肉，不如杀了这鸡炖给嫂子吃，给嫂子补补身子。于是，她就把那只母鸡抓住杀了。

傍晚，乐羊子的妻子从田里干活回来，看到碗里的鸡肉，就问：“妹子，咱们家的鸡一只也不少，这是哪来的鸡肉啊?”

乐羊子的妹妹不敢欺骗嫂子，就如实回答了。

嫂子听了之后说：“我们虽然穷，但是无论如何也不能拿别人的东西。想一想，这也是人家辛辛苦苦养的生蛋的鸡，我们怎么能白吃呢?”说着就到自己家的鸡栅栏里抓了一只最大的母鸡，送到邻居家，并且向邻居道歉。

乐羊子的妹妹被嫂子诚实守信、不贪图小便宜的品德感动了，不但向嫂子承认错误，还在心里暗暗发誓，以后一定要向嫂子学习，做一个诚实正直的人。

还有一次，乐羊子在路上捡到一块金子，就高高兴兴地拿回家把它交给了妻子。妻子问：“这金子是哪里来的?”

乐羊子说：“是在路上捡的。”

妻子说：“这是别人的东西，我们不能要。”

乐羊子辩解道：“反正也找不到主人了，留下也没关系。”

妻子严肃地说：“别人的就是别人的，即使是人家不小心丢掉的，被你捡来了也不能就把它当做自己的东西。我听说，有志气的人连名叫“盗泉”的水都不喝，诚实廉洁的人对于捡来的东西也不会要。如果你为了贪图小利，把这块金子留下了，就是不诚实的表现。你得到了这块金子，却丢失了诚实守节、廉洁自律的高尚品行。”

乐羊子听了觉得非常惭愧，就把金子扔到野地里去了。

后来，乐羊子到外地读书，由于思念妻子就中途回家来看望她。乐羊子的妻子操起剪刀剪断了正在编织的布，说：“只有不懈努力，不停地织下去才会织成很长的布。你总是回家，就像剪断了织布机上的布一样，很难成就大事业。”

乐羊子听了非常感动，出外求学 7 年不回家，最后终于学有成就。

诚信小语

乐羊子妻诚实守节，道德高尚。所谓诚实，就是实实在在，是别人的东西，送上门来也不拿；不是自己的东西，再值钱也不要。这是一种厚道，也是一种诚信。自古以来，人们都赞扬乐羊子妻这样的人，因为这是做人的最好标准之一。

张说不做伪证

唐代宰相狄仁杰死后，魏元忠当了宰相。那时候，武则天宠幸两个官员，叫张昌宗、张易之。这两个人权势大得不得了，满朝文武官员见到二张，都让他们三分。可是，宰相魏元忠就不把他们放在眼里。

魏元忠是个有名的硬汉，在周兴、来俊臣得势的时候，他三次被诬陷遭到流放，有一次差点被处死。但是他始终没有屈服过。后来他担任洛州刺史的时候，张易之的仆人在洛阳大街上仗势闹事，欺压百姓。洛阳官员因为闹事的是张府里的人，不敢把他怎么样。这件事传到魏元忠那里，魏元忠把那个仆人抓了起来，一顿板子打死了。

魏元忠做了宰相后，武则天想把张易之的弟弟张昌期任命为长史，一些大臣迎合武则天的意思，都称赞张昌期能干。魏元忠却说张昌期年轻不懂事，干不了这样的大事。这件事就只好搁了下来。

为了这些事，张昌宗、张易之两人把魏元忠恨得要死，千方百计想把魏元忠除掉。他们在太后面前诬告魏元忠，说魏元忠在背后议论：太后老了，不如跟太子靠得住。

武则天一听就火了，把魏元忠打进了牢监，准备亲自审讯，并且要张昌宗他们两人当面揭发。

张昌宗唯恐辩不过魏元忠，就偷偷地去找魏元忠部下官员张说，要张说作伪证，并且说只要张说答应，将来就提拔他。

第二天，武则天上朝，召集太子和宰相，让张昌宗和魏元忠当面对质。魏元忠说什么也不承认有这回事。两人争论了半天也没有结果。张昌宗说：“张说亲耳听到魏元忠说过这些话，可以找他来作证。”

武则天立刻传令张说进宫。跟张说一起的官员听说他要上朝作证，知道发生了什么事，一个官员宋璟对张说说："一个人的名誉是最可贵的。千万不要为了保全自己，去附和奸臣，陷害好人啊！为这个得罪了朝廷，就是被流放出去，脸上也光彩。"

史官刘知几也在旁边提醒张说说："不要玷污你的历史，连累后代子孙啊！"

张说明知魏元忠冤枉，但是又害怕二张的权势，思想斗争得挺厉害，头上直冒汗，听了宋璟他们的一番话，才觉得胆子壮了些。

张说进了朝堂。武则天问他说："你听到魏元忠诽谤朝廷的话了吗？"

魏元忠一见张说进来，就高声叫起来说："张说，你想跟张昌宗一起诬陷人吗？"

张说回过头来哼了一声说："魏公枉做宰相，竟说出这种不懂道理的话来。"

张昌宗一看张说的话不对头，就在旁边催促他说："你别去管他，快来作证。"

张说向武则天说："陛下请看，在陛下面前，他还这样胁迫我，可以想象他在宫外是怎样作威作福了。现在我不能不实说，我确实没听到魏元忠说过反对陛下的话，只是张昌宗逼我做伪证罢了。"

张昌宗一见张说变了卦，气急败坏地叫了起来："张说这小子是魏元忠的同谋犯。"

武则天是个聪明人，听了张说的答话，知道魏元忠的确冤枉，但是她又不愿使张昌宗他们下不了台阶，就骂张说："你真是反复无常的小人。"说着，就命令侍从把张说抓起来。以后，武则天又派人审讯张说。张说横下一条心，咬定他没有听到魏元忠说过谋反的话。

武则天没有抓到魏元忠谋反的证据，但是还是撤了魏元忠宰相职务，又把张说判了流放罪。

诚信小语

一个人在生死面前不做伪证，实事求是，即使得罪了权贵也在所不惜，这不是一般的诚实，是最可贵的品德。可见，做一个诚实的人并不容易，有时会付出生命的代价。但是，诚实、讲信用是一个正直人的为人之道，为了诚实而付出代价，他的生命是问心无愧的。

暮夜却金

杨震是东汉大儒学家，为官公正廉洁，不谋私利。他任荆州刺史时发现王密才华出众，便向朝廷举荐王密为昌邑县令。后来他调任东莱大守，途经王密任县令的昌邑（今山东金乡县境）时，王密亲赴郊外迎接恩师。晚上，王密前去拜会杨震，俩人聊得非常高兴，不知不觉已是深夜。王密准备起身告辞，突然他从怀中捧出黄金，放在桌上，说道："恩师难得光临，我准备了一点小礼，以报栽培之恩。”杨震说：“以前正因为我了解你的真才实学，所以才举你为孝廉，希望你做一个廉洁奉公的好官。可你这样做，岂不是违背我的初衷和对你的厚望。你对我最好的回报是为国效力，而不是送给我个人什么东西。”可是王密还坚持说：“三更半夜，不会有人知道的，请收下吧！”杨震立刻变得非常严肃，声色俱厉地说：“你这是什么话，天知，地知，我知，你知！你怎么可以说，没有人知道呢？没有别人在，难道你我的良心就不在了吗？”王密顿时满脸通红，赶紧像贼一样溜走了，消失在沉沉的夜幕中。杨震的子孙为缅怀其清正德操，取堂名为“四知堂”。

后来，杨震升为太尉。汉安帝的舅父耿宝向杨震推荐中常侍李闰的哥哥，希望得到提拔。杨震不同意，耿宝又亲自找到杨震说：“国家很倚重李常侍的才能，准备让您提拔他的哥哥，我只是向您传达皇上的意思罢了！”杨震说：“假如朝廷想要我们太尉三府征召人才，就一定会有皇上批示的尚书命令。我是为国家挑选人才，看重的是才德，而不是情面。”他坚决不同意，耿宝只好失望而归。皇后的哥哥推荐亲信给杨震，杨震也不接受。

诚信小语

著名心理学家马斯洛在研究大量著名人物的基础上，认为一个人要走向成功或培养健康个性有8条途径，其中两条与诚实有关。诚实坦率是一个人成功的潜在力量，它能升华你的人品。张震为官，诚实正直，不受贿赂，不讲私情，一切以实际出发，不欺上瞒下，不粉过饰非，确实是一位难得的大清官。如果为官者都像他那样，公正无私，清廉自律，实属国之幸、民之福了。

陶侃限酒

陶侃是东晋人，初为县吏，渐升至郡守，历任荆州刺史、广州刺史、征西大将军等职，后任荆、江二州刺史，都督八州诸军事。有一次，陶侃在武昌宴请殷浩、庾翼等几个名士。席间，吟诗作赋，讲谈学问，好不高兴。

大家喝过两杯酒之后，殷浩举杯说道：“将军，您最近平定了郭默的叛乱，立下了大功，请让我敬您一杯！”

陶侃想了一想，痛快地说：“谢谢，喝！”说着，便端起酒杯，将杯中之酒一饮而尽

接着，庾翼也举起杯来，说道：“将军，若论战功，您上次平定苏峻的叛乱，功劳更大，请让我也敬您一杯！”

苏峻是何许人也？庾翼所说的平定苏峻的叛乱是怎么回事呢？

苏峻本来也是东晋的一位将军，因为不满晋成帝顾命大臣庾亮削减他的兵权，就带兵造反，攻下了朝廷所在的建康“台城”，将年纪尚幼的皇帝挟持到军事重地石头城。当此之时，陶侃指挥6万大军，从武昌城浩浩荡荡沿江而下，包围了石头城，擒杀了苏峻，解救了晋成帝。按说，当庾翼敬酒时，陶侃应该高高兴兴地饮下这杯酒才是。不料，陶侃却抱拳作揖，诚恳地说：“先生，对不起，我今天饮

酒已经足量了，不能再饮了！”见此情景，庾翼不悦，殷浩便附和着说：“将军，今天大家高兴，您应该开怀畅饮！我看得出您有海量！”

想不到这时陶侃却泪流满面，哽咽着说：“实在对不起！不瞒二位先生，家母生前曾给我规定：每次饮酒，3杯为限。今天杯数已足，我不能违背先母的禁约。”接着，他回忆了青年时代的一段往事。

陶侃的父亲陶丹本是三国时孙吴的名将，但很早就去世了。陶侃全靠母亲纺纱织布抚养长大，后来当上了浔阳县城一名小小的“鱼梁吏”。

陶侃的母亲对他要求非常严。有一次，陶侃托人捎几条鱼回家，想让老人家高兴高兴。不料陶母将鱼原封不动地退了回来，还附了一封口气严厉的信，说：“你现在才当上了个小官，就拿公家的东西回家，真叫我愁死了！”

还有一次，浔阳县衙举行宴会，陶侃喝得酩酊大醉。酒醒后，母亲一边垂泪，一边责备他说：“饮酒无度，怎能指望你刻苦自励，为国家建功立业呢？”陶侃羞愧难当。母亲要求他保证：从此严于律己，饮酒不过3杯。

陶侃讲完往事又接着说道：“苏峻、郭默之乱虽然已经平定，但是中国尚未统一，男儿报效国家的路还很长，我怎能违背先母的遗训呢？”

殷浩、庾翼听完，肃然起敬地说：“将军，虽然老夫人仙逝多年了，而您信守遗训，不减当初，这种美德一定会同功业一起，永留青史。”

诚信小语

诚信是一个人立足社会、成就事业的根本；诚信的最高境界是克己慎独。陶侃的母亲生前曾给他规定：每次饮酒，三杯为限；陶侃也向母亲保证：饮酒不过三杯。若干年后，陶母虽然不在了，但陶侃仍自觉遵守先母的遗训——饮酒限三杯，表明陶侃之诚信达到了至高境界。

李勉葬银

李勉是唐朝人，从小喜欢读书，并且注意按照书上的要求去做。时间长了，就成了习惯，培养出了诚信儒雅的君子风度。

他虽然家境贫寒，但是从不贪取不义之财。有一次，他出外学习，住在一家旅馆里。正好遇到一个准备进京赶考的书生也住在那里。两人一见如故，于是经常在一起谈论古今，讨论学问，成了好朋友。

有一天，这位书生突然生病，卧床不起。李勉连忙为他请来郎中，并且按照郎中的吩咐帮他煎药，照看着他按时服药。一连好多天，李勉都细心照顾着病人的起居饮食等日常生活。可是，那位书生的病不但没有好转，反而一天天地恶化了。看着日渐虚弱的朋友，李勉非常着急，经常到附近的百姓家里寻找民间药方，并且常常一个人跑到山上去挖药店里买不到的草药。

一天傍晚，李勉挖药回来，先到朋友的房间，看见书生气色似乎好了一些。

他心中一阵欢喜，关切地凑到床前问："哥哥，感觉可好一些？"

书生说："我想，我剩下的时间不多了，这可能是回光返照，临终前兄弟还有一事相求。"

李勉连忙安慰道："哥哥别胡思乱想，今天你的气色不是好多了么？只要静心休养，不久就会好的。哥哥不必客气，有事请讲。"

书生说："把我床下的小木箱拿出来，帮我打开。"

李勉按照吩咐做了。

书生指着里面一个包袱说："这些日子，多亏你无微不至的照顾。这是100两银子，本是赶考用的盘缠，现在用不着了。我死后，麻烦你用部分银子替我筹办棺木，将我安葬，其余的都奉送给你，算我的一点心意，请千万要收下，不然的话兄弟我到九泉之下也不会安宁的。"

李勉为了使书生安心，只好答应收下银子。

第二天清晨，书生真的去世了。李勉遵照他的遗愿，买来棺木，精心为他料理后事。剩下了许多银子，李勉一点也没有动用，而是仔细包好，悄悄地放在棺木下面。

不久，书生的家属接到李勉报丧的书信后赶到客栈。他们移出棺木后，发现了陪葬的银子，都很吃惊。了解到银子的来历后，大家都被李勉的诚实守信不贪财的高尚品行所感动。

后来李勉在朝廷做了大官，他仍然廉洁自律，诚信自守，深受百姓的爱戴，在文武百官中也是德高望众。

诚信小语

李勉的作为是一种诚实、厚道的品德。自古以来，诚实厚道一直是国人的传统和大力提倡的标杆。"忠厚传家久，诗书济世长"，讲的就是以忠厚传家的道理。忠厚之词，就含着诚实、守信、厚道的意思。与之相对的是奸猾、失信和胡作非为。

偿值取马

北宋时期，翰林学士陈尧咨很喜欢养马，家里也饲养着很多马匹。后来，他买了一匹烈马。烈马脾气暴躁，不能驾驭，而且踢伤咬伤很多人。

有一天早晨，陈尧咨的父亲走进马厩，没有看到那匹烈马，便向马夫询问，马夫说："翰林已经把马卖给一个商人了。"

陈尧咨的父亲问："那商人把马买去做什么？"

管马的人说："听说是买去运货。"

陈尧咨的父亲又问："翰林告诉那商人这是匹烈马了吗？"

管马的人说："哎，老爷，要是跟那个商人说了，这匹马又咬人又踢人，人家还会买吗？"

陈父很生气地说："真不像话，竟然还敢骗人。"说完就气呼呼地转身走了。陈父找到儿子就问："你把那匹烈马卖了？"

陈得意地说："是啊，还卖了个高价呢！"

父亲生气地说："混帐东西，你身为朝廷重臣，竟敢骗人。"

陈说："父亲，我又没强迫他买，马是他自己看中的，他愿意买，我就卖了。这哪里是骗他。"

父亲又问："那你为什么不告诉他这是匹烈马呢？"

陈尧咨嘟囔着说："马摆在那里让他随便看，他自己看不出这马性子烈，这可不怪我。"

父亲更生气了："你这么多年的书都读到哪里去了，难道你没听说过'不欺买主'的故事吗？"

儿子摇摇头。父亲说："都是我的过错，你小的时候，我光顾着教你读书诵经，很少教你怎么做人。现在我就给你补补课，教你如何做人。唐朝在武则天执政时，有一位宰相叫陆元方，他想卖掉东京洛阳城里的一所房子，一切手续都办好了，只等着买房子的人来交钱。买房的人来交钱时，陆元方说，这房子哪里都好，就是没有出水的地方，那个人听了，立刻就说这房子他不买了。买主走后，陆元方的儿子和侄子们都埋怨他，而他却说，你们也太奇怪了，难道可以为了钱而欺骗别人吗？"

儿子听了很惭愧地低下了头。父亲又接着说："你手下那么多驯马的高手都管不好那匹马，一个到处流动的商人怎么能养得了它？你不把事情告诉他，这不明摆着是在欺骗人家吗？"

陈尧咨听后羞愧地说："父亲，您别生气了，我知道是我做错了，我这就去把买马的商人找回来。"

于是陈尧咨亲自找到那个买马的商人说明了原因，把钱退给了买马的人，自己把马牵了回来，一直把那匹马养到老死。

诚信小语

为了不让烈马害人，陈尧咨在父亲的教育下又重新把卖出去的马找回来，一直养到死。这是对人的负责，也是对道德品质的负责。前人如此，后人未必能做到。联想到现在，一些商人为了追求高利润，不惜玩弄种种花招，变着法儿从顾客腰包里捞钱——真是天壤之别！

许衡和无主梨

宋元更替之际，各地战争不断，到处兵荒马乱。著名学者许衡便是在这样的环境下成长起来的。

有一年，许衡和几位朋友一起外出，途经刚经过战争洗劫的豫北，由于百姓大都逃难去了，田地都荒芜了。当时正值炎热的三伏天气，大家顶着火热的太阳赶路，个个汗出如雨，口干舌燥。走了几十里路，也没找到一滴水解解渴。

就在这时，一个同行的朋友连喊带叫地向前飞跑而去。原来，在前面不远的路旁，挺立着一棵高大的梨树，树上挂满了黄澄澄的大梨。大家一哄而上，争先恐后地摘梨，只有许衡坐在树阴下，好像没有看见那些大梨。

有位朋友走过来，一边大口大口地啃梨，一边把一个梨送给了许衡，并不解地问他怎么不去摘几个梨解解渴。

许衡把梨接过来，连连称赞是好梨，并问多少钱一个。

朋友说不要钱，这是野梨。

许衡争辩说野梨不会长这么大，这么好。他反复看着梨树，很肯定地说："这肯定是农夫种的梨树，是有主人的。"

有人说："这兵荒马乱的年月，还讲究什么家梨、野梨？吃了解渴就行。"

许衡反驳说："这梨树的主人肯定逃难去了，我们没有征得主人同意，随便摘人家的梨吃，是不道德的。"

随后，他又用手指了指自己的胸口，诚恳地对大家说："梨是无主的，可是每个人的心里是有主的。不是自己的东西，是不能拿来吃的。"说着，就制止伙伴们不要摘了。

众人都嘲笑他太迂腐。

许衡听了别人的讥笑没有生气。他看了看那位朋友，表示自己宁愿干渴，绝不随便吃别人的梨。

诚信小语

许衡不吃无主梨，是一种诚实正直的品质。有人认为不偷不抢就没事，凡是捡来的东西都据为己有，其实这是不对的。我们要牢记古人的话：非己莫动，非己莫拿。不是自己劳动所得的东西都是属于别人的，拿了这些东西就是拿了别人的劳动成果，这与诚实正直的品质是格格不入的。

乱世守信

吴士东是清代徽州商人。顺治、康熙年间，他在苏州阊门外开了一个小店铺。1860年，太平军攻陷苏州，城中百姓惊恐万状，商家也纷纷关上店门四处逃散。就在这时候，一位江西商人满载丝棉织品的货船驶进了苏州城。他看到苏州城里冷冷清清的样子，感觉到这一笔买卖不会像预料之中的那样轻而易举获利了。

船就停靠在阊门外的河里。江西商人走下码头踏上小桥……没过一会儿，他又回到了码头上——以前的老主顾大都弃店而逃了，他一筹莫展。

正在走投无路的时候，江西商人一抬眼看到了吴士东的小铺子，于是他便走了过去。

江西商人诉说了自己的难处，想请吴士东帮忙，把这批货留下。吴士东说："我这间小铺子囤不了这么多的货啊！"

江西商人说："能囤下多少是多少，剩下的扔掉也行。不然，要我自己扔，实在是太心痛了呀！"说完这话，江西商人就让人下了货，急忙离开了这是非之地。

在这以后的一年多里，吴士东东奔西走，把江西商人的货散发给各地的商家。

世道太平了，吴士东碰到再次来苏州的江西商人时，要做的第一件事情，便是将上次的货款交到他的手上。江西商人感动不已。

此后，吴士东的铺子虽然还是那么小，但是各地的客商都愿意和他交易，他们想亲自感受一下吴士东的诚信，并对这样的诚信表达一种尊敬和向往。

诚信小语

从商家的角度来说，诚实是最好的竞争手段，守信是最吸引人的品德。各行各业都有竞争，商业是竞争比较激烈的行业之一，要想在激烈的商业竞争中立于不败之地，就必须始终坚持诚实守信的经营之道。

手捧空花盆的孩子

从前有个君主，年纪大了，眼睛花了，耳朵也有点聋了，走起路来跌跌撞撞。君主想：我快要死了，我死了以后，让谁来当君主呢？

有一天，君主告诉全国的老百姓，他要挑一个孩子将来当君主。怎么个挑法呢？他给所有的孩子发了一粒花籽，看谁能用这粒花籽种出最美丽的花来，就让谁将来当君主。

有个孩子叫宋金，他领了一粒花籽回家去，把它种在一个花盆里，天天浇水，他多么希望那花籽长出芽，抽出枝，开出最美丽的花儿来啊！可是，日子一天一天地过去了，花盆里什么也没长出来。宋金多着急啊！他换了一个花盆，又换了一些土，把那粒花籽种上，可是两个月过去了，到了大家送花去参加比赛的日子，花盆里还是空空的，什么也没长出来。

这一天，全国各地的孩子，一齐来到王宫里，他们每个人都捧着一盆花，有红的，有黄的，有白的，都很美丽，一下子真说不出谁种的花最美丽。

君主出来看花了，他在孩子们面前走过去，他们手里捧的花多美丽啊，可是君主一直皱着眉头，一句话也不说。他走呀走呀，忽然看见一个孩子手里捧着一个空花盆。瞧，那个孩子低着头，心里难过极了；人家都种出美丽的花儿来，可他呢，什么也没种出来。他是谁呀？他就是宋金。

君主走到宋金面前，问他："孩子，你怎么捧着一个空花盆？"

宋金哭起来了，他说："我把花籽种在花盆里，用心浇水，可是花籽怎么也不发芽，我，我，我只好捧着空花盆来了。"

君主听完宋金说的话，高兴得笑起来了，他说："找到了，找到了，我要找一个诚实的孩子当君主。你是诚实的孩子，我让你做将来的君主。"

原来君主发给大家的花籽是在锅子里煮过的，怎么会发芽、抽枝、开花呢？宋金种不出花来，别的孩子也种不出花来。别的孩子是换了好的花籽才种出花来的，宋金可没有这样做，所以他是诚实的孩子。

诚信小语

诚实，就是忠诚正直，言行一致，表里如一。守信，就是遵守诺言、不虚伪欺诈。"言必信，行必果"、"一言既出，驷马难追"这些流传了千百年的古话，都形象地表达了中华民族诚实守信的品质。在中国几千年的文明史中，人们不但为诚实守信的美德大唱颂歌，而且努力地身体力行。

只赚一文钱

古时候，有一个年轻人叫赵二，在财主家当了几年苦力，攒了一些钱，在集市上开了一家小酒馆，取名叫"实惠酒家"。

开始的时候，小酒馆的东西卖得确实很实惠，大大的碗，又香又醇的米酒，而且价钱很便宜。无论是过路的生意人，还是来赶集的老百姓都愿意到酒馆里坐一坐，喝一碗米酒，解解渴，歇一歇。每天从早晨一开张到晚上关门，客人总是爆满，伙计们忙得团团转。有时候不到天黑，酒就卖完了。赵二看在眼里，乐在心里。可是手工作坊每天就只能酿那么多酒，没办法扩大规模。于是他就动了心眼。

第二天，大碗变成小碗，价钱还是大碗的价钱。

赵二说："客官，这是新配方，酒里加了名贵的中草药，喝了可以治病的。"

客人们都是老主顾，不但相信赵二的说的话，而且还大加宣传。客人不但少，反而比以前更多了。一连几天酒都不够卖，赵二又多赚了不少钱。

赵二尝到了甜头，就又想出一个主意，往酒里加水，开始的时候加得少，客人觉察不出。于是赵二胆子越来越大，水越加越多。几天过后，客人越来越少。再后来，伙计们干脆闲起来没事干了。

一天，赵二正坐在空空的酒馆里发呆。这时走进一个白胡子老大爷，赵二赶紧跑上前去招呼客人。老头儿一边喝酒，一边问："年轻人，这店里怎么这么冷清啊？"

赵二很无奈地摇了摇头。老头儿接着说："其实开店是有秘方的。"

赵二赶紧把头凑过去问："什么秘方，请您告诉我，要多少钱都行。"

老人仍不慌不忙地讲："有一个诚实的人，本来很穷，在别人的帮助下开了个小饭馆，不久就家财万贯。别人问他有什么秘方吗？他说："有，就是一份菜赚一文钱。"赵二听了，惭愧地低下了头。

老头儿又说："拿纸笔过来，我给你开个治疗'酒馆冷清病'的药方。"

赵二乖乖地拿纸笔过来，老头儿提笔写了两个字，写完就走了。赵二拿起来一看，是'诚信'二字。赵二猛然醒悟，于是把酒馆的名字改成："只赚一文钱"，从此诚实经营，坚持一碗酒只赚一文钱。没过多久，他的生意又兴隆起来。

诚信小语

待人诚实宽厚，是说待人要实在厚道，真诚坦荡。老实并不是吃亏的代名词，而是做人的一种品性。待人诚实宽厚，也许会吃眼前亏，但从长远来看，是会有好处的。因为你待人以宽，他人也会报你以厚。有道是：吃亏是福。可见，培养诚实宽厚的性情，亦是人间正道。

金斧头

一个工人把斧头掉进了河里，他坐在河边伤心地哭起来。财神便跳进水中帮他打捞，很快捞出了一把金斧头，工人却摇头说："这不是我的。"财神又捞出一把银斧头来，工人还是摇头。最后，他捞出了一把铁斧头，工人说："这才是我失去的斧头。"

财神就把金斧头和银斧头一起送给了他。

一个贪心的家伙知道了，他故意把斧头扔进河里。很快，财神捞出一把金斧头来，没等财神问他，他马上说："这就是我丢失的那一把。"财神恨他不诚实，就和金斧头一起消失了。

这个人最终连自己的斧头也找不到了。

诚信小语

是啊，没有诚实，哪里来金斧头？诚实是一个永恒的道德话题，诚实赋予一个人公平处世的品格。诚实，使人们不会彼此利用、互相欺骗。有人认为欺骗、说谎话是一种有利的行为，一些欺骗的手段是很值得使用的。例如，许多声誉好的商店，也往往要掩饰自己商品的缺点，登载各种欺骗顾客的广告。有些人甚至认为，在商业活动中，欺骗的手段与资本一样必需。这其实是一个误区！一个真正对顾客负责的商店，最终会赢得消费者的信赖；一个值得信赖的商店，最终会赢得消费者的心。而靠掩饰自己商品缺点赢利的行为，是一种短视行为，一旦真相毕露，必将落得"门可罗雀"。做买卖是这样，为人处世也当如此。

诚实的人

古代某国的君王，张榜求贤，准备选拔一个诚实的人为他征款收税。为了保证这个人对君王尽忠尽力，不贪污，不弄虚作假，谋士们纷纷出谋献策。其中一个谋士对君王说：:“陛下，等那些应征者来到宫内，您只要如此这般……我就能从中给您寻觅到最诚实的人。”君王听后连声称妙。

第二天，所有应征者都被唤到王宫，谋士要他们从走廊上单独过去见君王。走廊里光线暗淡，所有应征者都顺利走过走廊，来到君王面前。

君王说：“来吧，大家拉起手来跳个舞。我想知道你们诸位中，谁的舞姿最优美。”

豪华的宫殿上，吊着蓝色的精巧大宫灯，灯上微微颤动的流苏，配合着闪光的地板和低低垂下的天鹅绒的蓝色帷幔，给人一种迷离恍惚的感觉，当音乐抑扬疾缓地响起时，绝大多数应征者顿时傻了眼，脸色渐渐地由白变红，羞愧难堪。这时，只有一个人毫无顾忌地跳起欢快的舞，显得那么轻松自如。

聪明的谋士指着那个正在翩翩起舞的人说：“陛下，这就是您要找的诚实的人。”原来，谋士在光线暗淡的走廊上放了好几筐金币，凡是单独穿过走廊在自己衣袋中装有金币的人，都不敢跳舞。如果一跳舞，衣袋中的金币就会叮当作响。因此，不敢跳舞的人就不是诚实的人。

君王走下宝座，拉着那个诚实的人，高兴地说：“你能够不为金钱所动，正是我要找的人啊！”

诚信小语

世上最愚蠢的人，就是那些自以为聪明的人。他们目光短浅，为眼前一时的利益所驱动，见利忘义，以为这样就可以占点便宜。结果，捡了芝麻丢了西瓜，因小失大。而那些诚实的人，老老实实，循规蹈矩，不贪占一点便宜，似乎很“傻”，但因为诚实产生的信任，会使他受益终生。人缺什么不能缺德，有德才能行天下，失德就会失掉一切。世上最聪明的人，其实就是最老实的人。

岔路口

古代有一个士兵，不善于长跑，所以在一次部队的越野赛中很快就远落人后，一个人孤零零地跑着。

他转过了几道弯，遇到了一个岔路口：一条路，标明是军官跑的；另一条路，标明是士兵跑的小径。这名士兵停顿了一下，虽然对做军官的连越野赛都有便宜可占感到不满，但是仍然朝着士兵的小径跑去。没想到过了半个小时后到达终点却是名列第一。

他感到不可思议，自己从来没有取得过名次不说，连前 50 名也没有得过。但是，主持赛跑的军官笑着恭喜他取得了比赛的胜利。

过了几个钟头后，大批人马到了，他们都跑得筋疲力尽，看见那位士兵赢得了胜利，也觉得奇怪。但是，大家很快都明白是怎么回事了。

诚信小语

这次比赛，与其说是对体力的考验，不如说是对诚信的考验。做一个诚实的人，看起来好像很吃亏，但生活最终是不会亏待他的。

实话实说篇

诚实的孔子

有一天，孔子到齐国去，路上看见两个小孩正在辩论问题。孔子觉得挺有趣，就对跟在身后的学生子路说："咱们过去听听孩子们在辩论什么，好不好？"子路撇了撇嘴说："两个黄毛小子能说出什么正经话来？"

"掌握知识可不分年龄大小。有时候小孩子讲出的道理，比那些愚蠢自负的成年人要强得多呢？"子路一下子红了脸，不敢再说什么。

孔子走上前去和蔼地说："我叫孔丘，看见你们争辩得这么热烈，也想参加进来，你们看可不可以呀？"

"噢，原来你就是那个孔夫子呀，听说你很有学问。好吧，就请你来给我们评一评，看谁说得对！"两个孩子说。

孔子笑着说："别急，一个一个地讲。"

一个孩子说："我们在争论太阳什么时候离我们最近。我说早上近，他说中午近。你说说是谁对呢？"孔子认真地想了一会儿说："这个问题我过去没有考虑过，不敢随便乱讲，还是先请你们把各自的理由讲一讲吧。"

一个孩子抢着说："你看，早上的太阳又大又圆，可到了中午，太阳就变小了。谁都知道：近的东西大，远的东西小。"

另一个孩子接着说："他说得不对，早上的太阳凉飕飕的，一点也不热，可中午的太阳却像开水一样烫人，这不就说明中午的太阳近吗?”

说完，两个孩子一齐看着孔子说：“你来评评谁对吧。”

这下可把孔子难住了，他反复想了半天，还是觉得两个孩子各自都有道理，实在分不清谁对谁错。于是他老老实实地承认：“这个问题我回答不了，以后我向更有学问的人请教一下，再来回答你们吧。”

两个孩子听后哈哈大笑：“人家都说孔夫子是个圣人，原来你也有回答不了的问题呀!”说完就转身跑走了。

子路很不服气地说：“您真应该随便讲点什么，就能把他们镇住。”

孔子说：“不，如果不是老老实实承认自己不懂，怎么能听到这番有趣的道理。在学习上，我们知道的就说知道，不知道的就说不知道。只有抱着这种诚实的态度，才能学到真正的知识。”

诚信小语

在《论语》里，孔子说：“知之为知之，不知为不知，是知也。”孔子说到做到，在小孩子面前也要表现出这种实事求是的精神。这不仅是一个人的求学态度，也是一种诚信的美德。

颜回做饭

孔子带着弟子周游列国时，有一次被困在陈国、蔡国之间，他们只能吃些野菜，7天没有吃到粮食。这天，孔子的弟子颜回去讨米，讨来米后烧火做饭，饭快熟了，孔子看见颜回抓取锅里的饭吃，孔子很生气，但没有吱声。

过了一会儿，饭做熟了，颜回拜见孔子，并端上饭食。孔子假装没有看见颜回抓饭吃，起身说：“今天我梦见了先君，把饭食弄干净了，然后去祭祀先君。”

颜回回答说：“不行啊先生，刚才灰尘落进饭锅里，扔掉沾着灰尘的食物不吉利，我抓出来吃了。”

孔子一听，这才明白了事情的真相，便叹息道：“人们都说眼睛是骗不了人的，可眼睛看到的有时也是不可以信的；人们都说要相信自己的心，可是心里揣度的还是不足以依靠的。学生们要记住：了解人确实不容易呀。”

诚信小语

颜回是诚实的，所以把自己的所作所为如实告诉了老师；孔子也是诚实的，及时反省自己的误解，把自己的认识和看法及时告诉弟子，让大家都明白了一条新道理。勇于解剖自己，说出自己的心里话，应该也是一种真诚的表现吧。

陈寿写史

晋朝有位杰出的史学家叫陈寿，他写了史书《三国志》。我们大家熟悉的《三国演义》就是根据陈寿的《三国志》改编加工而成的，所以《三国演义》的全名叫做《三国志通俗演义》。

陈寿在写《三国志》的过程中，还有过一个有趣的小插曲呢！

陈寿在开始写《三国志》之前，曾做了大量的调查研究工作。他翻阅了原先三国时期留下的各种文献记录，还搜集了大量的私人笔记资料，还到许多重大事件发生的地点做过现场勘察，决心把这段历史写得真实、准确。

可是，有一段时间，陈寿忽然停笔了，而且人们看见他总在书房来回踱步，常常陷入沉思。这是怎么回事呢？

原来，不久前来了一个亲戚，发现陈寿正写到《诸葛亮传》这一章，就问陈寿打算如何写诸葛亮这人。陈寿说诸葛亮是一位功不可没的历史人物。

亲戚听了很生气，责备陈寿忘记了家仇。

陈寿一家在三国时是蜀国人，他父亲曾是诸葛亮手下的一员将官。一次，他父亲办事时犯了错误，被执法严明的诸葛亮狠狠地训斥了一顿，还按军法惩罚了他父亲。陈寿的父亲愧悔交加，从此再也没有振作起来。慢慢地忧郁成疾，终于一命归天了。后来，陈寿又受到宦官的迫害，处境十分凄凉。

因此，陈寿一家认为他们落到这步田地，都是诸葛亮造成的，心中十分怨恨诸葛亮。现在，听亲戚这么一说，陈寿也不禁彷徨起来。他想，诸葛亮一生励精图治，公而忘私；而且南征北战，百战百胜，的确是位了不起的人物。按理说，应该实事求是地把这些写出来，可是，自己一家的遭遇，又使他在感情上对诸葛亮有些别扭，而且，如果照实写，亲戚们也不会原谅他。到底该怎样写呢？陈寿心里很乱，于是，他干脆停下笔来，想把自己的思绪理清楚。

这天，一位朋友来看他，陈寿憋不住，就把心里的苦恼告诉给了朋友。

那位朋友听后说："人们都称赞司马迁的《史记》，说它正直公允，准确无误，不假意赞美，不隐瞒丑恶。你这部《三国志》是否也能如此呢？"听了朋友的话，陈寿一下子醒悟过来：是啊，作为一个历史学家，第一要做到的就是诚实无私。当年司马迁宁肯得罪皇上，也要尊重事实，秉笔直书。现在，我难道能为自己私人的恩怨而歪曲历史吗？那我不是成了千古的罪人了吗？

陈寿又飞快地写了起来，很快"诸葛亮传"就写成了。陈寿还特地把这篇文章拿去给朋友们看，请他们提出修改意见，生怕自己有什么写得不公正的地方。

后来"诸葛亮传"成了《三国志》一书中写得最精彩的部分。

诚信小语

不因一己之仇而毁人，也不因一己之恩而誉人。这是一种诚实的治学态度。

许多人在事关他人的问题上或许会秉持公正立场，但在处理于己有关的事情上未必做到公正无私、诚实本份，多少会夹杂着私利。因此，我们当效陈寿。

太史四兄弟

公元前548年，齐国的国相崔杼因为齐庄公与他的妻子棠姜通奸而派兵杀死了齐庄公。齐庄公荒淫无道，死了也是罪有应得。但根据当时的观念，臣下无论如何是不能杀死君主的，杀死国君叫“弑君”，就如杀害自己的父亲一样，是大逆不道的。

但崔杼很有权势，他杀死了齐庄公后，暂时把持了齐国的大权。他按照当时必须遵循的习惯，把掌管记载历史的太史伯叫来，让他记载齐庄公死亡这件事。

崔杼说：“你必须要这么写：先君是害病死的。”

太史伯说：“历史不能胡编乱造，按照事实写历史，是太史的本分。”

崔杼绝没想到一个太史竟敢顶撞他，就恶狠狠地问他：“你打算怎么写?”

太史伯说：“我写好了你就知道了。”

等太史伯写完，崔杼拿过去一看，竹简上刻的竟是这样几个字：“夏五月，崔杼弑君。”

崔杼说：“你还是另写吧，不然，就杀了你。”

太史伯说：“杀我是你的权力，但我不能另写。”

崔杼就把太史伯杀了。

根据当时的规矩，兄死弟任，太史伯的弟弟太史仲听说哥哥死了，就抱着竹简前来接替哥哥的职位，书写历史。等写完一看，还是太史伯写的那几个字。崔杼又惊又气地说：“天下竟有这样不怕死的人，你不知道你的哥哥被杀了吗?”

太史仲说：“太史只怕写的历史不真实，不怕杀头。”

崔杼又把太史仲杀了。

太史仲的弟弟太史叔又来了，他仍如他的两个哥哥一样，照实书写，又被杀了。

太史叔的弟弟太史季是四兄弟中的最后一个，他照样写道：“夏五月，崔杼弑君。”写完后对崔杼说：“你越杀人，就越显得你残暴。就是我不写，天下人也会写。你可以杀太史，但却改变不了事实。”说完，闭着眼睛等死。

崔杼实在杀得手软了，叹一口气说：“我是为了保全国家社稷，没办法才担起了这份罪名，后人是会理解我的。”说完，竟让太史季回去了。

诚信小语

生活中，诚实有时被看作是木讷呆板的代名词，甚至把诚实的人戴上“老实无用”的判冠，认为“祸从口中出”，说真话会招致祸从天降。不错，历史上有许多祸从口出的例子，但这并不是诚实的错，而是错在施祸的一方。我们应该坚信：

诚实是最受欢迎的品格，是获得朋友的重要原因，是赢得尊重的法宝之一。也许诚实会吃眼前亏，但生活终将给诚实的人以最高的奖赏。

说实话的高允

北魏太武帝即位后，派崔浩带几个文人编写魏国的历史。太武帝叮嘱他们，写国史一定要根据实录。

崔浩和他的同事按照这个要求，采集了魏国上代的资料，编写了一本魏国的国史。当时，皇帝要编国史的目的，本来只是留给皇室后代看的。但是崔浩手下有两个文人，偏偏别出心裁，劝崔浩把国史刻在石碑上，认为让百官看了也可以提高崔浩的声望。

崔浩自以为功大官高，没有什么顾虑，真的就花了大批人工和费用，把国史刻在石碑上，还把石碑竖在郊外祭天坛前的大路两旁。

国史里记载的倒是史实，但是北魏的上代文化还十分落后，有些事情在当时看来是不体面的。过路的人看了石碑，就纷纷议论起来。

北魏的鲜卑贵族认为这一来丢了皇族的面子，就向魏太武帝告发，说崔浩一批人写国史，是成心揭朝廷的丑事。

魏太武帝本来已经嫌崔浩太自作主张，一听这件事就发了火，命令把写国史的人统统抓起来查办。

参加编写的著作郎高允是太子的老师。太子得到这个消息，着急得不得了，把高允找到东宫（太子居住的宫），跟他说："明天我陪你朝见皇上，如果皇上问你，你只能照我的意思答话，别的什么也别说。"

高允不知道是怎么回事。第二天就跟随太子一起上朝。太子先上殿见了太武帝，说："高允这个人向来小心谨慎，而且地位比较低。国史案件全是崔浩的事，请陛下免了高允的罪吧。"

太武帝召高允进去，问他说："国史都是崔浩写的吗？"

高允老老实实地回答说："不，崔浩管的事多，只抓个纲要。具体内容都是我和别的著作郎写的。"

太武帝转过头对太子说："你看，高允的罪比崔浩还严重，怎么能饶恕呢？"

太子又对魏太武帝说："高允见了陛下，心里害怕，就胡言乱语。我刚刚还问他来，他说是崔浩干的。"

太武帝又问高允："是这样的吗？"

高允说："我犯了罪，怎么还敢欺骗陛下。太子刚才这样说，不过是为了想救我的命。其实太子并没问过我，我也没跟他说起过这些话。"

魏太武帝看到高允这样忠厚直率，心里也有点感动，对太子说："高允死到临头还不说假话，这确是难能可贵的。我赦免他的罪就是了。"

魏太武帝又派人把崔浩抓来审问。崔浩已经吓得面无人色，什么也答不上来。太武帝大怒，要高允起草一道诏书，把崔浩满门抄斩。

高允回到官署，犹豫了半天，也没有写出半个字来。太武帝派人一再催问，高允说："我要求再向皇上面奏一次。"

高允进宫对太武帝说："我不知道崔浩还犯了什么罪。如果仅仅是为了写国史，触犯朝廷，也不该判死罪。"

魏太武帝认为高允太不识好歹，吆喝一声，叫武士把他捆绑起来。后来太子再三恳求，太武帝气消了，才把他放了。

事后，太子埋怨高允说："一个人应该见机行事。我替你告饶，你怎么反而去触怒皇上。我想起这件事，真有点害怕。"

高允说："崔浩做这件事私心重，是有错误的，但是，编写历史，记载帝王活动，朝政得失，这并没有错。再说，国史是我和崔浩一起编写的，出了事，怎能全推给他呢。殿下一我救心，我是十分感激的。但是要我为了活命说违背良心的话，我是不干的。"

魏太武帝到底没有饶过崔浩，把崔浩和他的几家亲戚满门抄斩。但是由于高允的直谏，没有株连到更多的人。据太武帝自己说：要不是高允，他还会杀几千人呢。

诚信小语

尊重历史，不偏不废，说起来容易，做起来难。崔浩尊重历史很不容易，高允勇于担责，不说假话，也同样不容易。不管他们后来的命运如何，但他们诚实忠厚的品质，永远会光照后人。

孙伏伽直谏

公元618年，乱世英雄李渊在长安称帝，建立了大唐王朝。在第五年冬天，举行了唐朝历史上的第一次科举考试，孙伏伽名列榜首。

孙伏伽看到战乱之后的唐朝还很落后，需要尽心治理。于是就对唐高祖李渊说："隋朝是因皇帝不听取诚实的忠告才灭亡的，陛下要吸取教训。再有才华的人也不可能把所有的国事都想的周全，只有善于用人，虚心听取意见才能治理好国家。"

李渊听罢，觉得孙伏伽是为国家着想的忠信之人，于是就任命他为治书御史。此后，孙伏伽多次向李渊直言进谏，深得李渊的信任。

后来到了唐太宗时期，孙伏伽仍然冒死向唐太宗进谏。

唐太宗在继位之前，南征北战，经常打仗。后来天下太平了，无仗可打，于是就迷上了打猎，几天不打猎心里就痒痒。

一天，唐太宗又要去打猎，他领着几个侍卫，背弓插箭，带着猎鹰和猎犬正要出发。这时孙伏伽匆匆赶来，一把拉住马缰说："陛下打猎，游戏林中，骑马射箭，没有必要的保护措施是很危险的。一旦有个三长两短，谁来主持政务？劝陛下为了国家百姓，不要贪图一时痛快，任着性子干这种无益的营生。”

正在兴头上的唐太宗好像被人当头泼了一盆冷水，又扫兴又尴尬，真是气不打一处来。但是他又不想破坏大唐朝虚心纳谏的传统，于是就耐着性子说：“我今日闲着无事，又不贪恋女色，只喜好打猎，想借机会出去走走。再说我打猎都绕着村庄，从不惊扰百姓，另外侍卫也带了十来个，你还有什么不放心的？”

说完就要登鞍上马，并向随从挥挥手，准备出发。哪料到，孙伏伽把马缰绳绕在腰间，跪在马前说：“陛下今天出门，就请从老臣身上踏过去，我愿意用死换取皇上对诚实忠告的采纳。”唐太宗大怒，说：“我本来认为你是一个诚信勇敢的人，能够以诚言进谏，不好损你颜面；哪知你却不知好歹，目无高低，限制起我的行动来了。我连这点儿事都作不了主，还当什么皇帝？来人，把他给我拖出去斩了。”几个高大强壮的武士立刻闻声而来。把文弱的孙伏伽像抓小鸡一样抓在手里。孙伏伽面无惧色地说：“夏朝的关龙逢因直言进谏而被杀，我情愿和他在九泉之下相见，也不愿意再待奉你了。”这时，唐太宗笑了，说：“我不过是试一试你的胆量，你还真是一个诚信有勇的君子，有你真是大唐王朝的福分啊！好，那朕今天就不出去了。听说你棋艺很高。朕要和你下一盘，享受一下和高手下棋的快乐。”

不久，唐太宗封孙伏伽任谏议大夫。

诚信小语

古人有句话叫做“文死谏、武死战”。就是说，做文臣的要敢于向皇帝直言诤谏，指出皇帝的缺点错误，纠正不符合正道的行为，而不是一味迎合，即使献出生命也在所不惜。这其中就体现着一种诚实正直的品德。这种品德至今仍应发扬光大。

司马光卖马

有一天，北宋著名史学家司马光吩咐管家把自己曾经骑过的一匹高头大马牵到集市上去卖掉，一位老者欲买，但嫌价钱贵了。管家说：“实不相瞒，这是我家司马相公的坐骑，只因现在他忙着编书，用不着它了，才舍得让我来卖。不然的话，50 缗钱可不卖！”老者听后诚恳地说：“有幸能买到司马相公的好马，那就货不二价吧，我明日如数带钱来牵马。”

管家回府后，兴奋地将情况报告了司马光。司马光自言自语地说：“这马跟我 6 年了，真有点舍不得……哎，这马有毛病，我咋忘了交待呢？”管家说；“我知这马有病，但它膘肥体壮毛色好，谁看得出有病，如说有病怎能卖 50 缗？”司马光认真地说：“不能这样！你明天一定对买主说清楚，并重新议价，我看 30 缗就行了。”

第二天，管家如实向买马人说明此马有病，并一再说司马相公特意关照不能让买主吃亏上当。集市上知道此事的人都称颂司马光为人诚实。

诚信小语

一个在商场中越做大的人，必定是一个诚实守信的人；一个朋友满天下的人，必定是一个诚实守信的人；一个受人尊重的人，也必定是一个诚实守信的人。如果你在涉及自身利益的情况下难以做到诚实，当效司马光。

司马先认错

司马先是我国北宋人。在他六七岁的时候，有一天，乡下的客人给司马先家送来了新摘下来的核桃。核桃绿绿的，看上去非常可爱。司马先拿起一个就啃。哎呀！又苦又涩，这是什么东西呀！这时，姐姐过来了，一把夺下他手中的核桃说："傻弟弟，核桃要去了青皮，砸开硬壳才能吃呀！来来来，姐姐和你一块儿剥皮。"

说完，两人就一起剥起核桃皮来。可是，核桃皮难剥得很，剥了好久，姐弟俩的手变得又黑又脏，这时，姐姐有事出去了，司马先还在一个劲儿地剥呀剥，又是用刀刮，又是用手搓，可核桃皮还是剥不干净。

碰巧一个家人看见了，说："少爷，我来教你怎么剥核桃皮！"说着去厨房里打来一盆开水，将核桃倒进开水里。

过了几分钟，家人把核桃从开水里捞了出来，说来也奇怪，这核桃皮经这么一泡，果然好剥多了。不一会儿，司马先就将一大盘核桃的青皮都剥光了，看着自己的劳动成果，司马先高兴极了。

这时，姐姐回来了，看见一大盘剥得光光生生的核桃，惊奇地问道："这是谁给剥的？"

"是我！"司马先得意地晃着小脑袋。"是你？"姐姐感到很意外，"你用的是什么办法呢？这么一会儿你就能剥这么多的核桃，而且剥得这么光，这个办法一定非常巧妙！""我有一个窍门。把核桃用开水泡，这样，核桃皮就好剥多了。"

"哦，原来是这样！小弟真是个机灵鬼。你是怎么想出这个办法的？"姐姐继续问。"想呗，开动脑筋使劲儿想，总会想出好办法的。"司马先说着，显露出一副得意洋洋的神情来。

这时，司马先的父亲走进了屋，听到儿子这么一说，立刻板起脸，狠狠地批评他："你这个孩子，怎么能说谎！"原来家人教司马先泡核桃剥皮的事父亲已经知道得一清二楚，现在，听到司马先在那里得意地说谎话非常生气："人以诚为本，你小小的年纪，就应该诚实为人，不虚夸，不说谎。你老老实实地跟姐姐讲，这到底是怎么回事！"

司马先知道自己错了，就将事情的真相一五一十地告诉了姐姐。说完后，他低下头难为情地说："姐姐，我错了，今后我再也不说谎了！"姐姐看着司马先羞红的小脸，疼爱地拍拍他的后脑勺，说："知错就改，你还是个好孩子！

诚信小语

人们之所以爱说谎，是因为隐瞒真相有益于自己的利益，或受金钱驱使，或受面子的教唆。把真相说出来，虽然有损于暂时的利益，虽然无益于挣回面子，但从远来说，却有益于自己的声誉和形象，有益于自己的长进。

晏殊诚实守信

北宋时期著名的文学家和政治家晏殊，14 岁被地方官作为“神童”推荐给朝廷。他本来可以不参加科举考试便能得到官职，但他没有这样做，而是毅然参加了考试。事情十分凑巧，那次的考试题目是他曾经做过的，得到过好几位名师的指点。这样，他不费力气就从上千名考生中脱颖而出，并得到了皇帝的赞赏。但晏殊并没有因此而洋洋自得，相反他在接受皇帝的复试时，把情况如实地告诉了皇帝，并要求另出题目，当堂考他。皇帝与大臣们商议后出了一道难度更大的题目，让晏殊当堂作文。结果，他的文章又得到了皇帝的夸奖。

晏殊当官后，每日办完公事，总是回到家里闭门读书。后来皇帝了解到这个情况，十分高兴，就点名让他做了太子手下的官员。当晏殊去向皇帝谢恩时，皇帝又称赞他能够闭门苦读。晏殊却说：“我不是不想去宴饮游乐，只是因为家贫无钱，才不去参加。我是有愧于皇上的夸奖的。”皇帝又称赞他既有真实才学，又质朴诚实，是个难得的人才，过了几年便把他提拔上来，让他当了宰相。

诚信小语

古往今来，凡是品德高尚的人，都是诚实守信的。晏殊受到皇帝的赏识和重用的故事说明，一个人为人诚实，表里如一，不弄虚作假，对于取得别人的信任是多么地重要啊！

孟信不卖病牛

北魏孝武帝时，赵平太守孟信，为政崇尚宽厚仁和，收效极佳，豪绅大家都没有触犯法纪的。老百姓十分感激他的行政。一次，山里有位老人给他送来了烤制好的小猪肉和酒，以表敬意。孟信和颜悦色地接待了他，并关心地问饥问渴，表示慰问。吃饭时，孟信却拿出自己的酒，用铁铛（温酒器）温好了，并让人用木盘端来了下酒菜：其实只是些韭菜花、腌咸菜一类的清素菜肴，仅此而已。他和老人，各执一杯，自斟自饮。酒过三巡，孟信举杯对老人说："我来贵郡任职，从无任何人送礼给我，只有您给我送来了这些礼物。我很久只吃素不沾荤了，如今我为了收下您老人家这份深情厚意，就收下您一只猪腿吧。但酒我这里有，就不劳您破费了。"老人一听，十分高兴，又向孟信拜了一次，就撕下一条猪腿献给了孟信。然后，又喝了些酒，差不多尽兴了，才分手告别。

孟信后来不做官了，由于平时没有积蓄，家中十分清苦，以至于连饭也吃不上。他只有一头老牛，这天他侄子把老牛卖了，准备买些柴米。一切手续都办妥了。按当时市场管理法规定，买方应知道卖方的家住在哪里。正当买牛人跟着孟信的侄子在孟信家呆着的时候，正好被外出归来的孟信碰上。孟信见到了买牛人，才知道老牛被卖掉。他当即告诉买牛人："那是头病牛，一使用病就发作，你就不要买了。"并因此将其侄子打了 20 杖，以示惩罚。买牛人为孟信高尚的品德震惊了，连连赞叹，过了一会，又对孟信说："孟公，我只要买到你这头牛，病了也不要紧，因为不需要它出多大的力气。"面对买主的苦苦请求，孟信只是不依，买牛人只得作罢。后来才知道，买牛人原来是周文帝帐下的人，周文帝听说此事后，也因孟信诚实敦厚、不贪便宜的高尚风节而深为感慨。

诚信小语

一个人在不涉及到自己私利的情况下，实话实说是容易做到的，但一个人在事关自己的利益的情况下，仍然坚持诚信，就是一件不简单的事了。孟信为了坚守诚信，宁愿自己吃亏，也决不害人；宁愿自己挨饿，也要把实情说出来。这是一种人格的高标。如果没有高风亮节来支撑，是很难做到的。

说到做到篇

千金买马头

战国七雄中的燕国，国家不算小，却因几代燕王治国不力，致使国家衰败，屡遭战火，民不聊生。燕昭王继承王位后，总想改变国策，使国家强盛起来，只是苦于缺少好帮手，他美好的愿望始终不能实现。于是，他就去拜访一位叫郭隗的名士，请求他给出个主意指点一下，如何才能得到治理国家的高级人才。

郭隗听了以后，好半天都没有开口，闭目思考了好一阵子才说道："我先给您讲个故事吧。据说古时候有匹千里马，跑起来飞快，没有谁能追上它。有一位国王就想要得到这匹千里马。于是他贴出告示，悬赏要买到那匹千里马。可是过去三年了，也没人牵着那匹马来王宫领取奖赏。国王急得吃不下饭，睡不着觉，有时还大发脾气训斥大臣们无能。

正巧身边有个小官，赶快跪下说他可以买到国王心爱的千里马。而且还发誓买不到手就不回来。国王当下高兴地给了他一千两黄金，让他一定要把那匹千里马买回来，越快越好，事成之后还有重奖。

那个小官带着千金离开皇宫后，跑了许多地方也没见到什么千里马。三个月的时间眨眼就过去了，他终于找到了那匹千里马时，马已经死了。

小官十分气恼，怎么办呢？不能白跑一趟啊，他想：索性把马头割下来回去交差得了。于是他给了马主人五百两金子，带着千里马的马头，回到了王宫。

国王一看就暴跳如雷地大骂起来。众大臣虽心里好笑，却一个也不敢出声。那个小官跪在下面说："恭请大王先不要生气，您就耐心地等着吧，过不了多久，您希望得到的千里马一定会来到您的身边。"

果然，不出一年，就有三匹千里马接连送进王宫里来了。

昭王听完了郭隗的故事，急忙问："您讲千金买马头的故事和我想得到人才的事有什么关系吗？"这时，郭隗站起身面对昭王深施一礼，说："就先请您把我当作马头，尊敬我，重用我。外面人一看，像郭隗这样的小人物都能够得到昭王的信任和重用，那些高才和大人物还不都投奔到您这儿来了吗？"

昭王听后大受启发，真的就给郭隗建造了豪华的住宅，又恭恭敬敬地拜他做了国师。消息传出，仁人志士互相转告，都知道昭王爱惜人才，便争先恐后地奔向燕国。先后有领兵大将剧辛、出谋取划策的邹衍和苏秦、会治理国家的乐毅被昭王委以重任。

诚信小语

"君子一言，驷马难追"、"人无信不立"、"说出去的话，泼出去的水"等格言俗语，不但说明了诚实守信已深入民心，而且表明它已经成为中华民族的追求与信仰。燕昭王诚信招人才的美谈成为中华民族古代历史上重重的一笔，启发教育了许多人。

魏文侯的诚信

战国时候，魏国第一个国君叫魏文侯，由于他处处诚信待人，不论当官的还是普通百姓，都敬重他，所以魏国迅速强大起来。

有一次，他和管理山林的人约好第二天下午去山林打猎练兵。到了次日，下朝后举行了宴会，魏文侯准备宴会一结束就去打猎练兵，可谁知宴会结束后，天忽然下起了瓢泼大雨，雨不见停反而越下越大了，魏文侯起身对众大臣说："对不起，我要告辞了，赶快准备车马，我要到效外去打猎练兵，那里已经有人在等着我了！"众臣一见国君要冒雨出门，都上前去劝阻。这个说："天下这么大的雨，怎能出门呢？"那个说："去了也无法打猎练兵。"魏文侯看看天色说："打猎练兵是不成了，可是也得告诉那位管理山林的人哪。"众臣中有一个自告奋勇的人说："那好，我马上去。"魏文侯把手一摆，说："慢，要告诉也得我自己去。"那个人眨着眼睛仿佛没有听懂似的，魏文侯说："昨天是我亲自跟人家约定的，如今失约，我要亲自向人家道歉才行。"说完大步跨出门外，冒着大雨到管林人的住处去了。

诚信小语

在众大臣眼里，魏文侯实在太傻，随便叫一个随从去就可以了，何必自己亲自去呢？但事实上，魏文侯一点也不傻，正因为他处处诚信待人，才博得了臣民的信赖，国家才得以强盛。一个古代君王做事都如此诚实守信，而在我们当今社会却有一些人说话做事不负责任，刚说出的话就自打嘴巴，违背职业道德，实在令人扼腕。

商鞅立木

公元前361年，秦孝公即位。他下决心发奋图强，振兴秦国。为了广罗人才，他下了一道命令，说："不论是秦国人或者外来的客人，谁要是能想办法使秦国富强起来的，就封他做官。"

秦孝公这样一号召，果然吸引了不少有才干的人。有一个卫国的贵族公孙鞅（就是后来的商鞅）在卫国得不到重用，跑到秦国，托人引见，得到秦孝公的接见。商鞅对秦孝公说："一个国家要富强，必须注意农业，奖励将士；要打算把国家治好，必须有赏有罚。有赏有罚，朝廷有了威信，一切改革也就容易进行了。"

秦孝公完全同意商鞅的主张。可是秦国的一些贵族和大臣却竭力反对。秦孝公一看反对的人这么多，自己刚刚即位，怕闹出乱子来，就把改革的事暂时搁了下来。

过了两年，秦孝公的君位坐稳了，就拜商鞅为左庶长，说："从今天起，改革制度的事全由左庶长拿主意。"

商鞅于是起草了一个改革的法令，但是怕老百姓不信任他，不按照新法令去做。就先叫人在都城的南门竖了一根三丈高的木头，下命令说："谁能把这根木头扛到北门去的，就赏十两金子。"

不一会，南门口围了一大堆人，大家议论纷纷。有的说："这根木头谁都拿得动，哪儿用得着十两赏金？"有的说："这大概是左庶长成心开玩笑吧。"

大伙儿你瞧我，我瞧你，就是没有一个人敢上去扛木头的。

商鞅知道老百姓还不相信他下的命令，就把赏金提到50两。没有想到赏金越高，看热闹的人越觉得不近情理，仍旧没人敢去扛。

正当大伙儿议论纷纷的时候，人群中有一个人跑出来，说："我来试试。"他说着，真的把木头扛起来就走，一直搬到北门。

商鞅立刻派人传出话来，赏给扛木头的人50两黄澄澄的金子，一分也没少。

这件事立即传了开去，一下子轰动了秦国。老百姓说："左庶长的命令不含糊。"

商鞅知道他的命令已经起了作用，就把他起草的新法令公布了出去。新法令赏罚分明，规定官职的大小和爵位的高低以打仗立功为标准。贵族没有军功的就没有爵位；多生产粮食和布帛的免除官差；凡是为了做买卖和因为懒惰而贫穷的，连同妻子儿女都罚做官府的奴婢。

秦国自从商鞅变法以后，农业生产增加了，军事力量也强大了。不久，秦国进攻魏国的西部，从河西打到河东，把魏国的都城安邑也打了下来。

诚信小语

守信不仅是一个人的品德要求，也是一个国家的治国要求。树立"令行禁止"的国家形象就要说到做到。一个国家没有了信用，老百姓就有理由不相信它，它的法度就难以贯彻执行。

一诺千金

西汉初年有一个叫季布的人，他为人正直，乐于助人，特别是非常讲信义。只要是他答应过的事，无论有多么困难，他一定要想方设法办到，所以在当时名声很好。

季布曾经是项羽的部将，他很会打仗，几次把刘邦打败，弄得刘邦很狼狈。后来项羽被围自杀，刘邦夺取天下，当上了皇帝。刘邦每想起败在季布手下的事，就十分生气。愤怒之下，刘邦下令缉拿季布。

幸好有个姓周的人得到了这个消息，秘密地将季布送到鲁地一户姓朱的人家。朱家是关东一霸，素以"任侠"闻名。此人很欣赏季布的侠义行为，尽力将季布保护起来。不仅如此，还专程到洛阳去找汝阴侯夏侯婴，请他解救季布。

夏侯婴从小与刘邦很亲近，后来跟刘邦起兵，转战各地，为刘邦建立汉王朝立下了汉马功劳。他很同情季布的不幸处境，在刘邦面前为季布说情，终于使刘邦赦免了季布，还封他为郎中。不久又任命他为河东太守。

当时，楚地有个名叫曹丘生的人，能言善辩，专爱结交权贵。季布和这个人是同乡，很瞧不起他，并在一些朋友面前表示过厌恶之意，偏偏曹丘生听说季布又做了大官，一心想巴结他，特地请求皇亲国戚窦长君写一封信给季布，介绍自己与季布认识。窦长君早就知道季布对他印象不好，劝他不要去见季布，免得惹出是非来，但曹丘生坚持要窦长君介绍。窦长君无奈，只好勉强写了一封推荐信，派人送到季布那里。

季布读了信后很不高兴，准备等曹丘生来时当面教训教训他。过了几天，曹丘生果然登门拜访。季布一见曹丘生，就显露厌恶之情。曹丘生对此毫不在乎，先恭恭敬敬地向季布施礼，然后慢条斯理地说："我们楚地有句俗语，叫做'得黄金百两，不如得季布一诺'。您是怎样得到这么高的声誉的呢？您和我都是楚人，如今我在各处宣扬您的好名声，这难道不好吗？您又何必不愿见我呢？"

季布觉得曹丘生说得很有道理，顿时不再讨厌他，并热情款待他，留他在府里住了几个月。曹丘生临走时，季布还送他许多礼物。曹丘生确实也照自己说过的那样去做，每到一地，就宣扬季布如何礼贤下士，如何仗义疏财。这样，季布的名声越来越大。后人用"一诺千金"来形容一个人很讲信用，说话算数。

诚信小语

孔子说："人无信不立。"这条箴言流传千古。这说明我们的祖先是有重视信用的传统的。清代顾炎武曾赋诗言志："生来一诺比黄金，哪肯风尘负此心。"表达了自己坚守信用的处世态度和内在品格。不仅在中国，在世界各地也是如此，守信同样是人们日常交往的信条。在世界越来越开放的今天，一个人如果失去了信用，简直寸步难行，相当于搬起石头砸自己的脚。因此，我们不能不重视信用、讲求信用，在信用的天平上搁上重重的砝码。

言而有信

毕沅是清朝江苏镇洋（今江苏太仓）人。乾隆进士，官至湖广总都。他的父亲毕升，进士出身，曾任工部主事，为人坦荡，诚实正直，人们叫他"毕直肠"。由于他过于直率，得罪了皇帝，后来被降职到四川内江县当县令。毕升在任期间，爱民如子，经常降低赋税，受到老百姓的一致好评。

谁料毕升因为过度劳累，竟然病故身亡，临死的时候，他嘱咐家人说："我虽然没有给你们留下万贯家财，但是家里还有几亩田地，节俭些过日子，还是可以养活家里这几口人的。所以，我死后，不要收百姓、乡绅、衙役送的钱财。毕沅还小，人也比较聪明，应该让他好好读书，为国家出力，教育他做一个忠厚诚实的人。"

毕沅从小就受家风熏陶，父亲的行为他看在眼里，记在心上，他时刻记着父亲的遗言，发愤读书，诚信做人，成为当地有名的书生。

一次，他父亲的同窗好友高士祺来到他家，看望毕沅母子。看到毕家虽然家境贫寒，但是毕沅人品很好，学问也很高，于是就把小女儿许配给了毕沅。

毕沅与高家小女儿结婚以后，两人的感情非常好。但是高家的另外两个女婿都是家财万贯，经常取笑毕沅的贫穷和老实。毕沅面对别人的嘲笑，对妻子说："从今以后，我发愤读书，一定要考个功名回来，不然我就不进这个家门。"

妻子以为他在说气话，听了并未介意。没想到，毕沅真的就离开了家，在湖畔租了一间小屋，每天在那里专心学习。有一次连降暴雨，他的小屋眼看就要被水给淹了，可是他仍然坐在里面高声读书，竟然不知道外面下雨了，一个打鱼的人看见后高声呼喊，他都没有听到……

就这样，毕沅遵守当初的诺言，经过两年的刻苦学习，终于在1760年中了状元。只到这时他才回到了家里。

诚信小语

讲诚信就要言而有信，说话算数，即按照自己所说的去做，并把事情实实在在地做好，兑现自己的承诺。虽然毕沅仅仅因为他的两个连襟经常取笑自己的贫穷和老实就愤而离家，这未必可取；但是，他说到做到，经过自己的艰苦努力终于实现了自己的诺言，这一点还是值得称道的。

赵柔卖梨

古时候，有个叫赵柔的人，一天他去集市上卖梨，一个人和他谈好价钱后便回家取钱去了，这时又来了一个商人愿意出高价买这些梨，可赵柔说："不行，我之前答应过一个人要卖给他，我正等他取钱回来拿梨呢，怎么可以不守信用呢？"商人听了，虽然没买到梨，但心里还是挺敬佩卖梨的人。后来，赵柔终于等来了那个取钱的人，把梨卖给了他。

诚信小语

做一个诚实守信的人，才能得到别人的信任。信任是一个人为人处世的资本，有了这个资本，才能在社会活动中做到游刃有余；没有这个资本，走到哪里都会碰壁。因为人们会对他产生防范心理，拒绝与他交往。结果只能被世人封闭。

死守秘密

樊无期是战国时期秦国人，是秦国的大臣。当时秦国的国君就是后来的秦始皇——嬴政。嬴政的父亲是嬴异人，是秦国的皇子，年轻的时候在赵国当人质。赵国当时有个富商叫吕不韦，虽然他比许多王侯还富有，可是那时的门第观念很强，商人是“奸商”。吕不韦野心很大，对自己的社会地位很不满意，于是就想利用嬴异人提高自己的地位。为了巴结嬴异人，吕不韦送给嬴异人一个姑娘做妻子，这个姑娘就是嬴政的母亲。

后来，在吕不韦的帮助下，嬴异人回到了秦国，做了秦国的国君，立了嬴政为太子，封吕不韦为丞相。

嬴异人死后，嬴政继位当了国君，可是他发现自己并不是嬴异人的亲生儿子，他的生身父亲是吕不韦。按照当时的规定，嬴政不是皇室子孙，不是真龙天子，不但不能继承王位，还要被处死。嬴政为了保住王位，保守这个秘密，就把所有知道这件事的人都找借口杀了，最后剩下的是大臣樊无期。樊无期知道嬴政要杀他，就跑到燕国去避难，住在他的朋友荆柯家里。

樊无期是个以大局为重的人，知道这个秘密一旦传出去，会引起整个秦国的动乱，为了争夺王位，不知道要死多少人。于是他决心保守秘密，尽管嬴政一再派人追杀他，他仍然守口如瓶。

后来，嬴政让燕国交出樊无期的人头，不然就要攻打燕国。樊无期知道了这件事以后，主动找荆柯献出自己的人头，以免秦又找借口发动战争。他在死前对荆柯说：“见到秦王之后，告诉他，大后宫的秘密我对谁也没有说。”

秦王嬴政是野心很大的人，要燕国交出樊无期的人头只不过是个借口，早晚还是要攻打燕国的。为了阻止秦国发动战争，燕太子丹决定以送樊无期的头为借口刺杀秦王嬴政，这个任务就交给荆柯。

荆柯刺杀秦王失败，被嬴政用剑刺穿胸膛，在临死的时候他对嬴政说：“樊无期让我告诉你，大后宫的秘密他对谁也没有说。”接着又断断续续地说：“想不到秦国这样不讲信义的国家，还有樊无期这样舍生守信的人。”

秦王听了之后，非常震惊，后悔当初不应该迫害樊无期这样一个正人君子。

诚信小语

樊无期在遭到秦王追杀的情况下，仍信守承诺，说到做到，为秦王保守了一个重要的秘密。如果说一个人为亲朋好友保守一个秘密尚可以轻易做到，为一个仇敌也保守秘密，则需要多大的胸襟和意志啊！如果不是正人君子，如果不是胸怀天下苍生，何人能做得这样完美？樊无期的行为，的确令那些自私自利的人感到汗颜。

以诚待友篇

齐邦三杰

齐景公在位时，晏婴担任相国，同朝共事的还有被称为“齐邦三杰”的田开疆、古冶子和公孙捷。这三人都异常勇猛，而且功劳很大，被齐景公列为“五乘之宾”。

田开疆、古冶子、公孙捷三人志趣相投，所以结为兄弟，他们常常仰仗功劳和神勇口出狂言，傲慢无礼。暗中准备篡夺齐国统治大权的大臣陈无宇四处收买人心，与他们三个结成了一伙。此事被齐景公和相国晏婴觉察到，他们深为三人的实力担忧，于是决定除掉这三人。晏婴立即设好圈套，以便择时下手。

有一天，鲁国国君来访，齐景公设宴招待，三位勇士及晏婴都到场作陪。齐景公叫人端出园中的鲜桃，分发给功劳最大之人。到了田开疆、古冶子、公孙捷面前，就只剩下两个鲜桃。齐景公让他们陈述自己的功劳，谁功劳最大就颁给谁。

公孙捷第一个站出来说：“当年，我跟随主人在桐山打猎，力诛猛虎，这功劳够得上吃桃子吗?”晏婴点头称赞，说他护驾有功，便递给公孙捷一枚桃子和一杯酒，公孙捷吃桃饮酒后退回原位。

古冶子一跃而出，说：“我曾在黄河斩杀妖鱼，使主公转危为安，这够得上吃桃子吗?”晏婴赶快赐鲜桃一个，美酒一杯。

这时，田开疆说道：“我奉命讨伐徐子，斩杀徐子著名大将，使徐子归服于齐，安定了各国诸侯，使他们推举主公为盟主，这样的功劳还不够吃桃子吗?”

的确，田开疆功劳最大，齐景公假意安慰他说：“你功劳最大，只可惜开口晚了，桃子已然分完，赐你美酒一杯，鲜桃就等待来年吧。”

功高而无桃，田开疆从未受过这等委屈，便怒吼道：“我血战疆场，反而吃不到桃子，当着众人的面受这等耻辱，会被千秋万代人所耻笑，我有何面目立于天地之间呢?”说完，挥剑自刎而死。

公孙捷一看，大惊，他内心感到巨大的不平衡，他认为取桃不让是不谦；田开疆死而自己不跟从，是不勇，于是立即也挥剑自刎。

古冶子见状，大声说：“我们三人亲如兄弟，曾发誓同生共死，现在他二人已死，我又岂能苟活于世?”说完，也自刎而死。

顷刻之间，三勇士俱死于朝堂，场面壮观悲怆。表面上看，三个人因争桃而亡，实际上，这其中贯穿着质朴的荣誉与信义观，如果田开疆是为荣誉而死，那么公孙捷和古冶子则是为信义而亡。

诚信小语

历史上“二桃杀三士”的巧妙计谋，映射出的是三位勇士对信义的承诺。朋友之间交往最讲究信义。恪守信义，即对许诺一定要兑现。青少年一定要记住中国人以信为本的为人处世之道，只有做到一诺千金，才能成就大事。

诚信无私

东汉时期，有一对好朋友，一个叫阎敞，一个叫第五常。两人来往密切，交情深厚。特别是阎敞，人品端正，诚信无私，深得第五常的敬重。

一天，第五常来到阎敞家中，说道：“阎兄，小弟奉命调京城供职，路途遥远，且限日到京，行程匆促，钱物携带很不方便，我想将130万贯钱先寄放在兄长这里，以后再来取。您看行不行?”

阎敞满口答应，说道：“这有什么不可以的，我一定代贤弟妥善保管。你什么时候来取都行。”于是，第五常就把130万贯钱送到了阎敞家中。阎敞当面把钱封存好。

第五常起程赴京那天，阎敞十里相送，送了一程又一程。第五常再三劝说留步，两人方依依惜别。临别时，第五常还说：“那笔钱阎兄如果需要用，您尽管用就是了。”

第五常到京后不久，京城突然爆发了一场瘟疫。第五常一家不幸染上此症，先后死去，只留下了他的一个小孙子。第五常在临终前哆哆索索地拉着小孙子的手，断断续续地说：“你如果……能够……活下来，年纪……这么小，怎么……生活啊？我有……30万……贯钱，寄放在……家乡……你……阎敞爷爷……家中，你可以……取来……维持……生计……”

第五常去世了，他的孙子记住了他的话，知道他在家乡的阎敞爷爷家中寄放了30万贯钱，但当时年幼，路途又远，无法去取回这笔钱，只能靠他家在京的亲戚朋友周济度日。

十几年过去了，第五常的小孙子长大了，这才返回故里。为了安置家业，他想去找阎敞爷爷取回爷爷存放的钱，但心里总觉得不踏实——这口说无凭，手中没有任何证据，这么多年过去了，能拿得到这笔钱吗？

那一天，阎敞正在书房里读书，忽然家人进来说，有一位青年公子求见。阎敞来到客厅一看，觉得似曾相识，又实在想不起是在什么地方见过，是不是真的见过？那青年拜见了阎敞，说起爷爷第五常，阎敞才知道他原来是五常贤弟的孙子。

阎敞闻听五常贤弟一家的不幸，回想起过去两个人的友情，百感交集，为朋友哀伤。第五常的孙子还没有启齿问钱的事，阎敞就说了：“你的生计暂时不用发愁，你爷爷有130万贯钱寄放在我这里，你现在可以拿去用。”

第五常的孙子一听，着实吃了一惊——爷爷说的是30万，不是130万呀！于是，他将爷爷临终前的话说了一遍，问阎敞爷爷说："您老人家是不是搞错了？没有那么多，只有30万。"

阎敞忙说："没有错，没有错！孩子，我估摸是你爷爷在重病之际，头脑兴许不清醒，把话说错了。"说着，忙到储藏室将第五常当年寄放的130万贯钱搬了出来，亲手交给了第五常的孙子。

第五常的孙子接过钱来，含泪告辞。他在想：阎敞爷爷不愧是我爷爷的好朋友。这真是钱财有数，诚信无价啊！

诚信小语

交友要交心，待人贵在诚，真诚地对待朋友，应该讲信用，守诺言，言必信，行必果。第五常奉调赴京履职时之所以将130万贯钱寄放在阎敞家中，就是因为他相信阎敞这位朋友，就是因为他知道这位朋友人品端正，诚信无私，而且后来发生的情况也确确实实证明了这一点。正所谓："钱财有数，诚信无价！"

信守诺言的鲁肃

三国时期，刘备和孙权联合起来攻打曹操。蜀国的军师诸葛亮和东吴的都督周瑜经常在一块儿商量军情。

可是，东吴的都督周瑜心地狭窄，不能容忍诸葛亮比自己高明，认为诸葛亮日后一定是东吴的大祸害，就想设计害死他。有一天，周瑜请诸葛亮前来议事。他请诸葛亮在10天之内造出10万支箭，诸葛亮说只需3日。果然，诸葛亮神机妙算，算出3日后必有大雾，不但用"草船借箭"的方法从曹操那里得了箭，还估计出一共得箭多少支。

诸葛亮轻摇羽扇潇洒地对鲁肃说："你有所不知啊，我方才静听舱外箭雨之声，心中默数，算来此次曹贼所赠之箭应有12.5111万支！"鲁肃听得张口结舌，心中暗想："这人莫非神仙下凡？"不一会儿，小卒进来禀报，共得箭12.51万支。鲁肃顿时大惊失色，诸葛亮虽多算了11支箭，但预算能精确到百位，却也非凡人可以企及的。鲁肃正要恭维一番，却见诸葛亮面色凝重，便不敢出声，想来他是为误差11支箭而懊恼。诸葛亮严肃地对小卒说："你们仔细清点了吗？"在小卒眼里，诸葛亮就是神仙，见他脸色难看，吓得扑通跪下："回禀先生确定细细清点了，不敢有分毫差错。"鲁肃严厉地对小卒喝道："再去重新清点，检查一下船舷等处有没有查漏之箭。有错漏者军法从事！"小卒应声下去了。鲁肃诚恳地对诸葛亮说："12万多支箭，先生只漏数了11支，我已经很佩服。偶有一两支没有戳稳的箭落入水中也是难免的。先生何必这么严格地要求自己呢？"小卒再次来禀报，经过核实，仍旧只有12.51万百支箭。诸葛亮看着小卒的背影，长叹一声，坐倒在舱板上，神色很难看，好久没有说话。

快到东吴水寨时，诸葛亮像突然想起了什么似的，对着鲁肃深深地鞠了一个大躬。鲁肃连忙起身还礼，说："先生为什么对我行这么大的礼啊？"诸葛亮说："我有一事相求，听声数箭一事，请代为保密，不要外传，我感激不尽。"鲁肃说："先生真是个诚实的人啊！仅数差11支箭，在一般人看来已经是神仙一样高明了，您却为这件事感到惭愧，鲁肃佩服先生的为人，替先生保密就是。"鲁肃果然是诚信君子，听声数箭的事从未对任何人讲过。因此，历史上只有"草船借箭"而没有"听声数箭"的记录。

诚信小语

瑜亮素有纠葛，但作为周瑜军师的鲁肃却秉持做人的本色，替诸葛亮保密，而且说到做到。试想，如果鲁肃是一个拍马奉承的小人，他能放弃这个向周瑜邀功的机会吗？所以，诚实守信，确实不易，也确实难得，许多人并不一定能做得到。

卓恕交友守信

三国时期吴国有位名士卓恕，是浙江上虞人，为人诚实，重信誉。他答应别人今天办的事，决不拖到明天。他与人约会，纵然遇到暴风骤雨，也守约必到，因此，受到人们的尊敬。

有一次，他要从建业（今南京）回老家上虞，特向好友诸葛恪辞行。

"你何时能回来呢？"

"我将于某日回来，那时再到府上看望您。"

到了归期那天，诸葛恪准备了酒宴，还要请了许多客人，要与卓恕痛饮一番。客人们都到齐了，酒宴也都备好了，但仍不见卓恕的身影。

"两地相隔1000多里地，期间江湖阻隔，或许遇到什么风险，很难准时回来。"客人们不免议论纷纷。

一会儿，只见卓恕风尘仆仆地赶来，诸葛恪高兴地出门迎接。

在客人们赞扬卓恕的守约精神的热烈气氛中，酒宴如期举行。

诚信小语

卓恕千里如期赴约，反映了他对朋友的高度负责精神。人们交友，喜欢结交诚实有信、说一不二的朋友，不喜欢结交朝三暮四、阳奉阴违的朋友。因为诚实最可靠，诚实最有人品，处诚实朋友，干什么都放心。

范式守信

东汉时，汝南郡的张劭和山阳郡的范式同在京城洛阳读书。他们分别的时候，张劭站在路口，望着天空的大雁说："今日一别，不知何年再重逢……"说着，流下泪来。范式拉着张劭的手，劝解道："张兄不必伤悲。两年后的秋天，我一定去你家拜望令堂，同你相聚。"

两年后的秋天，落叶萧萧，篱菊怒放。张劭突然听见天空一声雁叫，牵动了情思，不由自言自语地说："他快来了。"说完赶紧回到屋里，对母亲说："娘，刚才我听见天空雁叫，范式快来了，我们准备准备吧！""傻孩子，山阳郡离这里1000多里路，范式怎么会来呢？"母亲不相信。张劭却肯定地说："范式为人正直、诚恳，极守信用，不会不来。"老母亲只好说："好吧，我去备点酒。"其实，老人并不相信，只是怕儿子伤心，才故意这样做。

没想到，到了约定的日子，范式果然风尘仆仆地赶来了。旧友重逢，格外亲切。老母亲也激动地流下了眼泪，感叹范式真是一个讲信用的人。

诚信小语

不管山高路远，不管世事变迁，不管困难重重，只要答应了的就一定要办到，这就是守信！讲信用是一个人的重要品德，关系到一个人的为人处世。我们常常对说话算数的人报以掌声，认为他是正人君子；对言而无信的人投以鄙视，认为他是个不可靠的人。将心比心，我们在答复别人时，一定要考虑好，能做到就答应，不能做到就要说明情况；切勿图一时痛快，草率答应，过去之后又觉得力不从心，结果既坏了自己的名声，也让他人感到不满。

踏雪践约

种世衡是北宋中期在西北军事上有着很高的威望的一员名将。在种世衡的辖区内，有一位叫奴讹的羌族酋长，他正直刚强，不屈服于任何人，也从来没有到郡城拜会过地方长官，这次因为听说过种世衡的威名，破例参加了郊迎。

种世衡深知与少数民族搞好关系的重要性，因而主动与奴讹交谈，并约定次日去拜访羌族。谁知，天公不作美——当天晚上下起了大雪，地上的积雪足以没过两膝，而羌族部落又在偏僻的山沟里，众官纷纷劝种世衡改天再去，种世衡为了不失信于羌人，坚持上山，冒险而进。奴讹看到这样恶劣的天气，心想，那些汉族大官平日养尊处优惯了，肯定不会来，所以便卧在帐中没有起来。

当种世衡一行披着雪花来到羌族部落时，奴讹根本就没有思想准备。直到种世衡开玩笑地用脚踢他起来时，才如梦方醒："在您之前，从来没有大宋官员到我们部落来过，这样的天气您居然还来了！难道不疑心我会借机对您不利吗？”种世衡坦然大笑：“我们是以真诚之心对待真诚之心呀！”

诚信小语

种世衡坦然一句“以真诚之心对待真诚之心”，足以让如梦初醒的羌族人肃然起敬，也让我们看到了一个为了一句诺言，在风雪中一往无前的北宋官员，一个视诚信为生命的传统美德。以真诚之心待人的内涵，就是开诚布公，信守承诺，而不是朝三暮四，口是心非。

重义轻生

荀巨伯是汉桓帝时的贤士，一向恪守信义，笃于友情。他听说千里之外的一个好友得了重病，心急如焚，匆匆安排了家事，收拾好行装，便赶去探视。他晓行夜宿，戴月披星奔波了半个多月，才到达好友居住的县城。谁知进城以后，只见街上冷冷清清，悄无一人，觉得很奇怪。他好容易才找到好友的住处，发现好友躺在床上，面色惨白，连声低呼：

“水！水！”

荀巨伯忙从桌上取过土碗，四处寻水，好一会才在厨房水缸里找到了一点水，马上装入碗内，递到友人口边。

友人呷了几口，精神稍好一些，抬头见是荀巨伯给他递水，惊喜地问道：“你什么时候来的？”

荀巨伯答道：“刚到。”

友人见荀巨伯满面风尘，为看望自己不惜千里奔波，深为感动。但想到目前情况紧急，又焦急地对荀巨伯说：“胡兵马上就要来攻城，城里的人都跑光了，你还是赶快走吧，晚了就走不了啦！”

荀巨伯诚挚而又坚定地说：“你重病在身，旁边没一个亲人，作为朋友，我现在能够离开吗？”

友人感动地说：“贤弟盛情，令人感动，我是将死的人了，怎么能够连累你呢？还是快点走吧！”说完，又吃力地把手一挥。

荀巨伯恳切地说：“我不远千里来看你，你却要我走。弃义以求生，我荀巨伯是那样的人吗？”

正说到这里，突然听到门外有人高喊：“这里有人！”

友人听见喊声，焦急地对荀巨伯说：“胡人来了！你快从后门逃走吧！”

说到这里，由于情绪激动，又禁不住连声咳嗽。

荀巨伯忙把土碗递到他口边。正在这时门突然被踢开，一个身材魁梧、身着胡装、手执钢刀的大汉，带领几个随从冲了进来。

友人十分着急，荀巨伯却镇定如常。

大汉见屋中只有两个男子，一个卧病在床，一个亲为递水，便走上前去，大声地问荀巨伯道："我大军一到，一郡尽空，你是何人，竟敢独自停留？"

荀巨伯从容不迫地回答道："在下荀巨伯，因友人重病在身，无人照顾，因此千里探视，不忍离去。望刀下留情，要杀就杀我，千万不要伤友人之命！"

大汉想不到一郡尽空，竟有人愿舍己救友，颇为感动，便对随从们说："我等不该入此有义之国，走！"

说完，向荀巨伯一拱手，转身出门而去。

友人此时方才如释重负，紧紧拉住荀巨伯的手，一句话也说不出来，眼泪滚滚而下……

诚信小语

荀巨伯在危难时刻，决不放下重病的朋友，甚至愿意替朋友去死。这种重义轻生的美德品质，体现了中华民族团结、互助、关爱、知情重义的优秀传统。有现实生活中，有人或许在朋友危难时刻伸出救援之手，但未必会不顾自己生死地去做。而荀巨伯却做到了，这才是真正的刎颈之交。

嵇康托孤

三国时期曹魏末年，曹氏集团和司马氏集团为了争夺国家的统治权而明争暗斗，使得官场异常腐败，许多有才学的人都不想混入其中，便逃避现实。其中有七个有名的文人，他们是阮籍、嵇康、山涛、向秀、刘伶、阮贤、王戒。这七个人经常在竹林里闲游，并且经常一边喝酒，一边作诗弹琴，试图寻找乱世中的一份清静。历史上把这七个人称做"竹林七贤"。虽然他们行为古怪，但是他们都是信守诺言、不畏强权、品德高尚的人。

当时的朝廷，表面上是曹操的后代当皇帝，实际上是丞相司马昭把持朝中的大权，甚至暗中谋划夺取帝位。他为了扩大势力，争取社会名流的支持，还请"竹林七贤"出来做官。他首先请山涛出来做官，由于司马昭的祖母是山涛的堂姑祖母，山涛不好拒绝，只好答应了。

后来山涛又推荐嵇康到朝中做官。由于没有事先征示嵇康的意见，嵇康非常生气。就写了一封信给山涛。在这封信里嵇康不但责备了山涛，还猛列地批评了当时的司马氏集团。山涛知道嵇康诚实正直、清高直爽，并没把这件事放在心上，还是和嵇康保持着真挚的友情。但是这件事情使司马昭对嵇康怀恨在心。

后来一个势力小人钟会在司马昭面前说嵇康的坏话，司马昭就随便找了个借口把嵇康抓到监狱里，并且判处他死刑。

这个消息传出后，洛阳城里的好多人都为嵇康求情，山涛也几次上书请示为嵇康减免罪行，但是都没有用。

在临死之前，嵇康把自己只有十岁的儿子嵇绍托付给山涛，山涛爽快地答应了。嵇康把儿子叫到跟前说："你山涛叔叔是个值得信赖的人，只要他在，你就不是没有父亲的孤儿，他会像父亲一样照顾你。"

果然，山涛是个信守诺言的人。嵇康死后，山涛不怕司马氏集团把他和嵇康当做一伙儿的，对嵇康一家老小尽心照顾，把嵇康的儿子更是当做亲生的儿子一样看待。

十几年过后，司马炎当了皇帝，朝廷的混乱局面有所扭转。山涛就上书给司马炎说："父亲有罪，和儿子没有关系。嵇绍现在已经长大成人，并且品德高尚，才华横溢，应该给予重用。"

司马炎采纳了山涛的意见，任命嵇绍为秘书郎。

诚信小语

嵇康信友托孤、山涛守信不避嫌地抚育遗孤的故事，说明了人与人之间相互信任的可贵。做到相互信任，就要道德高尚，言而有信，对朋友的事尽心尽责。无疑，嵇康对朋友的信任和山涛的诚实守信都是后人学习的榜样。